人生运势500问

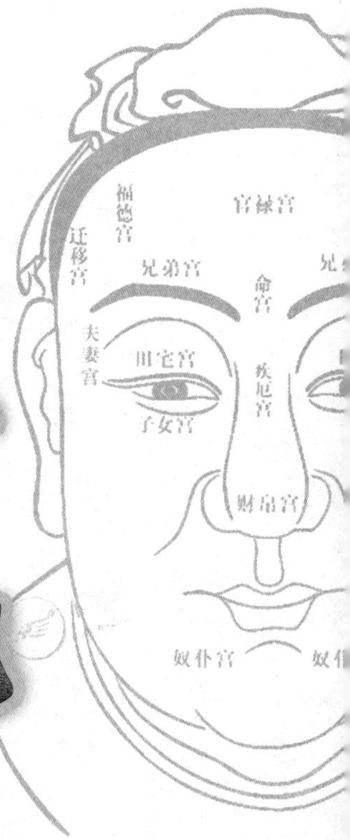

王庆革◎主编

中国物资出版社

图书在版编目（CIP）数据

人生运势500问/王庆革 主编—北京：中国物资出版社，2009.4（2012.4重印）

ISBN 978-7-5047-2951-4

Ⅰ.人… Ⅱ.王… Ⅲ.命相-中国-问答 Ⅳ.B992.3-44

中国版本图书馆CIP数据核字（2008）第157664号

策划编辑 王秋萍

责任编辑 王秋萍

责任印制 方朋远

责任校对 孙会香 杨小静

中国物资出版社出版发行

网址：http：//www.clph.cn

社址：北京市西城区月坛北街25号

电话：(010)68589540 邮编：100834

全国新华书店经销

中国农业出版社印刷厂印刷

开本：787mm×1092mm 1/16开 印张：28 字数：549千字

2009年4月第1版 2012年4月第10次印刷

书号：ISBN 978-7-5047-2951-4/B·0152

印数：50 001—53 000册

定价：39.80元

前言

Preface

信否，疑否？将信将疑。

是梦，是醒？半梦半醒。

在古人的思想观念中，人的富贵贫贱、吉凶祸福、生死寿夭、穷通得失乃至科场中举、货殖赢利，无一不取决于冥冥之中非自身所能把握的一种力量——命运。古人把人的出生时间的年、月、日、时叫“命”，并用天干地支各出一字配对记录，共八个字，俗称“生辰八字”。人从十月怀胎、降生一直到老的运行、发展叫“运”，二者合起来就是“命运”。简言之，“命运”就是一个人从生到死的自然发展过程。古人既然这样信奉命运，自然就会殚精竭虑地设计出种种预测命运的方法，以便能趋吉避凶，把握命运。这样，命理学、手相学、面相学、风水学和解梦学就应运而生了。后来，这被一些人用作行走江湖的谋生手段。他们中有些人技艺短浅，不能真正运用它来为人们服务，甚至借其干起了欺世盗名的勾当。久而久之，这些命运之学便被封存于世纪的冰河之中。

但是，不管命理、面相、手相、风水和解梦学问的发展如何曲折，都没有止住广大群众探索人生命运的热情，反而因其博大精深、复杂万端而使人们对它充满了好奇和向往。尽管许多人对它有不同的看法，尽管许多人研究不透，甚至看不明白，但这并不代表它不存在。其实它存在于中国几千年的历史长河中，任何断语都无法全面概括它。所以我们只能客观地、认真地研究它，并找出其中的规律，从而批判性地使用它。

手相学与命运密切相关。手的形状、纹路、气色可以反映人的身体健康状况，也可以显示人的心理、性格和命运趋势。

面相学是一种透过人的面部特征来反映人生运程的学问。古语说“相由心生”，就是说人的个性、运程、心思等方面都可以从其面相看得出来。

风水，又称为堪舆，是地球物理学、水文地质学、宇宙星体学、气象学、环境景观学、建筑学、生态学以及人体生命信息学等多种学科的综合。其宗旨是审慎周密地考察、了解自然环境，以及利用和改造自然，从而为人们创造良好的居住环境，赢得最佳的天时、地利与人和，以达到天人合一的至高境界。

命理术是根据人的生辰八字来推算人的生命运动过程的一门学问。而手相、面相等则是按人的骨相、纹路、气色等来分析人的命运，重在讲述人生运程的一门学问。

解梦则是我国古代梦文化的延伸，通过对人的梦境的分析来作为预测吉凶祸福的一种依据，虽然未必客观，但“日有所思，夜有所梦”，故说梦在很大程度上是对事实的反映。

本书内容全面、通俗易懂，真正体现了“一书在手，万事不愁”的理念。希望广大读者朋友能在茶余饭后翻上几页，或许可以从中获得对自己有用的知识。

最后，我们希望广大读者能在现代信息社会的制高点上回眸古代文化的精妙，了解更多的人生信息，让自己拥有更丰富的生活，获得更有趣的体验。

编　者

2009 年 3 月

目录

Contents

卷一　手相知识100问

概 念 篇

观 念 篇

解惑篇

卷二　面相知识100问

概念篇

观念篇

解惑篇

卷三　风水知识100问

概念篇

观念篇

解惑篇

卷四　命理知识100问

概念篇

观念篇

解惑篇

卷五　解梦知识100问

概念篇

观念篇

解惑篇

运势

卷一

手相知识100问

概念篇

01 什么是感情线

感情线代表着男女之情、友情、亲情、嫉妒心、占有欲等。

感情线为三大主线之一。其代表着爱情、友情、亲情等，并不单指男女之情。感情线位于智慧线之上，起始于小指下面并伸向食指或食指与中指之间的方向，有的是单纯一条，有的由很多条交叉重叠杂生而成。

感情线很单一，毫不复杂，最后又深入食指、中指的中间，表示在处理感情时会很理性，但是异性缘不是很好。反之，感情线像锁链一样，有多条纹路混合在一起，预示这种人感情很细腻，体贴入微，但是多愁善感，在感情世界里容易因为太钻牛角尖而受到伤害。

感情线过长的人，主热情，妒忌心强。相反地，感情线过短的人，主冷酷无情、只考虑自己、不考虑他人、一意孤行、不顾后果，最后难免会受周围人排斥而变得孤独。

感情线延伸到食指根部的人，主诚实可靠、具有道义心、爱情纯真，会成为某一方面的权威，但往往会因过于信任别人而受到拖累。

感情线过长而延伸到木星丘外侧的人，有滥施感情的倾向，独占欲强，嫉妒，暴躁，不达目的誓不罢休。

图解手相

a. 感情线单一，说明此人很有理性，在处理情感时比较冷静，但是异性缘不是很好；

b. 感情线像锁链一样的人，感情细腻，体贴入微，但多愁善感，在感情世界里容易受到伤害；

c. 感情线过长而延伸到木星丘外侧的人，可能会滥施感情，独占欲强、嫉妒、不达目的誓不罢休。

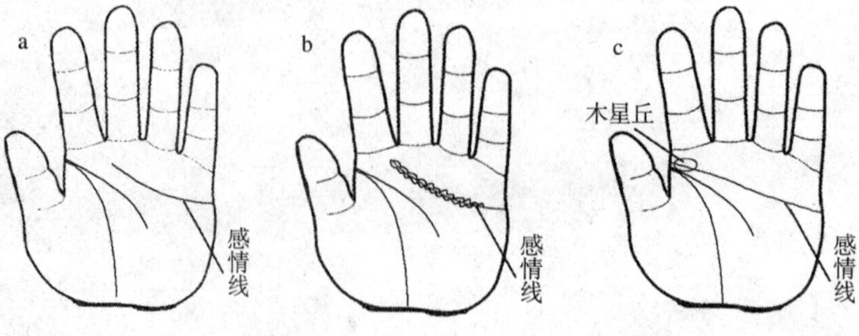

02 什么是生命线

观察生命线要从形状、长短、粗细、深浅等多方面去看。

生命线是人手掌上的三大主线之一，不仅是表现寿命长短、健康状态、有无病难及突发事故的部位，同时也是预测灾厄和疾病的部位。

生命线起于食指与拇指的中间部位，包绕整个大鱼际，呈圆弧形抛物线延伸向手腕横纹。一般有抛物线形和直线形生命线两种类型。

呈抛物线形的生命线围绕拇指指基的范围很广，表示体能状况很好，身体健康，至少对人很乐观。如果是直线形的生命线，表示体能状况不是很好，对人较冷漠，因此这两种人的人际关系有差异。

观察生命线要从形状、长短、粗细、深浅等多方面去看，比如：

生命线长而深且不中断的人，说明健康状况良好、生命力旺盛。生命线短且浅的人，说明体质较弱，可能多病，个性正直，脚踏实地，但过于胆小，通常会过着不满和不安的生活。生命线曲折的人，说明居所经常变动、生活不安定。生命线分有支线的人，表示一个家会分成两个家生活，也就是会有两个家庭。

图解手相

a. 生命线长而深且不中断的人，健康状况良好；

b. 生命线短且浅的人，体质较弱，可能多病。

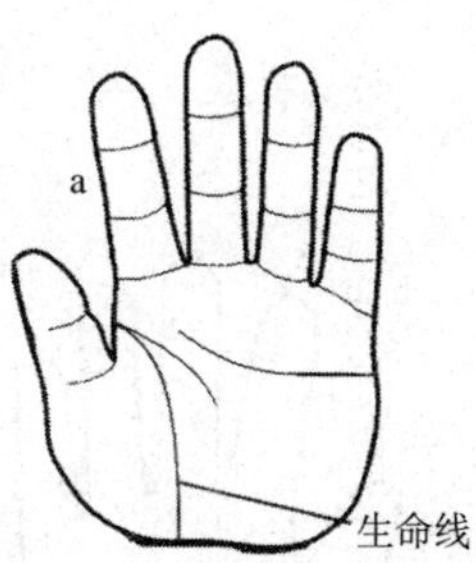

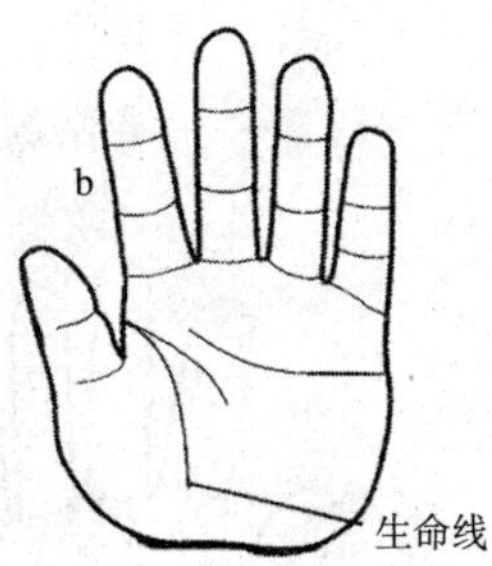

03 什么是智慧线

从智慧线可以判断及推论一个人的智慧、才能及气质。

智慧线又名理智线，位于感情线与生命线之间，从大拇指和食指中间出发，往月丘或第二火星丘延伸的线，代表着人的思考方式、创造力、理解力、组织力、记忆力、判断力、感应力、推理力等。通常都是借着智慧线来判断及推论一个人的聪明、智慧与才能等状况的。

就智慧线来说，够长代表聪明，够深代表思考深刻，不杂乱代表脑力的应用非常灵活。总括这三点，可以看出一个人是否有理智。有理智的人可以依理而行，不理智的人可能会失序。

智慧线在掌心中部若偏上，表示乐观、个性积极、会把危机看成转机。相反地，若是偏下，则表示悲观、个性消极，遇挫折会退缩。两只手一个悲观一个乐观，表明此人的情绪不稳，会在某些时候悲观，又在某些时候乐观，尤其是喝酒以后，特别容易表现出来。

三大主纹是不大容易变的，其支线出现不好的细纹时，就要以乐观的想法去调整自己的生活方式，这样就可改善了。三大主纹一般人人都有，其他线有的人有，有的人没有，如后面讲到的事业线、成功线等。

图解手相

a. 智慧线长，有智谋、聪明；

b. 智慧线深，思考深刻。

a

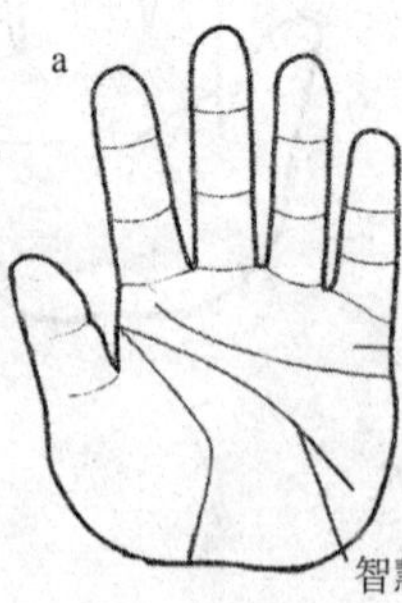

b

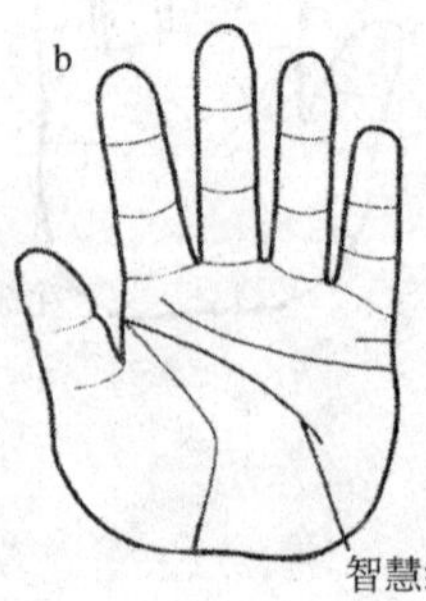

04 什么是事业线

一个人的事业稳定与否，可从事业线看出端倪来。

事业线是从手掌底部往上延伸的纹路，有的人可以直抵中指根部。事业线并非人人都有，没有事业线的人可以从生命线上看事业的变动情况。

有的事业线不是一条直纹，而是断断续续好几条，表示工作不稳定，或经常变换工作环境。事业线升到智慧线就停止，表示是由自己的理智决定而停止工作。如果升到感情线而停止，则表示因感情问题而停止工作。有两条事业纹，表明是在做兼职或发展另一副业。

事业线代表自己一生的职业情况，如打工还是做老板，是自己单干还是与他人合作等，它的长短也代表一个人学历或学问的高低。

一个人的事业稳定与否，会不会受失业之苦，可从事业线看出端倪来。首先从手相的流年来看，事业线和智慧线相接是35岁，感情线以上是50岁，那感情线和智慧线中间点是42～43岁。可从事业线的走向来看会不会有失业的现象，若事业线合乎长、直、深的标准，表示工作和收入稳定。有横线穿过，事业就可能受阻而变动。

图解手相

事业线代表事业的前途。事业线并非人人都有。没有事业线的人可以从生命线上看事业的变动情况。

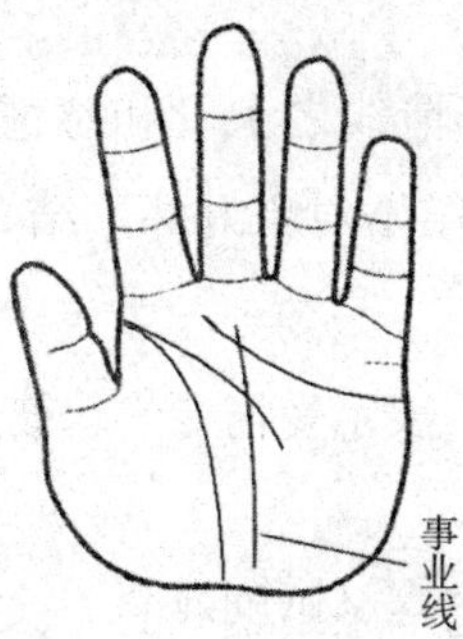

05 什么是成功线

有成功线，会因人缘或他人的帮助而获得成功。

成功线起自手腕的底部或手掌中部，伸向无名指方向的线，并不是人人都有。

成功线看的是能否将人的事业推到巅峰，能否享受荣华富贵，以及一个人的名声、人缘、贵人运、异性缘、异路财、偏财运、能否逢凶化吉等，也可以看不动产。若成功线很早就出现，表示此人年纪轻轻就有不动产。

成功线的起点接近于手腕线的，表示先天的生长环境好，能得到长辈的帮助；成功线自掌心往上延伸的，则表明需要靠自己的智慧与才华才能成功。

图解手相

成功线看的是能否将人的事业推到巅峰，能否享受荣华富贵等。

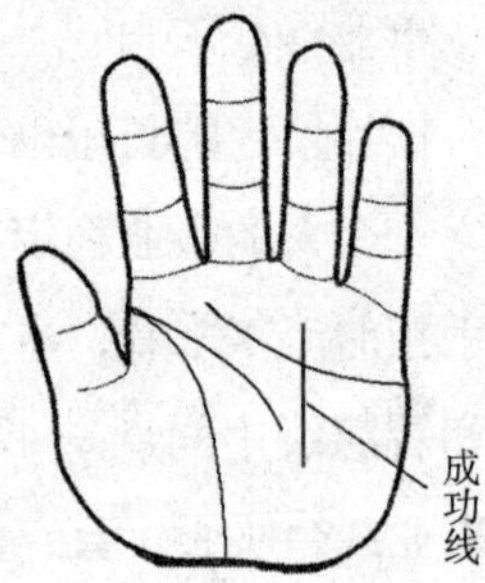

06 什么是婚姻线

婚姻线可观察结婚对象、结婚年龄以及婚后生活。

婚姻线位于小指之下、感情线之上（和感情线平行）。有的人只有一条，有的则有数条。婚姻线是观察结婚对象好坏、结婚早晚，或者结婚后是否幸福的纹线。

婚姻线带有上升斜线的人，表示爱情专一，彼此协调，又因经济宽裕，所以能安定地过婚姻生活。

从婚姻线的中间，再出现另一条婚姻线的人，表示其婚姻生活会中断，但还会破镜重圆。

婚姻线清晰且水平延伸的人，表示能找到理想的对象，且过着幸福和谐的婚姻生活。尤其是左右手都有的人，暗示一定会带来最大的幸运。

婚姻线也能揭示一个人的结婚年龄。婚姻线越低，即线纹较贴近感情线，代表早婚的机会越大；婚姻线较贴近小指，则主晚婚；婚姻线在中央位置，代表大约会在 27 岁结婚。

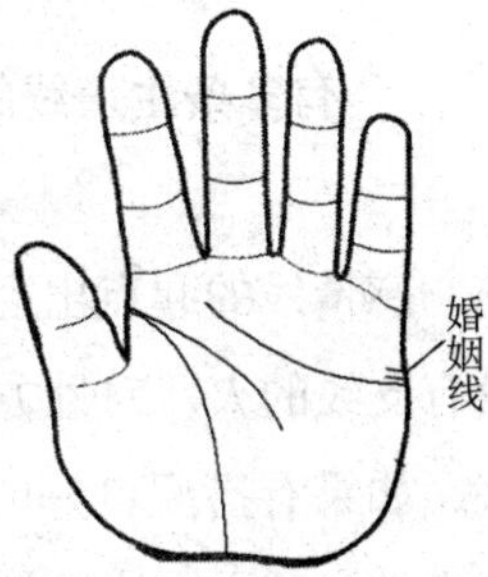

图解手相

婚姻线能预知结婚对象的好坏、结婚后是否幸福，也能揭示一个人的结婚年龄。

07 什么是健康线

健康的人一般不会出现健康线。

健康线是由手掌底部或生命线的中下部开始斜向小指延伸的纹路，可由此看出一个人的健康状况。很多人认为有健康线的人才健康，其实恰恰相反，这是“不健康线”，没有健康线的人才健康，健康的人一般不会出现这条线。

健康线如果断断续续，表示肠胃消化不良；若有岛纹（岛纹即线纹如岛形的纹），在健康线的头端表示咽喉或头部有毛病，在健康线尾端则表示泌尿系统有问题。如果岛纹成链状，表示呼吸系统有毛病。

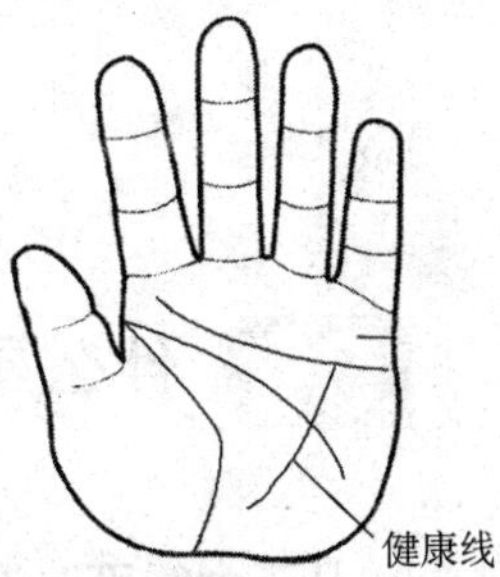

图解手相

健康线是由手掌底部或生命线的中下部开始斜向小指延伸的纹路。

08 什么叫生殖线

有多条生殖线的人，代表异性缘好，性能量旺盛。

感情线的起点出现支纹，被称为生殖线，又称作凤尾纹。感情线的起点完全没有支纹的人，对性方面会比较冷淡，而有多条生殖线的人，性能量也会比较旺盛。如果有搭配良好的手腕线及子女线（亦即与婚姻线平行且短的细纹），则生下来的小孩也会比较健康。

而一个人如果拥有多条生殖线，以至于让感情线起点呈现穗状，这种人的异性缘通常会比一般人好，而且本身精力旺盛，也颇具亲和力，无论跟谁都可以相处融洽。加上这种人天生就喜欢小孩，对小朋友和小动物特别有耐心，通常也会生育较多个小孩。

图解手相

感情线起点的支纹称为生殖线，又称作凤尾纹。

感情线起点呈穗状的人异性缘佳，也喜欢小孩。

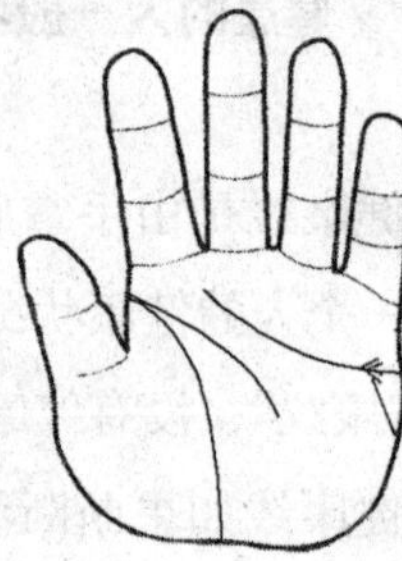

09 什么是子女线

从子女线可以看出一个人的精力和生男生女的情况。

子女线是在小指根部和感情线之间，与婚姻线平行，但短于婚姻线的线纹。其数量的多少代表一个人的精力，数量多就是指一个人的精力旺盛。

此外，从子女线还可以看出生男生女以及出生顺序。粗线代表男孩，细线代表女孩。由上往下看，代表小孩出生顺序。若由上往下，线的排列是粗、细、细、粗，表示有二男二女，出生顺序为男、女、女、男。当然，节育的情况另当别论。短线或很细的线表示流产的次数。有人也把小指根部的竖纹即与婚姻线垂直的线看作是子女线。

图解手相

子女线是在小指根部和感情线之间，与婚姻线平行，但短于婚姻线的线纹。

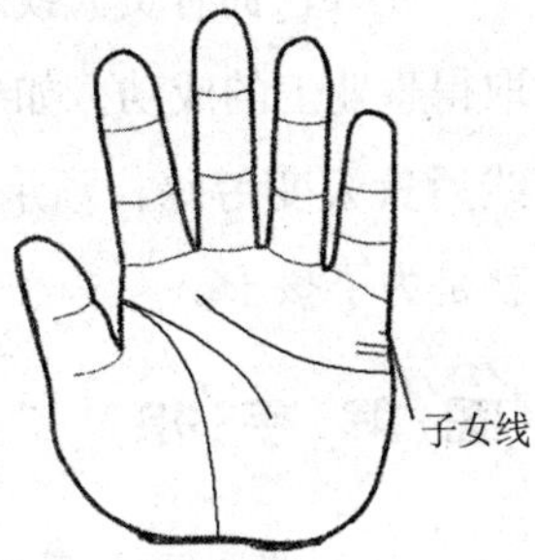

10 什么是小人线

有小人线的人比较自信，常常会成为一个团体中的箭靶。

食指跟手掌交界处，有许多向上竖起的线，称为小人线。小人线超过 4 条以上的人容易遇到口舌是非，或者有小人在背后讲一些攻击性的言语。

有小人线的人比较自信，所以在集体中非常耀眼，表现得非常强大，也因此会遭人嫉妒，易得罪人，倒霉的事往往都发生在他身上，常常会成为一个团体中的箭靶。此外，他的事业还会受到阻碍。

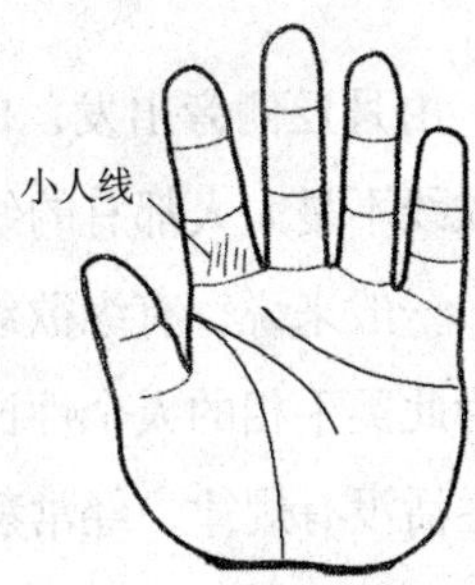

图解手相

小人线就是食指跟手掌交界处，向上竖起的线。

11 什么是贵人线

有贵人线的人心地善良，乐于助人，易得到贵人的帮助。

在生命线的内侧，有一条与生命线同心的线，叫做贵人线。起自月丘向掌心延伸的斜线也叫贵人线。贵人线对于男人而言，就是在社会上做事时，有贵人提拔帮助你。古时候女人没有上司，所以对女性来讲，贵人就是丈夫，对女性来讲贵人线也叫配偶线，如果贵人线明显的话，会得到丈夫的疼爱。贵人线也并非人人都有。

此外，拥有贵人线的人心地比较善良，乐于助人，也容易得到贵人的帮助而取得事业上的成功。如果贵人线有小小横线的破坏，这种叫做劳碌线，有了这道线后贵人变劳碌，预示一旦有孩子之后，生活目标就是为了孩子。

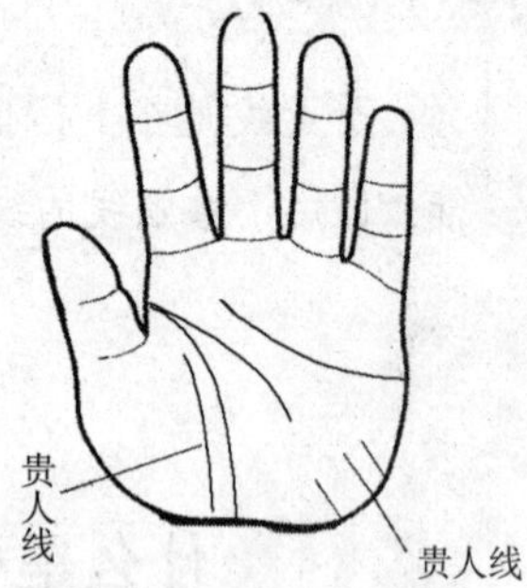

图解手相

贵人线就是在生命线内侧，与生命线同心的线，另外起自月丘向掌心延伸的斜线也叫贵人线。

12 什么是纵欲线

有纵欲线的人肾脏功能不是很好。

由月丘侧旁出发，向生命线横向延伸并穿过生命线的一条横线称为纵欲线。纵欲线不是人人都有的线。

一般来说，有纵欲线的人肾脏功能不是很好，之所以会出现这样的情况，是因为此类手相的人个性比较随便，放纵自己，没有理性，不注意节欲保精，或者是生活没有规律，经常熬夜、酗酒、抽烟等。

要消除纵欲线，就要注意房事，调理身体，养成良好的作息习惯，戒除不良的生活习惯。

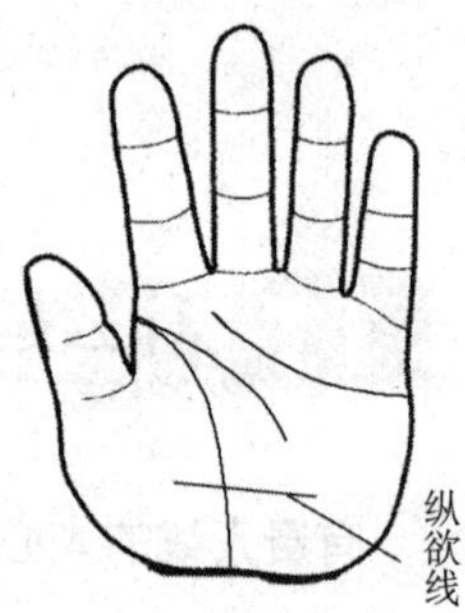

图解手相

纵欲线是由月丘侧旁出发，向生命线横向延伸并穿过生命线的线。

13 什么是桃花纹

桃花纹越多的人异性缘越好，桃花运越旺。

手掌的月丘部位有很多细纹称为桃花纹，桃花纹越多的人异性缘越好，桃花运越旺。通常艺人都会有这种桃花纹。

往食指方向倾斜的桃花纹为好桃花，表明人缘好；往小指方向倾斜的桃花纹为坏桃花，表明比较滥情。

此外，手腕有三条横线属于好桃花，事业会很成功，爱情会很专一。

图解手相

a. 桃花纹往食指方向倾斜代表人缘好；

b. 桃花纹往小指方向倾斜代表滥情。

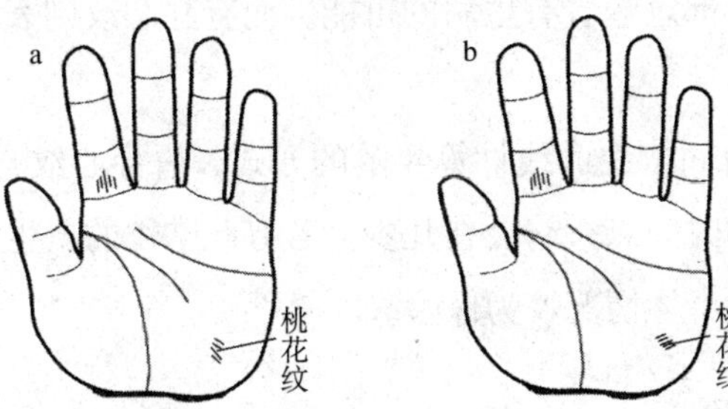

14 什么是烦恼纹

有烦恼纹的人喜欢操心，生活辛劳，多愁善感。

金星丘附近的细线横过生命线，称为烦恼纹。

如果烦恼纹呈放射状伸向手掌之上部、中部或下部，则表明此人易烦恼、生活辛劳或喜欢操心。

总而言之，这种纹表示一个人容易多愁善感、忧心忡忡，特别是在感情方面，所以要注意改变生活方式，减轻精神压力。

图解手相

金星丘附近的细线横过生命线，称为烦恼纹。

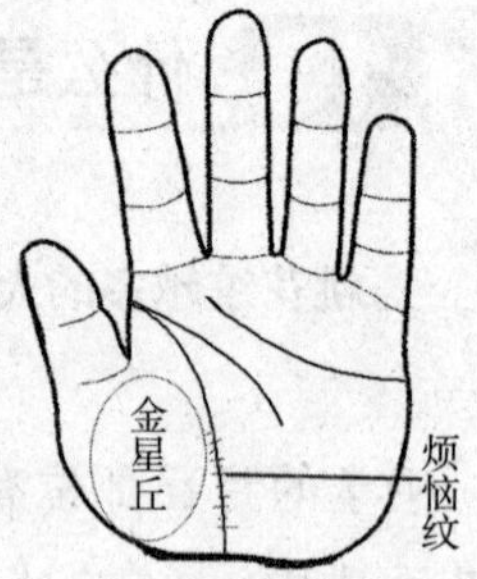

15 什么是穿心纹

有此纹者健康状况欠佳。

健康线穿越生命线而形成的纹路，称为穿心纹。

穿心纹代表容易生病或有手术方面的问题，只要生命线和健康线出现其他线纹或破坏的纹路，都意味着有生病的可能。而有穿心纹则表示手术开刀等事都比较容易发生。

手术开刀的时间依生命线计算年龄的方式，看穿心纹与生命线交叉的位置，了解手术会发生的时间点大约会在几岁。若有此掌纹的产生的话，最好到医院做检查，而且多注意身体情况较为保险。

图解手相

穿过生命线的健康线，称为穿心纹，表示健康状况不太好。

16 什么是九大丘

九大丘各代表着不同的含义。

九大丘包括金星丘、木星丘、土星丘、水星丘、太阳丘、月丘（太阴丘）、第一火星丘、第二火星丘和地丘。

金星丘：位于被生命线包围的区域，这个区域若很大，则主温和亲切，无论对父母的亲情、夫妻的爱情或友情，都能付出真情。同样地，也能得到别人的爱。此外，还具有能在学问及技艺方面求发展的资质。金星丘还代表脾胃消化吸收功能和生命力。

木星丘：位于食指的指根，在食指根部隆起的地方。代表权力、独立与向上心。丰腴坚实的木星丘，代表热情、活力和旺盛的企图心。木星丘还代表肝胆系统功能的状况。

土星丘：位于中指的指根，在中指根部隆起的地方。这个丘发达的人，多半具有敏锐的洞察力。若同时以他那坚强的意志和广博的知识来开拓命运，相信必能获得周围人的信赖，赢得声誉。相反地，也可能会因忧郁孤独，且具有遁世之思想，而使大事无法完成。土星丘还代表心脏、循环系统功能的状况。

水星丘：位于小指的指根。在小指根部隆起处。代表一个人的理财头脑、理想、机智和财运。水星丘还代表生殖、呼吸功能的状况。

太阳丘：位于无名指的指根，在无名指根部的隆起处。此丘发达的人，主性情温厚、光明磊落，是具有鉴赏能力的艺术天才，也就是所谓的“能干者”。由于其表现力、说服力及经济观念都很发达，所以最适宜从实业方面求发展。太阳丘还代表视神经、感觉器官。

月丘（太阴丘）：位于第二火星丘的下方。代表理想远大与否、想象力丰富程度及判断的敏捷度。代表呼吸系统、肾、膀胱等脏器的状况。

第一火星丘：位于木星丘和金星丘之间的隆起处。代表积极果敢的精神，同时也象征勇气与是否能付诸行动的决心。代表性欲旺衰。

第二火星丘：位于水星丘的下方，介于月丘与水星丘之间的隆起处。代表一个人是否能逆来顺受，也象征着忍耐与自制力。若坚实有力，就代表有坚定的毅力与沉着冷静的精神。

地丘：位于手掌正底部，代表人的内分泌功能、肾功能、生殖功能的好坏。

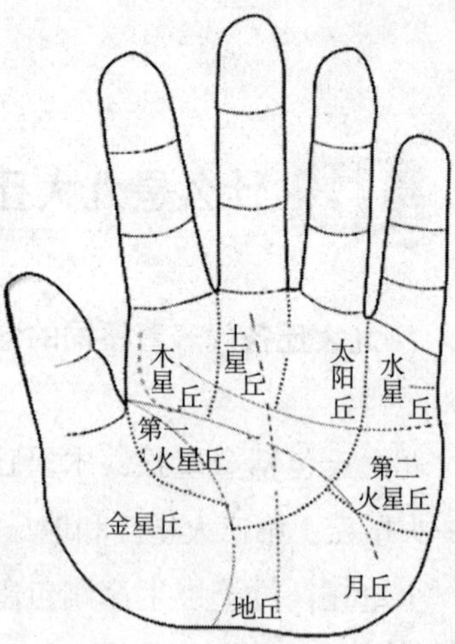

图解手相

九大丘：金星丘、木星丘、土星丘、水星丘、太阳丘、月丘（太阴丘）、第一火星丘、第二火星丘和地丘。

17 什么是三大纹路

三大纹路的吉凶意义根据所在的手掌部位而有所不同。

三大纹路是指：十字纹、星纹和岛纹。

十字纹在手掌上由两条短短的纹路交叉而成，在纹中为凶纹，单独存在为吉兆。

星纹在手掌上由三条或三条以上短短的纹路交叉而成，星纹多为吉兆。

纹线如岛形的纹被称为岛纹。岛纹出现在手掌的三大线纹上，通常具有不好的意义，表示身体羸弱或正在生病。

图解手相

a. 十字纹；

b. 星纹；

c. 岛纹。

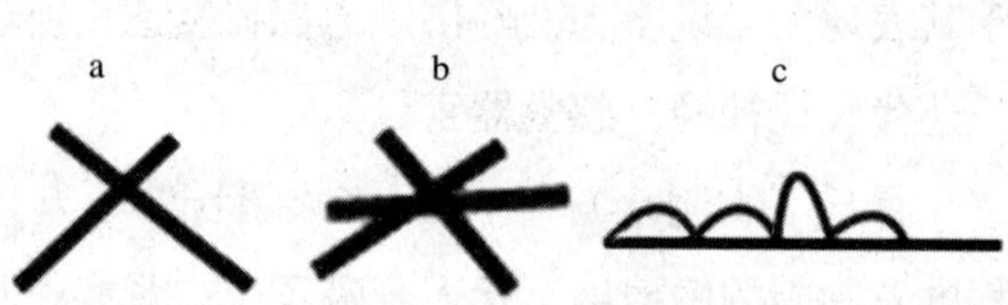

18 什么是螺纹、箕纹

每个人的指纹都是独一无二的，代表不同的命运。

螺纹，又称螺旋纹。手指头上有一个个圆圈，由内向外旋转而出的就是螺纹。箕纹由多数箕形线组成，纹线自一侧起，斜向上方，回旋后再归回原侧，形如簸箕，箕脚对侧有一个三角。指纹可以分成八大类型，其中以螺纹和箕纹最具代表性。在手相分析上，最简单的论断方法就是看螺纹在哪几根手指头上。

大拇指是螺纹的人代表得到父母最好的遗传，因此会有优良的个性、健康的身体与过人的智慧。大拇指是螺纹的人也代表在幼年时期容易得到家中的荫庇，过着比一般人更优越的生活。此外，还代表青年时期事业顺利，甚至有可能得到祖上的余荫或遗产。

食指是螺纹的人比较理性，积极主动，聪明干练，个性开朗，平易近人，在工作上人际关系佳，事业顺利，能够得到贵人赏识。

中指是螺纹的人比较自我，具强烈的主观性，非常有自信，因此不会很注重人际关系的维护，所以容易导致身边有许多小人。

无名指是螺纹的人也有自我主义的倾向，但是比中指是螺纹的人要轻微一些。无名指是螺纹的人容易理智与情感不分，颇具主观性，因此不会很注重人际关系的维护，所以容易导致身边有许多小人。在 40 ～ 55 岁这段时间，事业上比较欠缺贵人的提拔，因此事业多败少成，且容易因冲动导致凶险。

小指是螺纹的人在 55 岁以后，容易在个性上渐渐产生偏执的现象，不喜欢听逆耳的话，因此容易在晚年因没有处理好人际关系，从而导致事业发生危机，老年运程蹇滞。

图解手相

指纹可以分成八大类型，其中以螺纹和箕纹最具代表性。

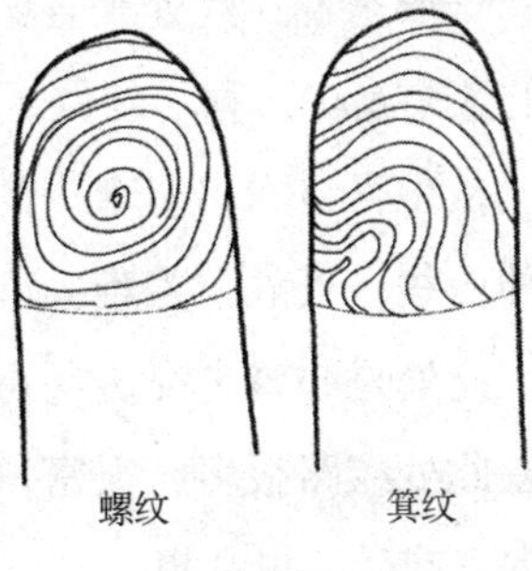

19 什么是方庭

从方庭可以看出人的心胸、同情心、性情和健康状况。

感情线和智慧线当中的间隔，通常以成功线及事业线为界限，围成方形的区块，称之为方庭。从方庭的宽窄可以看出一个人的心胸是否宽大、是否有同情心、性情以及健康状况。

一般来说，方庭宽阔，表示此人为人宽厚、诚实，处理事情比较理智、不偏激，是一个能够信任倚重的人，健康状况也较好。方庭如果呈羽毛状，则表示此人性格比较急躁、易发怒，容易头痛。

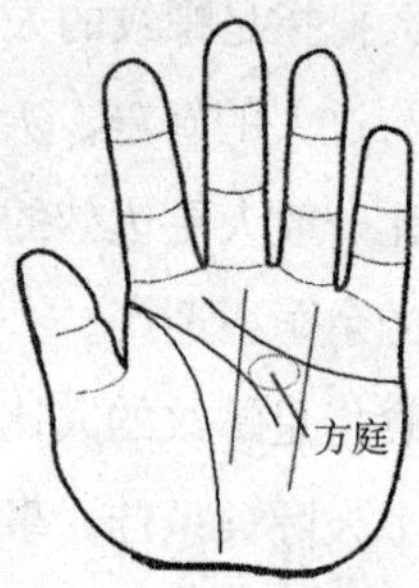

图解手相

感情线和智慧线当中的间隔，称之为方庭。

20 什么是中宫

中宫可看出人的前途发展、生活历程等。

中宫又称为明堂，位于手掌的中心部位，智慧线的下方。一般来说，此处平且凹的人财富多，能存住钱，往外凸的人财富少，存不住钱。

从中宫可看出一个人的前途和发展，也代表人生活的种种历程、安危、苦难、心思、吉凶等。从中医学角度来讲，此处是心肾之交，还可看出生殖系统、血液循环。有人在此处纹路很多、很密，表示此人是劳碌命，喜欢钻牛角尖，或爱胡思乱想。

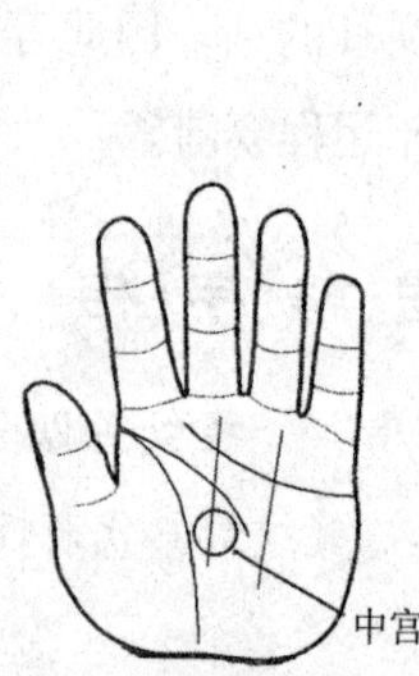

图解手相

中官又称为明堂，位于手掌的中心部位。

21 什么是孔子眼

孔子眼代表有书缘，天资聪慧，且管理能力较强。

所谓孔子眼，就是在拇指第一节指骨上，即大拇指内侧中间那个关节上的节纹不是一条线，而是两条或三条分开呈眼形的纹路。孔子眼也称夫子眼、凤眼。一般情况下，手指关节有此眼者，代表该人有书缘，天资聪慧，头脑聪明，且管理能力较强。也代表勇气、胆量，孔子眼大者，敢于冒险。

若此纹完整且清晰，意味着身体状况良好，可能幼年时家境富裕，青年时婚姻幸福、事业有成。此外，孔子眼的纹路如果深浅不一，纹线中断、不完整，则表示判断力、意志力稍有不足。若弧线比较平直、不对称或开口封闭不全，则代表身体状况差，容易早衰。

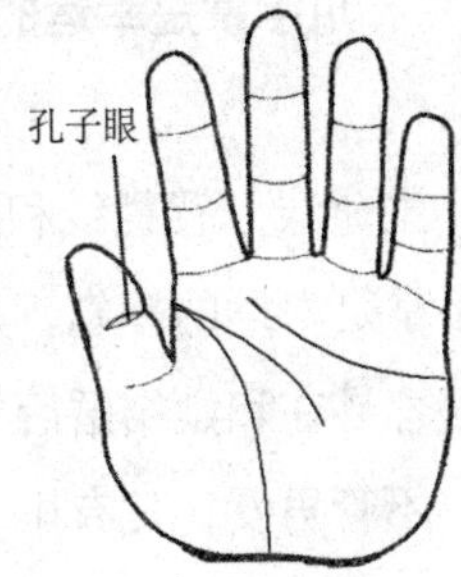

图解手相

孔子眼也称夫子眼、凤眼，有此眼者，天资聪慧。

22 什么是断掌纹

断掌纹代表才智和管理能力。

感情线和智慧线合二为一者为断掌纹。手掌出现断掌纹者，不论男女，都有较强的管理才能和较高的才智，主其人性情固执急躁，正直实在，不太合群。如有支纹向下伸出，则固执急躁程度减半，但争吵难免，除非男女均有勤劳精神和节俭的习惯，女主人也干练持家。

断掌的人通常个性倔犟，主观意识强，本位主义强，精力充沛，活动力强，思维敏捷，反应快。具备挑战现实的勇气及毅力，自信、积极、果断、敢爱敢恨，有行动力。断掌纹也叫通贯掌纹。

断掌纹宜二不宜一，一手断掌者也可小成；如二手均断掌并手相、面相再佳者，是大有成就之手相。

图解手相

感情线和智慧线合二为一者为断掌纹，此掌者通常个性倔犟、精力充沛，有行动力。胆大心细，有创造性，有开拓性，有直觉，有灵感，对美敏感，许多政治家、艺术家、实业家、企业家有此掌纹。

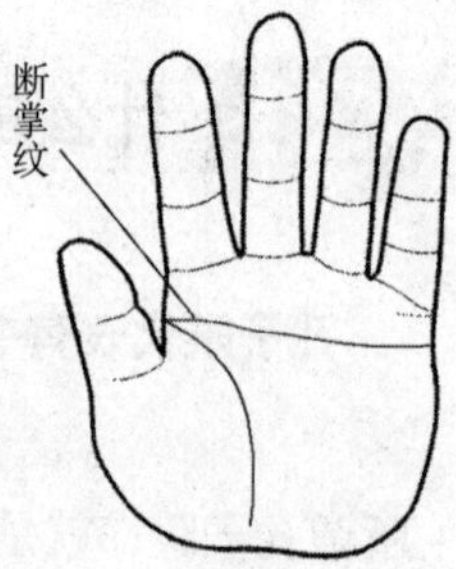

23 什么是川字掌

川字掌是幸运的标志，是成功的标志。

生命线、智慧线和感情线各自独立，呈“川”字，称为川字掌。一般来说，川字掌是幸运的标志，是成功的标志。有川字掌的女性通常情况下也旺夫，丈夫也很容易在和她结婚后发达起来。

不管男女，凡有川字掌的人，在性格上都有下列特点：

思考迅速，而且能够迅速地吸收别人的意见和经验。独立能力极强，即使面对极大的困难和痛苦，也可以凭自己个人的力量来加以解决或承担。自尊心强，自卑感也很强。聪明、开明，善于学习新知识，但也容易固执。

做事只知有己而不知有人，对于别人的错误或过失，一点也不肯原谅。同情心比较弱，时时刻刻想控制着自己的爱人，甚至连对方的生活细节也要干涉，使对方失去个人的自由。

川字掌的女性，只知重视自己，忽略尊重他人，所以恋爱和婚姻都容易有麻烦，假如能在性格上改变一些，就可补救。

图解手相

生命线、智慧线和感情线各自独立，呈“川”字，称为川字掌，是幸运与成功的标志。

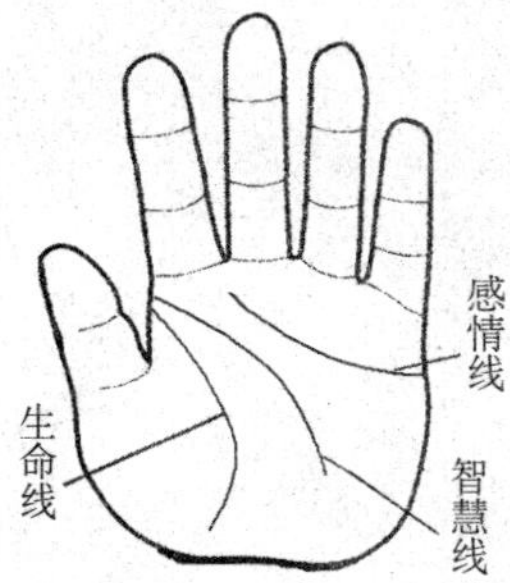

24 什么是财运线

有财运线的人表示具备经营头脑和财运亨通。

财运线又称水星线，是源于小指根部（水星丘）的短而竖的线条，表示财运的好坏，对于重视理财投资的人来说，这条线可是相当重要的。如果财运线挺直，而且没有障碍线破坏，表示此人财运发达，若再加上智慧线发展良好，就很有可能成为有钱的富豪。

有好的财运纹的人，纵使现在贫困，但是随着时间的推移，财运也会好转，不过，虽然财运线很好，如果其他线条欠佳，则财运线的形状也将逐渐变坏。如果财运线曲折或断断续续，就表示财运较差，可能会遇到生活或事业上的困难，应该尽量忍耐，减少投资，求个安稳以渡过难关。

而财运纹并非每个人都有。如果有，表示具备经营头脑和财运亨通；若无，也不一定代表就会穷一辈子，只是表示对理财不太感兴趣。

图解手相

财运线又称水星线。

搭配良好的智慧线，有机会成为富豪。

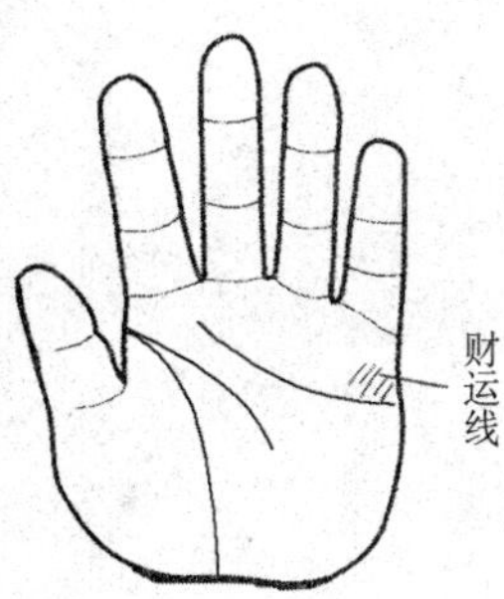

运势

卷一

手相知识100问

观念篇

25 看手相男左女右有根据吗

手相的重点都放在手掌复杂的纹路变化上。

古时候，相士所论大多是以男左女右为准，这主要是男尊女卑的思想在起作用。近代手相算命术则认为左手是看先天（40岁以前、公事），右手是看后天（40岁以后、私事）。其实看左手或右手的方式一直说法不一，而看手相的重点都放在手掌复杂的纹路变化上。一般来讲，男性左手代表先天的素质，右手代表后天的运程，女性则相反，要兼顾两手。

图解手相

看手相须同时观看两只手，包括手掌、手指及指甲的形状、纹路、颜色。注意，手相是不断发生变化的。

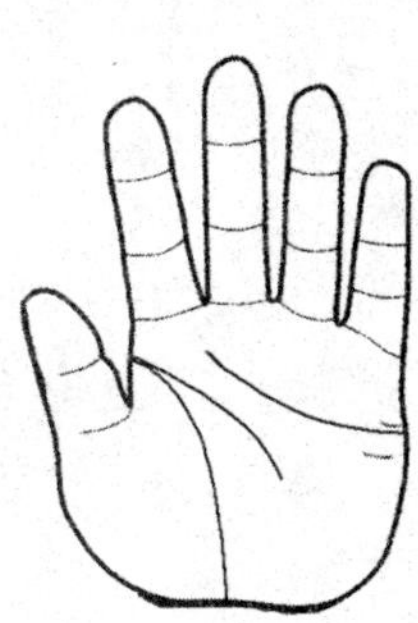

26 手掌软绵绵的人天生就命好吗

手掌软的人善变，适应性强但意志不坚定。

很多人都认为，谁的手掌又软又有弹性，谁的命就好，所以他们都想拥有一双软绵绵的手，希望能给自己带来好运。其实并不尽然。有柔软手的人在谈吐中确实会散发出优雅、与众不同的气质，但是在为人处世方面却显得傲慢。这样的人虚荣心很强，在很多事情上都追求完美，因为能在各种场合展现他的不俗与魅力，所以能给人留下不错的印象。

当与人握手的时候感觉对方的手很柔软，同时他的手指容易向后弯，表明这个人心智成熟、精明能干、富有心机、适应能力强，能游刃有余地处理好复杂的人际关系；缺点是意志不坚定、善变，做事不能有始有终，是一个及时行乐、奢侈浪费之人。

如果手掌厚实而有弹性，则表明这个人乐观开朗，积极主动，意志坚定，适应能力强，和蔼可亲，所以得到身边人的喜欢和爱戴。这样的人大多会有所成就，生活无忧，甚至富甲一方。当然手掌硬的人并非不富贵，俗话说："手如干姜，食禄无疆。"通常干公、检、法、司、军等职业的人，手掌大多较硬；比较忙碌的人，手掌也大多硬实。

图解手相

a. 手掌厚实而有弹性，说明此人乐观开朗，积极主动，领悟能力强；

b. 手掌柔软并且手指容易向后弯，说明此人聪明机智，圆滑善变。

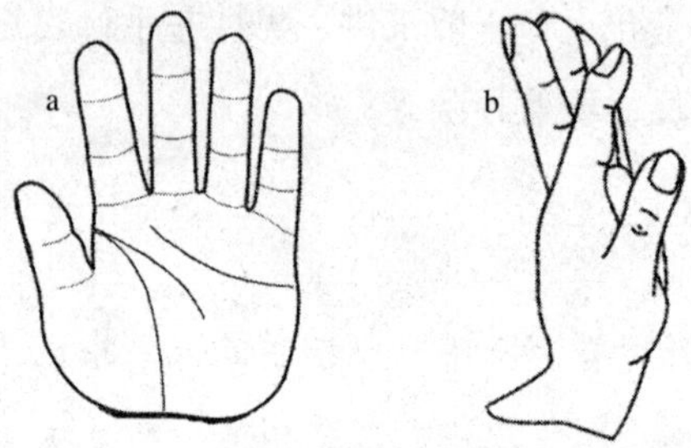

27 指缝大的人真的容易漏财吗

指缝大的人比较固执保守，不懂变通，抓不住机遇。

当手指并拢的时候，中指与食指、无名指之间有很大的缝隙，就称为漏空手，又叫做漏财手。

有漏空手的人大多比较固执保守，不懂变通，因循守旧，工作时经常优柔寡断，不能当机立断，所以如果有赚钱的机会摆在他面前，常常会因为他这种优柔寡断的性格而错过。正是因为他经常与获取财富的际遇擦肩而过，才会有指缝大的人比较容易漏财的说法。

但是漏空手并不是漏财的绝对表现，还要结合其他部位来综合分析才会比较准确。就身体健康的角度来看，有漏空手的人脾胃的消化吸收功能欠佳，需要多注意饮食习惯。

图解手相

漏空手并不是漏财的绝对表现；

漏空手者脾胃的消化吸收功能欠佳，所以平时要注意饮食方面的细节。

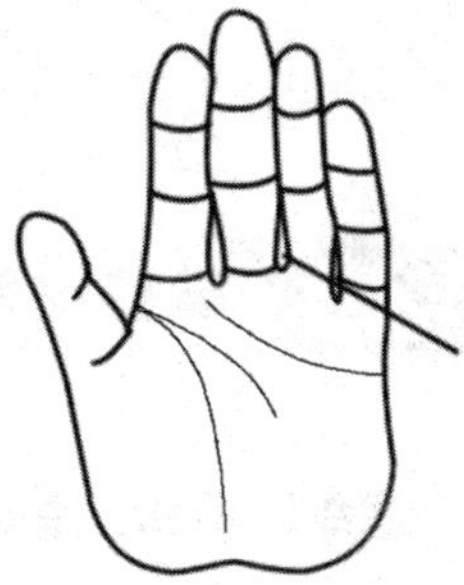

28 手指细长的人个性也较精细吗

手指细长的人个性不一定比较精细。

手指细长的人对文学或艺术感觉十分敏锐，在艺术鉴赏或文学思考上较有深度，而且在社交场合中善于营造愉悦的气氛，容易讨朋友的欢心，若再加上智慧线发展良好，就适合做演员、作家及从事艺术方面的工作，但有艺术家性格的人，不能单以手指细长来判定。

这种人情绪起伏大，有点神经质，对小事要求十分严格，感情脆弱；常常因为理想建立在不切实际的基础上，脱离现实而表现出不知节制的行为；与异性的感情倾向常停留在谈恋爱的阶段，在身体方面则容易有呼吸或消化道等方面的慢性病。

图解手相

手指细长的人在文学或艺术上感觉十分敏锐，并且能在社交场合中营造愉悦的气氛；

手指细长，再加上智慧线发展良好的人适合做演员、作家等艺术工作者。

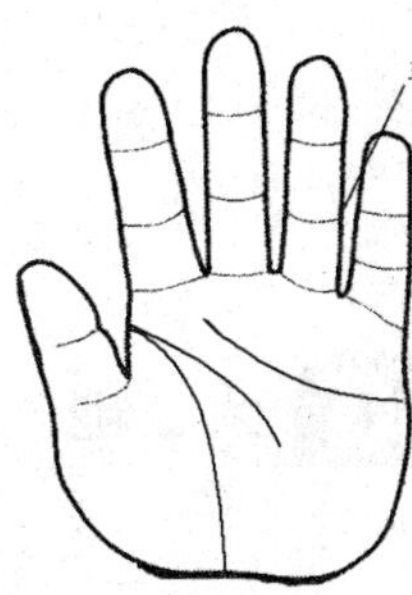

29 掌纹又乱又深的人命运就不好吗

掌纹以不乱、清晰、简单为最好。

从生命信息学来说，掌纹乱代表人体生命信息的一种复杂状况，躯体和头脑神经存在容易过敏的情况，情绪也容易受到生理影响而变得多虑、多愁善感。这样的人一生也会因此而变得曲折和坎坷。这类人际遇的变化较多，相对也比较忙碌。掌上有许多细小的纹的人，爱为别人操心，热心肠。

如果有无数的障碍线横越手掌，与其他掌纹又如渔网一般交叉，分不出哪条线接着哪条线且皮肤粗糙，那就意味着这个人常为钱财而操劳。

如果手掌上的皮肤柔软而光滑，而线路也如网状的人，主要线路难以分明，这类型的人比较神经质或反应不灵活，为人处世方面也欠圆滑。

图解手相

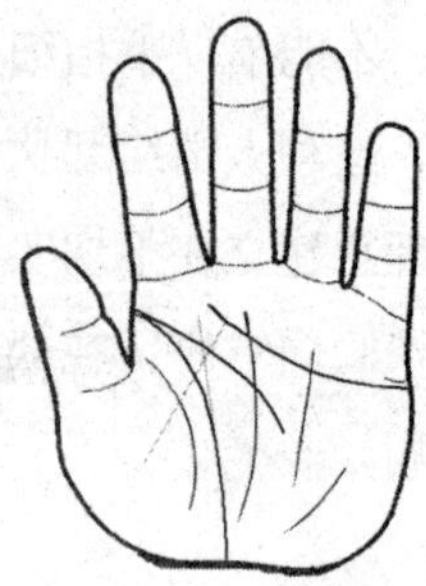

掌纹乱说明此人多愁善感、命运起伏不定；

皮肤粗糙坚硬，手纹像网状，表明常为钱财而操劳；

皮肤柔软光滑，手纹像网状，表明反应不灵活，处世欠圆滑。细纹多的人表明喜欢为别人的事操心，热心肠。

30 天、地、人三线同源的人容易办糊涂事吗

感情线的末端走势，对爱情的结局有神奇的预言效果。

天、地、人三线同源，即感情线末端下垂，与智慧线、生命线联结在一起，拥有这种手相的人在感情与理智间常混淆不清，因而易做出傻事，以致男女之间麻烦事很多，事后又追悔不已。此特征的人称为“感情糊涂型”，因为感情线压在智慧线（即理智线）上，导致感情用事，不够理智。拥有此种手纹

的人喜欢照顾别人。

若感情线末端有一支线下垂，伸入智慧线，也是感情线在干扰智慧线，这样的人少了一份糊涂心，却多了一份无谓的牺牲精神，爱情虽美，却带有一些无奈。这种人婚前如果失恋过，婚后反而较安定。

图解手相

感情线、智慧线、生命线联结在一起的人，往往处理不好感情与理智的关系。

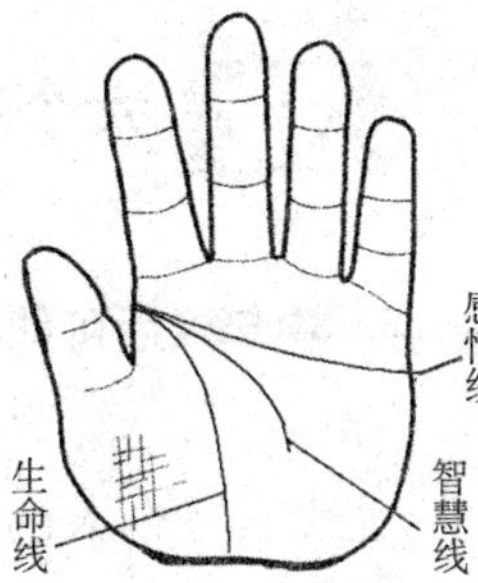

31 指甲宽大的人身体就强健吗

指甲色泽与表面的状态表明一个人的健康状况。

判断一个人的身体状况是否良好，不能单以指甲宽大为标准。健康的指甲呈美丽的粉红色，并且硬而坚固，指甲下部都有白色的月牙形，如果五个指头都有月牙形，那是最佳的。没有月牙形不好，月牙形过大也不好，它意味着患有心脏系统或脾胃疾病。最理想的是月牙形要占整个指甲的1/5。另外，指甲的长度以占大约手指的第一节的1/2为佳。

符合上述条件的人，再加上指甲宽大，就意味着他身体健康、精力充沛、为人处世游刃有余，并得到旁人的好评。这样的人还有很高的艺术天分，有一定的审美能力，同时在事业发展中也有很大的发展潜质。

相反，指甲狭窄的人，个性一般内向，做事畏首畏尾，因为不会处理人际关系，所以人缘也不太好。关于事业，由于对自己的期望过高，多半无法顺利完成。

图解手相

粉红色的指甲，硬而坚固，并且每个指甲有白色月牙，表明此人健康、有活力；

指甲狭窄的人，个性内敛，人缘不好，也不能成大事。

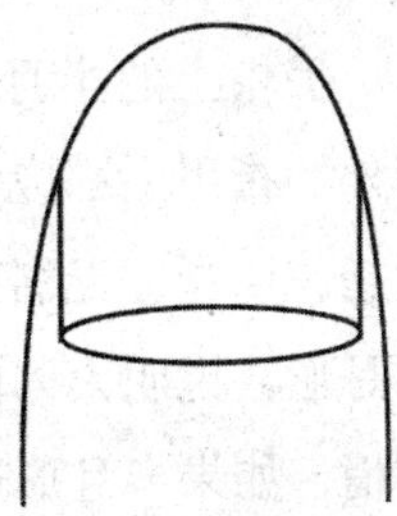

32 六个手指的男人比较穷吗

中年以后可能在极短时间内累积大量财富。

手代表一个人的先天运程，而手掌中出现任何异样，基本上都算是天生破相。所以，如果天生有六个手指的话，这种男人通常少年运比较差，不过只要能有积极上进的心，在中年以后的运程会有重大的改变，而且可能在极短时间内累积大量财富。所以，女孩若见到这类型的男人，千万别因他的异指而错过。

图解手相

六个手指的男人，少年运比较差，但只要能有积极上进的心，在中年以后会有重大的改变。

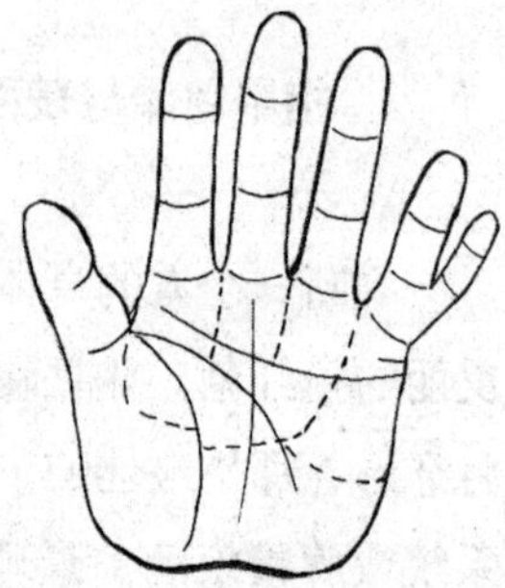

33 手指上的月牙和健康有关系吗

手指甲根部白月牙是人体精力是否充沛的刻度表。

在指甲下方1/5处，出现一条白色弧形的痕迹，这就是“月牙”，也有人称之为小太阳。

手指上的半月牙，可以显示出人体健康状况的信息。正常情况下，除小指外，指甲上都应该有半月形。大拇指上，半月形应占指甲面积的1/5 ~ 1/4，食指、中指、无名指应不超过1/5。如果手指上没有半月形或只有大拇指上有半月形，说明人体内寒气重、循环功能差、气血不足，以致血液到不了手指的末梢，如果半月形过多、过大，则易患甲亢、高血压等病。

图解手相

手指上的半月牙代表一个人的健康状况；
手指上没有半月牙，说明人的气血不足。

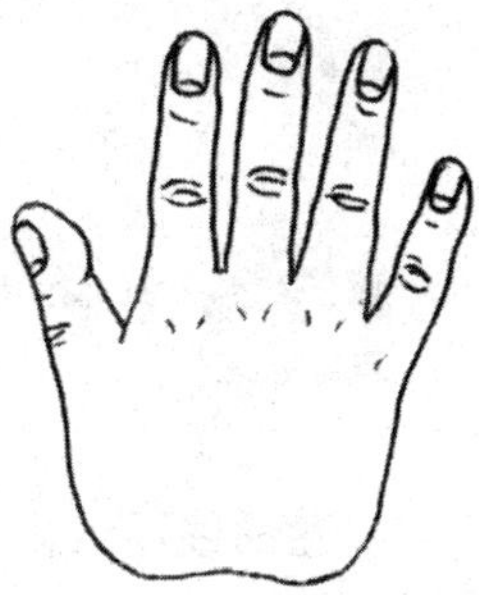

34 十个手指都没有螺纹的人家里比较穷吗

双手十指都没有螺纹的人很难得到父母祖上的余荫。

指纹是手指头的纹路，每个人的指纹都是独一无二的，而且一生都不会改变。指节纹是手指节的纹路，不同的纹路，也都代表不同的命运。

双手十指都没有螺纹的人比较难得到父母祖上的余荫，很少出生于富贵家庭，在幼年时期可能家境比较贫寒，或缺乏照顾，或很早就离家发展。青年时期事业艰辛，且不容易得到六亲的帮助。中晚年的运程会顺利许多，但是要注意心血管系统以及肠胃系统的保健。

图解手相

每个人的指纹都是独一无二的，而且一生都保持不变。

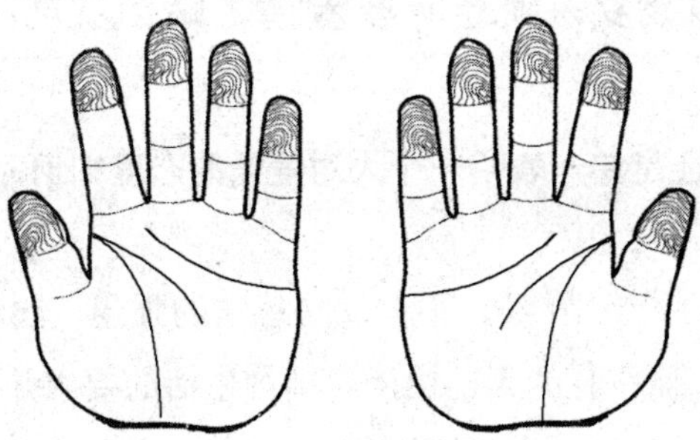

35 生命线短的人寿命就短吗

生命线预示着一个人的体能、健康和生命力等身体状况。

大体来讲，生命线越长、越深，则表明这个人的生命力越强，身体越健壮、精力越旺盛，同时也代表着寿命能否长久。

相反，如果这个人的生命线又短又浅，则预示着他生命力弱，体质较差，也没有很强的抵抗力，容易生病。若双手的生命线都很短，就表示他在晚年的时候容易被疾病困扰，需要多加注意以保证自己的健康。

生命线短的人寿命不一定短，因为一个人的寿命长短，不能单纯以生命线为标准，生命线长也会因旁生支线而变坏，生命线短也可能生出好的线纹来弥补，当然还需要综合其他部位及面相学，才能得到较精确的结论。

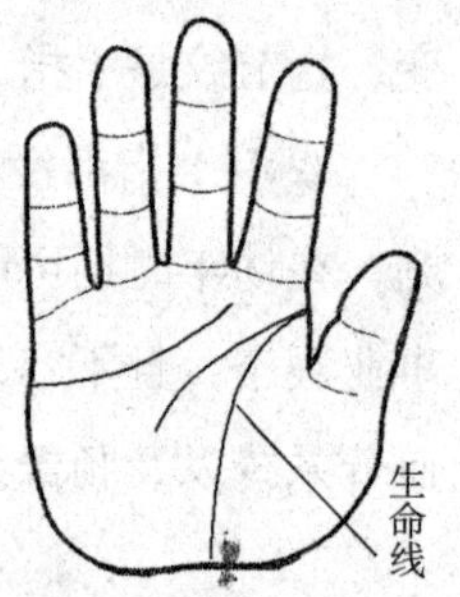

图解手相

生命线长短不能决定寿命的长短，而只能表明生命力的强弱。

36 感情线复杂就意味着爱情之路很坎坷吗

感情线复杂还是单一表明一个人对爱情的态度如何。

感情线，又称为“爱情线”，不但反映感情的强弱，同时也表明感情的复杂或单纯。感情线单一而平直的人，由于对精神生活的要求并不高，也就是对感情不抱多大的期待，所以感情生活单纯是很自然的，但是感情世界简单的人并不一定幸福，因为判断爱情的幸福与否，还要加上另一方的共同努力，以及周边环境的配合才行。

感情线复杂的人，大多都追求完美的爱情，在他们的感情世界里，爱情应该是第一的、梦幻的、浪漫的、甜蜜的、细腻的……持有这种爱情观的人自然在追求爱情的过程中会比较辛苦：要争取自己做到最好，希望自己在对方的心里是公主或白马王子；在乎对方对自己的感觉，希望对方对自己是绝对的真心和专一，这样的心态一定会把自己搞得很辛苦，爱情路注定坎坷。

若是感情线上出现横纹或锁链状，则说明用情不专或受到外力的阻挠；如果感情线旁有多条平行细纹的话，则感情丰富，太多情，容易受人引诱而上当。

图解手相

a. 感情线单一平直，感情世界单纯；感情线复杂，爱情之路必定艰辛；

b. 感情线上出现横纹或锁链状，说明用情不专、感情受阻或有婚变；

c. 感情线旁有多条平行细纹，感情丰富，太多情，易受人引诱而上当。

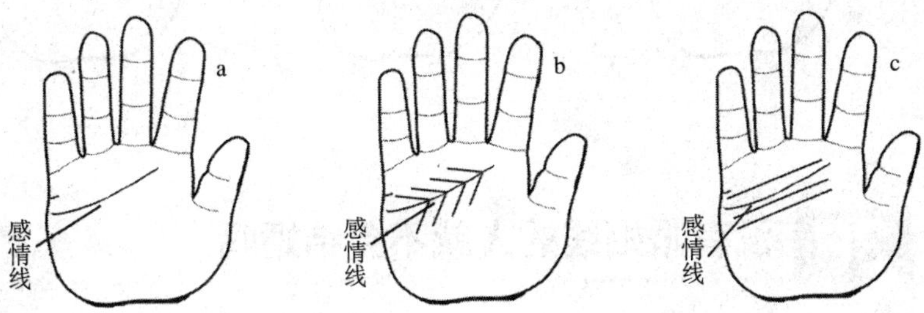

37 智慧线短或中断的人就是笨人吗

智慧线代表一个人的意志力、思考力、气质、个性、记忆力、想象力、应变力、适应力、自制力、灵感、创造力。

智慧线较短的人，只是意志力比较薄弱，热情不高，对任何事情都提不起精神来，但这并不代表他的智商低。

智慧线仅达中指底下的人，从小注意力就不集中，记忆力与意志力也比较差，所以学习成绩总是不理想，在老师、家长的眼里是个“笨”孩子。长大后，这样的人心胸也比较狭窄、自私，并且缺乏耐性，所以难以找到知心朋友，再加上工作热情不高，做事得过且过，难以得到老板的认可和信任，所以事业上也难得到突破性的进展。

智慧线中断的人，或是出现断断续续的情形，除了注意力不能集中、意志力不强外，也可能会有脑部受创的情形，容易犯偏头痛的老毛病，或是比较健忘。

图解手相

a. 智慧线短的人，注意力难以集中，意志力较差；

b. 智慧线仅达中指底下的人，注意力不集中，意志力差，心胸狭窄；

c. 智慧线中断的人，注意力不集中、意志力薄弱，脑部也可能受到创伤。

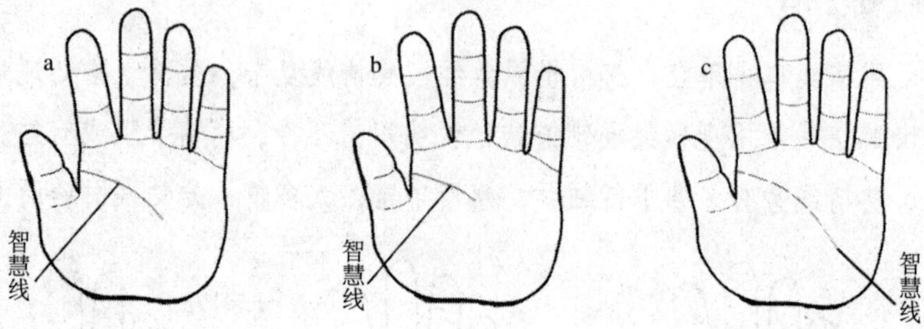

38 没有婚姻线的人就不会结婚吗

没有婚姻线的人，性机能比较弱，人生的大部分时间都处在单身状态。

没有婚姻线或婚姻线不明确的人往往性机能比较弱，对“性”不感兴趣，肾脏功能较差。具有这种特征的女性大多有性冷淡症的情形出现，对异性不感兴趣，也漠不关心，异性缘也较差，所以单身的几率比较大。

在这里要注意的是，有些人还不满20岁，所以他的婚姻线还没有形成，而随着年龄的增长会慢慢出现。因此，在这种情况下，也不能说没有婚姻线的人就注定单身。

相反，婚姻线太丰富的人也不一定不会单身，关键在于自己对婚姻的看法和对以后人生的把握，主要取决于自己的选择。

图解手相

手掌上没有婚姻线或婚姻线不明确的，并不代表永远单身，它只表明这种人的性机能较差；

未满20岁的年轻人由于婚姻线还没有形成，所以不能就此断言他以后不结婚。

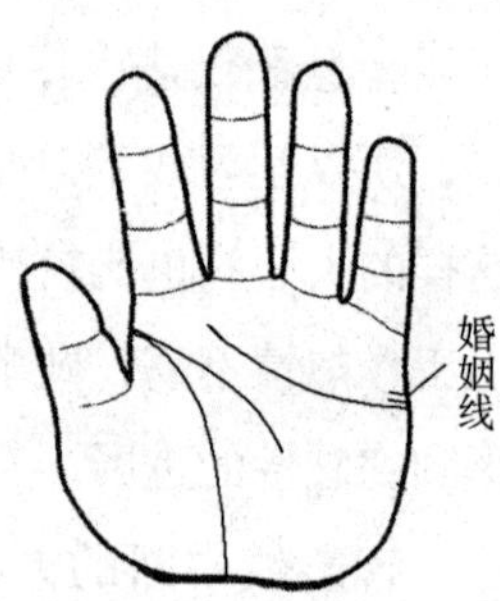

39 无名指长的人容易有同性恋倾向吗

无名指长的人，有同性恋倾向的几率大于无名指短的人。

无名指长的人容易有同性恋倾向是源于德国科学家的研究发现：无论男女，右手食指和无名指的差距是其性取向的重要标志之一。

若他（她）右手的食指和无名指等长，则他 70% 以上是个同性恋，即使不是同性恋，至少也说明他（她）的同性缘比异性缘要好得多。

一般来说，人手上生命线、感情线和智慧线三条主线是比较清晰的，可是有一些人的手上会有一些细细的线贯穿整手，这称之为阻碍线。同性恋的人常常会受到很多的阻碍或困扰，所以手上常会有阻碍线的存在。

感情线与智慧线这两条线都很乱的人，代表常被情所困，且对感情的处理态度与常人不太一样，比较有可能成为同性恋。

当然，有此手相特征的人未必都是同性恋，某些人可能仅表现为感情道路比较复杂、坎坷。

图解手相

无名指长的人未必都是同性恋，但几率比较大。

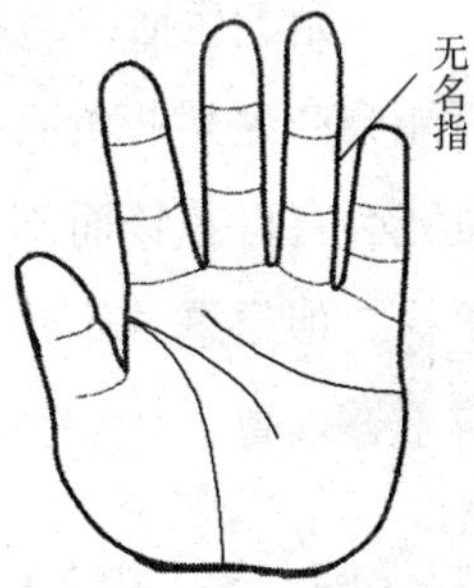

40 断掌的女人会克夫吗

拥有断掌手相的女人正直、理智、为人严肃。

拥有断掌手相的女性很难要求她有女性化的魅力；为人心直口快，很重理智，公事公办，丝毫不偏私，也不善调情。因此一旦恋爱，婚姻多半不幸福，但这不代表她会克夫。断掌且手比较小的男性，个性强，对善恶敏感，是个不见棺材不落泪的人。如误入歧途，将会成为黑社会的首脑人物，如走上正道，则会是个大事业家。

图解手相

断掌的女人心直口快、很重理智，也不善调情；

断掌的男人爱憎分明、坚定执著，不达目标不罢休。

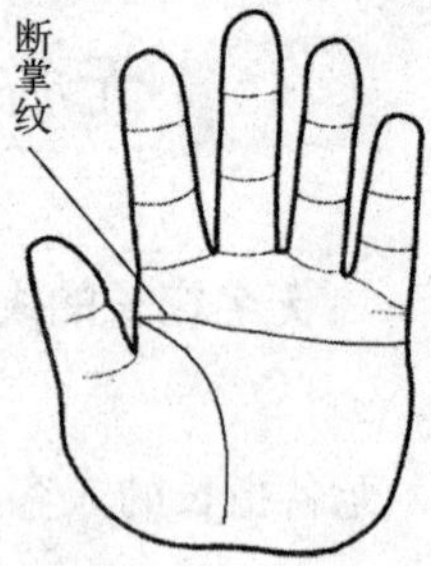

41 智慧线很长的人就有钱吗

以自我为中心、过于自信、执行力强，办事有计划，讲实际，按部就班，成功率高，但嫌薄情，心脏坚实。

智慧线很长的人，表示一切都以自我为中心来思考、行动，此类人十分聪明自信，有执行能力，计划性强，注重实际工作，一往无前，大都有成功的人生。

在婚姻生活中，双方互相理解、支持，算是比较幸福，不过要小心经济方面可能会产生某些负面影响。因为拥有这种掌纹的人处理事情太理想化、太自信，可能会盲目花钱而不计后果，所以会让双方因为财务运用方面的观念不同而起争执。但是这并不代表智慧线长的人就一定有钱，只是表示他在花钱方面表现得不够理智。

图解手相

智慧线很长的人以自我为中心，扎实自信，执行力强，做事有计划，成功率高。

智慧线长的人婚姻生活比较幸福，但要注意经济方面可能会与对方发生矛盾。

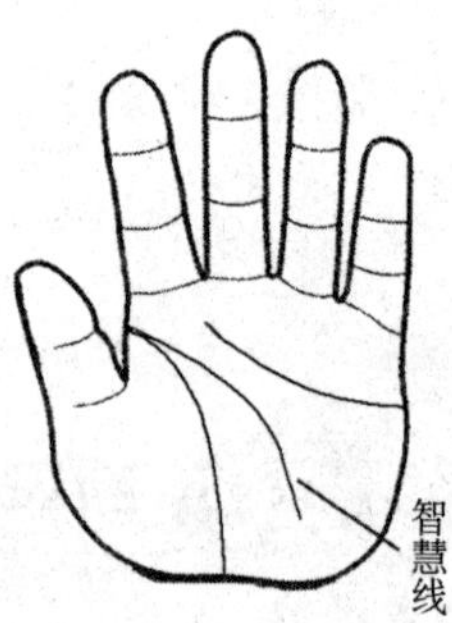

42 有两条生命线的人注定会长寿吗

有两条生命线的人精力充沛、体质健壮、抵抗力较强。

生命线虽然是人在母胎中最先形成的掌纹，但是有两条生命线的人，并不代表其寿命一定会比一般人长，只表示此人的精力旺盛、体质健壮、抵抗力比较强。如果此人天生就体弱多病，那么如果有两条生命线的帮助，就可以很快恢复健康。有两条生命线的人常会逢凶化吉，对长寿有辅助作用。

有两条生命线也表明此人会有“两个母亲”，也就是说，除了生母外，还会有养母，或者有能帮助自己成长的其他女性。

图解手相

有两条生命线不代表能长寿，但能表明此人的体质好，具有很强的抵抗力，还表明此人会有“两个母亲”——生母、养母，或其他能帮助自己成长的女性。

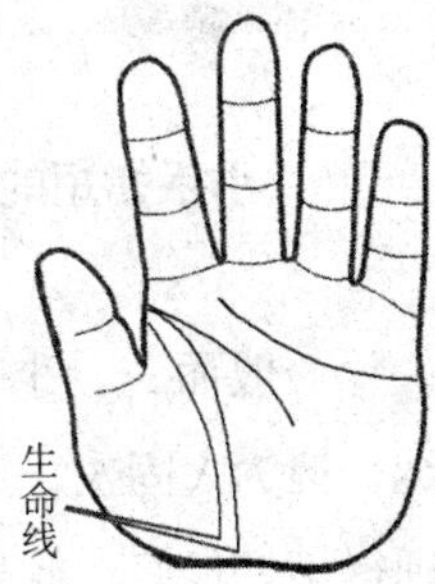

43 小手指长的人容易走桃花运吗

小手指长的人有魅力、能言善辩，容易受到异性的关注。

小手指的长度超过无名指的最上面那个关节的人，能言善辩，具有较强的语言表达能力和观察力，表现欲较强，容易吸引异性的注意力；但这类人缺乏纪律观念，不喜欢被约束，总是我行我素。小手指长的人生殖能力强。

具体而言，小指的三个指节当中，指节最长的，就是你的优点所在。

指节头最长的人具有无限的魅力，能够吸引人，而且语言表达能力较强，观察力也不错，不容易上当受骗。中间指节最长，代表天生擅长照顾人，并且忍耐力极强，不少医生、护士、幼师都拥有这样的指节。手指底部一节最长的人喜欢自由自在，向往无拘无束的私人生活。此外，这种人能言善辩，喜欢讲道理，善于辩论。

图解手相

小指指节头最长：语言表达能力强，具有很强的观察力，不容易受骗；

小指中间指节最长：忍耐力强，细心，会照顾人；

小指手指底部一节最长：能言善辩，不拘小节。

44 小手指短的人容易被人利用吗

小手指短的人比较天真，容易被人利用以致上当受骗。

一般而言，小手指的长度还不到无名指的最上面关节的人，比较忠厚、单纯，但为人固执，不懂得变通，再加上语言表达能力较差，所以在人际关系上处理得不是很好。此外，由于这类人比较天真单纯，容易相信别人，因此容易被人利用以致上当受骗，如果从事买卖，往往是血本无归。

具体而言，小指的三个指节当中，指节最短的，就是你的缺点所在。

指节头最短，说明此人表达能力差，加上天生害羞，很难让别人了解自己，人缘也相对比较差。中间指节最短，代表这个人为人忠心耿耿，处世态度经常保持一致，立场不易改变。这看似优点，其实不然，最大的问题就是这种人不知变通、顽固、偏执。手指底部一节最短，代表个性天真，容易相信他人。这本是好事，但在这个复杂的社会中，所谓“天真”很容易变成无知，所以还是要小心谨慎为好！

图解手相

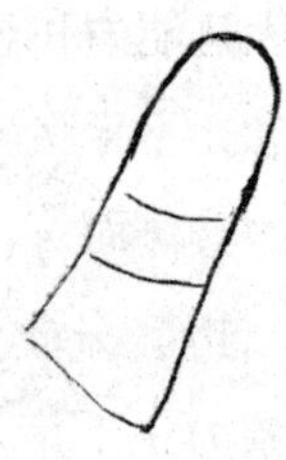

小指指节头最短：表达能力差，人缘也相对比较差；

小指中间指节最短：忠心，但不知变通，较顽固；

小指手指底部一节最短：天真，容易相信人，因此容易被人利用。

45 三大主纹间距窄的人心胸也窄吗

三大主纹的距离只可宽，不可窄。

天纹（感情线）、地纹（生命线）、人纹（智慧线），合称天、地、人三大主纹。所以，提起这三大主纹，意思就是感情线、生命线和智慧线。

三大主纹是各自独立分开的，分别代表和预示着一定的事物。此外，三大主纹之间的距离也从某种程度上说明了一定的问题。

如果有的天纹和人纹的距离很近，表示其人的心胸不够开阔，个性比较急，容易动怒，甚至要注意身带暗疾。若是人纹和地纹很接近，表示其人的思想闭塞，容易钻牛角尖。一般来说，三大主纹的距离只可宽，不可窄。

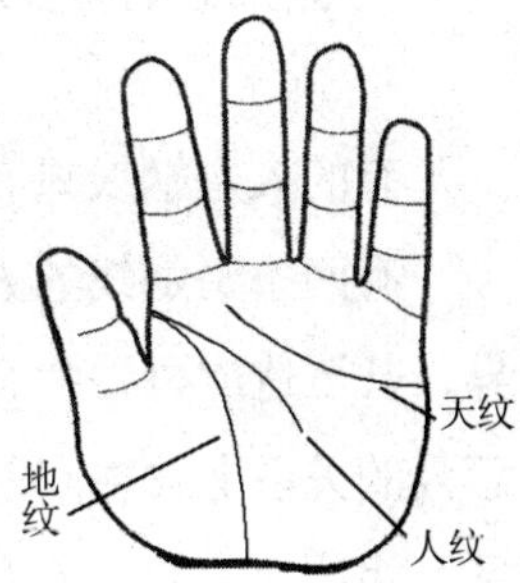

图解手相

天纹和人纹很接近，心胸不够开阔，容易动怒；

人纹和地纹很接近，思想闭塞，容易钻牛角尖，性格内向，没主见。

46 金星丘开阔的人性欲也比较旺盛吗

金星丘开阔与否关系着一个人性欲的强弱。

金星丘是九大丘之一，从这个区域能够看出一个人的爱情观、审美观、性欲和拥有的激情。

金星丘如果比较开阔，意味着对生命中很多事情都非常感兴趣，或者充满爱欲、性欲，或有能力全身心投入某项工作中。如果金星丘狭窄、柔软，这个人可能会对很多东西都充满好奇，但是一遇到困难会很容易退缩。一个厚实且开阔的金星丘往往暗示着积累了大量物质财富。这个人可能会是一个时尚人士，也可能是一个很出色的厨师或者园丁。金星丘比较小且窄表示此类人脾胃消化系统不好，大都对艺术、烹调、园林和漂亮的衣服之类缺乏兴趣。

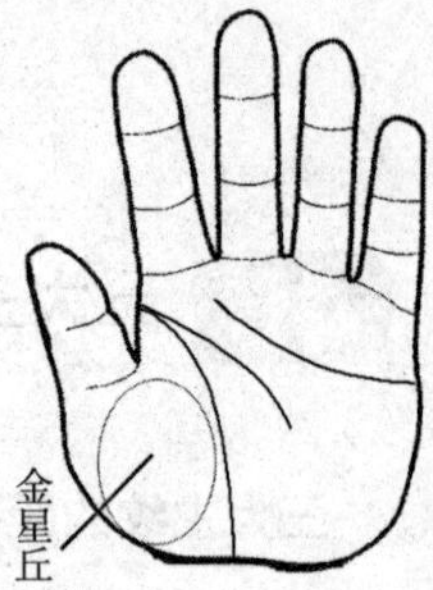

图解手相

金星丘开阔的人有强烈的好奇心，爱欲和性欲。金星丘高大的人有声望。

47 婚姻线多的人比较花心吗

婚姻线的多少与一个人对爱情的态度有关。

有的人婚姻线只有一条，有的人则有数条。

有两条婚姻线的人，表明能获得温暖的爱情，但正式结婚后可能会分居或离异，甚至造成再婚状态。两条婚姻线极其靠近，且长度不一的人，表示会在三角恋爱的关系上发生问题。如果上面的线较长，表示在结婚前会跟其他异性发生关系。相反地，如果上面的线较短，表示结婚后会跟其他异性发生关系。

有三条婚姻线的人，主爱情复杂、贞操观念淡薄，容易流于风流和多情，但若是有智慧，就可以避免纷争。

婚姻线特多（四条以上），主享受肉体的乐趣多于精神。因为是一个贪欲的好色之徒，所以很难过健全的家庭生活。

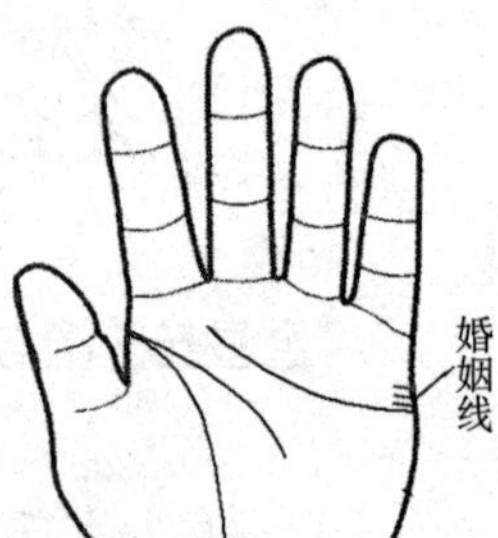

图解手相

有三条或三条以上婚姻线的人，相对而言比较花心。

48 无名指长的人好赌吗

无名指主掌一个人的才华、人缘和财富。

在五个手指当中，无名指的长度仅次于中指，它象征着一个人的艺术才华、人缘和财富，这是手相学家一致认同的。所以，一看到无名指，往往会令人想到和创作天分相关的事物。

但是，一般而言，无名指长的人容易有好赌的倾向，这是件令人最头疼的事。这样的人，将金钱视为身外之物，他之所以赌钱，不是因为贪财，而是喜欢追求刺激，加上个性不服输所致。无名指代表配偶，它斜向中指方向，说明配偶做事依赖自己。无名指长的人容易有大的志向。

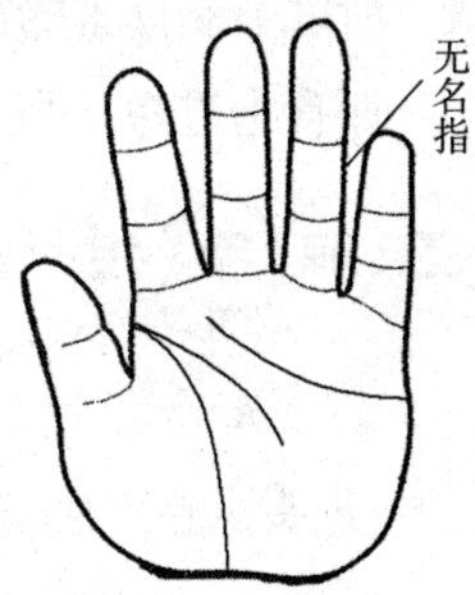

图解手相

一般而言，无名指长的人，喜欢追求刺激，好赌，但容易有大的志向。

49 中指短的人没有投资头脑吗

中指代表自己，它象征着一个人的命运。

中指象征着一个人的命运。如果中指生得过短，则表示缺乏耐性和易冲动。这种人必须好好约束和规范自己的情感，不然很容易做出令自己后悔莫及的事。

中指短的人在金钱的投资打理方面也是倾向于盲从跟进。如果能获利纯属幸运，要是全盘皆输，将会从此一蹶不振。中指代表自己，太短的人没有自信，它斜向无名指说明自己做事依赖配偶。

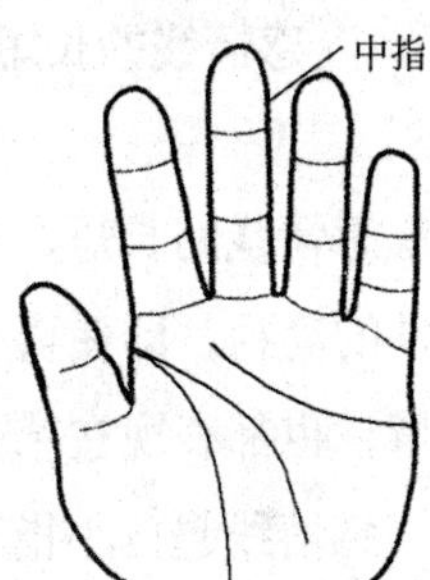

图解手相

中指较短的人缺乏耐性和易冲动，在投资理财方面也倾向于盲从跟进。中指较短的人没有自信。

50 食指过长的人存不下钱吗

食指意味着一个人的支配欲、权力欲与进取心。

食指通常意味着支配欲、权力欲与进取心，所以食指较长的人，性格也比较顽强，相当具有企图心。食指代表兄弟姐妹，五指并拢时，食指紧贴并斜向中指说明兄弟姐妹办事依赖自己。

但是食指过长，则表示此人性格偏强硬、高傲、爱出风头，财大气粗、喜好玩弄权柄，支配他人。这种类型的人，钱赚得多，花得也多，往往很难存得住钱。所以节制挥霍的欲望，改变消费习惯，是根本之道。

而食指过短，则表示此人缺乏进取心与责任感。

图解手相

a. 食指过长的人，高傲、爱出风头，存不住钱；

b. 食指过短的人，缺乏进取心与责任感。

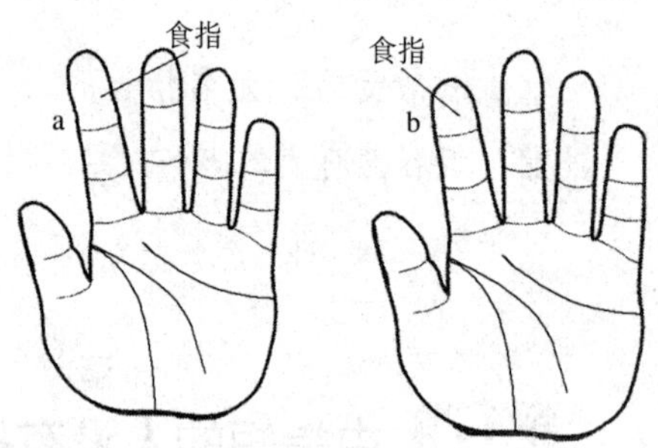

51 感情线比较长的人是肉体享乐者吗

感情线的长短可以表示一个人的感情是复杂还是单纯。

感情线的长短，不但表现感情的强弱，同时也表现感情的复杂或单纯。人是感情的动物，即使再有智慧，也无法过着缺乏感情的独居生活。至于喜怒哀乐的感情，也都表现在感情线上。

感情线起自小指下方，延伸到土星丘的人，主贪图肉欲的爱情，不但会滥用感情，而且情绪反复无常。

感情线延伸到木星丘，而末端下降的人，喜欢照顾别人，同时也暗示容易遭遇到突发性的事故，所以平时要多加提防。

感情线起自小指下方，而延伸到木星丘再下降的人，主同情心重，富有牺牲精神，所以往往会是牺牲自己而成全别人的伟大之人。

图解手相

a. 感情线延伸到土星丘的人，表示易滥用感情，且情绪反复无常；

b. 感情线延伸至木星丘的人，表示此人易遇到突发性的事故。

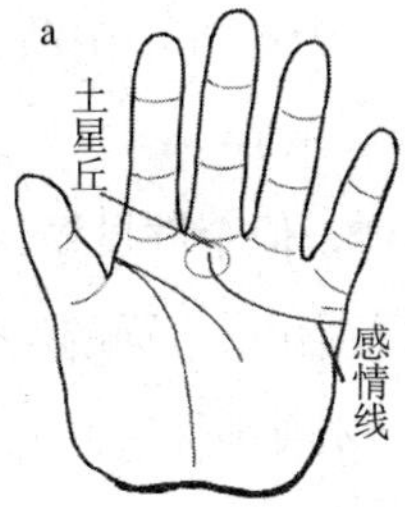

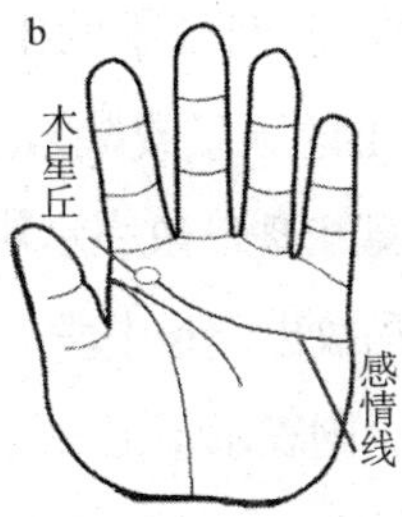

52 感情线中断的人婚姻不稳定吗

感情线不宜中断或断断续续及有岛纹附其上。

感情线是与感情生活有关的纹线，不宜中断或断断续续及有岛纹附其上。感情线中断常见的有两种情况：

感情线在小指下方中断的人，主因过于重视物欲，且较自私，所以导致恋爱或婚姻的失败。

感情线在中指下方中断的人，表示不会因个人问题，而会因命运的安排，使感情破裂。感情线上有岛纹的人，有婚姻磨难，纹小则夫妻矛盾小。

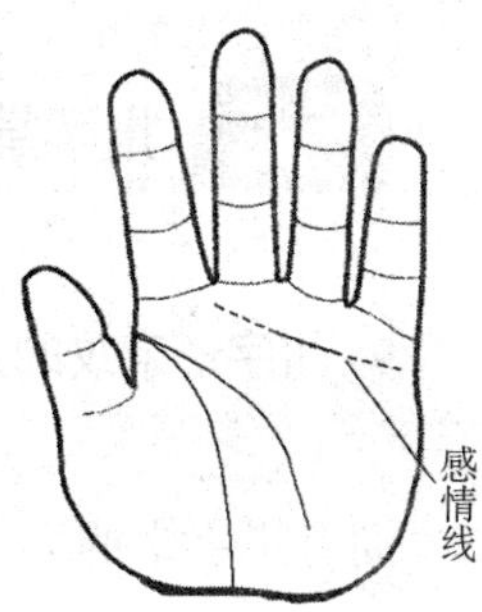

图解手相

感情线在小指下方或中指下方中断都会出现感情破裂。

53 生命线中断或出现岛纹，生命会有危险吗

生命线显示生命力的强弱、健康状况、家庭与居住吉凶的问题。

生命线有破坏就代表生命遭到某种灾厄，只要生命线出现中断或有岛纹，以及生命线非常短的表形，就代表发生意外事故或罹患重病的机会比一般人高，需注意日常小细节；若两只手的生命线断在同一个地方，中断长度都有一厘米以上，表示有智力上的不足或缺陷。

若生命线前端出现岛纹表示对事物考虑周详，但个性畏缩、气度狭小，年纪大时健康不佳；若岛纹出现在中段，多属于有肠胃消化道方面的疾病，应多注意饮食；若出现在尾部时，则表示年纪大时骨质较虚弱，稍有神经质的毛病。

图解手相

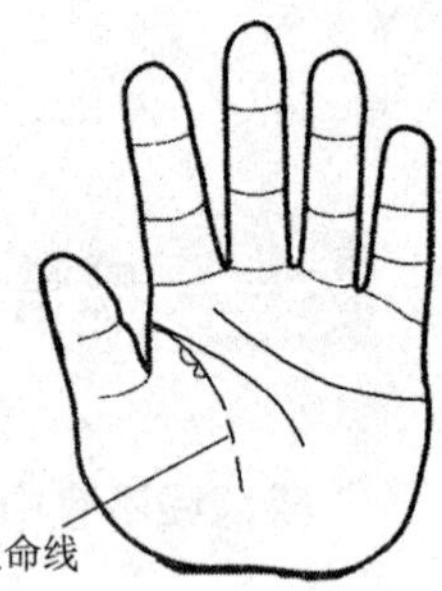

生命线中断表示有灾厄；

生命线有岛纹表示有灾厄；

生命线非常短表示有灾厄；

两手的生命线断在同一个地方，中断超过一厘米表示智力有缺陷；

生命线前端有岛纹表示个性倾向畏缩；

生命线中段有岛纹表示注意肠胃消化道方面的疾病；

生命线尾部有岛纹表示年纪大时骨质弱，稍有神经质的毛病。

54 川字掌的人和母亲的关系处理得不是很好吗

川字形掌纹的人与母亲的缘分较薄。

拥有川字掌的人个性独立自主，充满信心，执行力、适应力强，但也较任

性、独断、叛逆。

一个人如果有川字形掌纹，则显示这个人与母亲的缘分较薄，因为从小就个性叛逆、不顺从，即使与母亲同住也难接受母亲之关怀爱护。由于自小便很独立，渐渐地会偏向自信，做事较为主动积极，勇于负责，处事果断，感情上爱憎分明。但是若没好好教导，很容易过于自负、主观、倔犟，待人处世也会因过于任性而影响人际关系。

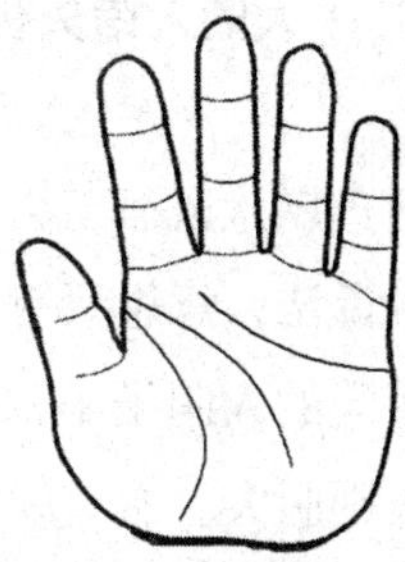

图解手相

有川字形掌纹的人，个性叛逆、不顺从。

55 川字掌的女人不浪漫吗

川字掌的女性独立性强，不轻易表露自己，少浪漫气息。

川字掌的女性不浪漫，或属于辛苦命，当然这也是性格使然。通常双掌都是川字掌的女性，多将对丈夫的关怀全都放在心灵深处，不轻易表露，再加上凡事都有自己的主见，不懂扮演小鸟依人的角色。另外，这样的人开明，接受新事物能力强，但有些固执。

至于辛苦命，正因其独立性较强，表现自己能力的心性较重，于是好像不能停下来似的，总要找些活来干。古人认为川字掌的男性在事业上会很有发展，原因也是如此，当然放在女性身上，过于注重事业，难免对婚姻造成压力。若只看事业的话，川字掌的女性在事业上的成就，较其他掌纹有较佳的发展。

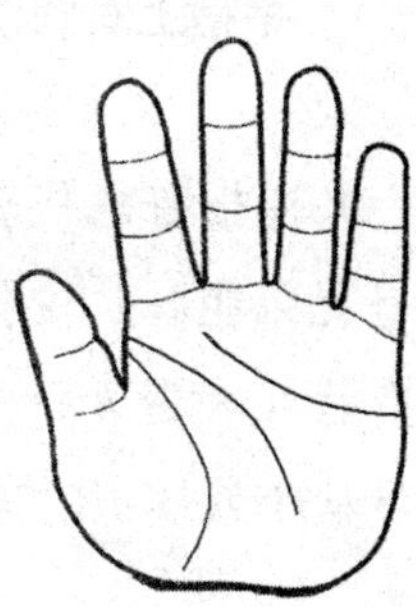

图解手相

川字掌的女性不浪漫，或属于辛苦命，独立性强。开明，接受新事物能力强，但有些固执。

56 手大的人不如手小的人命好吗

手大的人错失机遇，手小的人抓住机会。

自古以来就有“大手抓土，小手抓福”、“大手抓柴，小手抓财”等说法，不管哪种说法，意思只有一个，那就是手大的人不如手小的人命好。

手大的人胆子小，小心谨慎，靠勤俭起家，往往会错失许多发财机会。而手小的人则胆大、有气魄，往往一下子能抓住机会，使金钱滚滚而来，所以也常说“小手抓钱，一抓万金”，这种人从不错过任何机会。

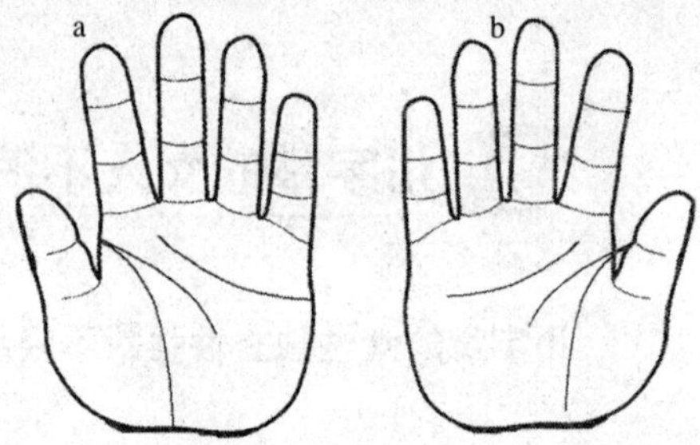

图解手相

a. 手大的人胆小，靠勤俭起家；

b. 手小的人胆大，钱财滚滚来。

57 手指上有痣的人身边有贵人吗

手指上有痣意味着你身边有贵人。

大拇指有痣代表父母是自己的贵人，或父母很有成就；食指有痣代表贵人是兄弟姐妹；中指有痣代表贵人是自己；无名指有痣代表贵人是配偶；小指有痣代表贵人是子孙。拇指有痣或食指上有痣的人，往是从小就认识的男女朋友。

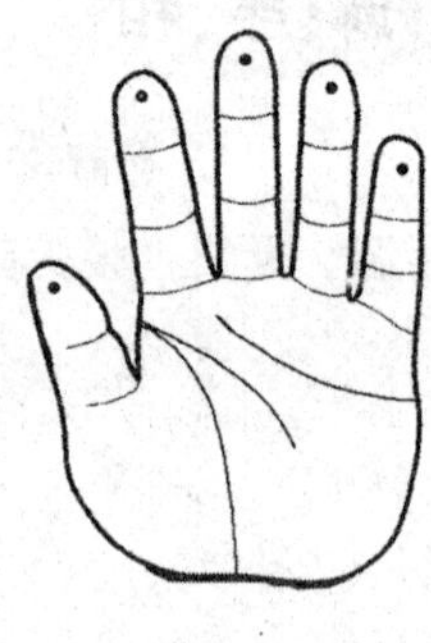

图解手相

大拇指有痣，贵人是父母，或父母很有成就；

食指上有痣，贵人是兄弟姐妹；

中指有痣，贵人是自己；

无名指有痣，贵人是配偶；

小指有痣，贵人是子孙。

58 拇指厚实的人就有富贵命吗

拇指厚实仅仅表明他的用钱观念，与富贵命关系不大。

拥有厚实拇指的人，用钱的观念十分实际，不会将钱花在过分强调感官享受的事情上。华丽的衣服和美食在这种人的眼中是极为不实际的，所以这样的人容易积攒财富，一辈子也不会缺钱。另外，这样的人，对生活的要求很简单，为人也相当务实，说一是一，不会有太多的心机。

平而薄的拇指，与厚实的拇指正好具有相反的性格。这样的人不喜欢一板一眼的日子，性格具有神经质的特性。如果拇指又平又短，对于理财则会因过于谨慎保守而变得优柔寡断。

图解手相

a. 拇指厚实说明不会乱花钱，理财能力强，没有太多的心机；

b. 拇指平而薄说明性格有点神经质，理财过于谨慎保守，甚至有点优柔寡断。

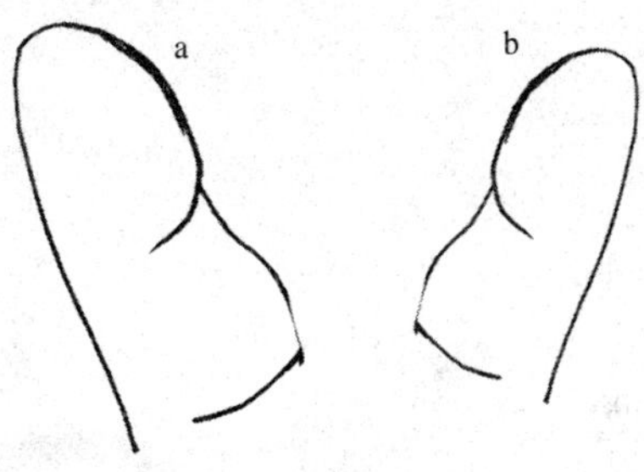

运势

卷一 手相知识100问

解惑篇

59 什么样的人婚姻幸福美满

感情线以长度适中、平直，而且甚少弯曲者为佳。

感情线以长度适中、平直，而且甚少弯曲者为佳。而不同的纹线及走向又预示着不同的爱情信号。感情线末端走向食指下方或在食指与中指间呈叉状，表爱心坚定、对爱情理性、尊重友谊、婚姻幸福，为爱情之最佳保证。若末端呈三叉状，则更是幸福和美满，有此特征的人是所谓“情深义重”型，在功利主义盛行的社会里可是抢手货呢！感情线三叉者，人际关系好，温柔体贴，疼爱小孩；对异性有吸引力，有热烈的恋爱。

俗话说爱之深，恨之切，即使有此手相的人也要学着去适应爱所带来的一切，如此，你才能勇敢地去面对爱所带来的任何冲击，甚至如鱼得水。

图解手相

感情线末端走向食指下方或在食指与中指间呈叉状，表爱情坚贞、友谊纯洁、婚姻幸福；若末端呈三叉状，则会更加美满。

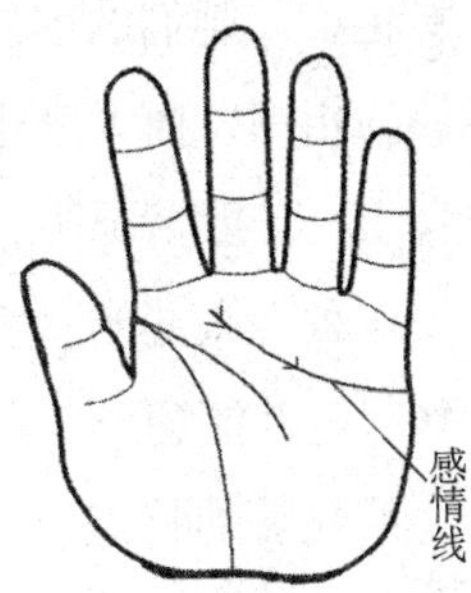

60 你是天生债务背不完的人吗

事业线有岛纹、掌背青筋凸起、齿缝不补、常叹气者常负债。

事业线出现岛纹：由手掌底部指向中指的事业线出现岛纹时，表示往往会因为工作失败而负债，如果事业线最后指向食指与中指间指缝的话，则代表一生中的心血都付诸东流。

掌背青筋凸起：手背有青色的筋凸起超过3个月以上的人要小心，可能因为金钱损失而负起巨额的债务。

此外，如果发现常叹气、常吐口水等情况则表明会有背不完的债务。

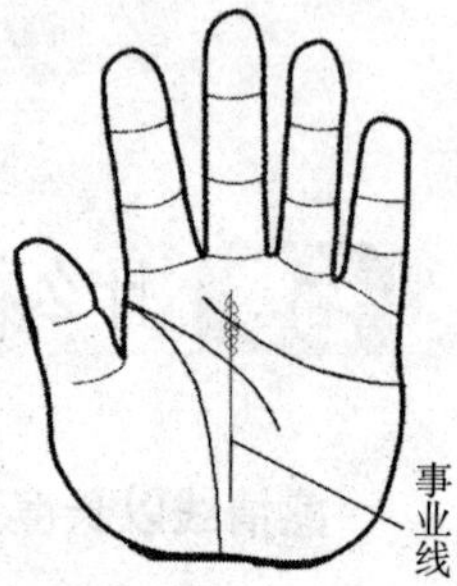

图解手相

事业线出现岛纹：表示因工作失败而负债；

掌背青筋凸起：表示因为金钱损失而负起巨额的债务。

61 什么样的女人才是万人迷

手柔、有弹性、十指向手背能翘起呈30度以上弧形者。

也许，她们的容貌并不是出类拔萃，但是众多的男人都喜欢她们，愿意听从她们的指挥，而大家也都喜欢跟她们合作，可以说是人见人爱。她们最适合做公关女士，一般情况下，她们一出马，必定会马到成功。

这种万人迷的女性，手一般都具有这样的特点：整个手绵软柔长，十指向手背翘起，并能翘成30度以上的弧形，而手掌心又极富弹性。

最显著的特点还有：感情线上有许多条细纹支线往上（冲手指方向）伸出。如果此种类型的女性，感情线不仅向上有细纹，向下（掌心）亦有细纹，而且交错纵横、方向不定，那么表示她的社交能力虽然很强，异性朋友多，但容易卷入多角情感旋涡之中，有时不能自拔而惹出事端，所以要警惕才是。

图解手相

感情线上有许多条细纹支线往上（冲手指方向）伸出，说明此女为万人迷。

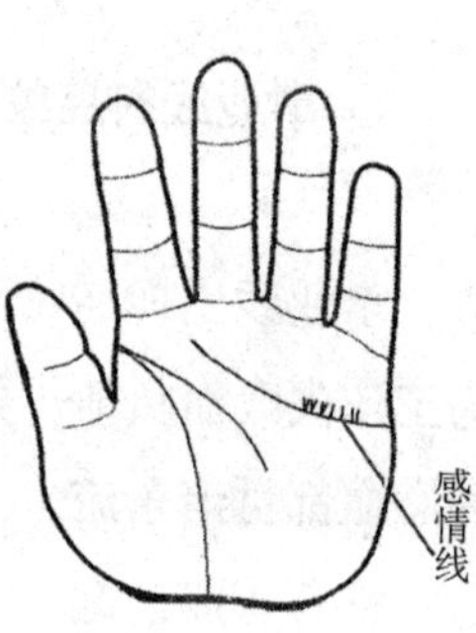

62 什么样的人会有异地情缘

拥有两条明显、几乎等长的婚姻线的人多有异地情缘。

两条长度几乎等长的婚姻线，可能代表会有异地情缘。所谓千里姻缘一线牵，也是人生不可错过的幸福。不过，需要注意观察两线间的距离。

若是距离较远，有 4 ~ 5 毫米，表示婚姻和谐，但会有一段时期，因工作或出国，而使得夫妻聚少离多。不过当双方再碰面时，感情反而会变得更甜蜜。

若是两线很接近，间隔仅 1 ~ 2 毫米，表示三角恋爱或婚外情。若上线较粗深，下线较细浅，表示婚前有三角恋爱；反之，则是婚后会有婚外情。有这种手相的最好不要早婚，因为如果太早安定下来，心智尚不成熟，很有可能会再婚。

图解手相

a. 两条几乎等长的婚姻线，如果有 4 ~ 5 毫米的距离，表明婚姻和谐，因工作原因会短暂分离，但不会影响两个人之间的感情；

b. 两条婚姻线如果有 1 ~ 2 毫米的距离，表明会有三角恋情或婚外情出现。

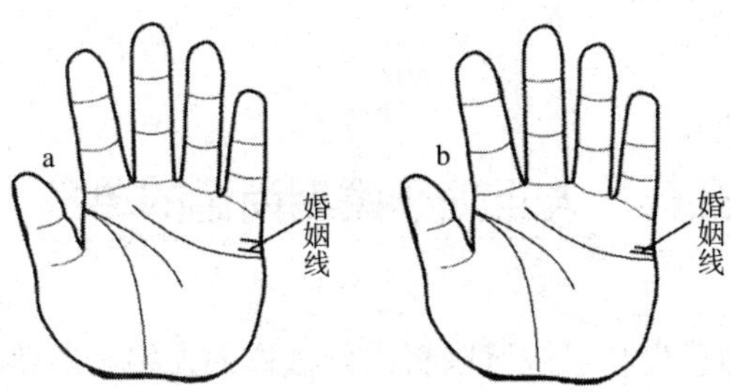

63 从感情线可以判断一个人的人际关系吗

从感情线可以认识自己的性格而构建更好的人际关系。

从感情线可以了解一个人的性格和与他人相处的态度，这有助于认识自己隐藏的性格，而建立起更好的人际关系。

感情线上出现数条细小的线纹：以自我为信念的人，有时显得有些任性，在人际关系上对于自己所表现的冷淡态度也不以为意。

感情线断裂且有许多细纹：对人的好恶非常明显、情绪起伏不定，心情好是快乐的人，然而如果令其发怒会变得歇斯底里而令周遭人感到恐惧。

感情线延伸到食指指根：随时保持冷静，这种类型的人若成为领导者，凡事能顺利地推展，不过，自尊心相当强，会选择与自己的品位相投的人为友。感情线在食指下部上扬者，纯事业型，有计划，不盲干，不达目的不罢休，独立意识强，易抗上，爱表现，会成为某一方面的权威人物。

感情线整体呈断裂状，中指和无名指指根有许多半圆形的细纹：深受异性的喜欢，常有恋爱方面的纠纷，对美敏感，喜欢追求异性，善解人意，有艺术和浪漫气质，有时脾气大。这一点应当注意。

图解手相

通过感情线可以判断一个人的性格及其人际关系如何。

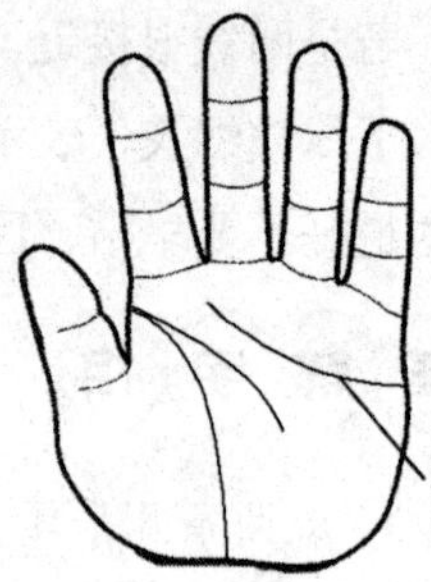

64 什么样的人正处于婚期尚远的单身

从婚姻线的多少和纵线可以看出什么样的人将长期单身。

有数条婚姻线，而且有数条细细的纵线，由下往上切过婚姻线，成为一种网状的婚姻线结构，具有这种手纹的人婚期尚远。或许是失恋了不想再爱，或许是选择太多，反而不知道该如何选择了。

总之，你一直孤单地暗自绽放，并不知道最好的另一半在哪里，唯有期待，所以你的爱如此游移。此手相表示你现在过着单身生活，距离确定的姻缘尚需一段时间。纵然已有意中人，还是不能马上结婚，也许你还不清楚对方在你的生活里扮演什么样的角色最合适。如感情线或婚姻线出现淡红色，表示婚期即将来临。

图解手相

有数条婚姻线，且有细细的纵线，表示婚期尚远；

感情线或婚姻线出现淡红色，表示婚期即将来临。

65 什么样的人异性缘特别旺

从桃花纹、感情线、婚姻线、金星环、金星丘可以观察异性缘。

有下面几个可以了解异性缘是否旺的掌纹。

(1) 桃花纹

桃花纹多就代表异性缘好。

(2) 感情线

感情线呈现杂乱或是有锁链形状的人，因为观察力敏锐、心思细腻，所以有吸引异性的魅力。另外，感情线末端有分支纹路的人，对朋友热情，比较容易吸引异性的眼光。

(3) 婚姻线

婚姻线较多的人，代表有较多机会与异性接触交往。

成功线越清楚越深刻的人，由于性格较开朗，能为他人着想，一样会受到异性的喜爱。

(4) 金星环

此环是环绕中指和无名指根部的半圆形弧线。有此环线的人，容貌美丽，有艺术气质，高雅浪漫，对异性追求的热度大，有天然魅力，善解人意，令人痴迷，人见人爱。

(5) 金星丘

金星丘较发达的人，先天就对异性有强大的吸引力，如果又有网状覆盖的纹路，异性缘会特别旺。

图解手相

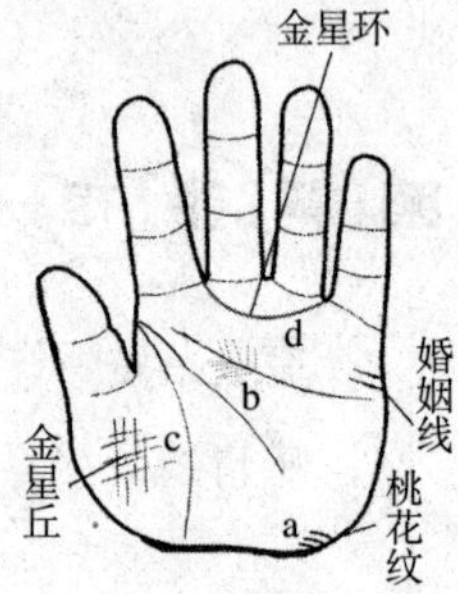

a. 桃花纹和婚姻线多的人，异性缘佳；

b. 感情线杂乱或是有锁链形状的人心思细腻，能吸引异性；

c. 金星丘发达，且有网状覆盖纹路者异性缘极佳；

d. 有金星环的人，异性缘好。

66 什么样的男人有大男子主义倾向

从中指长度、木星丘及感情线可以看出大男子主义倾向。

在五个手指里面，中指代表的是自我意识，所以中指比例偏长的男人，通常也比较容易有大男子主义的倾向。中指的标准长度，约为中指的底部到最上面那条手腕线的3/4，只要超过3/4就算偏长。

木星丘较发达的男人，个性比较固执、鲁莽，不但不懂得尊重他人，也比较好逸恶劳；而感情线平直的男人，因为生性比较冷静而淡漠，不善于沟通或制造情趣，所以也常常被认为有大男子主义倾向。

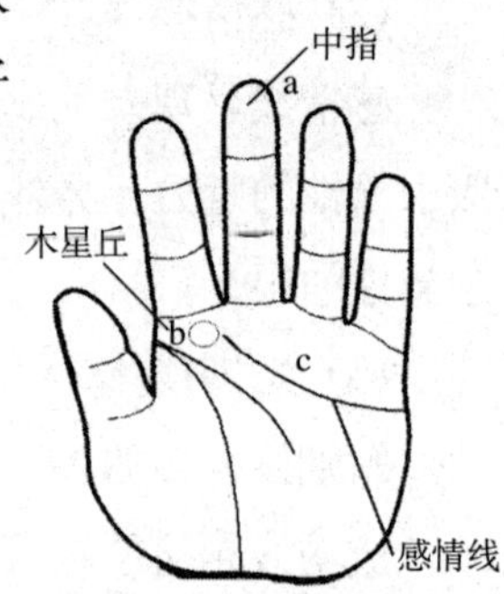

图解手相

a. 中指过长的人大多具有大男子主义倾向；

b. 木星丘太发达的人，性格任性、固执和鲁莽；

c. 感情线平直的男人比较冷漠。

67 什么样的男人比较缺乏情趣

从手指关节、智慧线、感情线可看出男人是否缺乏情趣。

一般缺乏情趣的男人的手掌比较粗糙、强硬，给人的感觉是比较粗野，不太会投机取巧，所以给人无趣的感觉，但是如果跟这种人交往久一点，就会被他的认真与热诚感动。还有手掌长且大、手指头的关节非常明显的人，会因为专心于学术研究，对爱情看得很淡，可以说是毫无情趣可言。

智慧线向掌中央延伸的手相，有这种手相的人不善于察言观色，再加上性格豪爽、过于重视现实，因此不懂得浪漫；而感情线平直的人，在情感的表现上过于理性、冷静，很难会为情行动，会给对方一种冷漠的感觉。

由于缺乏情趣的男人大多是因为性格内向或专注工作而忽略对方的感受，如果在掌纹中发现自己是这样的人的话，就要多花心思陪陪另一半，外出走走或看看电影，才不会使感情降温。

图解手相

手掌长且大、手指关节明显的人对爱情看得很淡；

智慧线延伸到掌中央的人不懂得察言观色；

感情线平直的人太过理性。

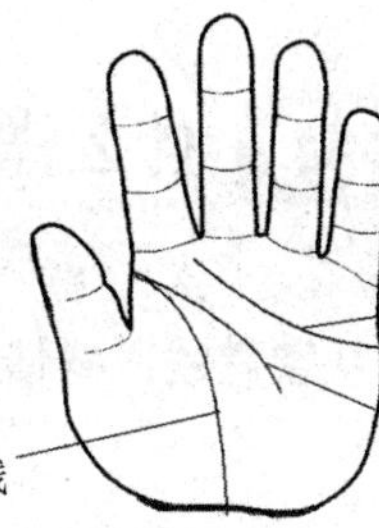

68 什么样的男人性能力比较强

一个人的性能力往往可以从手相上看出。

摊开你的掌心，仔细看看你的手掌符合以下哪一种情况？

（1）拇指以下厚度如肉球（性能力 99 分）

拇指以下至手掌根部的部位，称为金星丘。若长得肌肉发达丰厚、色泽细润有弹性，除非患有严重的先天性疾病，否则，此人的性能力是极强的。

（2）月丘部位肌肉发达（性能力 90 分）

月丘部位的肌肉高鼓隆起，这样的男人往往称得上是男人中的男人！

（3）五指根部不厚实（性能力 40 分）

若五指根部没半点厚实感，甚至是血气不足，又凹凸不平，这样的男人定然元气不足，是性无能或容易阳痿的男人。

（4）生命线末端分叉（性能力 20 分）

生命线的末端分叉，又夹杂许多细纹的人，表示此人精气神不足，常常处于性趣缺乏的状态。建议赶紧进行生理及心理的调养。

图解手相

性能力比较强的男人包括金星丘部位如肉球和月丘部位肌肉发达的人；

性能力比较弱的男人包括五指根部不厚实和生命线末端分叉的人。

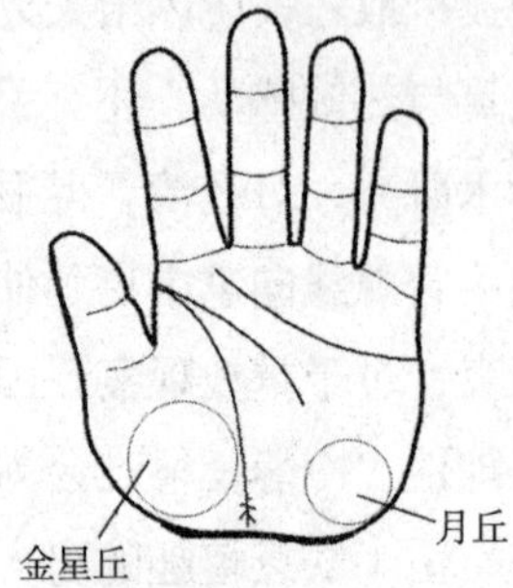

69 什么样的人容易成为守财奴

从智慧线、感情线可看出守财奴的特质。

要成为守财奴的第一要件是要有“财”可守，所以，守财奴也是有钱人的类型之一，只是在处理财产或花钱时很小气。例如，在手相里面因智慧线过长，而且横切掌面形成断掌的人，如果此人太过拜金的话，虽然财运亨通，但也会非常吝啬而成为小气一族。

掌纹里智慧线的末端如果呈现上升，特别是朝向第二火星丘上升或弯曲的时候，此类型的人对金钱相当敏感，因为视线只局限在物质层面上，往往会让人觉得好像是死要钱，很容易被人认为是守财奴。

另外，感情线起始点接近小指底部位置的话，也表示此人的气度较小，为人也比较小气。

图解手相

a. 感情线起点接近小指底部者，比较缺乏气度；

b. 智慧线末端往上弯曲且朝向第二火星丘者，对金钱相当敏感。

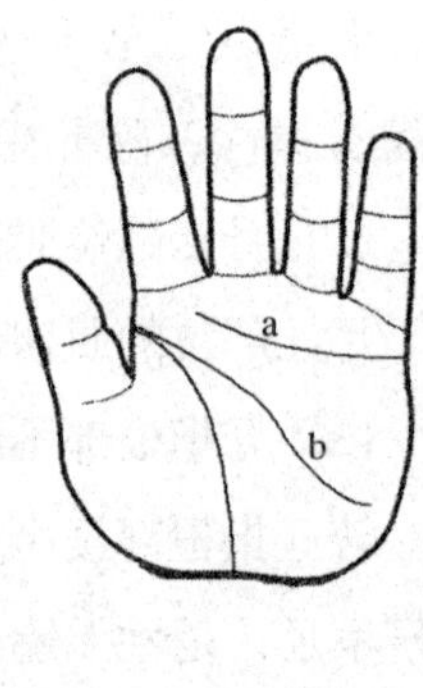

70 你具备理科型的智慧线吗

具备理科型智慧线的人适合从事研究或开发性工作。

智慧线的起点虽与生命线稍有接触，但朝着第二火星丘或月丘的上部延伸。这种手纹被认为是属于理科型的智慧线。这种人适合从事化学、电脑、机械、医药及工业设计或物理、数学的研究与产品开发工作。

有些作家和艺术家也拥有理科型手纹，这些人思维的逻辑性较强，对数字和概念性事物的理解也很好，所以日后虽然没有从事与理科相关的工作，在创作事业上，也展现了高度的秩序性和条理性。

另外有一点必须强调的是，所谓理科型的智慧线，并不一定表示要从事相关的工作才会有成就。手相学的一些观点，其实只是就每种手纹所具备的性格和特质做一种统计、观察和归类的工作，给有兴趣的读者作为参考，而不是要以此来限制人们的发展。

因此，如果你具备了理科型的手纹，却有兴趣从事文化或音乐艺术工作，以你独特的分析力与思维逻辑，也很合适。许多工作尽管性质不同，但由于区分得很细，本质相像的也很多，因此在这里顺便一提，仅供读者作参考。

图解手相

具有理科型智慧线的人适合从事化学、电脑、机械等研究与产品开发工作，但这并不是绝对的。如果对艺术性的工作很感兴趣，也适合从事这方面的工作。

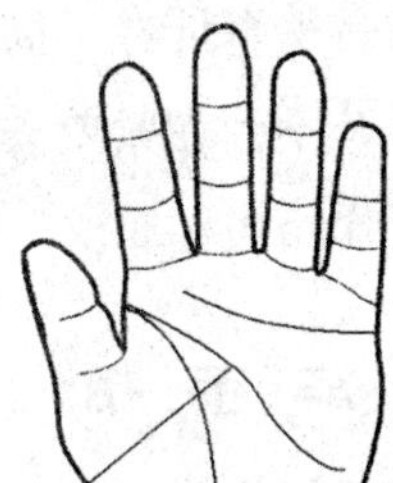

理科型智慧线

71 你具备才华纵横型的智慧线吗

具备才华纵横型智慧线的人适合文字、艺术性的工作。

智慧线与生命线从同一个地方出发延伸，在月丘上呈一曲线（或曲线及于月丘），这就是属于适合从事文科工作的手纹。如法学、文学、剧作家、小说家、音乐家和艺术创作者等，都是合适的行业。如果木星丘再有星纹或十字纹，必成大艺术家、预言家。

月丘象征着浪漫感和丰富的想象力，所以能将这种以创意和表演能力取胜的工作发挥到极致。不过智慧线的末端不要太下垂，不然就会在运势上削弱原本的才华，在人际关系及机运上会有所减弱。

图解手相

具备才华纵横型智慧线的人适合从事文字、艺术性的工作，但智慧线的末端不要太下垂，不然在运势上会削弱原本的才华。

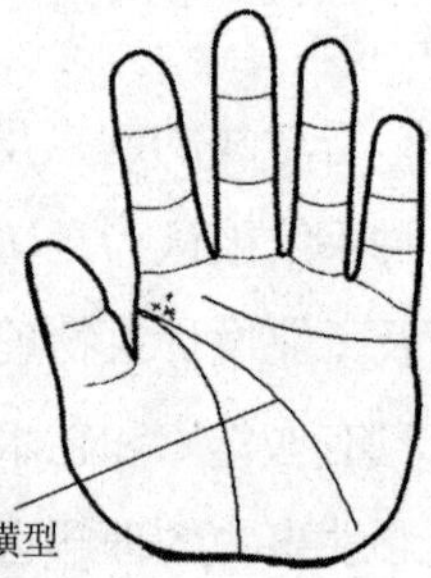

才华纵横型智慧线

72 你具备投机事业型的智慧线吗

具备投机事业型智慧线的人适合从事投机性较高的工作。

智慧线的起点离生命线的起点较远的人，具有较为果断的性格特质，因此很适合从事证券、商品买卖、不动产业等投机性较强的工作。这种人很会把握时机，不会在紧要关头犹豫不决，对于需要掌握时机，进行短线操作的投资性质工作相当称职。

图解手相

具备投机事业型智慧线（智慧线的起点离生命线的起点较远）的人适合从事证券、商品买卖等投机性较强的工作。

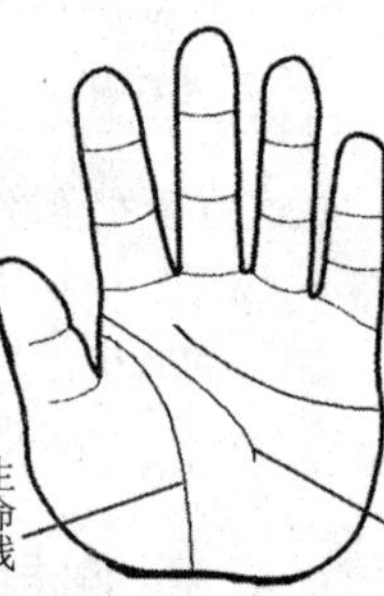

73 哪种人天生叛逆，容易有反社会倾向

从智慧线可知一个人是否有反社会倾向。

现在，家长对自己的孩子都比较溺爱，造成叛逆与反社会的青少年有增无减，所以教导的方式就要因人而异，才不会造成遗憾。如在智慧线的末端，有弯曲回勾的纹路产生，表示这个人天生叛逆、不听管教，在学生时代很容易成为老师眼中的头痛人物，走上社会后也会有反社会或违法的行为发生。

智慧线过长而延伸至手掌边缘的人，对自己想要的东西会不择手段去取得，个性十分固执，小时候若以体罚方式教导会产生反效果，长大了会更令人担忧。

图解手相

a. 智慧线末端弯曲且回勾者，天生叛逆；

b. 智慧线延伸至掌边者，做事会不择手段。

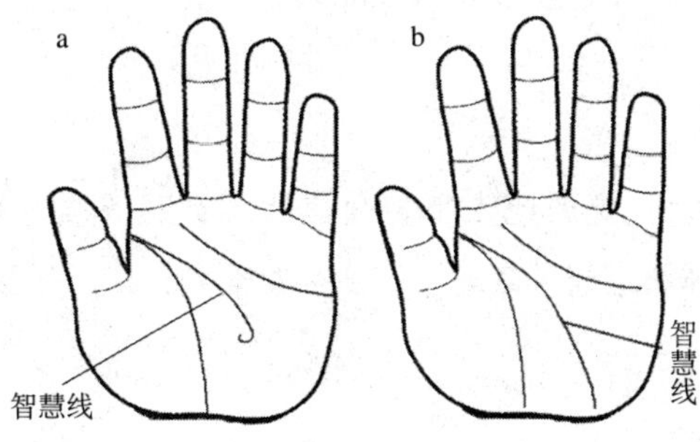

74 生命线会影响一个人的健康吗

生命线的形状、色泽，可看出一个人体质的好坏。

生命线的弧度、粗细、深浅及形状，可以看出一个人的抵抗力如何以及体质的好坏。此外，生命线的色泽也很重要，与我们的健康息息相关。通常生命线呈粉红色表示血液循环好，身体机能不错；苍白或色泽暗淡时，表示最近的身体状

况大不如前。所以，要经常观察生命线的色泽。

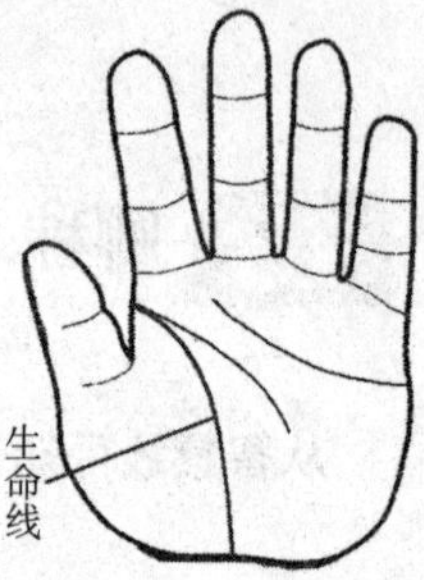

图解手相

生命线呈粉红色，血液循环好，身体机能不错；
生命线苍白或暗淡，最近的身体状况不好。

75 生命线断裂代表什么

生命线断裂的人精神欲比物质欲还要强烈。

生命线是起自食指和拇指之间，沿着金星丘画一个弧形而下降的线。一般人的生命线都会很流畅地下来，但是也有极少数人的生命线会出现断裂的情况，这种类型的生命线，主精神欲比物质欲还要强烈。同时，此类人天生体质虚弱，缺乏生活意欲和性能力。

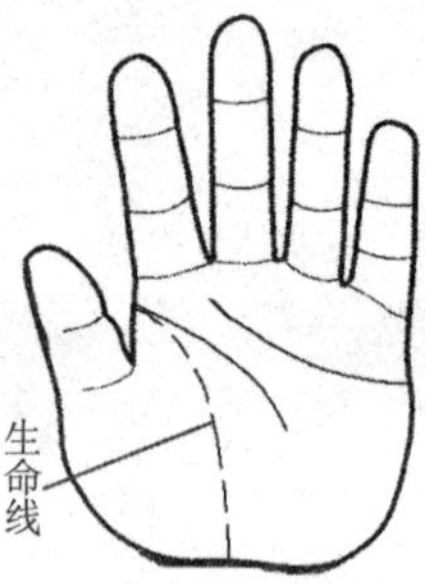

图解手相

生命线断裂，说明此人精神欲比物质欲还要强烈，同时天生体质虚弱，缺乏生活意欲和性能力。

76 你是一个容易因感情而导致事业受阻的人吗

从掌纹可看出一个人是否能理性处理感情和工作的关系。

在各类手纹中，事业线、成功线两线可以看出一个人是否容易因感情问题而影响事业。

一般而言，事业线或者成功线断断续续又弯曲的人容易好色，异性缘多，工作时不会专心，不会全心投入。

事业线只要被感情线挡住了，也就是到感情线终止的事业线，就代表会因为感情影响事业，这种手相的人只要一跟另一半吵架，就无心工作。

事业线或成功线穿过感情线，且出现岛纹的人，说明会因为感情的问题而阻碍事业的发展。这种手相的人常常会因为情人或伴侣干涉事业或工作，最后导致公司或者事业的发展受到阻碍。

图解手相

a. 事业线或成功线断续又弯曲，异性缘多、工作不专心；

b. 事业线或成功线被感情线挡住，也就是到感情线终止的事业线，容易因感情影响事业；

c. 事业线或成功线穿过感情线，然后出现岛纹，常会因为情人或伴侣干涉而导致事业的发展受到阻碍。

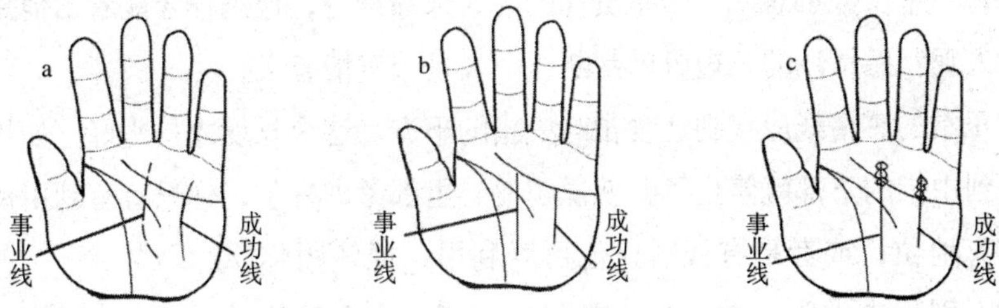

77 婚姻线前端上升或下降会影响一个人的婚姻吗

婚姻线的升降会影响一个人的婚姻。

婚姻线往上延伸的人，一般不易结婚，有独身的倾向。如果是女性的话，即使结婚，也难免会分居，而独自开拓自己的道路，但是婚姻线上升，并接触到成功线的人，暗示会与有名誉、地位及财富的成功者结婚，同时会经由结婚而抬高自己的身份。需要说明的是，婚姻线在中指下方上升的人，因经常抱着悲观和猜疑的心理，所以很容易促使婚姻生活遭到破坏。

婚姻线下降，而接触到感情线的人，表示会与恋人、订婚者或结婚对象造成生离死别的结局，或者会因其他的因素而变成不幸的婚姻。

图解手相

a. 婚姻线上升而接触到成功线的人，会与有名誉、地位及财富的成功者结婚；

b. 婚姻线下降而接触到感情线的人，会与恋人、订婚者或结婚对象生离死别。

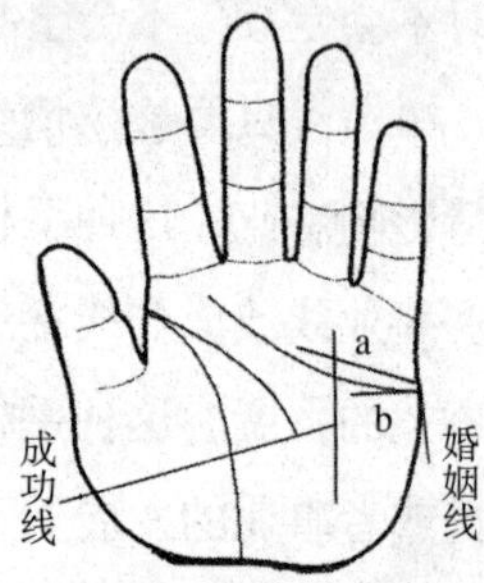

78 你心中的他是一个忘恩负义的人吗

感情线的长短可以看出一个人的品格。

每一个女人都想找一个负责任的男人依靠终身，但怎样才能看出他是不是这样的人呢？感情线的长短可以判断一个人是否有情有义。

正常的感情线应该到达食指与中指的下方，这个长度才是刚好。如果太短的话，到中指的下部就停止了，就说明他心里都考虑好了，你只有有利用价值、有名、有地位，或者是有钱财让他可以利用，他才跟你交往，否则你在他眼中根本什么都不算。所以，即使他对你再好，也是忘恩负义之人，最好赶紧脱身，以免最后受伤害的是自己。

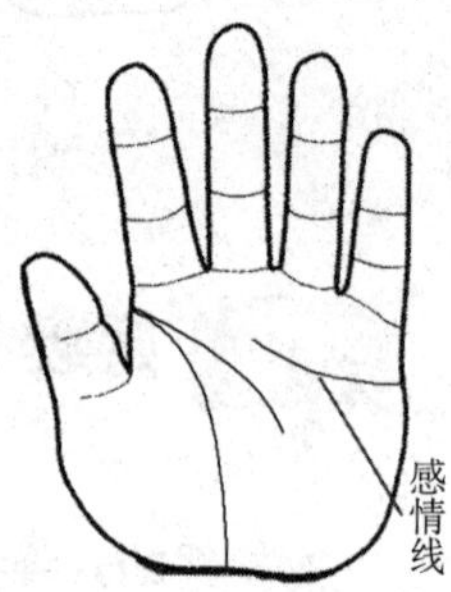

图解手相

感情线过短的，也就是到中指下部就停了的男人靠不住。

79 什么样的男人必须严防

智慧线破碎、断续、重叠的男人，女孩儿需防。

智慧线破碎、断断续续的手相，可以说绝不是好的手相，会无法集中意志力，也无理解力。读书、工作均不积极，只想追求享乐，沉迷于酒色生活。又因身体柔弱，做事缺乏活力，所以财运不好。

智慧线断断续续、重叠，成为梯形的手相，表示想要做好事情，但无耐心。由于过分享乐招致灾祸，到了中年健康状况不好，并有常换女伴的倾向。

有上述智慧线的男人，是女孩子们需要严防的男人。

图解手相

智慧线破碎，断断续续的人：
无法集中意志力；
只想追求享乐；
财运不好。

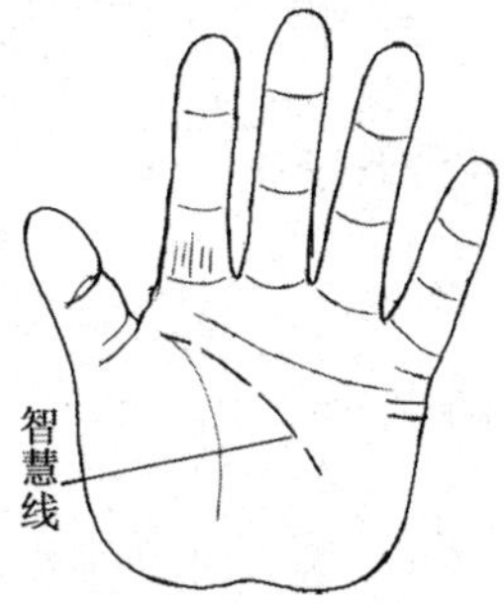

80 如何从指甲判断一个人的性格

指甲会暴露一个人的性格和健康状况。

指甲和手指一样会暴露人的性格，而根据指甲的色泽或表面状态也能了解一个人的健康状况（看指甲的形状是在剪齐的状态下进行）。

(1) 四方形指甲

忍耐力强、执拗。四方形且小的指甲，心胸狭窄又有任性的缺点。这种形状的指甲颜色浓厚之人，属于爱恨分明的人，动怒之后即雨过天晴；相反地，指甲泛白的人是属于纠缠不休的类型。

(2) 拱形指甲

不喜好争执，个性温和、敦厚，即使不得已必须和劲敌竞争时，也不会暴露斗争心。这种人只有在自尊心受到伤害时才会勃然大怒，虽然体力并不太好，其知性却可以给予弥补。

(3) 长方形指甲

成熟而稳健，遵守规则，做事有条有序。喜好整理，带有一点洁癖，经常检点自己周遭的环境，讨厌弄脏双手的工作。经常被人认为是带有神经质的人。

(4) 贝形指甲

指甲前端较宽广的贝形指甲，表示沉积了太多压力，或精神处于相当疲惫的状态。这时多半是承担过重的工作或生活过于劳累而搞坏了身体，请特别注意。

(5) 表面凹凸的指甲

健康上出现问题时指甲会呈现凹凸状。凹陷的指甲是营养不良、血液循环不畅；而凸起的指甲可能是胸、肺或呼吸器官的疾病。

图解手相

指甲形状不同，性格也不同；

指甲的色泽、表面状态能反映一个人的健康状况。

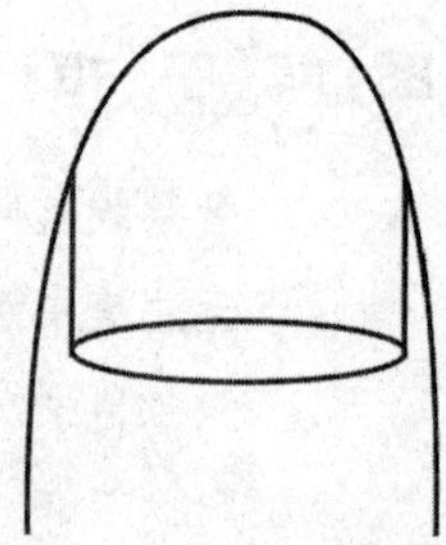

81 什么样的女人最易追求，什么样的男人最难缠

从大拇指可以看出男、女对爱情的态度。

最易追求的女性：如果是大拇指贫弱无力的话（相对于整个手而言），那么则此类手的主人是易于追求的。因为这样的人主见不强，易为外界的事物而感动，相比较之下，就更容易被追求到手。

最难缠的男性：如果是大拇指很粗壮的话，看起来像个棒槌样的人，那么此类的男性还是敬而远之为好。因为此类型的男性多半是很固执己见，且报复心很强的人。这类型的男人很难缠，因为他们占有欲太强，不明白爱情的真谛是要给对方幸福。

图解手相

a. 大拇指贫弱无力的女人，容易被追求到手；

b. 大拇指很粗壮的男人，占有欲太强，比较难缠。

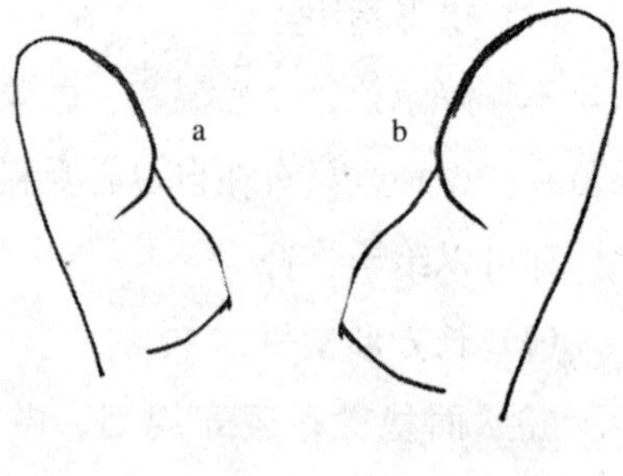

82 什么样的人要破财

手相可以看出一个人是否破财贫寒。

有以下几种情况之一的人会有破财的迹象：

无名指与中指的根部漏缝大，表示会因缺乏理智而破财。

拇指柔软，易被人利用而损失钱财，加上食指与中指的根部间隙宽者，漏财如泄水般。

手掌背部出现了明显的青筋，气色、血色均不良者，应防破财。

手掌中心太高凸者，存不下钱。

事业线暗灰色，利己心重却守不住钱财。

图解手相

无名指与中指的根部漏缝大，表示会因缺乏理智而破财；

事业线暗灰色，守不住钱财；

手掌心太高凸者存不下钱。

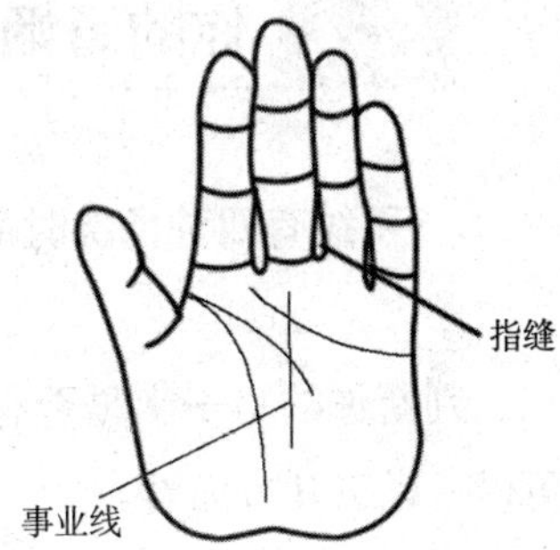

83 哪种人的偏财运特别旺

从事业线、成功线、无名指可以看出一个人的偏财运。

一般人的事业线是由下向上往中指方向延伸，成功线由下向上往无名指方向去，但是偏财运很不错的人，手相中的成功线跟事业线会有合而为一的特征。

另外，手掌伸出时会并拢、弯曲的人，在金钱方面非常善于精打细算，没好处的事绝对不碰，在偏财运方面当然好，不过为人吝啬了点。

无名指长的人喜欢追求刺激、不劳而获，加上个性不服输，所以比较好赌。

但是如果无名指丰厚、挺直，没有缺陷、弯曲、伤痕或痣等缺点，再加上无名指下方的太阳丘凸起、有弹性，又有明显的三条如“川”字的线纹，此人在赌运方面相当好，中大奖的几率相当高。而整个手掌很软又很红润的人，表示是天生的生意人，遇到危机会处理得很好，因为不按牌理出牌，在赌运或从事买卖上，也会有点赚头。

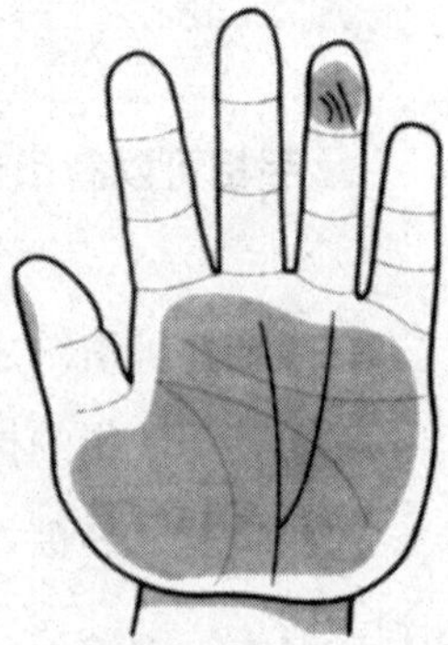

图解手相

事业线与成功线合而为一者偏财运佳；

无名指丰厚、挺直，太阳丘隆起、有弹性，且有三条“川”字纹者赌运奇佳；

手掌软且红润的人善于危机处理，适合做生意。

84 你的婚姻生活里会有第三者出现吗

手纹有四种情况时可能会出现第三者。

判断你的另一半是否有外遇，你的婚姻里是否会出现第三者以及结果如何，可以从以下几方面看：

（1）最后相安无事

事业线的旁边伸出来的线叫做影响线，影响线有瑕疵或者岛纹，然后跟事业线交叉在一起的人虽然另一半发生外遇，但最后还是会原谅对方。

（2）发生意外

生命线的里面有一条贵人线，贵人线往外叉出去刚好跟生命线交叉的线叫做意外线。通过生命线可以计算年纪，看意外线在什么位置就可以大约算出在几岁的时候因为另一半发生外遇而大打出手。

（3）最后会分离或离婚

婚姻线往下又分叉的人另一半在感情方面的忠诚度很差，可能在背后背叛或者劈腿，如果直接交错到感情线的话，另一半如果外遇，通常是以离婚收场。

（4）会成全对方

感情线的尾端往下的人婚前或婚后另一半容易有外遇或第三者介入，这种人会宁愿牺牲自己去成全第三者。

a. 影响线有瑕疵；b. 有意外线；

c. 婚姻线往下又分叉；d. 感情线的尾端往下。

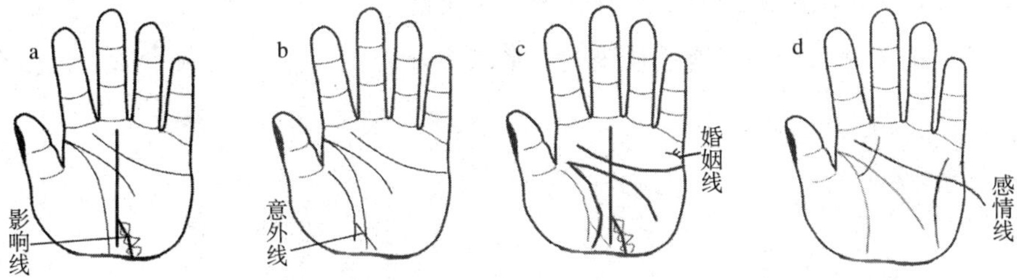

85 什么样的女人可以靠男人养

从婚姻线、事业线、拇指的指节可看出女人可否靠男人养。

每个女性都想有好的归宿，当个贵妇，享受荣华富贵，而手相中也有这样的掌纹。如果你的婚姻线跟成功线相交连接时，在手相中是很好的表征，因为这种掌纹是注定会跟有声望或者有钱的人结婚的，而婚姻将会是大家羡慕的好姻缘，丈夫在工作或者事业上有相当的成就。

从事业线来看，如果不是朝着中指下方延伸，而是往中指两旁叉了去的话，表示这个人负责、勇于承担责任，是能背负一家重担的手相，若是女性则有旺夫的特质，在工作上能有一番作为。若生命线上出现一条交叉的影响线，而且跟生命线相连接，有此掌纹的人，天生就是有专车接送、用鱼翅漱口的贵妇命，身边的追求者都是有家庭的金主，银行户头里不愁没有存款。

事业线的开端由月丘延伸出来，表示此人在婚姻上是永远的赢家，也是攀龙附凤的高手，而且一定整身名牌，选择交往的对象永远都是有钱、帅气的富家公子，只要锁定对象，都是宁可杀错也不放过。另外，如果在拇指第一节指节上面的指纹有孔子眼（凤眼纹）的人，也会因为家里有一个好老公而衣食无忧。

图解手相

a. 婚姻线与成功线相交连接，有机会嫁入豪门；
b. 事业线上有线纹与生命线相连，天生是个贵妇命；
c. 事业线起点由月丘延伸出来，是婚姻中的赢家；
d. 拇指第一指节有孔子眼的人能嫁个好老公。

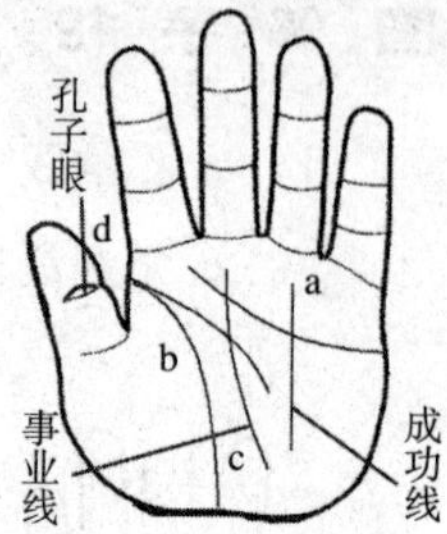

86 什么样的人可以身兼两种工作

从智慧线、成功线、事业线可以看出一个人能否身兼二职。

目前经济不景气，上班族大多领的是死薪水，找外快似乎才是最实际的。

掌纹中的智慧线有两条或有大分叉的人，会同时具备两种才能或专业知识，可以身兼二职而且有不错的表现；若是成功线有两条，而且是深刻没有阻碍的线纹，同样也可以兼差做两份工作，做得两全其美、有声有色。

如果是事业线的起点部分，有数条分叉线的人，表示拥有好几个职业及住所，或者是兼营好几种事业。若有两条事业线平行的人，表示可开发自己的第二事业，若有才能及发展潜力，经过一段时间的努力也可以有很好的副业，财富与地位也随之而来，但前提是这两条事业线清楚、不杂乱。

图解手相

a. 有两条智慧线或有大分叉的人，同时具备两种才能；
b. 有两条成功线的人能同时兼差；
c. 事业线起点分叉的人，表示有好几个职业或住所。

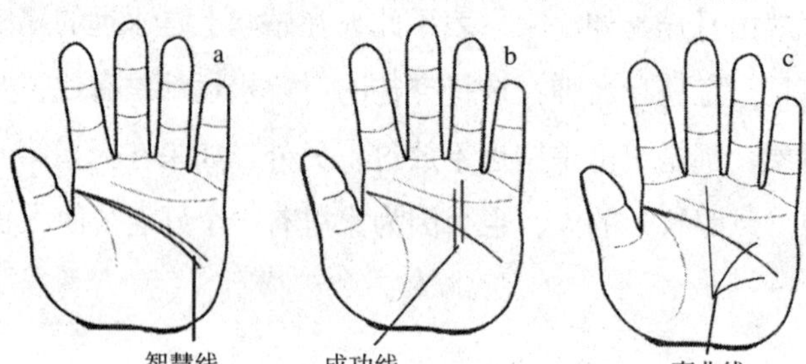

87 你是一个容易动感情的人吗

拥有锁链状感情线的人，要懂得经营爱情。

感情线如呈锁链状，中断或有岛纹附其上，而且拥有一双柔软很富弹性的手的话。那么，这样的人性别无论男女，均属易动情感的人。

爱是会变的，但当爱随着时间改变时，我们也要随时间而有所成长。拥有上述手相的人必须学会更成熟地去处理自己情感上的变化，懂得经营爱情，让爱历久弥坚。

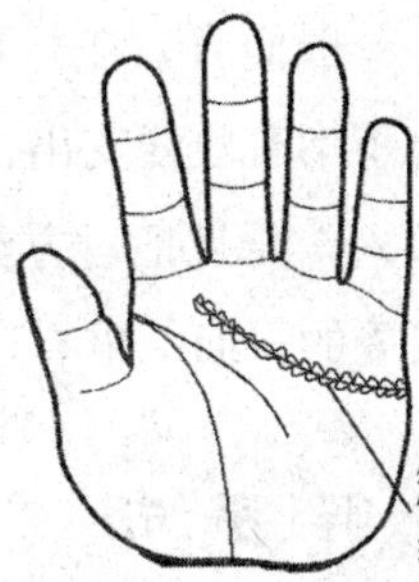

图解手相

感情线呈锁链状且双手柔软富有弹性，则属于易动情感的人。

88 你的爱情如流星一闪即逝吗

感情线下垂弯曲且长度较短的人，容易见异思迁。

一般来说，感情线下垂弯曲且长度较短的人，自我抑制能力较差，有吸引异性的魅力，对异性容易一见钟情，不计后果。在开始一段感情时，热情冲动的他们很容易爱上对方，也极其投入，犹如烈火一般激情燃烧。可当最初的新鲜感过后，感情就变得不再稳定，一个新的诱惑很容易就会使其见异思迁。轰轰烈烈的爱情才是他们飞蛾扑火的原动力，所以有这种手相的人，一般爱情都不会长久。

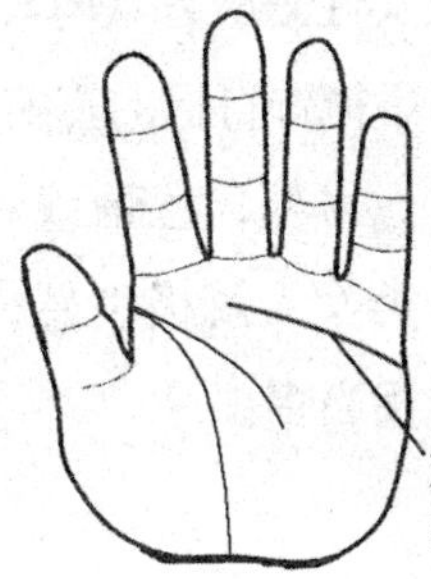

图解手相

感情线下垂弯曲且长度较短，感情不稳定。

89 你是一个爱吃“醋”的人吗

从手相可以看出一个人在感情上是否爱吃醋。

有些人一旦爱上了一个人，会不着边际地把一些同性看成是自己的情敌，自己所爱的人稍稍对他人有所接触，便醋意大发，有时会无缘由地给对方难堪。虽然爱是无微不至的，却往往让爱的人感到窒息。那么你是一个这样的人吗？

一般而言，在智慧线末端有叉状纹，表示这个人疑心较重。而感情线短促，且上下均有歧线支出，表示这个人在感情上最容易全部投入，同时也喜欢对方全部投入，而且把对方给予的爱当成是自己的“私有财产”。所以这种人的感情虽有可爱的一面，也有可怕的一面。如果调整不当，容易引起风波。

图解手相

智慧线末端有叉状纹的人，疑心较重；

感情线短，且上下均有歧线支出的人，在感情上最容易全部投入。

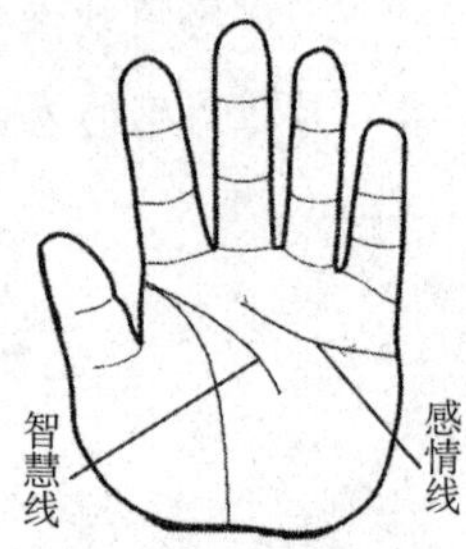

90 你是一个很“sex”的女人吗

感情线和智慧线均呈锁链状的女人极性感。

如果女人手上的感情线和智慧线均呈现锁链状态，或有双重感情线，那么这类女性一般喜欢与异性交往，并懂得争取自己的爱情。她们很独立，也很主动，从不掩饰自己的真实感受。

另外，感情线和智慧线均是链状的人，手掌如果再丰满富有弹性的话，这类女人就极性感。男人总是喜欢这种类型的女人，所以这类女性的追求者会相当多。

图解手相

极性感女人：

a. 感情线和智慧线均呈锁链状；

b. 有双重感情线。

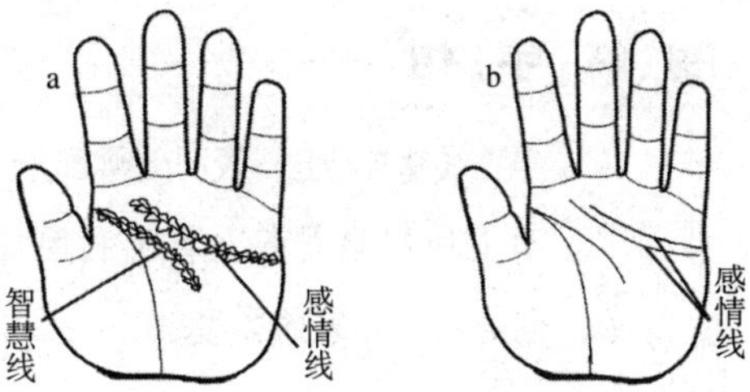

91 什么样的人容易有意外之灾

从生命线、意外线和婚姻线可观察一个人是否会有意外之灾。

在生命线的里面有条贵人线，如果向外分叉出去，而且与生命线交叉的话，叫做意外线。由生命线的纹路可以计算出年龄，看意外线在哪一位置就可以推算出大约几岁会有意外。

而婚姻线急速下垂的人，而且在尾端出现岛纹的话，则表明另一半会有意外发生。

生命内侧或生命线上有岛纹、三角纹、车轮纹等容易出意外之灾。

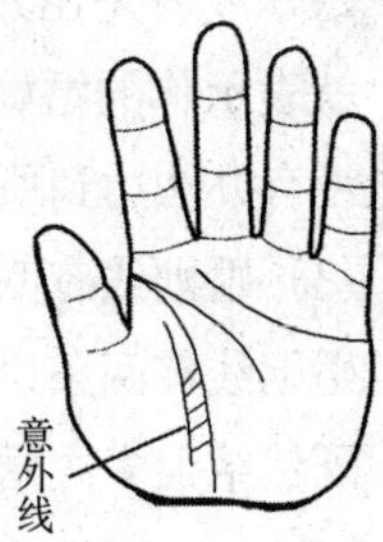

图解手相

意外线，就是贵人线向外分叉出去刚好跟生命线交叉的线。

92 什么样的人能白手起家

一个人能否白手起家与事业线的起始位置有关。

事业线起自金星丘，表示靠异性或亲属的提拔来开运，但此线短得达不到智慧线，说明即使受了其恩惠，也只是一时的。

事业线起自地丘，靠自己奋斗，白手起家，事业成功。事业线起自月丘很懂得利用社会上的力量为自己的事业服务，也是白手起家的类型。

图解手相

事业线起自地丘，表明必须靠自己的努力而白手起家；

事业线起自月丘，善于利用社会上的力量为自己服务，也是白手起家的类型。

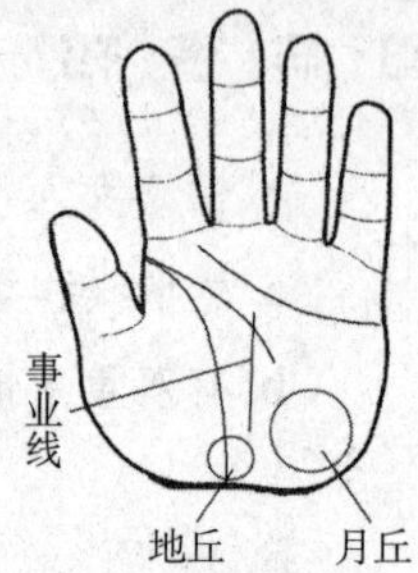

93 你拥有美满幸福的婚姻吗

从婚姻线可以看出一个人的婚姻状况。

每个人都希望自己拥有美满、幸福的婚姻，而从婚姻线可以看出你的婚姻状况。

(1) 婚姻线特别长

婚姻线特别长又非常完整，基本上来讲婚姻就是幸福的。

(2) 婚姻线受到破坏

婚姻线若是出现了岛纹，或者婚姻线出现了很大的分叉，或者婚姻线中断了，就表示你的婚姻基本上是会出现问题，可能离婚、分居或者有很大的争吵，可能没有办法达到所谓的白头偕老。

(3) 婚姻线有两条以上

婚姻线有两条以上而且其中一条还乱七八糟的，这样代表你可能会结很多次婚，既然结很多次婚，代表你之前的婚姻可能不甚美满。

图解手相

婚姻线特别长，婚姻不错；

婚姻线受到破坏，不能白头偕老；

婚姻线有两条以上，婚姻不甚美满。

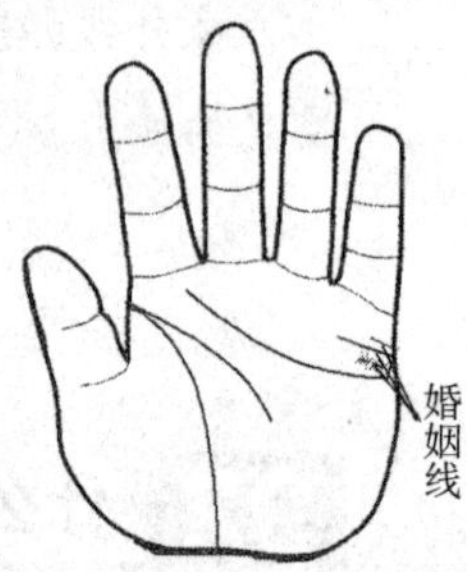

94 你有出轨的迹象吗

“私情纹”有“桃花”、“外遇”、“出轨”的特征。

智慧线的尾部有分岔的情形，无论男女，多少有点口是心非的倾向，也会有理智失控的情形发生。具有如此线形的人有非理智行为或喜欢绮丽的幻想，容易出轨。

感情线在无名指下方分出一条支纹，连接智慧线，此支线称之为“私情纹”，但是，绝不要单看到“私情纹”就断定当事者有桃花运或外遇，尚要辅以其他纹路作佐证。如果说智慧线与生命线的起点就纠葛在一起，且有所谓的岛纹，或其他的杂纹使其纠缠在一起时，先可判定此人在年幼时的生长背景上的种种因素，使其在心性上有犹豫不决的倾向，年幼之时的性格并不开朗，所以养成了日后多思多虑、多愁善感的心性。

当你发觉自己的纹路中“私情纹”在不知不觉中长出来，且逐渐从感情线向智慧线扩展时，那么就要“相当小心”了。

图解手相

智慧线的尾部有分岔，有非理智行为。

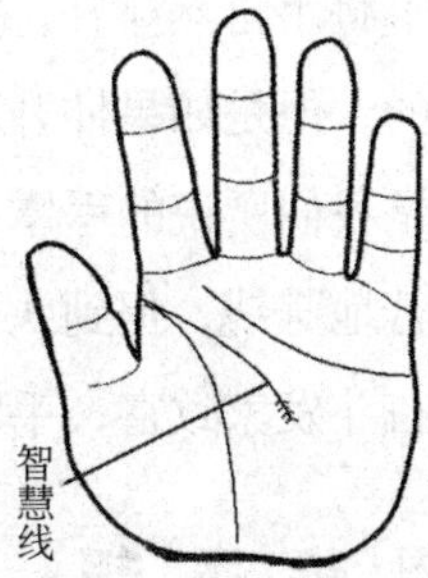

95 从生命线的长短可以看出一个人的寿命吗

一个人寿命的长短和生命线、生活习惯密切相关。

生命线短，在中途忽然变细小而消失的，即表示生命力弱。如左手和右手的生命线均短，且几乎在同一位置终止的相，即表示在某个年龄有生命危险（或可能仅活到那个年龄）。

但如果只有一手的生命线较短，则无此顾虑。即使生命线再短，但大拇指或智慧线好的话，那就可补救生命线的缺点，短的生命线也有微微伸长的可能性。

总之，生命线长的人，如喜欢纵欲或暴饮暴食，亦无法长寿。相反地，即使生命线短的人，如果能多多保重身体，亦能多活几岁。

图解手相

左右手的生命线均短，且几乎在同一位置终止的相，在某个年龄有生命危险。

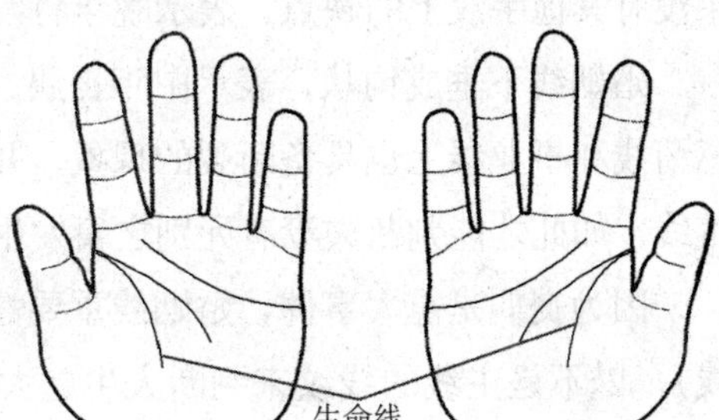

96 你是存一辈子钱都不富裕的人吗

手掌平薄的人存一辈子钱都不会富裕。

将手自然摊开，如果四周有肉、中间陷下去，这样的手相不缺钱花，是比较好的。但是如果伸开双手，手掌完全没有肉，中间没有陷下去而是平的，那么这就是我们所说的手掌平薄。拥有这种手相的人一生中没有财气，一年到头都在很辛苦地赚钱，但到头来还是很穷。手掌肉厚且软说明靠自己奋斗发家致富，手掌背肉厚说明靠父辈帮助赚钱致富。

图解手相

手掌平薄的人，一辈子都不会富裕。

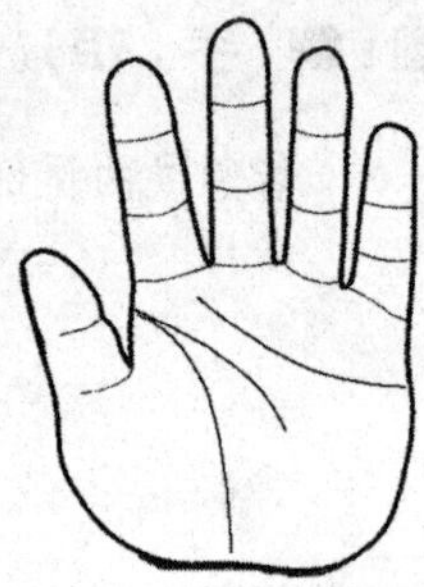

97 你的爱人是否会突然离开人世

从婚姻线可以看出爱人是否会突然过世。

夫妻双方，由爱生怨，终至离异，不论谁对谁错，在双方心里总是一种打击，有些人往往要经历两三年才会调试过来。但是如果一对恩爱夫妻，其中一人突然过世，留下配偶如离群孤雁，这种悲伤则更甚了。婚姻线对此亦有说明。

婚姻线末端下垂，切入感情线，表示配偶因疾病或意外事故而带来磨难。如果没有其他手纹上的缺点，表示晚年将发生家庭变故。

婚姻线下垂成钩状，表示中年丧偶。如果婚姻线显现丧偶的特征，还必须在感情线和事业线上也具备断裂的现象，并且金星丘有出现表示家庭变故的家庭灾难线，如此才能判断夫妻有死别之事发生。

因为丧偶是重大事件，婚姻线重要性不如三条主线（感情线、智慧线、生命线），以不是主线的线纹来判断人生之大事，逻辑性不够，所以必须参照其他主线才能判断。

图解手相

婚姻线末端下垂，切入感情线，配偶可能会因疾病或意外事故而带来磨难；

婚姻线下垂成钩状，表示中年时期配偶易生大病。

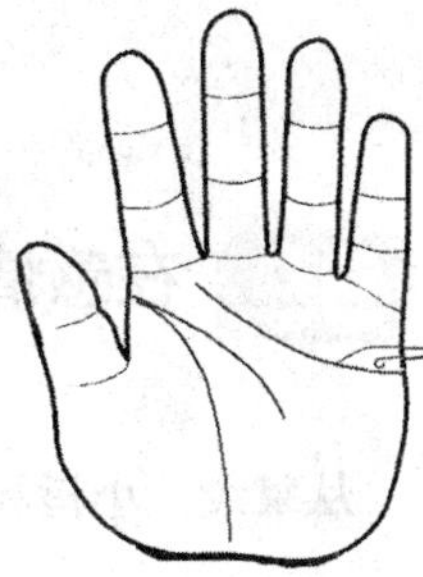

98 你是一个注定的失败者吗

智慧线折断、破碎或过分弯垂、幼弱的人容易失败。

失败者的手相有以下两个特征：

一是智慧线折断、破碎或过分弯垂。智慧线折断、破碎代表思想混乱，没有条理，目的不明，幻想过多，不满现实，但又懒于去寻找出路。同时常常有难以忍受的剧烈头痛，有时，头痛剧增而致后颈、肩膀、后背的上半部都疼痛异常，使人无心工作。

二是智慧线过分幼弱，甚至无力地弯垂，同时食指的指尖比较尖削说明此人长期过分内向、羞怯、拘谨、困窘、畏惧、凡事都不放心，害怕批评，更害怕自己在无意中得罪人。于是性格会不断地萎缩而缺乏进取、缺乏斗志，在做事方面，往往是不求有功，但求无过。

图解手相

智慧线折断、破碎或过分弯垂，代表思想混乱、无条理；

智慧线过分幼弱，甚至无力弯垂，性格内向、缺乏斗志。

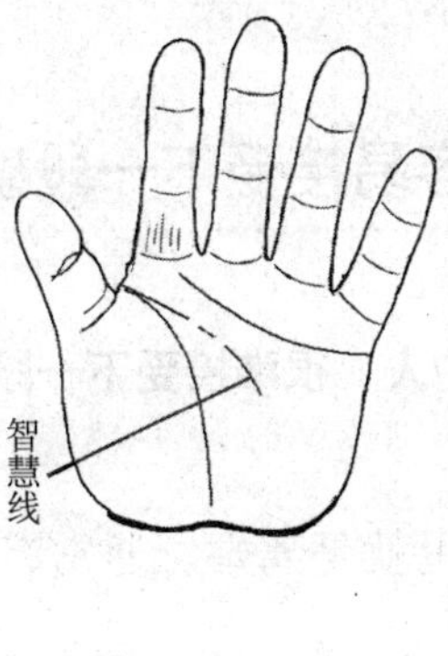

99 在感情上你是一个常吃闭门羹的人吗

从掌纹、小指和指甲可以看出一个人在感情上是否常受挫。

有以下几种情况的人，在感情上不是很顺利：

感情线和智慧线有很多往下的支纹的男人，在还没有追之前就很悲观，非常没有自信。若试着追求又没有追上的话，从此便会十分抑郁。感情线上的岛纹就是感情受到挫折打击时留下的痕迹。

婚姻线除了可以代表结婚的状况之外，也可以看出男女交往的状况，婚姻线中断和斜向感情线都对婚姻爱情不利。

小指太短的人不但容易破财犯小人，而且感情路也会不顺心，追求对象的时候常常困难重重。

指甲上面有横纹的。如果最近发生追求对象吃闭门羹或者是感情不顺心被甩的事情时，指甲上会长横纹。

图解手相

a. 指甲上面有横纹的，表示追求对象时吃了闭门羹或者是感情不顺心；

b. 感情线上有岛纹，表明自己的感情受到过挫折打击。

a

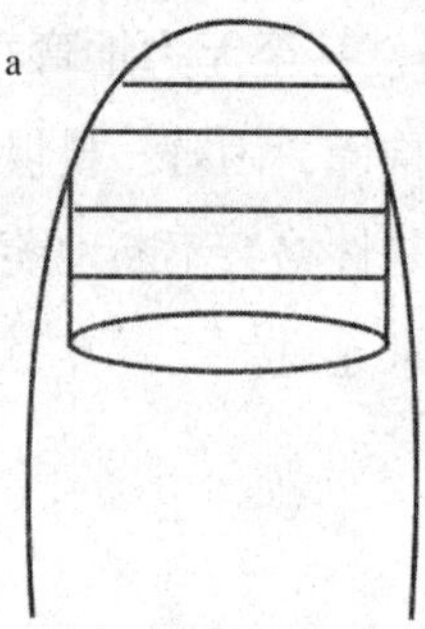

b

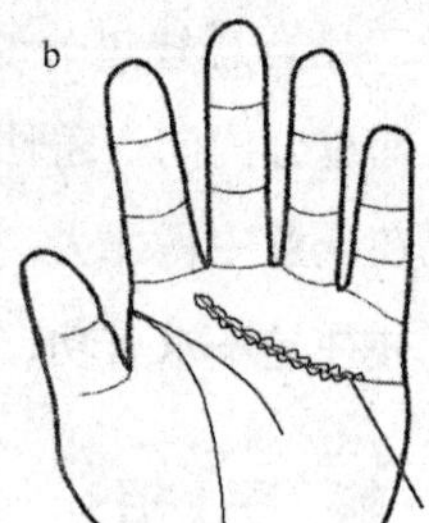

100 你是一个容易接受下一段感情的人吗

婚姻线、感情线中断的人，很难接受下一段感情。

婚姻线中断的人不是被甩就是离婚，通常有这种手相的人就不会再结婚了。因为伤痕会一辈子留在心上无法复原，即使有更好条件的对象出现，他（她）也无法接受。

感情线中断的情形通常是会离婚的，不管是有婚姻或者无婚姻，他都不太容易接受下一段感情，甚至会影响到工作。金星丘代表一个人的生命力以及情欲，如果金星丘上有呈棋盘状的罗网，会减低金星丘的力量，破坏情欲以及生命力。

婚姻线刚开始乱七八糟，然后停滞的人表示被人家甩或者离婚之后会不甘心，还是会一直守候着。生命线的内侧有贵人线，贵人线遭受到破坏的人，感情方面会分分合合，即使已经没有爱意了还是不甘心放手，往往藕断丝连。

图解手相

婚姻线中断的人，离婚后不会再婚；
感情线中断的人容易离婚；
生命线内侧的贵人线遭受破坏的人感情不顺利。

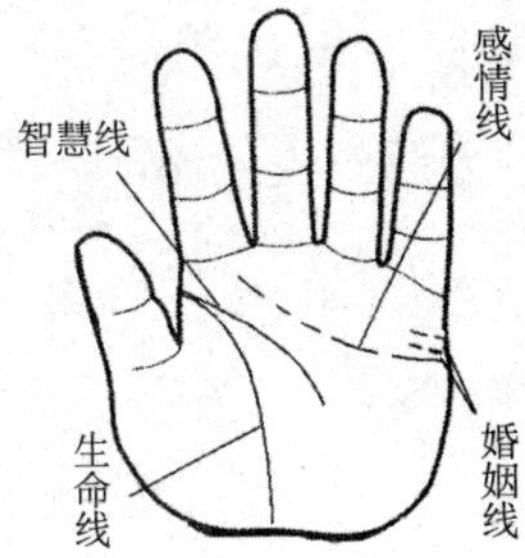

运势

卷二

面相知识100问

概念篇

01 什么叫三停

将脸的上、中、下三等分，分别代表人的早年、中年及老年。

所谓三停，就是把脸部分成上、中、下三部分，每一部分都能预测一个人的命运好坏。

(1) 上停

从发际到山根（两眼之间的部位）为止，表示早年运（20岁之前）。倘若额头宽广圆满、焕发光泽，且又无伤痕及污点，表示他具有卓越的智商和极佳的早年运。

相反地，额头极其狭窄低陷，又有伤痕及污点的人，表示他具有很坏的早年运，即使出生于富有的家庭，也难免遭受不幸。

(2) 中停

从山根到人中最上部为止，表示中年运。这个部位鼻直丰满，两颧骨较高，且无伤痕及污点的人，因好胜心强又富有征服力及活动力，所以中期（20～40岁为止）的运气能达到最高峰。

相反地，中停过长或过短，跟整个脸形无法成比例的人，两颧骨低陷，因意志比较薄弱，难成就事业，所以到了中年期容易招来灾难或者无所作为。

(3) 下停

从人中最上部到下巴尖端为止，表示晚年运。这个部位宽厚而丰润是吉相，且又无伤痕及污点的人，会具有美满的婚姻和宽大的胸怀，同时身体也很健康，所以凡事一定都很顺利。

相反地，下巴尖且小，因经常要为孩子操劳，即使获得财富和权力，但到了晚年也难免会招来不幸。所以在中年时期，就必须找出应对的办法。

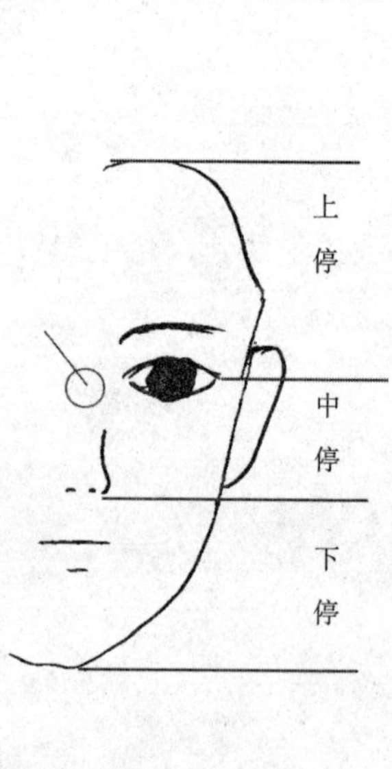

图解面相

上停：从发际到山根为止表示早年运（20岁之前）。

中停：从山根到人中最上部为止表示中年运（20～40岁为止）。

下停：从人中最上部到下巴尖端为止表示晚年运。这个部位宽厚而丰润是吉相，一般具有美满的婚姻和宽大的胸怀，身体也很健康，所以凡事一定都很顺利。

三停均等，一生才能平稳顺遂。

02 什么叫子午不正

子午不正，即左右脸明显出现一高一低、一大一小。

一般情况下，一个人的脸是左右对称的，但如果脸的两边出现明显的不对称，出现一高一低或一大一小的情形，就称为子午不正。有这种脸的人，一辈子都不会很顺利，事业难成功，婚姻难幸福，注定一生波折。

额头左右不一致的人，思考力、判断力较弱，反应比较迟钝；

眼睛一大一小者，虽然才华过人，但事业的起伏与一般人相比大很多，经常面临创业再败业，而后又东山再起；

鼻梁歪斜或鼻翼大小不均的人，在投资理财上会比较投机；

嘴巴歪斜的人，容易有口舌是非，犯小人；

腮骨左右不均的人，则表示此人缺乏持久的耐力，对很多事情不能坚持到底。

图解面相

子午不正：左右脸不对称，或一高一低，或一大一小；

额头左右不一致表示思考判断力弱；

眼睛大小不一表示才华过人，但起伏较大；

鼻梁歪斜或鼻翼大小不均表示投资理财较投机；

嘴巴歪斜表示口舌是非多；

腮骨左右不均表示缺乏耐力。

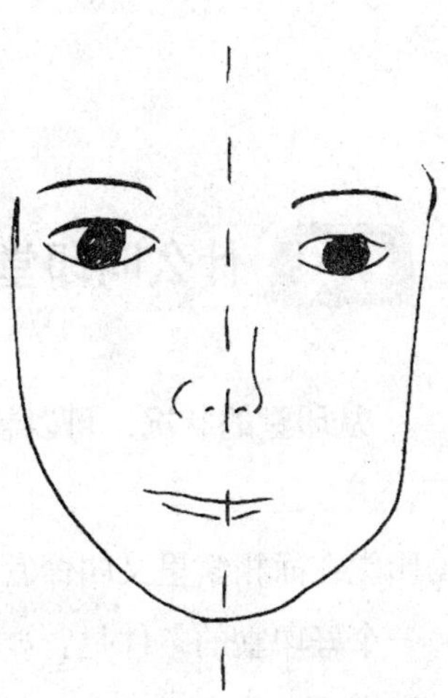

03 什么叫日月角

日月角发达的人表示父母健康。

日月角指的是前额中段的左右两块骨头，在传统的面相学里代表的是父母宫。男人左边为日角，代表父亲，右边为月角，代表母亲；女人则相反。

日月角高耸且丰满的人，表示父母身体健康，也能给予子女较好的环境。所以这种人多半精力充沛，智商也比较高，在年轻的时候就初现端倪。

但如果日月角低陷或凹凸不平，则表示父母的健康状况欠佳，或表示父母在其早年时生活环境不佳，欠缺良好的照顾。如果日月角气色暗滞，则表示父母有疾病发生。如果日月角有痣或瑕疵，则表示父母有暗疾或受伤的情形。

图解面相

日月角象征父母官；

男人左日角象征父亲，右月角象征母亲；

女人左月角象征母亲，右日角象征父亲；

日月角凹陷、暗滞或有痣，表示父母的健康状况欠佳。

04 什么叫印堂

从印堂的状况，可以看出一个人的基本性格和祸福吉凶。

印堂在面相学里又叫命宫，它是两道眉毛中间的部位。

一个好印堂的条件是：要平整、宽齐、丰满、两眉不可冲印、无恶纹、无恶痣，印堂要有一指到二指宽且中间没有杂毛。

印堂开阔平整者，象征此人的健康、智慧、个性三者均优于常人；相对地，他的成就收获也比一般人多，一生顺遂。

印堂太宽（超过二指），表明此种人比较开朗、开放，但没有主见，容易被骗，尤其是女孩子，其个性较男性化，两性思想比较前卫，缺乏果断力，所以容易受骗。

印堂太窄（约一指宽），表明此种人较会钻牛角尖，凡事想不开，心胸不宽广，个性较急躁，好胜心强，且情绪化，也比较敏感和神经质，对于事物的观察缺乏透彻力，得失心亦比较重。

我们常听到“印堂发黑”的说法，乃是从印堂的颜色可以观察出时运的顺遂与否，这个部位呈现桃红色者表示有喜事降临，若呈现过浓的红色则表明容易与人发生争执，出现墨黑色则表明容易有急症出现，要多注意自己的身体。若印堂黄亮则某一时期运气特别好。印堂高广者为有官职之人。

图解面相

印堂开阔平整者，一生顺遂；

印堂太宽者，开朗、前卫，但没有主见；

印堂太窄者，心胸狭窄、爱钻牛角尖、有点神经质；

印堂呈现桃红色，有喜事降临；

印堂呈现浓红色，易与人争执；

印堂呈现墨黑色，身体欠佳。

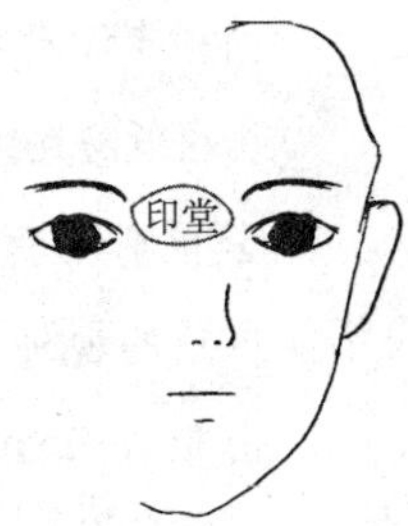

05 什么叫山根

山根代表一个人先天的遗传根基及意志力。

山根位于两眼之间的鼻梁上部，即鼻子从低开始高起的部分，也就是两眼之间的部位。此处上承额部，下接鼻梁，占整个鼻子的1/3。山根代表一个人先天的遗传根基及意志力。山根是人面的要冲，家庭、事业、婚姻等运势都以此为决断。同时，此部位表示一个人的智力、荣誉和疾病的状况。

山根丰满隆起，光滑无纹的人，具有极强的抗病能力，对突发事件的应变能力也较强。山根低陷且有断纹的人，缺乏自信，做事也容易有无力感，注定一生多波折。山根高者早年和中年运气佳，祖上或父母辈有做官的贵人，能得到他们的帮助，男子则家有美妻。山根低的人没有后台，要靠个人奋斗才能成功。

山根有黑痣、伤痕的人，则容易遇到婚姻或事业不顺，或命中注定要陷入左右为难、不能自拔的境地。

山根只是高耸但没有肉包裹的人，虽然意志力坚强，但缺乏伦理观念，脾气也比较坏。

山根如呈淡灰色的人，身体有疾病；如呈青色，有性命之虞。

但在传统相学中，却一致认为女人的山根宜低不宜高，过高者容易妻夺夫权，要不就是婚缘极薄，但这只是受男尊女卑观念的束缚所致，现代女性不必为此挂怀。

图解面相

山根丰满隆起，抗病能力和应变能力强；

山根低陷且有断纹，缺乏自信，做事无力；

山根有黑痣、伤痕，易遇灾难和易陷入不能自拔的境地；

山根高耸但没有肉包裹，虽然意志力坚强，但缺乏伦理观念，脾气也较坏；

山根呈淡灰色或青色，表示疾病在身或有性命之虞。

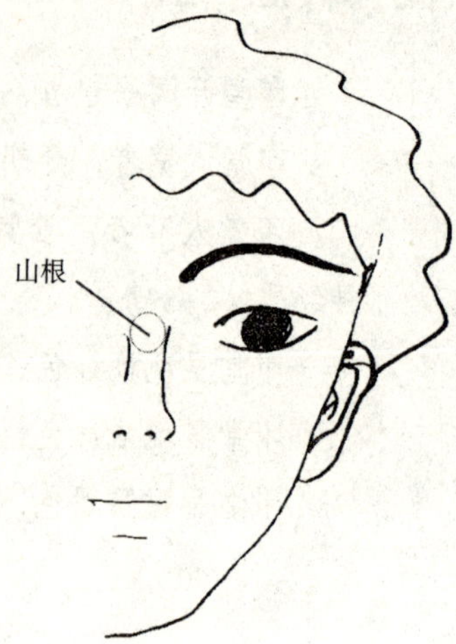

06 什么叫猪胆鼻

拥有猪胆鼻、蒜头鼻或是犹太鼻的人是有财运的征象。

猪胆鼻指的是鼻梁高挺、鼻翼丰厚，且鼻尖圆润有垂肉的鼻相。有这种鼻相的人一般性情敦厚，为人老实，能以诚相待，所以人缘也比较好。另外，这种人具有坚强的意志，做事善始善终，一般会靠自己的双手成就一番事业。

如果鼻翼更加丰满发达，整个鼻子看起来就像一个蒜头，这种鼻相就是蒜头鼻。如果整个鼻子特别肥厚，且鼻尖下垂看不见鼻孔，这种鼻相就是犹太鼻。这些鼻相都是能享有很多财富的象征。

如果拥有上面的鼻相，再加上颧骨饱满有力，下巴圆润丰厚等特质，且鼻子在整张脸的比例也不能过大或过小，那么发财的机会就更多。

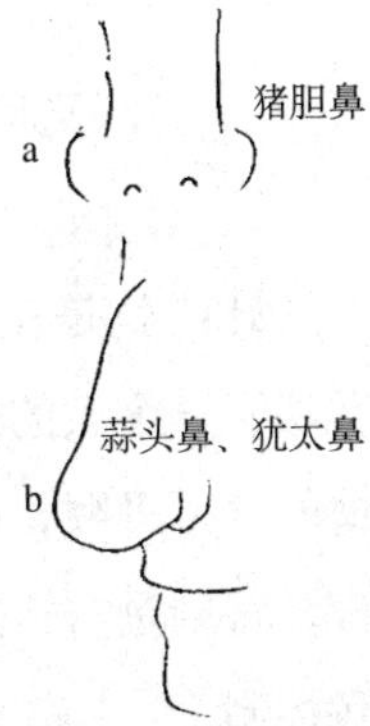

图解面相

a. 有猪胆鼻的人，性格诚实忠厚，意志力强，能成就一番事业；

b. 蒜头鼻和犹太鼻都是将来拥有很多财富的象征。

07 什么叫驿马

驿马代表一个人出门在外的生命力强弱或者际遇如何。

驿马又称为迁移宫，指的是额部两侧靠近发际的部位，代表一个人出门在外的生命力与际遇。迁移宫丰隆的人，表示对环境的适应能力强，外出有良好的契机，可以有大的发展。

迁移宫狭窄不平的人，个性比较保守，外出发展的契机不好，所以财源也少。迁移宫低陷的人，外出无益，徒劳奔波。迁移宫气色暗淡的人，外出不利。迁移宫有恶痣、刀疤之类的人，外出要小心，否则会屡遭危险，这样的人，还会常常因为工作不稳定而受变动之苦。而迁移宫有骨耸起的人，外出会掌握权势，投入军旅界必能显赫一时。

图解面相

迁移宫丰隆的人，外出际遇比较好；

迁移宫狭窄且不平的人，个性保守，外出际遇不好；

迁移宫低陷和气色暗淡的人，外出不利；

迁移宫有恶痣、刀疤的人，外出会有危险；

迁移宫有骨耸起的人，外出能掌握权势。

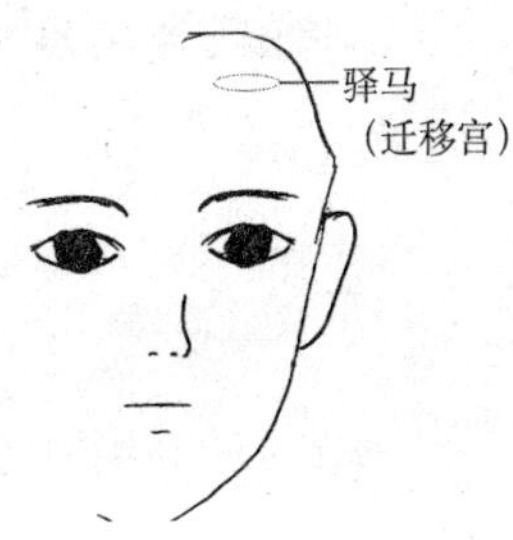

08 什么叫奸门

奸门又称为夫妻宫，指的是眼尾到发际之间的部位。

奸门就是左右眼睛后方到发际间的两个小区域，也称为夫妻宫，这个部位反映了一个人的婚姻、感情状况。如果这个区域有伤，或者有灰黑的痣，不是感情的路不平顺，就是感情走上三叉路，交集出好多种男女情缘的组合。对女性而言，特别是右边奸门有痣，则外遇可能性极高，因为她们多情又好欲，不太能自我控制。

若奸门比较丰满，并且气色明亮润泽，则说明这个人的配偶相当聪慧贤淑，夫妻生活美满、感情佳。若此部位低陷且肉薄，则说明此人的婚姻生活易生障碍、不易协调。若此部位太凸出，预示着此人性欲太强，容易见异思迁。若见其上有十字纹，则说明此人对老婆很凶且老婆易有灾病。若见鱼尾纹，说明此人劳碌，神经衰弱，健康状况不佳。若见黑痣的人，表明此人对配偶不满，甚至会有外遇。若见青筋，则意味着配偶必体弱多病，出现性生活不协调之象。

图解面相

奸门丰满、气色明亮润泽，说明此人婚姻生活幸福；

奸门低陷且肉薄，说明此人婚姻生活不幸福；

奸门太凸出，说明此人性欲太强，容易见异思迁；

奸门若见十字纹，说明此人对老婆很凶且老婆易有灾病；

奸门若见鱼尾纹，说明此人劳碌奔波；

奸门若见黑痣，说明此人可能会有外遇。

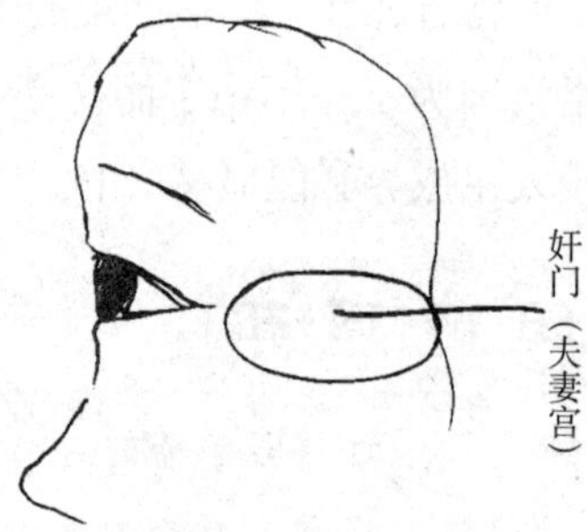

09 什么叫人中

人中显示一个人的生命力、健康状况及生殖能力等状况。

人中是指鼻子与上唇间的那条沟，主一个人的生命力、健康状况及生殖能力。人中如果是长而深，说明此人的人品及健康状况都不错，喜欢帮助别人，自尊心强，做事积极且颇有原则，这种人寿命通常也很长。如果人中不但长而深，并呈现上窄下宽的形状，这种人性格忠厚，先天的生命力就旺盛，生殖机能也比较健全，女人的人中比较宽，生孩子就容易一些，但是如果人中长成下述情况就不太好了：

人中狭窄：个性拘谨、怯懦，做事缺乏前瞻性、眼光较为短浅，独立性差、人际交往能力亦待加强。

人中上宽下窄：缺乏恒心与毅力，做事虎头蛇尾，犹疑不决的个性会影响事业的发展。

人中上下狭窄而中央宽阔：一生的运势就像坐云霄飞车般忽上忽下，身体状况亦如此，大病不患、小病不断。

人中很短：做事较情绪化，目光也较短浅，喜欢听好话，容易被花言巧语所蒙骗，女性的情商较差。

人中平满：做人稍自私，不会主动帮助别人，女性则发育不良，生理期来时毛病多，亲子关系也较为淡薄。

图解面相

人中长而深，人品及健康状况都不错；

人中长而深，再加上上窄下宽的形状，性格忠厚，生命力强，生殖机能也强；

人中狭窄，个性拘谨、懦弱；

人中上宽下窄，缺乏恒心与毅力，难成大事；

人中上下狭窄而中央宽阔，身体状况不佳；

人中很短，做事情绪化，目光短浅；

人中平满，做人自私，不乐于助人。

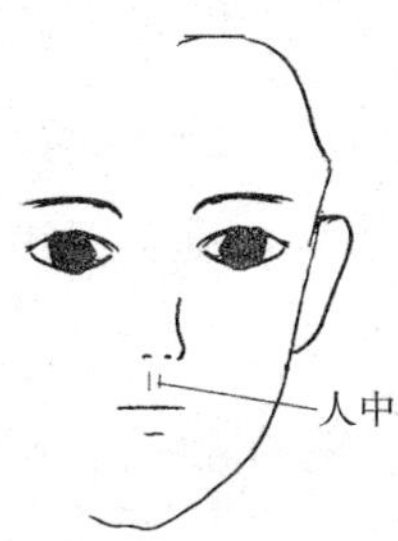

10 什么叫天仓

天仓只代表青年时期的财富状况。

天仓指的是左右太阳穴的部位，也就是六府里的上二府，代表了青年时期的财富状况。

这个部位如果非常丰满，就说明他的祖产十分丰厚，或者说他的祖父或父亲的事业多半是成功的。这样的人年纪轻轻就能享有现成的财富，以后就能继承丰富的祖产，所以就叫天仓，也就是说这个人一生下来就能拥有很多财富，是上天赐予的。但是，如果这个部位凹陷，或者有伤疤、恶痣的破坏，则说明他就没那么幸运了，所以只能靠自己的努力和打拼才能获得财富和成功。

图解面相

天仓丰满，说明祖产丰厚，年纪轻轻就能享有财富；

天仓凹陷，或者有伤疤，说明青年时期没有财富可享用。

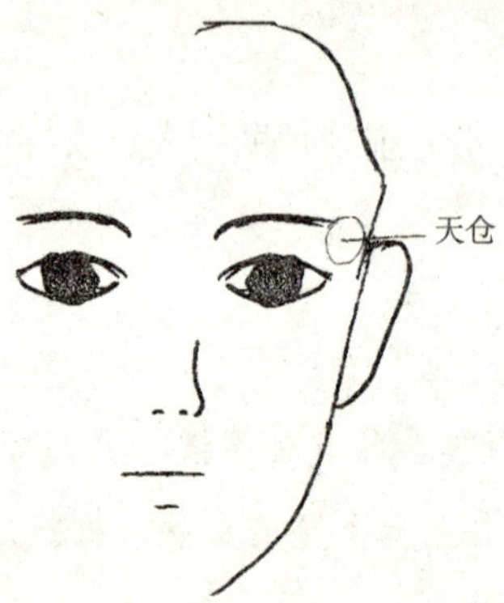

11 什么叫泪堂

泪堂又称为子女宫，与生殖机能和子女的健康息息相关。

泪堂又称子女宫，也就是下眼睑，须要丰厚，不宜空陷，如果有缺陷，子孙薄弱无力，或有恶痣斜纹，可能无法生育，即使怀孕生育，将来孩子的成长，在健康或个性方面也可能有缺陷。泪堂饱满明润的人，生殖机能比较健全，子女健康，婚姻幸福。而泪堂凹陷或干枯的话，对性事方面比较冷淡，生下的子女也不会太健康。泪堂如果有恶痣破坏的话，则表示会对子女过分溺爱，教育方面也会出现问题。若此部位有很深的皱纹，则说明此人不易怀孕、子女不孝。

图解面相

泪堂饱满明润，生殖机能健全，子女健康；

泪堂凹陷或干枯，性事冷淡，子女也不健康；

泪堂有恶痣，教育子女方面会出现问题；

泪堂有很深的皱纹，不易怀孕，子女不孝。

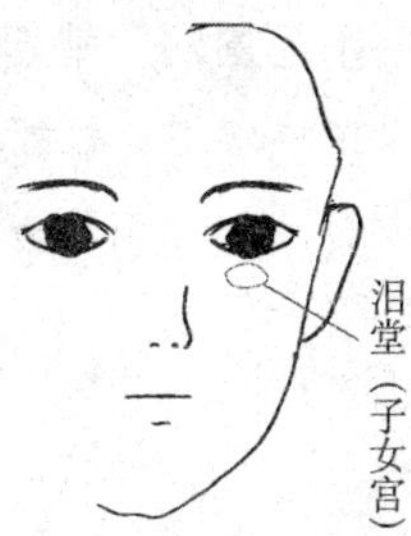

12 什么叫地阁

地阁指的是下巴的部位，地阁能体现一个人的性格。

地阁指的是下巴的部位，对应额头的天庭，它们分别代表一个人的青年和晚年的际遇。天庭高耸的人头脑发达，多半是少年有成，但是要晚年运气好，还要求地阁方圆才行，因为其为人敦厚稳重，晚年得以颐养天年。

下巴突出的人，自视甚高，颇有权谋，并具有强烈的爱情欲望。

下巴尖而狭窄的人，不论男女均有些神经质，在爱情上不尽如人意。他们虽然喜欢与异性共谱恋曲，但是在性生活方面表现冷漠，向往柏拉图式的爱情。

下巴圆润的人，拥有美满的婚姻，同时由于工作十分用心，经常身负重任，也具有仁爱之心，子女也很孝顺，可以享受一个幸福的晚年。

下巴宽的人属于行动派，个性刚毅果断，富有进取心。另外，方下巴的人在恋爱方面也极顽固，对于他们不能理解的人，就会加以“辞退”。他们一旦产生爱意，就会力排万难，专心一致地努力追求。

双下巴的人财运亨通，他们并无强烈的意欲，也不脱离常规的范围，是比较德高望重的人。

图解面相

地阁方圆，晚年运好，容易掌握权力；
下巴突出，自视甚高，有权谋；
下巴尖而狭窄，神经质，向往柏拉图式的爱情；
下巴圆润，婚姻美满，有仁爱之心；
下巴宽大，刚毅果断，有进取心，爱情执著、专一；
双下巴，财运亨通，生活幸福。

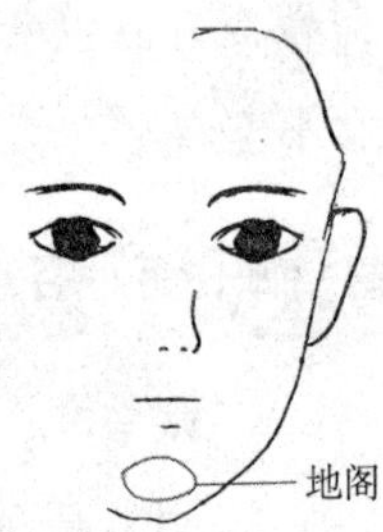

13 什么叫田宅宫

田宅宫能表示一个人的居家环境和装饰布置的情况。

田宅宫指的是眉与眼间的部位，但广义的田宅宫，乃包含两眼。田为养生之本，宅为安身之处，以现代的话来说乃是家庭宫，表示家庭环境如何。

这个部位如果丰满有肉，表示家庭环境良好。眼睛生得黑白分明（眼如点漆），表示家庭圆满，且有产业。如果低陷昏暗，表示田宅被破败，可能会有流落他乡的悲惨命运。眼睛如果布满血丝，表示到老穷困。眼睛色赤，或色青谓之凶眼。

相书上说：“田宅者，位居两眼，最怕赤脉侵睛，初年破尽家园，到老无粮作孽，若清秀分明则终生产业荣荣。若火眼冰轮，家财倾尽。”

图解面相

田宅宫丰满有肉，家庭环境良好；
眼睛黑白分明，家庭美满且有产业；
田宅宫低陷昏暗，可能会流落他乡。

田宅宫
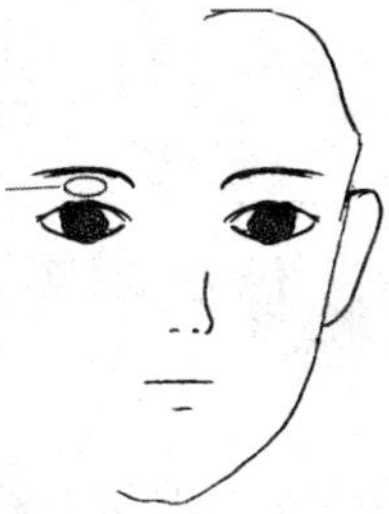

14 什么叫龙齿

拥有龙齿的人大多身体健康、精力旺盛。

龙齿是指长而密、大而直的牙齿。拥有这种牙齿的人大多身体健康，精力旺盛，因为牙齿是骨骼的延伸，有健康的骨骼，自然有健康的牙齿，身体也很健康。

牙齿比较长的人做事有魄力，敢冒险，不会畏首畏尾，而牙齿短的人做事谨慎小心，不打无把握的仗；牙齿颗粒大的人，一般食欲较好，为人也憨厚老实，而牙齿颗粒小的人，则很有才华，有自己的专长。可见，不管是牙齿大小还是长短，都有自己的优势和特长，只要选择好自己的职业方向，就能把自己的能力发挥得淋漓尽致。有一个前提是，牙齿必须整齐而且密合，不能有短缺或者破损的现象发生，否则不但会影响一个人的咀嚼功能，还会影响一个人的消化系统。再者，如果没有整齐的牙齿，体内的气体不断流出，还会影响一个人的判断力和学习力。

另外，牙齿越多越容易富贵，在三十二个以上者为富贵之人，三十个以下者为平常人。

图解面相

龙齿是指长而密、大而直的牙齿；
牙齿长表示有魄力，敢于冒险；
牙齿短表示小心谨慎，不打无把握的仗；
牙齿小表示有才华和专长；
牙齿大表示食欲较好，待人仁厚；
牙齿越多越容易宝贵，齿在三十二个以上者为富贵之人，三十个以下者为平常之人。

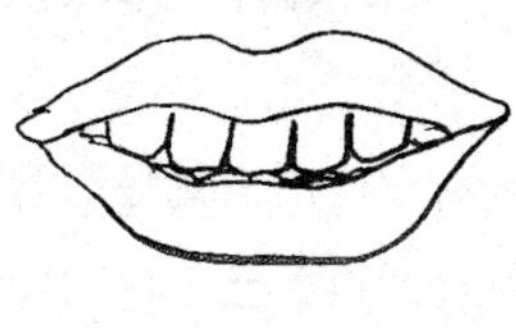

15 什么叫天庭

天庭位于上停的上部，代表青少年时期。

天庭指的是额头的部位。由于中国的面相学是借用天、地、人的观念，将人的脸分成三等分，即三停。基于天在上、地在下、人在中间的原则，上停又称为天庭，代表青少年时期，下停包括地阁，代表晚年时期，而中停则象征中壮年时期的发展与际遇。

细分又可以将上停即前额分为天中、天庭、司空、中正四个部位。以天中代表父亲、天庭代表母亲，这些部位饱满丰隆、气色明润，且没有伤疤或恶痣破坏的人，就代表其先天的遗传根基好，天生精力充沛，智力过人，年纪轻轻就能被赏识和被提拔。

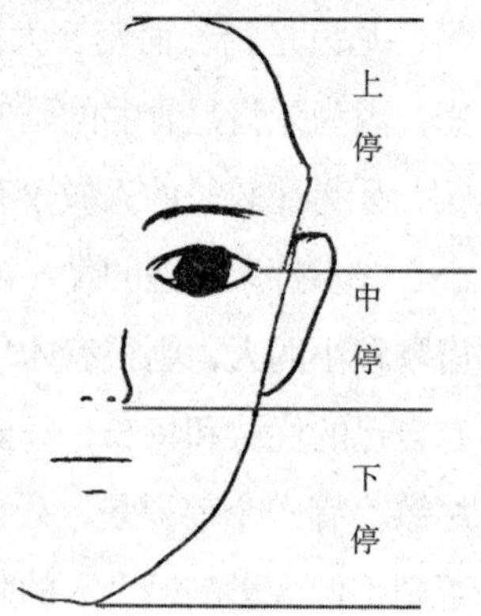

图解面相

上停包括天庭，即表示青少年时期；
中停包括中庭，即表示中壮年时期；
下停包括地阁，即表示晚年时期。

16 什么叫天地相临

五福俱备，寿长健康，财富丰盈，生活康宁。

所谓天地相临就是形容前额的天庭和下巴的地阁相朝，而又丰满无缺，前额左右的天仓和下巴左右的地库相朝，也是同样的丰满无缺，这样人的一生，将五福俱备，寿长健康，财富丰盈，生活康宁，爱好道德，将来还能寿终正寝，死得很安详。我们认为德备五福是很了不起的。

天仓是指额头两侧太阳穴的部位，代表青年时期的财库；地库是指下巴左右两侧的部位，代表老年时期的财库。再加上左右两颧的中二府，代表中壮年时期的财库，合起来就称之为“六府”。

图解面相

天地相临指天庭和地阁相朝，而又丰满无缺，天仓和地库相朝，也是同样的丰满无缺；

天仓指额头两侧太阳穴的部位；

地库指下巴左右两侧的部位；

中二府指左右两颧。

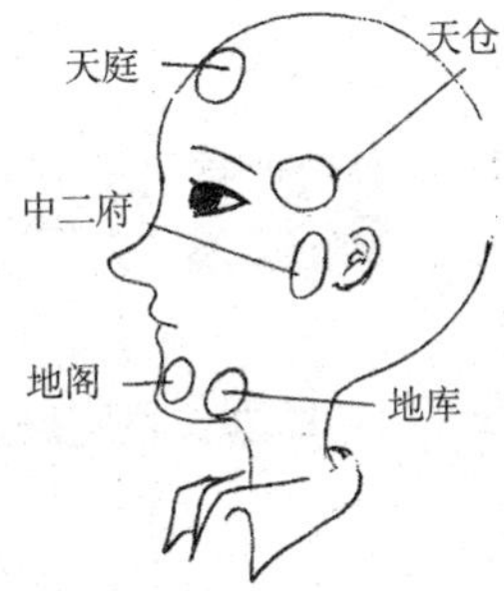

17 什么叫三白眼

三白眼分两种，一种是上三白，一种是下三白。

在相术中，有一种眼睛叫做三白眼。三白眼分两种，一种是上三白，一种是下三白。通俗点说，下三白眼就是眼珠靠上，而眼左、眼右、眼下均为眼白。相书上论，这种人性情豪爽，自我意识很强，容易出人头地，中年可能会有破财或者大难之相。由于个性方面喜欢驾驭他人，喜欢炫耀，所以古时候称“三白眼有剑难”。

上三白眼是眼珠在下，而眼左、眼右、眼上都露出眼白。这种眼也叫蛇眼，其个性阴险，属于犯罪型眼睛。这种人平时不爱说话，表情温驯，但逢利害关头，就会露出本性，做尽各种伤天害理之事。

下三白的人，虽然喜欢驾驭他人，但重义气，容易坚守原则；上三白的人则对任何事都会不择手段来达到目的，属于不靠善恶判断，全凭利害关系行动之人。

a

b

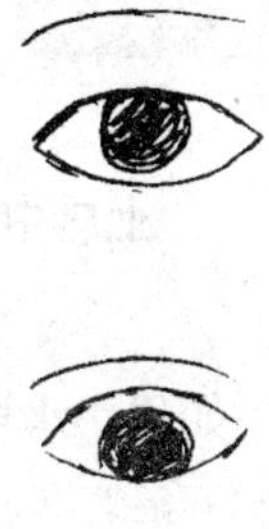

图解面相

a. 下三白眼指眼珠靠上，而眼左、眼右、眼下均为眼白，这种面相的人个性豪迈，喜欢驾驭他人；

b. 上三白眼指眼珠在下，而眼睛里的左、右、上方都露出眼白，这种人个性阴险，喜欢做伤天害理的事情。

18 什么叫垂珠朝海

耳垂长且肥厚，并略往前朝向嘴巴的耳相。

垂珠朝海指的是耳垂长且肥厚，并略往前朝向嘴巴的耳相。凡拥有这种耳相的人，先天的禀赋必厚，后天的环境——尤其是童年时代的环境必优越，身体一般都很健康，故耳有垂珠，每主福寿。耳垂肥大，往往代表财富，至少代表丰富的衣禄。根据各家相法的统计，未曾有耳垂肥大的人而终生穷困潦倒的，姜太公便是很好的例证。据说姜太公 80 岁得文王的知遇，就是由于垂珠朝海的耳相使然。故具有此等耳相，不只会有余财，同时也主晚年亨达。在《前贤异相考》一书中，曾把这一条列为异相之一，自可见其价值。此处“异相”的“异”字，并非奇怪之意，而是优异和不同寻常的意思。

根据中医的理论，耳朵与肾脏系统也有着重要的关系，肾脏功能出问题的人，耳朵的气色也比较暗沉，甚至会伴有耳鸣的症状。而肾功能的好坏，也会影响生殖机能与心脏功能，对一生的健康可谓影响甚大。

图解面相

耳垂肥大，代表财富。

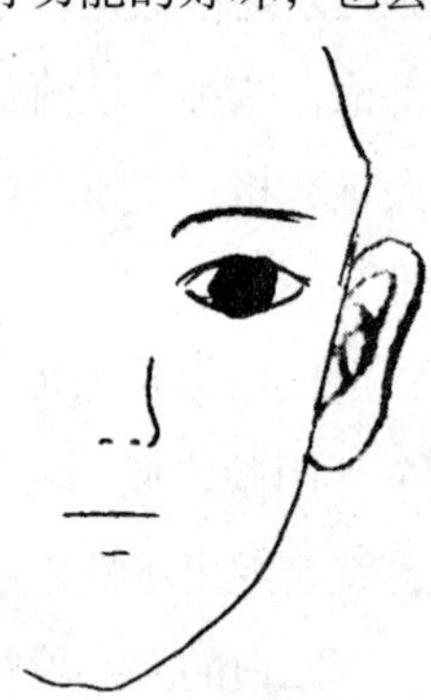

19 什么叫小水星

上唇中央连接人中的部位叫小水星。

如果小水星的三个角形状分明，且没有缺陷者，说明此人的口才相当好，看什么人说什么话，但是这并不代表他说出来的话能让人折服，那么什么样的人不但会说话，还让自己的话很让人信服呢？这就还要求嘴形端正，上下唇相称，开时宜大、合时宜紧等特质才可以。

此外，从一个人的嘴唇还可以看出他的健康状况。正常人的嘴唇红润，干湿适度，润滑有光，但如果唇色发白，就说明此人贫血。如果唇色灰暗，说明此人多半有消化系统的毛病或贫血等症。若唇上出现黑色斑块，口唇边有色素沉淀，常见于慢性肾上腺皮质功能减退。

图解面相

小水星即三个角形状分明＋没有缺陷者，表示天生口才好；

小水星即三个角形状分明＋嘴形端正＋上下唇相称＋开时宜大、合时宜紧，表示让人信服；

唇色还可以反映一个人的健康状况。

20 什么叫法令纹

所谓法令纹，是指从鼻翼两侧延伸向嘴角的两条对称纹线。

法令纹可以反映一个人说话的分量，皱纹深的人说话大家都得听，有权威性；皱纹浅或者无皱纹的人说话没人听，缺少权威性。

法令纹如左右不对称或过于靠近嘴角，都属不太好的相。

图解面相

从鼻翼两侧延伸向嘴角的两条对称纹线，叫法令纹。

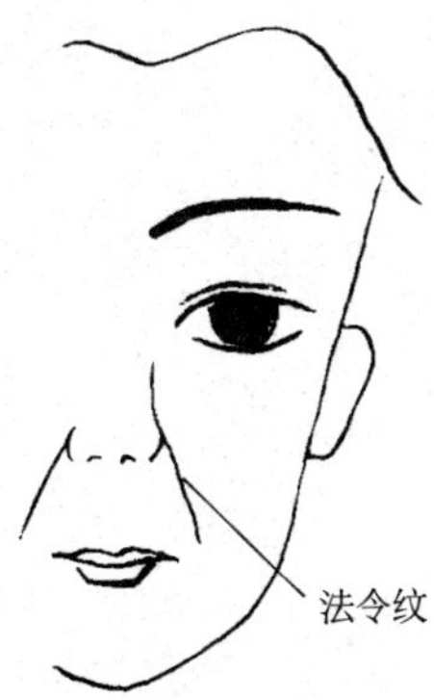

21 什么叫五官

五官就是耳、眉、眼、鼻、口五种人体器官。

所谓五官，指的就是耳、眉、眼、鼻、口五种人体器官。而且在相学上，分别被赋予一种官名，如下：

耳：名为采听官。

眉：名为保寿官。

眼：名为监察官。

鼻：名为审辨官。

口：名为出纳官。

通过对五官的分析，能对一个人做一些富贵贫贱的基本了解，并判断人一生的运势吉凶。通常眉毛关系到个人的健康、地位。眼睛关系到一个人的意志力、心地善恶。鼻子关系到一个人的财富与健康。嘴巴关系到一个人的幸福、食禄与贵人运。耳朵关系到一个人的长寿与否。

图解面相

耳，采听官；

眉，保寿官；

眼，监察官；

鼻，审辨官；

口，出纳官。

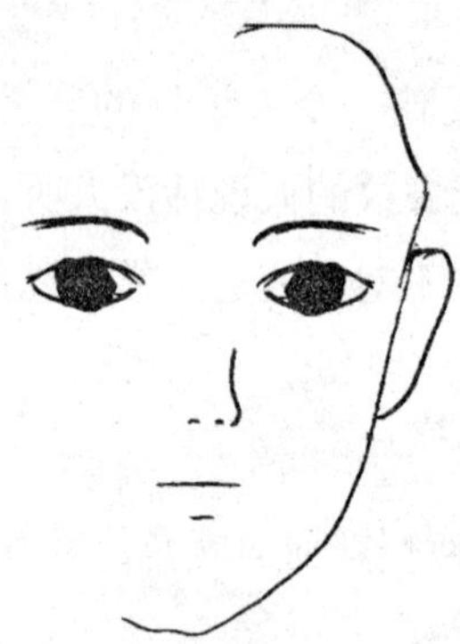

22 什么叫面相

面相是一种通过一个人面部特征来探索人生运程的学问。

“相由心生”这句话大家也许都听过，主要是说一个人的个性、心思与为人善恶，可以由他的面相看出来。

个性良善的人，通常有看起来善良的面相；心地凶恶的人，通常具有比较凶恶的面相。不过，反过来讲并不一定成立。有一句话说面善心恶，就是说看起来善良的脸，心地却是邪恶的；又有一句话说面恶心善，则是说一张看起来邪恶的脸，但其实心地是善良的。

总之，面相判断是需要专业的技术，并不那么容易。虽然，有些比较敏感的人，可以凭直觉对一些面相的好坏做出一些判断。但并不能用直觉来全面判断一个人面相的吉凶，还是需要专业命相师的分析。

图解面相

个性良善的人，通常具有看起来善良的面相；

心地凶恶的人，通常具有比较凶恶的面相。

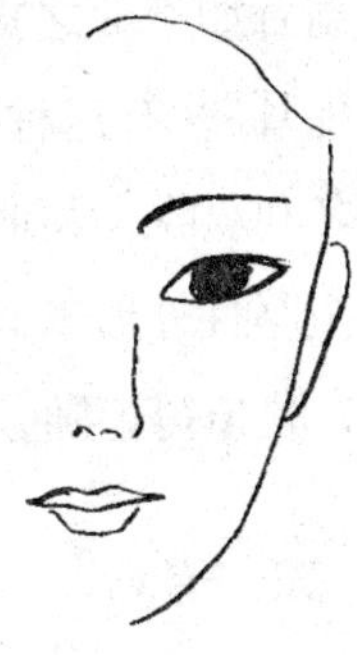

23 什么叫眉交

两条眉毛连在一起，且互相侵入对方眉毛之内。

两条眉毛连在一起，且互相侵入对方眉毛之内，像交战一样，称之为眉交。眉交的人大多兄弟反目、朋友运亦不佳。心情烦乱、遇事犹豫不决，且偏听女色之言，一生常有色情祸事；但如眼睛有神且黑白分明者，则可避免以上情况。

另外，这种人性格过于悲观，心胸不太开阔，遇事每每记于心中，不能开解自己。

图解面相

眉交的人，兄弟反目、朋友运不佳、心情烦乱、遇事犹豫不决，偏听女色之言，常有色情祸事。

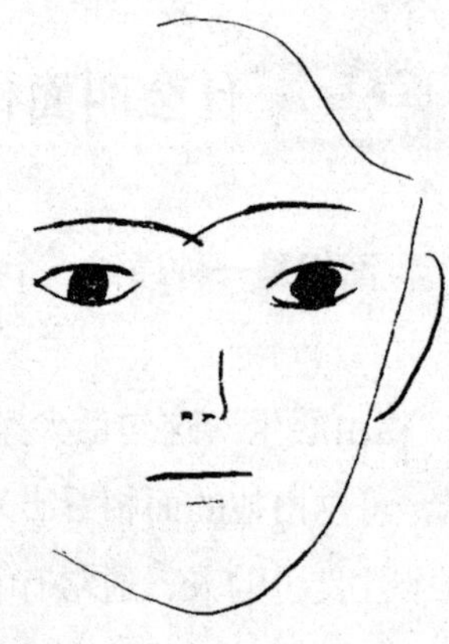

24 什么叫提耳、贴脑耳

提耳之人适合创业；贴脑耳之人心思缜密，机谋深藏。

耳形高耸如茶壶之提把（即天轮向后高耸），且垂珠厚大圆润的人，古书上谓之为“提耳”。有这种耳形的人，如果耳朵高度高于眉，则代表此人在青少年时期就可名利双收，其他部位如果也不差，则适合自己开创事业，一生成功。

耳形坚厚且外形美润而贴附于脑的，谓之“贴脑耳”。其代表此人心思缜密，机谋深藏，是值得追随、学习的好朋友。

图解面相

a. 提耳，耳形高耸如茶壶之提把，垂珠厚大圆润，适合自己创业，一生成功；

b. 贴脑耳，耳形坚厚，外形美润而贴附于脑，心思缜密、机谋深藏。

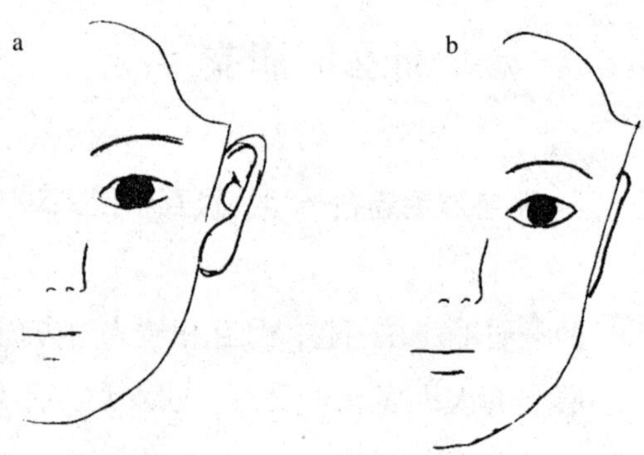

25 什么叫十二宫

面相十二宫可以判断一个人一生中各种运势的吉凶。

十二宫是面相分析工具之一，包括：

命　宫：位于两眉之间印堂的部位。影响一个人的基本运势。

财帛宫：位于鼻头的部位。关系到财富的吉凶。

兄弟宫：眉毛是兄弟宫。关系到兄弟关系的吉凶。

夫妻宫：位于眼尾部位。关系到夫妻关系的吉凶。

子女宫：位于下眼皮隆起的部位。象征子女是否有出息、有无子嗣等。

疾厄宫：位于两眼之间山根之下的部位。关系到健康方面的吉凶。

迁移宫：位于额头两端靠近发际部位。看迁徙与出门在外的吉凶。

奴仆宫：位于面颊下端部位。关系到交友与部属关系的吉凶。

官禄宫：位于额头正中的中正部位。关系到事业、官位、学业方面的吉凶。

田宅宫：位于眉与眼中间的眼皮部位。关系到个人家运的吉凶。

福德宫：位于眉上方偏外部部位。关系到财运和福气的吉凶。

父母宫：父宫位于左额中间偏上、母宫位于右额中间偏上。关系到与父母之间的缘分、吉凶等。

透过面相十二宫的分析，可以判断一个人的一生中各种运势的吉凶。想要知道兄弟之间的关系，就看兄弟宫吉凶；想知道事业发展，就看官禄宫吉凶；想看爱情，就看夫妻宫吉凶……

图解面相

十二宫包括命宫、财帛宫、兄弟宫、夫妻宫、子女宫、疾厄宫、迁移宫、奴仆宫、官禄宫、田宅宫、福德宫、父母宫。

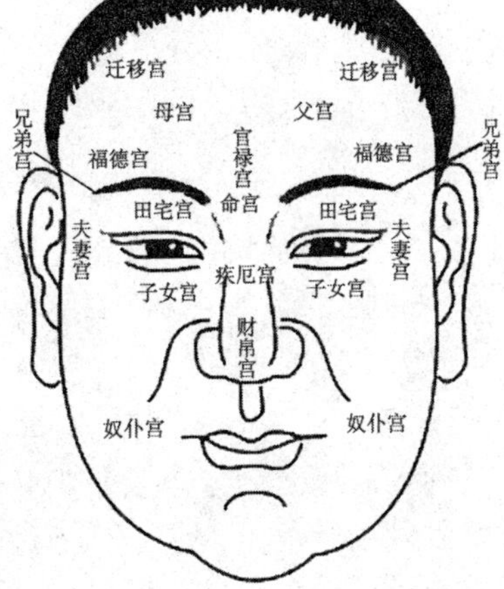

运势

卷二 面相知识100问

观念篇

26 有抬头纹的人天生就是操劳命吗

年纪轻轻就出现抬头纹，表明这个人会奔波劳累一生。

一般来说，人到三四十岁，经过了一番社会历练，大多会在额头上留下岁月的痕迹，也就是抬头纹。如果年纪轻轻就有了抬头纹，就说明这个人在生活中比较劳苦，因为抬头纹是操劳的见证。换句话说，并不是有抬头纹的人就天生是操劳命，而是先有操劳，才会在额头上留下痕迹。如果到了五十几岁，额头上连一条纹也没有，就说明这个人不是缺乏进取心，就是很少用脑子想问题，这种人天生就命好。

另外，依据额纹的形状不同，古相书上也有不同的解读：三条整齐而不断的额纹是最好的，这三条纹路又称为天、地、人，代表长辈、平辈和子孙，并表示他们的关系都非常好。拥有王字纹者，则富有领导统驭的能力。三条纹路就像蚯蚓一样的人，比较容易钻牛角尖。

图解面相

a. 拥有三条整齐而不断的额纹是最好的；

b. 王字纹，富有领导统驭的能力；

c. 三条纹就像蚯蚓的人，比较容易钻牛角尖。

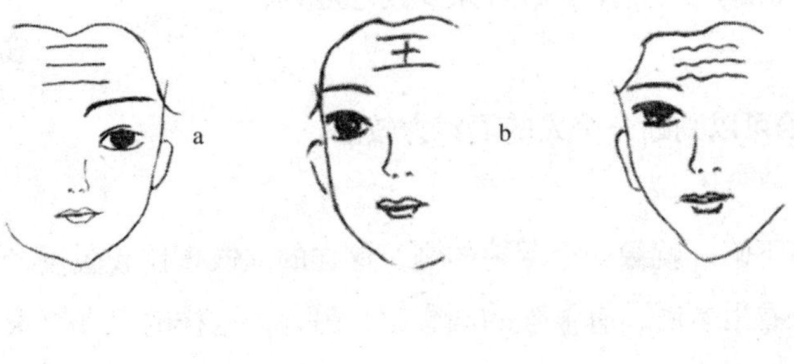

27 额头高的女人真的会克夫吗

额头高的人精力充沛，智力过人。

中国传统相学认为，男人额头高主贵，也容易早发。但是古相书对女人额头高却这样形容："女人额高，三嫁不牢。"特别是额头高于三指的女人，不是克父就是克夫。

但是，古代也有"女人额圆则旺夫"的说法。这是因为额头两侧，靠近发际的部分有迁移宫，迁移宫狭窄的女人是典型的宜室宜家女人，能够在家里待得住，迁移宫太宽的女人则不好管束。现代女人，同样能在工作上尽情发挥，只要注意与另一半的沟通，并不需要理会古书上的说法。

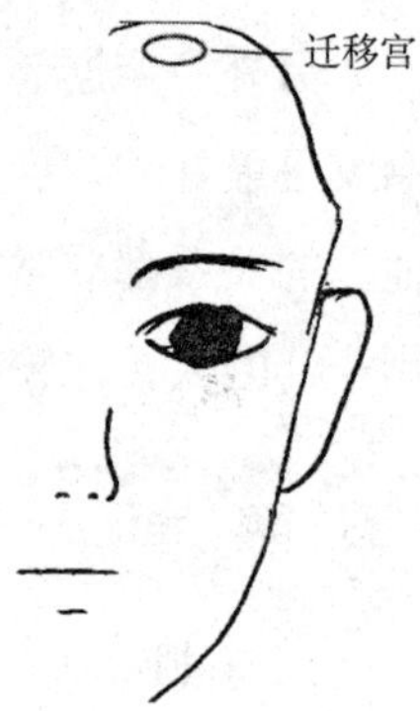

图解面相

迁移宫狭窄的女人宜室宜家；
迁移宫太宽的女人则不好管束。

28 眼睛下陷的人洞察力就强吗

眼睛下陷可以判断一个人的洞察力较强。

有的人眼睛下陷，就像一个深邃的洞。这样的人做事比较缓慢，很仔细，常常能够透过现象看出本质，有很强的洞察力。另外，这样的人办事很冷静，无论做什么事情都三思而后行。

但眼睛下陷的程度不同也表明此人的个性不同。眼睛微微下陷的人，给人一种比较平凡的印象，他们一般都能够廉洁自律，内心世界很坦白，是人们常说的谦谦君子。

眼睛特别深陷的人警戒心理强。这种人似乎想把自己的眼睛藏起来，不让别人看到，时常会以敌视的眼光看人。就好像隐藏自己的眼睛一样，他们企图把自己的心灵掩盖起来，不想让别人知道，不善与人交往，往往是一个孤独者。

图解面相

a. 眼睛下陷的人具有很强的洞察力；微微下陷的人能廉洁自律；是人们常说的谦谦君子。

b. 特别深陷的人则警戒心理非常强，不善与人交往，往往是个孤独者。

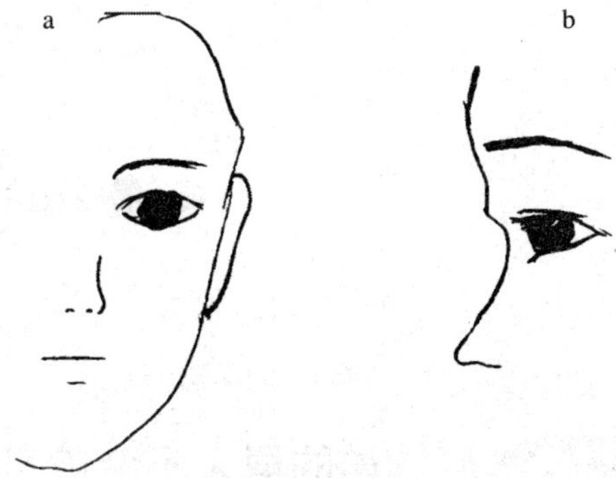

29 双耳贴脑的男人婚后会听老婆的话吗

双耳贴脑的男人，拥有最佳耳相，通常成就颇高。

“两耳贴脑富贵到老”，拥有两耳贴脑面相的男人虽然在事业上通常很有成就，但依赖心较强，因为他一生贵人强旺并常会有长辈荫护。

两耳贴脑是最好的耳相，耳朵轮廓完美者常听善言，自然而然地也会有善心。大概来说，耳朵长得好的人心肠通常都不会差到哪儿去，是个能让情人信赖的好伴侣！不过也许是比别人多出一些聪明才智的关系，他通常也很有主见，不会因为别人的话语而改变自己的立场或想法。虽然有时候会显得有点固执不通，但女性们可得忍住，不要和他大声嚷嚷，因为你们两个人结婚后，家中任何大小事做主的人通常会是你而不是他！

图解面相

双耳贴脑的男人心地善良，值得情人信赖，但有时也会固执不通，做老婆的要忍一忍，因为婚后大事小事通常还是由你做主。

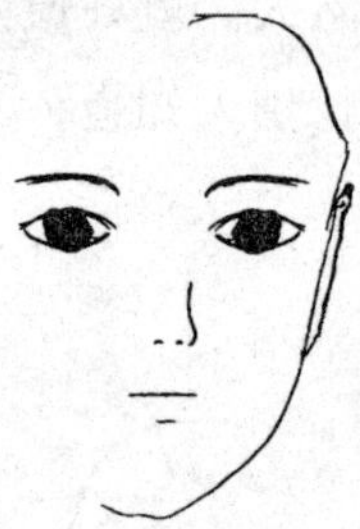

30 鹰钩鼻的男人不会被感情所困吗

鹰钩鼻的男人不会被感情所困。

有鹰钩鼻的男人很会察言观色，女人稍一皱眉，稍一微笑，他就知道她在想什么，当然他也就知道自己该怎么表现了。不过，女人可别被他这种贴心的举动所感动，其实他只是善于捕捉你的微妙情绪罢了，并不是真的出于真心。这类型的男人并不会被感情冲昏头脑，该理性时他会很理性，该挥剑斩情丝时他也毫不手软，他根本无法体会什么是美好的爱情，什么又是值得去珍惜的东西。总之，跟这种男人交往，你不要期待你们之间的爱情会天长地久。

图解面相

有鹰钩鼻的男人不会被感情冲昏头脑，该理性时他会很理性，该挥剑斩情丝时他也毫不手软。

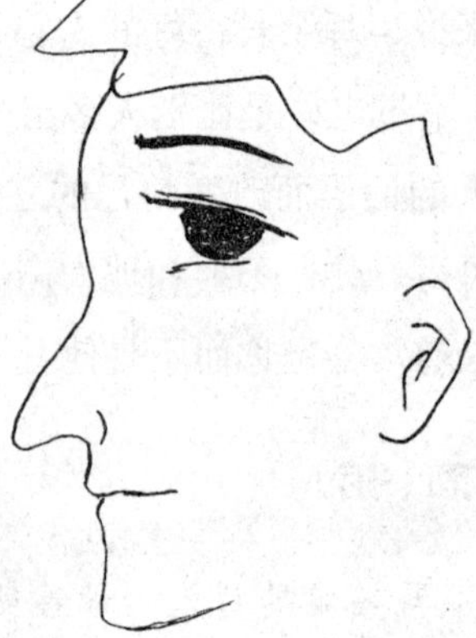

31 双下巴的人重感情吗

有双下巴的人性情温和、重感情。

有双下巴的人通常性情温和、重感情，属于德高望重型人。他们对人相当热情，宽宏大量，尤其热衷于招待朋友，擅长吃喝玩乐，所以人际关系很好。

在爱情方面，男女都较为专情，很能制造情调，是一个好情人。结婚后也能成为好丈夫、好太太。

他们在财运上非常亨通。如果有双下巴，再加上其他部位配合得当，则一生财运亨通，生活富裕，愈老愈荣。有双下巴的人，气度不凡，乃仁厚福寿之相！

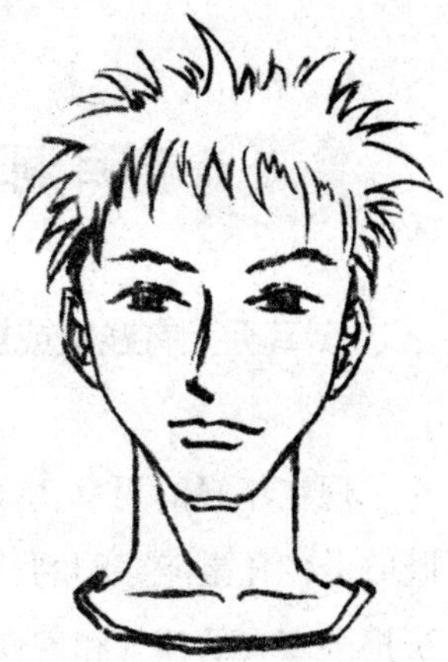

图解面相

有双下巴的人，男女都较为专情，财运上非常亨通。

32 眉毛过细的男人有牢狱之灾吗

眉毛粗代表注重大纹大路的事，眉毛细则注重生活细节。

男性眉毛较粗，女性眉毛较细，这是正常的，因为眉毛粗代表注重大纹大路的事，眉毛细则注重生活中的小事，但亦有男性眉毛较细，女性眉毛较粗的情况出现。这代表此男性心细如女性，喜欢注意生活琐事，甚至喜欢打理家务、布置家居等事。相反，女性眉毛较粗则代表此女性喜欢交际应酬而置丈夫于不顾。

但如果眉毛过粗，男则代表好色、怕老婆，一生有一次牢狱之灾，宜主配年纪比自己大的老婆。如女性眉毛过粗，则有男子气概，做事喜欢主动，有领导才能，且易嫁少夫。

图解面相

眉毛过粗，男则代表好色、怕老婆，一生有一次牢狱之灾，宜主配年纪比自己大的老婆；女则有男子气概，做事喜欢主动，有领导才能，且易嫁少夫。

33 穿耳洞真的会破相吗

耳朵上有残缺或被破坏会影响肾脏功能。

现在年轻的男女为了赶时髦，在身上到处穿洞，耳朵上、鼻子上、舌头上、肚脐上，凡是能穿洞的，都要穿上，这在相学上都属于破相的一种行为，破相会折损当事人的福气和寿命。传说陈友谅就是因为小时候不好带，长辈们说穿了耳洞后就好带了。等到他长大后，即使他的能力再强，因为穿耳洞而破了相，所以才当不上皇帝，而皇帝之位只能让给朱元璋。

根据现代的中医理论，耳朵与肾脏功能是息息相关的，耳朵有残缺或被破坏的人，肾脏容易出问题。其中打在耳垂上的洞，影响只及于泌尿系统。如果打在耳骨上，甚至会影响智力，建议想要穿耳洞的人一定要三思而后行。

图解面相

在耳朵上、鼻子上、舌头上、肚脐上打洞都属于破相；

在耳垂上打洞，影响泌尿系统；

在耳骨上打洞，影响智力。

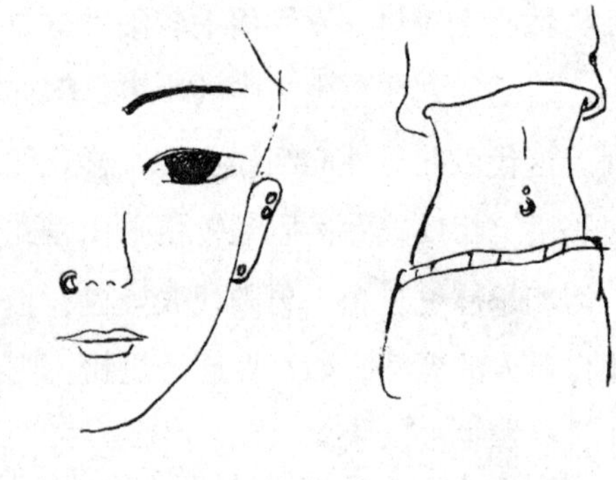

34 鼻子起节的女人会克夫吗

鼻子起节的女人容易吸引条件比较差的男人。

节鼻就是鼻梁出现凹陷或凸起的现象。拥有这种鼻相的女人性情很怪，因为这部分代表肝胆，肝胆代表一个人的个性和脾气。这样的女人也很难缠，你得罪了她，即使诚心地跟她道歉也没有效果。

由于女人的鼻子又称为夫星，代表另一半的条件和社会地位。如果女人的鼻子出现凹陷或凸出，容易吸引条件差的男人，有些相书甚至有“克夫刑子”的说法。

拥有这种鼻相的男人，行动力很强，但是由于性格比较固执专断，别人的意见和想法听不进去，所以在成功的道路上也会受到挫折。

图解面相

鼻梁出现凹陷或凸起的现象就是节鼻；
有节鼻的女人很难缠、报复心强；
有节鼻的男人行动力强，但固执专断。

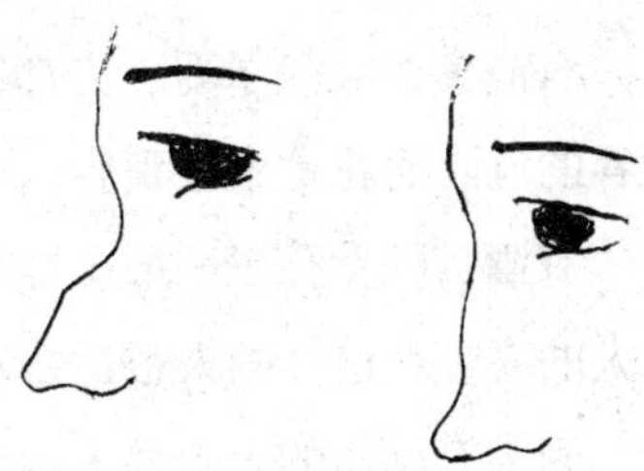

35 有法令纹的人比较有威信吗

通过法令纹可以判断一个人的威信和晚年的社会地位。

法令纹，是沿鼻翼两边延伸而下的两道纹路，象征法制命令、统御威严。法令纹深长开阔、其形如钟的人，必能发号施令，具有领导者的威严。法令纹也代表事业，法令纹越长的人，事业运越长久，越开阔，事业规模也越广大深远。

法令纹也称为寿带，象征神经系统、消化系统的运作状况。法令纹优良者，神经、消化机能必然优良，寿命自然长久。

其实，用现代的说法，法令纹是典型的皮肤组织老化，造成肌肤表面凹陷的现象。脸上有明显法令纹的人，看起来较为严肃、老态、没有亲切感，让人有种难以亲近的感觉。

图解面相

有法令纹的人具有领导者的威严；
法令纹越长越深就越好；
法令纹其实是皮肤组织老化的结果。

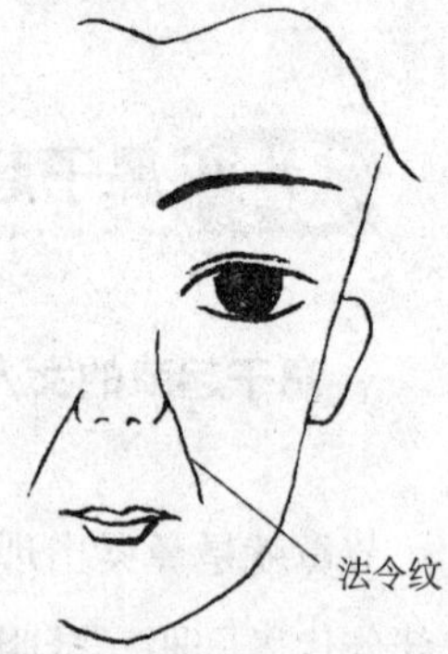

36 有酒窝的人酒量就很大吗

有酒窝的人活泼开朗，有人缘。

有酒窝的女孩子看上去都很漂亮和可爱，所以一些爱美的女孩子不惜冒着被毁容的危险而花重金去整容，非要挖出一个酒窝来。

有酒窝的女孩子一般个性开朗、活泼、乐观，很会处理人际关系，并能博得他人的喜爱，这样的人很适合做公关或记者等。

因为有酒窝的人个性无拘无束、活泼开朗，又会处理人际关系，因此人们会认为这样的人酒量很大，其实两者并没有必然的联系。如果酒窝是后天形成的，那么说明这个人的心思缜密、城府很深。

图解面相

有酒窝的女孩子个性开朗、乐观，有人缘；
酒窝是后天形成的人，城府很深。

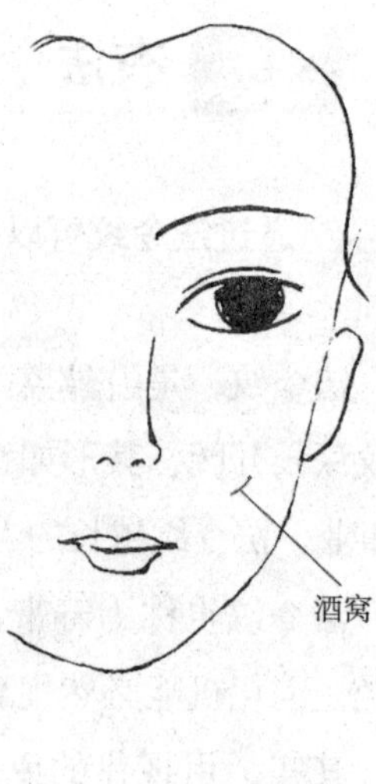

37 嘴唇薄的人爱吹毛求疵吗

嘴唇薄的人不好惹。

人的容貌特征与人的道德品质总存在一些本质联系。如品德端正者作风也正派，贼眉鼠眼者为人奸诈，鼻正心也正，鼻歪心有鬼。嘴唇厚薄也同样遵循这一规律。你在现实生活中也可以发现，那些尖酸刻薄、巧言令色、爱吵爱闹、吹毛求疵、咄咄逼人者大都是嘴唇又尖又薄的人。这种人天生就爱耍嘴皮子，唠唠叨叨把嘴唇都磨薄了。在他们的观念里，好像只有用滔滔不绝的语言才能战胜对方，从不打算用坦诚和忠信与对方交往，所以这样的人不好惹。

图解面相

嘴唇薄的人天生爱耍嘴皮子，尖酸刻薄、吹毛求疵。

38 舌头长的人爱搬弄是非吗

舌头长但不厚，则不以吉论，也就是所谓的长舌妇。

传统相学里，舌头最好是又长又厚，舌头长的人表达能力强，学语言的能力也比较强。舌头厚的人，一般说话都会很谨慎，不会不经过大脑思考就脱口而出，但是，如果舌头长但不厚，则不以吉论，也就是一般所指的长舌妇了。

如果舌头长，且尖端有如舌芯子，除了喜欢搬弄是非外，心肠也会比较狠毒。但如果舌头太短，则缺乏竞争意识，生活也会比较辛苦。如果舌头大，但嘴巴却很小，或是舌头粗而短，即所谓的大舌头，这种人的表达能力差，语言学习能力也比较弱，发展也会受到限制。

中医认为，舌头是外露的心脏，心、肺有病时，会在舌头上反映出来。还有，肝病反映在舌边，脾胃反映在舌中部，肾和膀胱则反映在舌根……这种“以舌诊病”是中医传统的一种望诊方法。

a

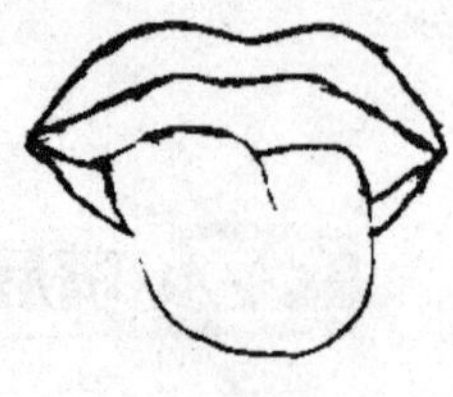

b

c

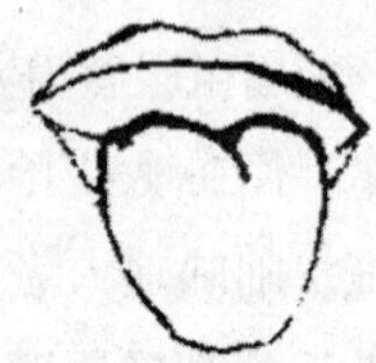

图解面相

a. 舌长＋宽厚表示表达能力强，说话谨慎；

b. 舌短表示缺乏竞争意识，生活比较辛苦；

c. 舌大＋嘴小表示表达能力和语言学习能力差。

39 瓜子脸的女人命比较苦吗

瓜子脸的女人晚年会孤贫。

在传统面相学里，下巴代表一个人的意志力以及福分，也能看出晚年的运势。下巴的理想之相最好是骨骼有力且丰满多肉，这表示一个人身体健康、精力充沛，并能显示一个人不管是事业还是生活都比较顺利。

依据上面的相学理论，众人羡慕的瓜子脸成了命运差的征兆。瓜子脸在面相学上称之为格局小，在处世行为上趋于主观保守，凡事苛求，气度小，处世较不圆融，年老时会孤贫。为什么这样的人年老会孤贫呢？因为这样的人年轻时喜欢求新求变，在感情和事业方面较缺乏定性，所以等到年老的时候一定会为此付出代价。

但是，这也不是绝对的，只要能改善和调整自己，就照样会得到完美的人生，老年也一定会得到幸福和快乐。

图解面相

瓜子脸的人保守、小气，年老会孤贫。

40 耳朵高的人心高气傲吗

耳朵高的人高傲、敏感，甚至有神经质的倾向。

耳朵的上端如果高过眉毛，从好的方面来说，是属于聪明机灵，可以早年成名的才子型的人。不过，这种人多半心高气傲，而且内心敏感，甚至有神经质的倾向。

另外，耳朵位置还象征一个人的遗传品质，耳愈高，遗传品质愈好，也愈有生命力和竞争力。相对地，这种高耳的人也会有一种莫名的优越感，总觉得自己是真命天子，别人都是庶民。

因此，为了保有自己的优越感，这种人对别人的存在很不屑，也很紧张，总觉得没有安全感，凡事都要计较，而且工于心计。

图解面相

耳朵的上端如果高过眉毛，则说明此人聪明机灵，但斤斤计较，工于心计。

41 牙齿参差不齐的人命就不好吗

牙齿参差不齐的人，个性贪婪，好欺侮人。

牙齿长得参差不齐的人，个性贪婪，好欺侮人，搬弄是非也是这种人的喜好。有时会因这些不检点的行为而得罪人，最后落得个身败名裂、众叛亲离的下场。这类人自我意识强烈，总是自以为是，心中所想与口中所述及实际行动三者均无一致可言，所以也得不到大家的信任。在人们眼里，这样的人是不值得交往的。

但是，并不是说这样的人就无可救药了，也并不意味着这类人永远没有翻身的机会。只要认识到自己的缺点和不足，并认真改正，还是可以得到大家喜爱的，并取得生活和事业的成功。

图解面相

牙齿长得参差不齐的人，个性贪婪，好欺侮人，搬弄是非；

这样的人可以通过自身修正达到生活与事业的成功。

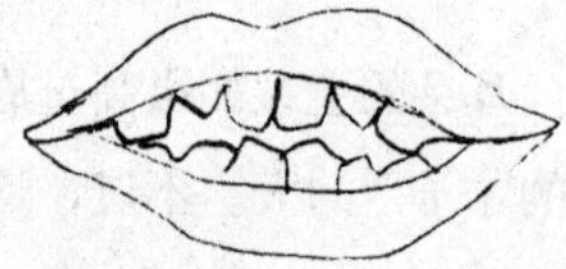

42 脸上有痣一定都不好吗

痣由皮肤色素沉淀所致，也受每个人的体质影响。

在传统面相学里，除非是被头发覆盖住，或是藏在眉毛里的痣才算好。否则，凡是长在脸上的痣都不好，并且依据所处的部位与宫位不同，各自对六亲与事业、婚姻有所伤害。所以，流传在命相馆与夜市里的人相图上，密密麻麻的都是一些刑、克或淫荡的字样。除了是否明显之外，痣的形状与颜色也是观察重点。颜色漆黑或赤红，且形状圆凸的痣就属于好痣；颜色暗沉或形状不完整就属于坏痣。如鼻上有痣，事业容易受阻滞。

不过，痣的形成毕竟是皮肤色素沉淀所致，也受每个人的体质影响。所以古人在看面相时，痣的重要性远不如五官的形貌，现代人更没有必要为此而胆战心惊。

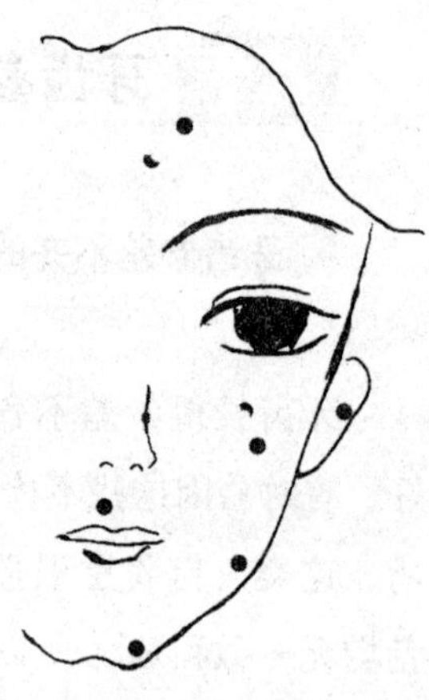

图解面相

好痣：颜色漆黑或赤红，且形状圆凸；

坏痣：颜色暗沉或形状不完整。

43 长脸形的女性是天生的劳碌命吗

长脸形的女性忙忙碌碌，一生不停。

长脸形的女性，会很辛苦地工作，忙忙碌碌，一生不停。这种女性最适宜做职业女性。如果这种长脸形的女性，是家庭主妇的话，并不代表她便能养尊处优，相反可能更加忙碌。总之她会找很多事做，整天忙不迭。

在日常生活中，脸长的男性比脸长的女性多，无论男或女，性格方面都很有个性，很独特。他们都很活跃，有很多好朋友，交游甚广，但忍耐力不够，容易冲动，这是其最大的缺点。

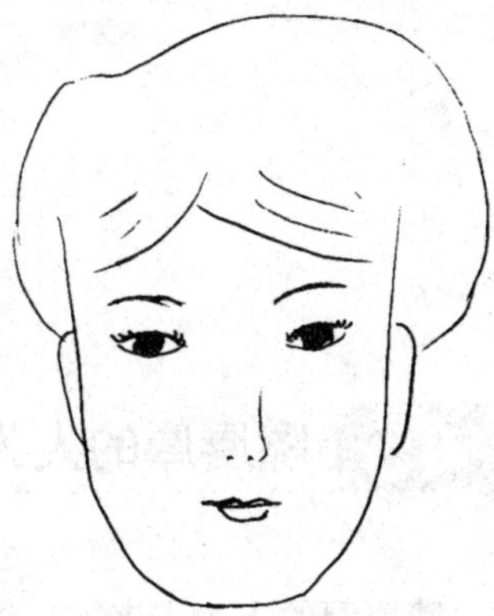

图解面相

长脸形的女性适宜做职业女性，具有独特的个性，好交际，但易冲动。

44 八字眉的人比较倒霉吗

八字眉的人性格坦率，做事不拘小节，人缘较好。

眉形下垂如八字形，称为八字眉。在传统的面相学中，都认为八字眉的人命运不济，会常常倒霉。但事实上，拥有八字眉的人性格坦率，做事不拘小节，表面上不易接近，实却和蔼可亲、品德良好。因出手阔绰，所以一生要辛勤赚钱。八字眉的人心胸广阔，有英雄豪侠的气概，是倾谈的好对象。

但是，如果眉尾低垂，再加上眉毛过细、眉色过淡等特征，就说明此人过于拘谨保守，甚至有些胆小。要是再加上眼尾低垂、嘴角下垂，那就真的是一副倒霉相，这种人自然会命运多舛。

图解面相

a. 八字眉的人性格坦率、和蔼可亲、心胸开阔；

b. 眉尾低垂＋眉毛过细＋眉色过淡代表过于拘谨保守。

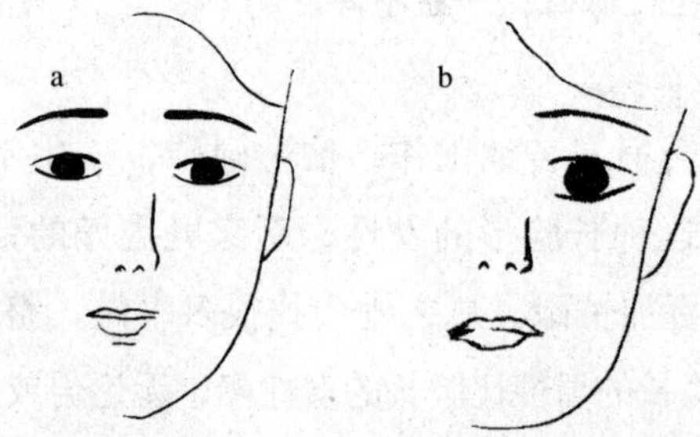

45 嘴唇厚的人为人实在吗

嘴唇厚的人为人老实、仁厚。

嘴唇厚的人给人的感觉是老实、仁厚。这种人心地善良、仁慈。在为人处世中，他们总是以诚待人，对朋友、同事重感情，讲信用，但是，这种人缺乏应有的主见，办事缺乏足够的果断。

如果一个女人有两瓣丰润的朱唇，这就是她的本钱，足够她享受一辈子了。因为这不仅表明她为人实在，还表明她身体健康、性感十足。

嘴唇大而厚的人给人的印象往往是忠厚老实。一般来说，这种人性格坚强，具有很强的自尊心和好胜心，干起事业来，总有一股拼劲和韧劲，不达目的，他们绝不会罢休。为什么会有这种感觉呢？嘴唇大而厚的人，面颊往往比较丰满，因此给人一种忠厚老实的感觉，而这种人待人温和，很有人缘。为了保持这一系列优势，他们对自己的工作会愈来愈尽职尽责，工作起来也会愈来愈踏实。如果是女性，其内心感情更为丰富。

图解面相

嘴唇厚的人为人实在、仁厚，但不够果断；

嘴唇大而厚的人性格坚强，有韧劲，为人忠厚老实。

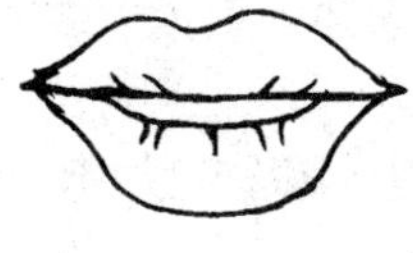

46 鼻梁断、横纹破的女人容易成为老处女吗

鼻梁有缺陷者，容易成为老处女，嫁不出去。

鼻梁有明显的凹痕为之断，有明显的线纹为之破，女性的鼻子为夫星，亦为疾厄宫。鼻梁有缺陷者，主体质差，意志力弱，易有外伤（手足、腰骨受伤），也是先天克夫格，并且容易成为老处女，嫁不出去。

单身终老是人生的一种缺陷，绝大部分人都不希望自己晚年孤独。所以如果发现自己有成为老处女的相格时，就要及早留意，免得如古人词曰“花前失却游春侣，独自寻芳，满目悲凉，纵有笙歌亦断肠”的结局。

图解面相

鼻梁有明显凹痕为之断，有明显的线纹为之破，女性的鼻子为夫星。

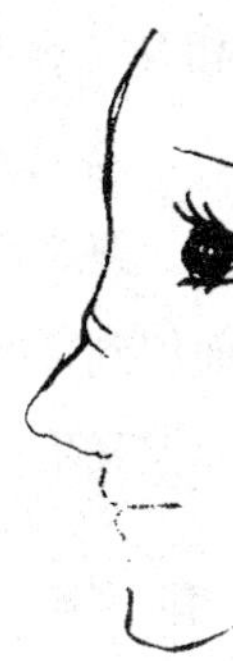

47 耳朵的上部高于眉毛的女孩聪明吗

耳朵的上部高于眉毛甚多而骨肉匀称的女孩都比较聪明。

耳朵的上部位置与眉毛同高，或高于眉毛者为佳。如果耳朵的起点高于眉毛甚多而骨肉匀称，那么这个女孩的思路清晰，头脑聪颖，灵敏度高，相当重视精神生活。如果看起来很有骨感，那表示她是位多思、多虑、多心事的女孩。

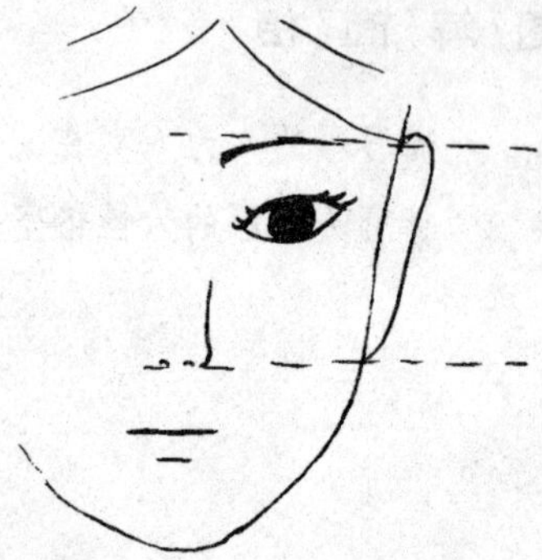

图解面相

耳朵的上部位置与眉毛同高，或高于眉毛者为佳。

48 嘴上无毛，办事不牢吗

嘴上无毛的人心浮气躁，内心沉稳度不足。

俗话说："嘴上无毛，办事不牢。"嘴上没有胡须的人一般都是没有社会阅历的年轻小伙子，既然没有社会经验，做起事来当然会失去准确度而不牢靠。

在面相学上，嘴唇上的胡须是肾水的反射，肾水特足、特旺者，其胡须会特多。反之，嘴上无胡须者，表示肾水不足，肾水不足则难以制火，表现在个性上则是心浮气躁，内心沉稳度不足。若心浮气躁，沉着稳定度不高，办起事情来就难以面面俱到，容易偏执，此点以火形人常见。因此，"嘴上无毛，办事不牢"有其道理。但又不可绝对化，一些大人物往往少胡须。

图解面相

嘴唇上的胡须是肾水的反射，胡须越多，肾水越足。

49 眉毛黄薄中断的人对朋友不好吗

眉毛先天中断，表示肝胆有问题，个性怪异，婚姻不幸。

从面相学来说，眉毛兄弟宫，一般人的眉毛平常是比较黑的，但如果眉毛偏黄而且很少，就说明你对兄弟朋友没有情义。如果眉毛很少又黄黄的、薄薄的，且又中断，表示你对兄弟朋友的态度是很现实的，比较功利。

此外，眉毛代表肝胆，肝胆代表一个人的个性和脾气。眉毛先天中断的人，通常表示肝胆有问题，个性怪异，婚姻不容易圆满幸福。

图解面相

眉毛叫兄弟宫，也代表肝胆，表示一个人的个性和脾气。

50 眼球凸出者是外强中干的人吗

眼球凸出者比较健谈，但容易纸上谈兵。

有的人眼球往外凸出，就像金鱼的眼睛。这种人办事常常是欠考虑、大大咧咧、一副满不在乎的样子。他们心里往往想一些虚幻的东西，并且到处张扬，但实际上并没有做太多的实际工作。这种人想法和计划很多，却很少付诸实践，有时即使去干了，也常常是虎头蛇尾，半途而废，可能成为“纸上谈兵”者。并且，这类人往往还表现得自以为是，办事武断，自尊心强，企图用夸夸其谈来掩饰自己。外表威武，内心脆弱，外强中干，才是这种人的真实写照。有凸型眼睛的人，要预防身体上的突发灾病。

图解面相

眼球凸出的人，自以为是，办事武断，外强中干，但要预防身体上的突发灾病。

51 印堂开阔的男人不花心吗

印堂开阔的男人能够挑担子，有责任心，不花心。

如今花心的男人太多了，很多女性在选择男朋友时，总是小心谨慎，听从多方面的意见。有人说眉毛长、印堂开阔的男人不花心，有责任感。那么这种说法有道理吗?

面相学认为，印堂开阔的人比较负责，能够挑担子，有责任心，与心爱的女人结婚后，会认为她永远是他应该要疼的、要爱的。所以女人如果嫁给这样的男人一般会很幸福。

图解面相

眉毛长，印堂开阔的男人不花心，有责任心。

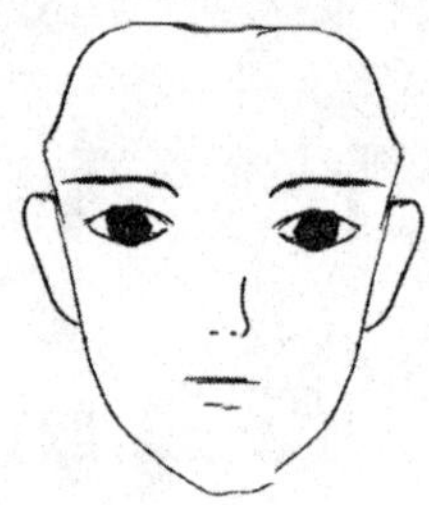

52 脸形圆大的女子愿意付出吗

脸形圆大的女子心胸宽广，广结好友又乐于助人。

脸形圆圆，即田字脸，额头偏方形且腮帮子突出，同时脸有丰腴肉质，脸形方中带圆。这样的女人容易富贵，有身份地位，也容易旺夫。

娱乐圈中代表人物就是有“开心果”之称的沈殿霞。这种面相的女子心胸宽广，广结好友又乐于助人，有细密的心思，可帮丈夫渡过难关。若丈夫没有工作，她会热心为其安排。

无论如何，田字脸的女人愿意付出，男人只要娶到她，就等于同时拥有一个真心好友。

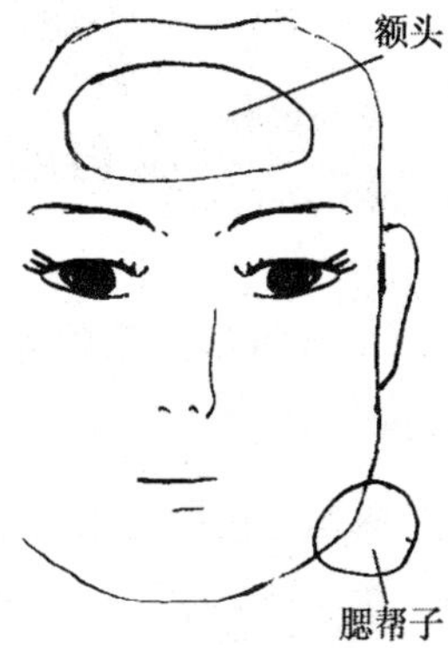

图解面相

额头偏方形且腮帮子突出，同时脸有丰腴肉质，脸形方中带圆，此人心胸宽广，广结好友又乐于助人，这样的女人会旺夫。

53 下唇厚上唇薄的男人靠不住吗

下唇厚上唇薄的男人是享乐主义者，用情也不会持久。

下唇厚上唇薄，也就是下嘴唇比较厚而凸出于上嘴唇之外。男人有这种唇形的，是一个以自我为中心者，什么事或想法都只放在心里自己反复思量，而不会说出来让人家知道。对于情欲和感官他都是保持着享乐的态度，常让女人误以为他是个很热情又主动的情人，但其实他只是对你还没厌倦而已。当他对你厌倦时，他便不理你，马上向新目标进攻。对付这种男人的最好方法就是，他想玩，那你也跟他玩玩就好，千万不要傻傻地以为他对感情总是充满热情，那你在这场爱情的战争中也将会落败。

图解面相

下唇厚上唇薄的男人常以自我为中心；用情方面，时间久了就会感到厌倦。

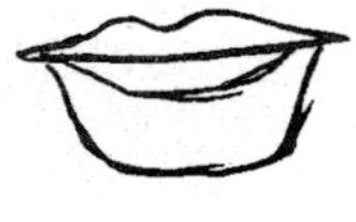

54 没有眉毛的女性注定无子吗

女性如果无眉毛，则是无子或有子如无之相。

眉无是指眉毛极度稀少，近似无眉毛一样。

眉毛是显露个性、智慧、思想行为之处，如无眉毛则代表其人智商不高。眉毛为人类独有，其他动物极少长有眉毛，所以眉毛愈稀少，思想愈不完善。

女性如果无眉毛，则表示无子或有子如无一样。

图解面相

眉毛极度稀少，近似无眉毛一样，叫眉无。

55 眼睛小的人就比较阴险吗

小眼睛的人就事论事，谨慎内敛的个性让人猜不透。

小眼睛的人没有大眼睛的人漂亮，也不会积极地表现自己。常给人一种城府很深的感觉，但事实上，这种人只是谨慎内敛，所以给人一种猜不透的感觉。

另外，眼睛小的人属于耐力强、稳扎稳打型，因此能够通过一步一步地努力直到巅峰。

小眼睛的人很难开口向自己喜欢的人表白心意，因此，喜欢小眼睛人的人必须主动，否则永远只是两条平行线而无法交会。

眼睛过小的女性情绪起伏大，与之交往的男性必须具有超凡的忍耐力。左右眼大小不同的，称为“雌雄眼”。这种人多半天生懂得掌握他人心理，处世圆滑。但是，情绪变化多端，往往被人认为是神经质的人。

图解面相

眼睛小的人，谨慎内敛、耐力强，不喜欢主动，情绪起伏大。

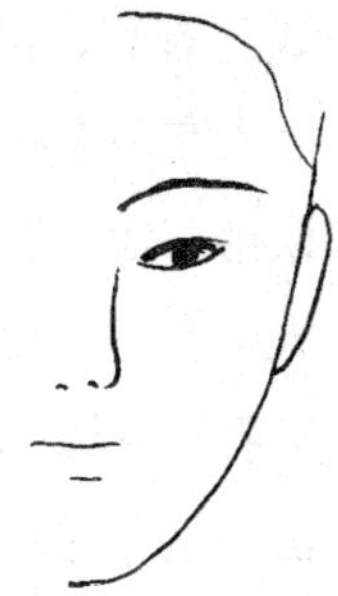

56 鼻子高挺的女人是天生的少奶奶命吗

鼻子高挺的女人多半很有贵气，有少奶奶命。

女子拥有直而挺、山根丰隆（高鼻子）和鼻翼饱满的靓鼻相，多半很有贵气，有少奶奶命。就算学业不是很好，也不见得没出息，因为凭其自信与干练，事业亦会有所获。再加上鼻梁无痣及鼻孔不露之福相，能够荫夫帮夫，丈夫多为生意人。

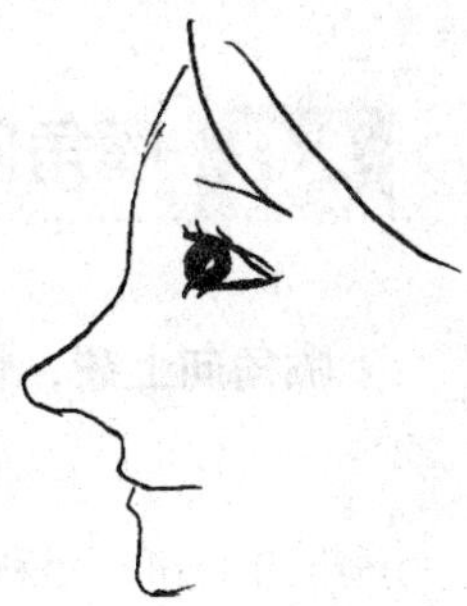

图解面相

鼻子高挺的女人有帮夫相，丈夫多为生意人。

57 痣一定不能留在脸上吗

不能一概而论，有些痣留在脸上也无妨。

有些人觉得脸上长痣不好，所以去医院、美容院做激光手术，其实好不好，不能一概而论，有些痣留在脸上也无妨，但有些却千万不能留在脸上；

两眉间有痣，婚姻或感情有问题；

眉眼间有痣，住的地方会出事；

鼻子上有痣，肠胃有毛病，中年事业阻滞；

颧骨有痣，常被喧宾夺主，心脏亦不适；男人影响权威，女人左破夫右破自己；

眼角有痣，会在外偷吃；

人中有痣，女性生殖系统容易出问题，比如流产；

嘴唇上有痣，做事少根筋，没理财能力；

法令纹有痣，脚部容易出问题。

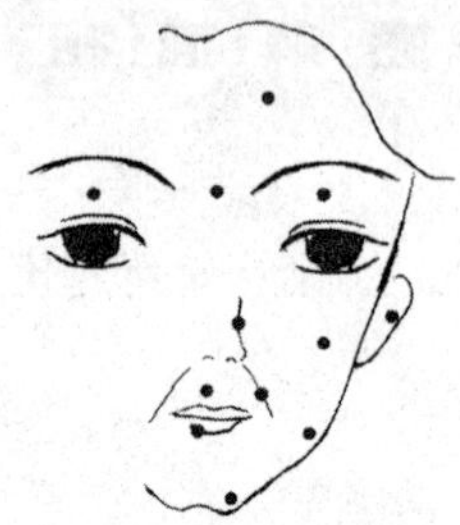

图解面相

长在以下位置的痣，不能留在脸上：

两眉间、眉眼间、鼻子上、颧骨上、眼角上、人中上、嘴唇上、法令纹上。

58 嘴角向上翘比嘴角下垂好吗

嘴角向上翘，性格温和；嘴角向下垂，性格孤僻。

嘴角向上翘，俗称起菱，是很高贵的。性格温和，有观察力和领导力，读书和做事皆好。而爱情运和财运亦佳，会过着幸福的家庭生活，越老越好。

嘴角向下垂的人看起来很严肃，常猜疑别人，对现实不满，满腹牢骚，性格孤僻，性情古怪，一生运气不太好，多波折。

图解面相

嘴角向上翘会过着幸福的家庭生活，嘴角向下垂的人运气不太好。

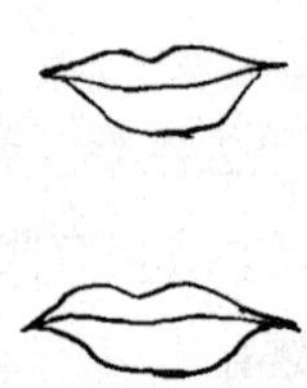

59 下巴丰满的女人有帮夫运吗

下巴丰满的女子，属帮夫运面相中的福相。

相书有云：丰颔重颐，旺夫兴家。意即下巴丰满的女子，属帮夫运面相中的福相。下巴长得圆满的女子，容易相处，善解人意。下巴圆润有肉的女子属享受型面相，有领导才能，受人拥戴，对丈夫的事业非常有利。

此外，腮骨最好有点显露，但非凸出那种，要有肉包住才好。娶这种女子为妻，丈夫会非常幸福。因为她们是标准的贤内助，相当体贴，开朗大方，温和敦厚，是可以信赖、相守的终身伴侣。

图解面相

下巴长得圆满女子，容易相处，善解人意；

下巴圆润有肉的女子属享受型面相，有领导才能，受人拥戴，能旺夫。

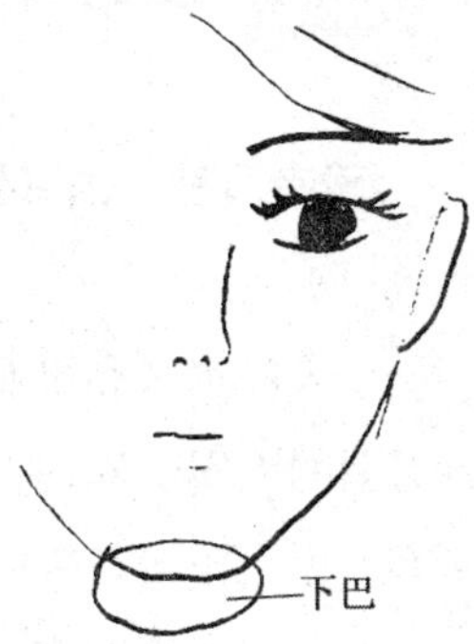

60 大眼睛的人比较有异性缘吗

眼睛大的人感受性、情感表达力都很强。

大眼睛的人好奇心旺盛，具有丰富的感受性与表现力，在一个团队里容易受到人们的注意。

女性中眼睛大的人在观念、性格上和男性一样开放，会积极地与他人交际。有些大眼睛的人具有锐利的眼光，使人折服。具有这种眼睛的人度量大，精力旺盛，胸怀远大，不畏任何障碍而贯彻到底。眼睛大易漏神，容易被人看透。女性眼睛圆的人对婚姻不利。

至于眼睛的大小如何判定，由于每个人的脸形不同，并没有一定的标准。只要眼睛的上下幅度不是太窄，横幅也不会太短，一眼望去就看到一双炯炯有神的眼睛，即可以算是大眼睛了。

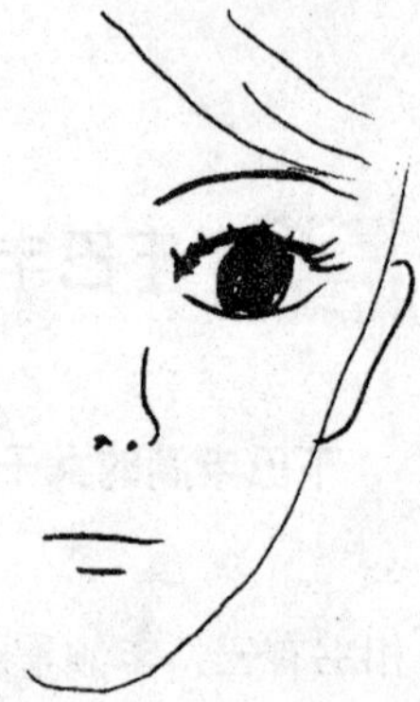

图解面相

大眼睛的女人，感受性与表现力强，容易受到男性的追捧。

61 没有耳垂的人就存不住钱吗

没有耳垂，内耳骨外翻，耳薄扁硬，骨多于肉的人不容易存住钱。

一个人的福气和事业成败，与身旁的朋友、亲人脱离不了关系，所以我们要了解周围的人属于何种类型，这样才能对自己更有利。

有人说，没有耳垂的人存不住钱财，那么这是否有科学根据呢？

一般来说，没有耳垂，或是内耳骨外翻，耳薄扁硬，耳朵位置高又骨多于肉的人不容易存住钱财。他们还容易自私，平时只关心自己，凡事过度保护自己，一遇到利益冲突，一定会先牺牲别人，来保障自己的利益。

因此，和这种人相处，你一定能明显感受到这种人的特征，就是不相信别人。即使他平常和你有说有笑、称兄道弟，等到紧要关头，为了自己的利益，他们会先替自己打算。内耳骨外翻的女性，易与男性有缘，有桃花运。没有耳垂，但耳白于面却名播四海，名气很大。建议这些人挣了钱要先买房子、金条等固定资产，不然的话，总有事情让他们把存折上的钱花光。

图解面相

没有耳垂；
耳薄扁硬；
耳朵位置高；
骨多于肉。

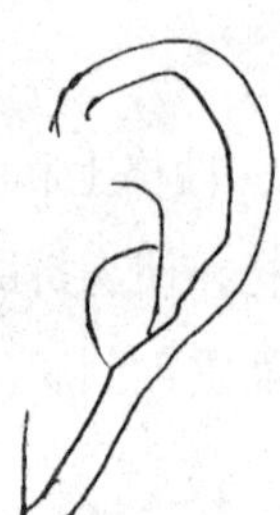

运势

卷二

面相知识100问

解惑篇

62 你是不是一个富贵长寿之人

是否富贵长寿之人，可以从眉毛、耳朵、头发或眼睛看出来。

(1) 富豪之相

头顶头发稀疏、光亮、浑圆，耳朵胖嘟嘟的样子，整体看来不小，额头宽广，颜色淡红光亮者，是富豪之相。鼻子比较大，鼻尖稍微凸出，且颧骨向两旁凸出，肉多丰厚，色泽鲜明者，乃是富者之相。若其颧骨并不丰满，但从正面看时看不到耳朵者，也是富者之相。

(2) 长寿之相

眉毛在面相上又称“长寿宫”，故眉毛端正，成一字形或稍成新月形者，有50岁以上的寿命。若长有一两根很长的眉毛，且颜色鲜丽，眼睛、鼻子、嘴巴间的距离宽裕且有光泽，脸看起来不肥不瘦相当均衡，使人一看就感觉此人品格高洁，是长寿之相。

(3) 四海扬名之相

此种相大多为异相，眉毛浓而不乱，且颜色黑亮，眼睛明亮清澈，鼻子高耸端正，嘴巴方正、吐音朗朗洪亮。生气时可以惊天地泣鬼神，发笑时又如小孩，使人感觉亲切者，谓之四海扬名之相。

图解面相

a. 富豪之相：头顶发疏、光亮、浑圆，耳肥；

b. 长寿之相：眉毛端正，成一字形或新月形；

c. 四海扬名之相：眉毛浓而不乱，且颜色黑亮，眼睛明亮清澈。

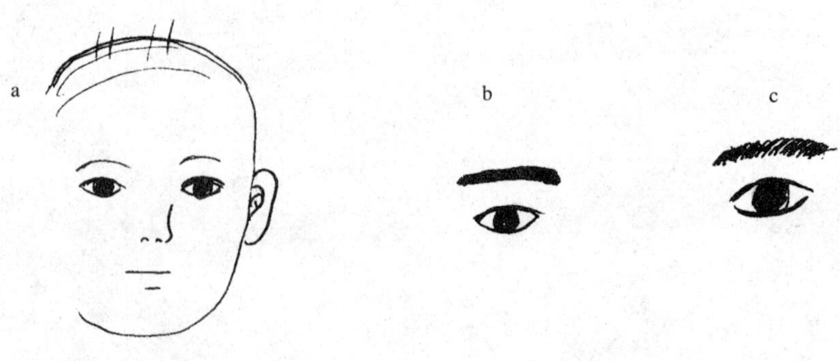

63 什么样的人天生嘴硬好面子

嘴硬好面子可以从人中、鼻子、下巴和嘴唇来判断。

东方人的脸通常都比较平板，西方人的脸轮廓比较明显，凹凸有致，因此东方人往往都比西方人要面子，往往心里很在意，可是嘴上还是否认。那么，好面子的人的面相还有什么特征呢？

(1) 人中长或鼻子长

通常，人中长度为一个手指宽是适中，如果超过就是人中较长。另外，眉毛到鼻子底部通常占 1/3，超过 1/3 就是鼻子长。不管是鼻子长还是人中长的人都会很多虑，会很犹豫，往往都不肯承认自己的错误，而且有时候会很虚伪。

(2) 下巴尖

下巴尖的人老年都比较孤单，人际关系处得不好。因为这种面相的人比较不服输，比较小气，喜欢在口头上跟别人斗，因此往往到了晚年，亲戚朋友都会离开他。

(3) 下唇凸

下嘴唇凸又外翻的人就是典型的嘴硬爱面子的类型。

图解面相

人中长或鼻子长的人多虑，爱犹豫；

下巴尖的人不服输，比较小气；

下唇凸的人是典型的嘴硬爱面子的类型。

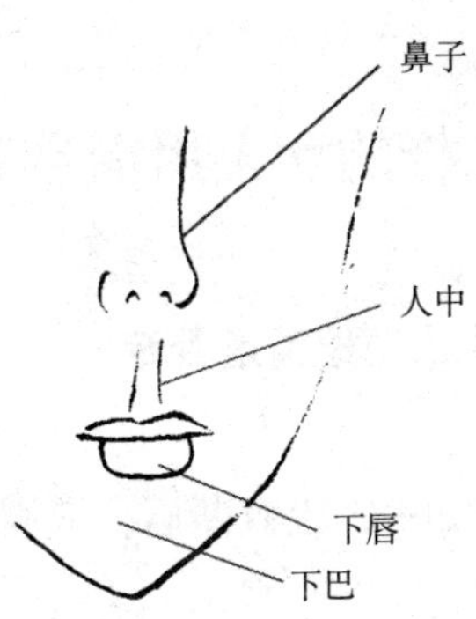

64 如何从面相气色看一个人目前的处境

一个人的面相气色可以反映他目前的处境。

如果一个人的面孔暗淡无光，并且双耳像发霉一样，没有一点光亮，黑黝黝的，那么说明他目前的处境很不好。

“何知人家渐渐荣，颧如朱色眼如星。”如果一个人正在走红运，周边的环境或他的心情都正在好转的话，那么他的两边颧位一定明润光亮，朱色便是代表粉色或光润之色的意思。另外，双眼珠更会充满光彩而神情饱满，如星光一样明亮和闪耀。眼睛亦代表心性、心情，如果明亮闪耀，也代表这个人心中正在充满生发之气，对前途充满信心和希望，比较容易成功。

所以，相书说一个人会“渐渐荣”，说明他即将踏上成功之路的意思，对自己充满信心，对前途充满希望。一个人正走好运时，一定是额头、印堂、鼻子、两颧骨上面黄亮或白亮，有光泽；如果是红亮就表明他正走破财运。

图解面相

a. 面孔暗淡无光，双耳也没一点光亮，说明此人目前处境不佳；

b. 额头、印堂、鼻子、颧位明润光亮，并且眼睛充满光彩，表示目前处境极佳。

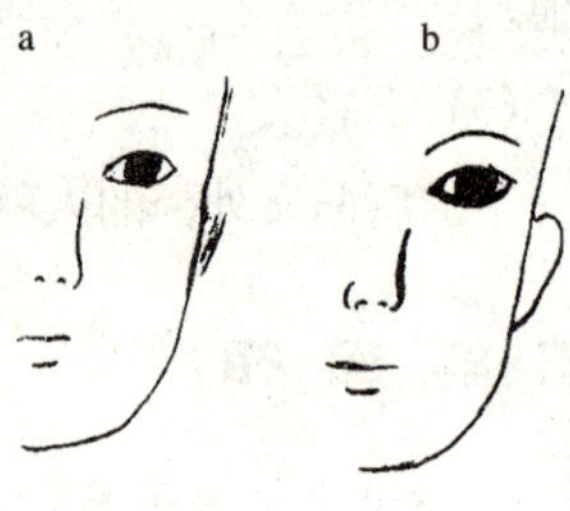

65 什么样的女人用情会专一

面相可反映女人对感情是否专一。

眉头、眉尾始终如一，没有断眉、缺眉，或者是眉尾分岔的人，对爱情不会三心二意。

眼神呈现稳定的情况，不东瞟西瞟，如果再加上眉毛长得比较秀长的人，对爱情较为忠贞。

专情女人第三特征：口角如弓，棱角分明，温柔聪慧，愿意与另一半同甘共苦。

图解面相

下面三类女人用情会专一：

眉头眉尾始终如一或眉尾无分岔；

眼神稳定，并且眉毛秀长；

口角如弓、棱角分明。

66 什么样的男人性能力强悍

性能力是否强悍可以从面相上看出。

(1) 鼻子大，阴茎也大

相学上鼻子又称做土星，土地能滋养万物，因此便代表生殖功能。所以鼻子大的男人阴茎也大，也有充沛的精力遍施甘霖，性能力当然也超人一等。

(2) 眼袋饱满，功能优异

如果眼袋紧实、气色润泽的话，表示性功能优异。如果是眼袋松弛、下垂、气色晦暗的男人，性能力就比较差。

(3) 门牙整洁，性能力旺

当门牙整洁光亮的时候，连带身体也就健康，血气旺盛。反之，气血衰弱的男人性能力当然不佳。

图解面相

下面三种男人的性能力比较强悍：

大鼻子；

眼袋饱满；

门牙整洁光亮。

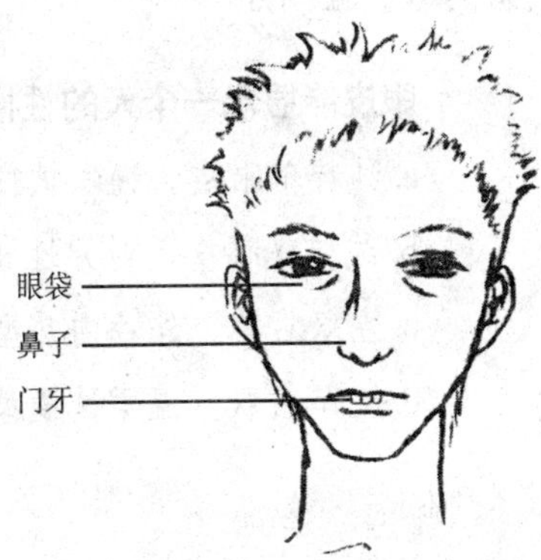

67 如何从眼皮上了解一个人

不论眼皮是单还是双，都能显示一个人的性格特征。

通常人们都会觉得双眼皮是美丽的象征，但是从相学上来说，不论眼皮是单还是双，都能显示一个人的性格特征。那么，你究竟是情场老手还是“新兵”呢？看看下面的解说就能找到答案。

(1) 纯粹的单眼皮

两眼都是单眼皮的人，慎重几乎到了胆怯的程度，举止行为常是小心翼翼的。单眼皮的男性比双眼皮的男性在性方面更强一些，并且有一种研究的热情。

(2) 纯粹的双眼皮

两眼都是双眼皮的人对异性的态度积极，颇能得人缘，喜欢被爱，更胜于爱人，同时这类男性擅长制造气氛，懂得如何用花言巧语去攻陷女性的心房。

(3) 左双右单

这种人乍看之下显得很冷淡，其实只要他真正爱上一个人，将会乐于对其奉献，表现得十分温柔，令女性感到满足。

(4) 左单右双

右边是双眼皮的人在性方面相当开放，这种眼形的男性对待女性非常温柔。不过，他所温柔对待的未必只有你一个人，所以如果男友是这种类型，女方应该多留个心眼。

图解面相

眼皮能显示一个人的性格特征：

a. 纯粹单眼皮：谨小慎微型；

b. 纯粹双眼皮：对异性积极，喜欢被爱；

c. 左双右单：外冷内热型；

d. 左单右双：温柔博爱型。

a b c d

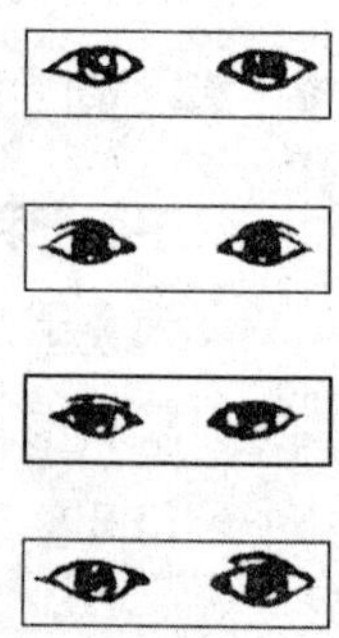

68 如何看出一个人的意志非常坚定

一个人的意志是否坚定可以从面相上看出来。

自己是不是一个意志坚定的人？拿镜子照一照，看看自己有没有以下一些特征吧！

(1) 鼻挺颧高

丰满的颧骨表示此人意志力很强，几乎没有什么外在压力可以击倒他。更可怕的是，惹上了颧骨高的人，他反而会让你吃不了兜着走。再加上鼻子挺，其贯彻意志力的决心将更为稳固。

(2) 眼大有神

个性愈坚定不移的人，眼睛会瞪得愈大。不管有多少困难，眼睛大而有神的人依旧能够踏稳脚步、勇往直前。

(3) 地阁（下巴）方正

地阁就是下巴，下巴方正，带骨有肉的人，往往性格也很刚烈。做事通常直来直往，为了达到目的，他们可以用生命、时间来换取。

(4) 眉尾上扬

眉毛尾端往上飞扬，又浓又厚，展现出十足的男子气概，很威风。有这种面相的人做事总是能单刀直入，直捣黄龙，不喜欢拖泥带水。

图解面相

下面四种面相代表一个人的意志非常坚定：

鼻挺颧高；

眼大有神；

地阁（下巴）方正；

眉尾上扬。

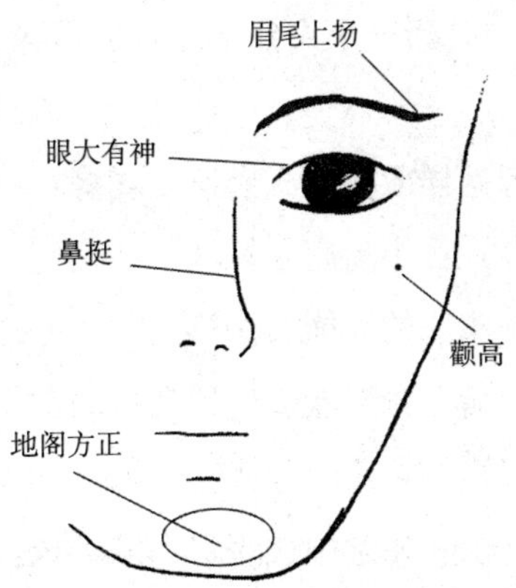

69 什么样的男人比较博爱

眼光如水的男人比较博爱，女人要警惕这样的男人。

处处让女士优先，眼睛总不敢直视对方，眼光盈盈，闪烁不已，带点笑意，谁都会为这样的好男人动心。可惜，你无法单独拥有这位情人，因为他的随和，使他不得已拥有好几位主动表示欣赏、爱慕的女人。投怀送抱的也好，真情告白的也罢，他总是博爱无比，照单全收，永远做不了你所期待的决定。所以，警告女人：如果碰到这种男人最好敬而远之。

图解面相

眼光如水的男人，女人要敬而远之。

70 什么样的人会有上司缘

判断一个人会不会有上司缘，可以从面相上一眼看出。

有这样面相的人会有上司缘：

（1）额头高广

额头高的人能够洞察上司的心思，并且工作效率高。因此跟老板之间的相处会很融洽，自然能够得到老板的赏识。

（2）耳朵轮廓分明

耳朵在相学中代表贵人的提拔，耳朵轮廓分明，内外看都很好看的人可攻可守，可进可退。耳朵长得好的人卖力又听话，因此很有上司缘。

(3) 眉毛秀而长

眉毛长而不杂乱的人容易有上司缘。眉毛杂乱的人会顶撞上司，动不动就会跟上司争吵。眉毛长而秀的人很会为老板做事情，因为这种面相的人很有感情，能够为老板设想，不会在背后讲老板的坏话。

图解面相

下面三种人有上司缘：

额头高广；

耳朵轮廓分明；

眉毛秀而长。

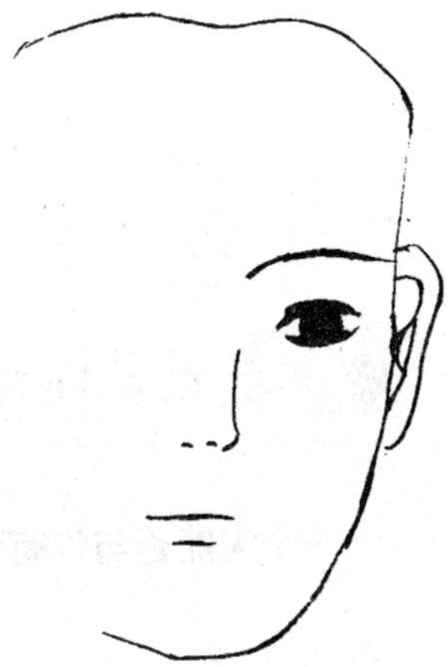

71 和气生财有道理吗

和气生财有道理。

中国有句俗话叫“和气生财”。和气是否真能生财呢？从相学的角度分析，可说是确有其事。心情平和，不容易动怒的人，处世当然比较圆融，考虑得也很深远，比起冲动易怒的人来说，的确容易取得成功。

会在公众场合发脾气的人，除了得罪别人之外，也让大家不愿意和他亲近。远远看到他来，避之唯恐不及。别说是合作，连同处一室，大家都觉得压力很大，情绪低落。

一个容易发怒的人，同时也表示其意志力薄弱，甚至连自己的情绪和脾气都控制不住。用现代心理学的术语来说，就是情商太低，这种人成功的几率可说是微乎其微。

经常保持笑容的人，除了能在情绪上保持平和，把问题思考得面面俱到，人际关系处理得圆满之外，从面相上来说，也容易带来好运，可以担负大任，成就大事。

图解面相

经常保持笑容的人，情绪平和，思考全面，人际关系圆满，有好运，能成就大事。

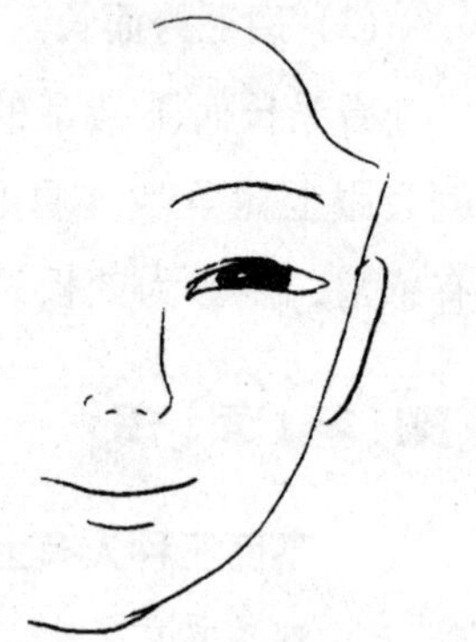

72 他是你有难同当的好朋友吗

一个人能否与你有难同当，可以从面相上看出来。

具有这样面相特征的人会成为你有难同当的好朋友：

三浓（眉、胡须、鬓）：眉毛浓、胡须浓以及鬓毛浓的男人个性很强，非常讲义气而且爱憎分明，可以成为你有难同当的好朋友。

指甲方阔而红润：指甲又方又阔的人讲义气，对待朋友会有难同当。

掌中有痣：手掌有痣的人很讲义气，朋友有麻烦时便会全心全意地帮忙。

图解面相

下面三种人可以与你有难同当：

a. 眉毛浓、胡须浓、鬓毛浓的人；

b. 指甲方阔而红润的人；

c. 掌中有痣的人。

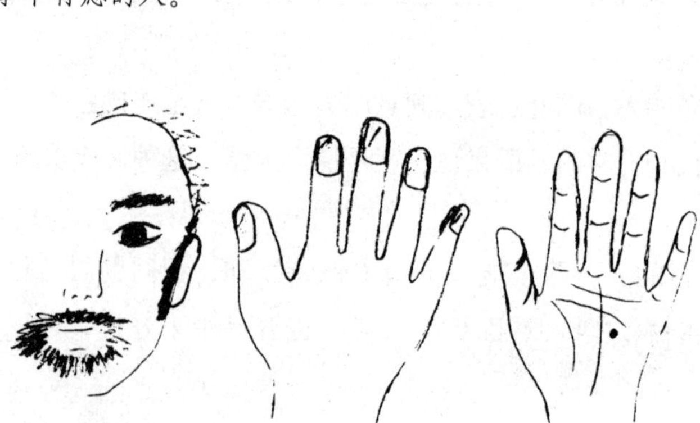

a　　b　　c

73 你有嫁给有钱人的面相吗

什么样的女人能嫁给有钱人呢？可以从面相上看出来。

（1）田宅宫不破

眉毛与眼睛之间的部位叫做田宅宫。如果田宅宫很明朗，中间没有恶痣、恶疤、杂毛等，这种面相的女人通常可以跟经济条件不错的对象成婚。

（2）皮肤白皙，声柔有神

皮肤白、声音柔的女人容易得到男人的怜爱，但是重点要有神，如果无神的话容易流露出风尘之气，声音要有神才能正大光明地得到男人的钱财。

（3）牙齿整齐、嘴唇红润

男女或者夫妻恩爱与否以及缘分好坏都可以从嘴巴上看出来，如果女人的嘴唇很红润，牙齿很整齐的话，通常能够吸引很有成就的男人。

（4）走路时上身平稳

走路的时候上半身不随便晃动的女人个性通常很沉稳，因此往往可以掩饰自己身上的缺点。这种女人不仅在感情上占优势，而且在事业上也往往立于不败之地。因为她的眼光很敏锐，不管是做生意还是选的对象都是很不错的。

图解面相

下面四种女人会嫁给有钱人：

田宅宫不破；

皮肤白皙、声柔有神；

牙齿整齐、嘴唇红润；

走路时上身平稳。

74 什么样的男人禁不住诱惑

禁不住诱惑的男人具有某方面的面相特征。

(1) 有柳叶眉

柳叶眉就是眉毛形状弯弯的，看起来很温柔。一般男人都是平平的，或是剑眉，一旦男人有柳叶眉就代表他好色，禁不住诱惑，没有定力，容易被骗。

(2) 田宅宫有痣

田宅宫有痣就是眉毛和眼睛之间有痣。因为田宅宫代表一个人的稳定与否，有痣就是破坏稳定，表示心绪比较不稳定，容易掉入桃色陷阱。

(3) 山根低

山根是两个眼睛之间的鼻梁，代表意志力和抵抗力，要从侧脸的整个比例来看。如果山根低的话代表男人的判断力不够，在金钱和感情上都容易被骗。

(4) 耳根、耳背有痣

耳根有痣代表耳根子软，经不起别人说好话诱惑；耳背有痣叫做忠言逆耳，听不进别人的好言相劝，不管是有心的还是无心的。这两种人都容易掉入陷阱。

图解面相

下面四种男人最禁不住诱惑：

柳叶眉；

田宅宫有痣；

山根低；

耳根、耳背有痣。

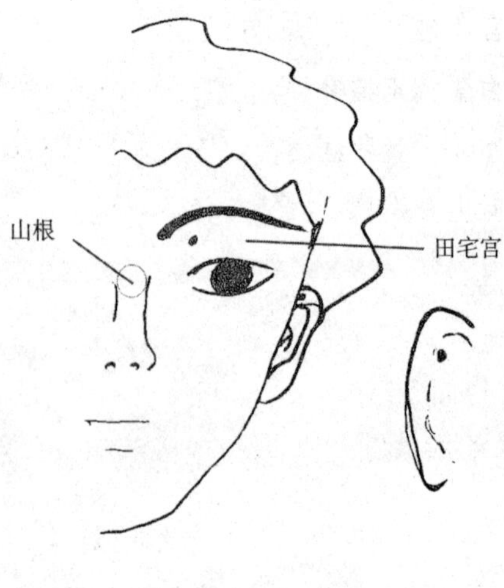

75 什么样的男人怕老婆

男人是否怕老婆，从面相上一看便知。

拥有下面几种面相的男人容易怕老婆：

（1）耳朵小的男人怕老婆，家中通常是老婆掌权。

（2）眉毛稀稀疏疏并有向下走势的男人遇事情不敢出头，对老婆比较畏惧。

（3）法令纹不一致的男人容易委曲求全，以老婆的意见为主，只要老婆生气他一定会让步。

（4）下巴内缩的男人容易低声下气，即使面对老婆也是同样的态度。

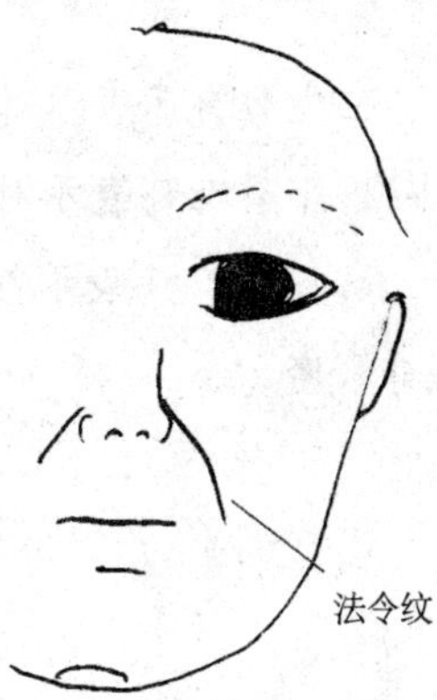

图解面相

下面四种男人容易怕老婆：

耳朵小；

眉毛稀稀疏疏并有向下走势；

法令纹不一致；

下巴内缩。

76 女人唇上有痣意味着什么

嘴唇附近，或嘴唇上有痣的，是情色、欲望的象征，容易招惹桃色纠纷。

（1）上唇有痣对爱冲动

对爱充满热情，精力旺盛，会主动追求心仪的对象，敢于表白自己的内心感受，不受传统的礼教束缚。爱情观不在乎长久，只在乎一刻拥有，感情却容易受伤害。

(2) 下唇有痣隐匿于心

会把感情藏于内心，爱情观被动，易令男性产生失败感，因为男方往往展开强大攻势，你也无动于衷。倘若被男方真的打动芳心却会反客为主，比男方更享受爱情的感觉。

(3) 唇下有痣得罪人

此为“多口痣”，易犯口舌是非、喜欢讲人闲话、不能保守秘密、言谈间容易得罪别人而不自知。身边朋友不多，即使有也是爱听爱说是非之人。拥有“多口痣”者虽说话多，但内心易感寂寞，工作上会遇到突然而意想不到的险阻。但也有一些人说话及辩论技巧了得，做推销及演说工作一流，但同样会因话多招致损失。

a

图解面相

b

a. 上唇有痣表示对爱充满了热情，不喜欢被束缚；

b. 下唇有痣表示对爱被动，情感隐匿于心；

c. 唇下有痣表示易犯口舌是非，喜欢讲人闲话，不能保守秘密。

c
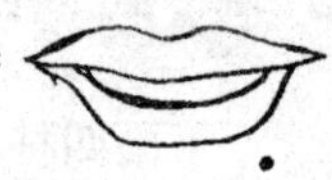

77 什么样的媳妇会与公婆相处融洽

虽说婆媳关系不好处，但是有些媳妇会与公婆相处融洽。

(1) 前额不高也不凸的媳妇

额头太高、太凸的媳妇通常很容易顶撞公婆或者容易跟公婆有摩擦，因为这种长相的人自尊心很强，比较不愿意顺从。

(2) 眉毛不扬也不乱的媳妇

眉毛往上扬又乱的人自我感很强，个性凶悍，一言不合很容易跟人起争执，因此当了媳妇之后很不容易讨公婆喜欢。

(3) 下巴不尖也不短的媳妇

下巴太短太尖的人个性自私，对人比较冷淡，度量也比较小，因此和公婆相处比较容易出问题。

(4) 头发不双旋的媳妇

头发有双旋的人脾气很坏，如果跟公婆住在一起很容易使小性子。

图解面相

下面四种媳妇会与公婆相处融洽：

前额不高也不凸；

眉毛不扬也不乱；

下巴不尖也不短；

头发无双旋。

78 什么样的人晚年运好

地阁方圆、法令宽广、泪堂饱满、人中深明。

晚年运好的人一般具有这样的特征：地阁方圆、法令宽广、泪堂饱满、人中深明。

地阁方圆饱满的人，都有责任心，凡事替他人着想，不管是对工作还是家庭都立足做到最好，所以在公司是个好员工，在家里是个好丈夫或好妻子。而年过四五十岁后，法令宽广的人，表示个性随和稳重，善于体谅他人，处处为他人考虑。如果法令过于狭窄则说明此人比较自私，凡事都先想到自己，待人也不会很忠诚。

人中与泪堂的部分，主要和子女运有关，因为这两个部位都跟生殖机能有关。人中深明的人生命力旺盛，也能带给子女比较好的遗传基因。泪堂饱满明润的人，对子女的教育问题也能处理得当，不会太过溺爱或娇惯，这样的子女以后也会有出息，所以你的晚年也会很幸福。

图解面相

下面三种人晚年运好：

地阁方圆饱满的人，有责任心，凡事替他人着想；

人中深明的人生命力旺盛，能带给子女好的遗传基因；

泪堂饱满明润的人，对子女的教育问题也能处理得当，晚年幸福。

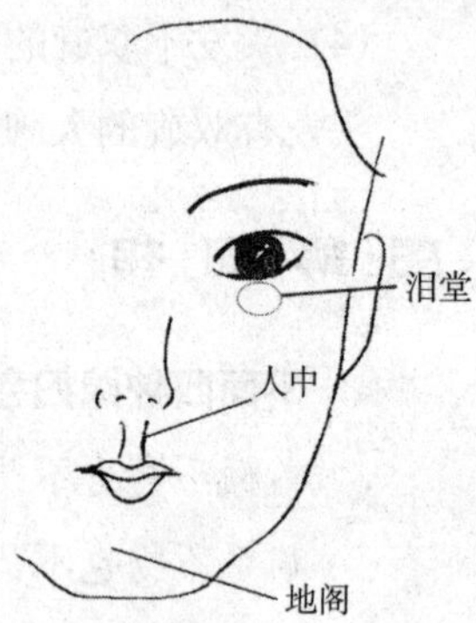

79 什么样的人容易有贵人相助

一个人是否有贵人相助，可以从额头、颧骨、下巴来看。

生命中谁会成为自己的贵人呢？可能是家人、同学、朋友或者同事，有的人经常会有贵人相助，而有的人却一个贵人也没有，所有的一切都靠自己去打拼。那么，容易得到贵人相助的人面相有什么特征呢？

(1) 额头饱满

额头饱满的人，脑容量也特别大，这种人天生就聪明伶俐，从小就得到老师和家长的喜爱。进入社会后，也能得到上司的认可和提拔，并获得事业上的成功。

(2) 颧骨发达且有肉

颧骨发达且有肉的人有强烈的上进心，再加上很会处理人际关系，在同事或朋友眼里是一个很值得交往的人，会得到他们的认可和支持。

(3) 下巴圆厚

下巴代表一个人的体力和毅力。下巴圆厚的人能吃苦耐劳，年轻时就能打下不错的基础。如果在中年过后，下巴能变得更加圆厚，就说明此人为人处世圆融，能得到部属和晚辈的敬重，所以也容易得到贵人相助。

图解面相

下面三种人容易得到贵人相助：

额头饱满；

颧骨发达且有肉；

下巴圆厚。

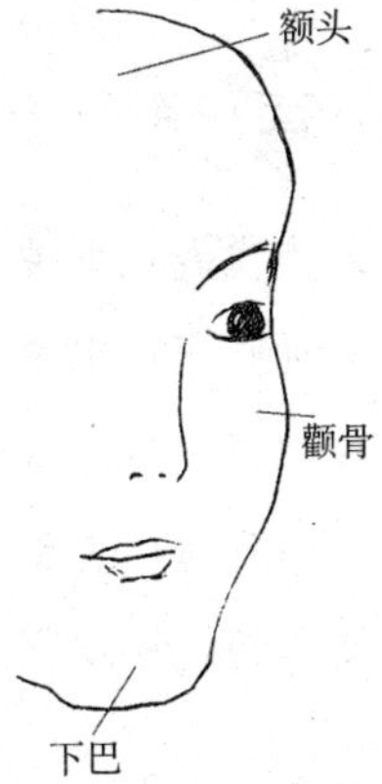

80 男人长有女相好吗

男人有女相，总的来说不好。

男人有女相，主要表现在以下几个方面：

（1）雌声

意思就是说这个男人说话的声音像女人，代表这个人的命运是克妻破家，是相当不好的。

（2）眉细而弯

如果男人的眉毛细细弯弯的，这个男人一定非常的女性化，不管是思考、工作还是性情都很像女人，代表这个人的命运是事业不振。

（3）没胡须

代表这个人的女性荷尔蒙太多，他的命运是败尽家产，不管父母有多少家产留给他，可能都留不住。

（4）口小唇薄

如果男人有这一特征，代表这个人容易惹男女之间的口舌是非。

（5）动作扭捏矫揉

这种拥有女性动作的男人的命运会是贫贱无寿，表示骨骼有问题，不会长寿，并且一生会穷困潦倒。

图解面相

雌声代表克妻破家；
眉细而弯代表事业不振；
没胡须代表败尽家产；
口小唇薄代表是非、辛苦；
动作扭捏矫揉代表贫贱无寿。

81 什么样的人 30 岁前会成就一番事业

一个人能否年轻有为可以从耳朵、尾毛、额头的特征来判断。

(1) 耳高于眉

耳朵高于眉的人志向比较高，而且比较容易受到贵人的提拔。

(2) 耳朵大

耳朵代表早年，耳朵大的人工作很努力，通常出身家境都不错，基础比较好，因此容易早年成功。

(3) 额方而高

额头方而高的人比较务实，而且有自信，在思考方面比较成熟。另外，额头平的人理财能力很强，年轻的时候就知道怎样赚钱，工作上怎样表现。

(4) 眉毛顺而扬

眉毛最好上扬而且毛要顺。因为这样的眉毛代表一个人有志气以及不认输，好胜心很强，即使事业失败了，也会很快站起来。

图解面相

30 岁以前会成就一番事业的人的面相特征有：
耳高于眉；
耳朵大；
额方而高；
眉毛顺而扬。

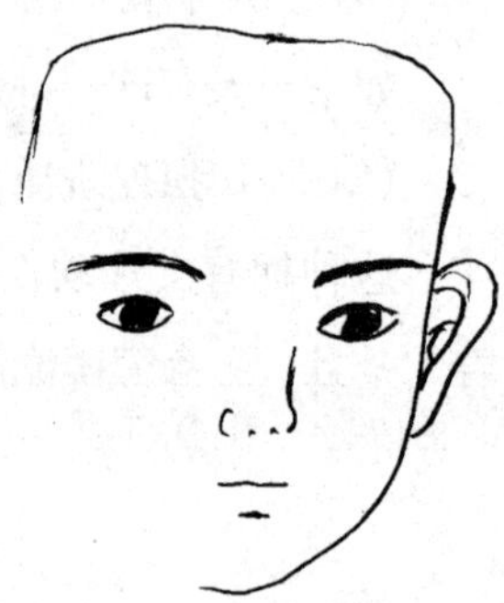

82 能逢凶化吉的五种面相是什么

判断一个人遇事能否逢凶化吉，从他的面相上即可看出。

人生经常会遇到不如意的事，那么拥有什么样面相的人才能在遇到麻烦时逢凶化吉呢？看看下面这五种面相吧！

(1) 耳朵大而厚

耳朵代表稳定、镇定，耳朵大的人会处变不惊，不会慌乱，因此能够逢凶化吉。

(2) 眉出寿毛

修身养性做善事的人通常看起来慈眉善目，甚至眉毛长出寿毛，表示冥冥中上天会保佑他。另有一说，这种人比较怕死，因此不太容易出事。

(3) 发际线整齐

发际线不整齐的人个性好奇，因此容易惹来灾祸。发际线整齐的人个性比较稳重、镇定，遇事有很好的判断力。

(4) 眼不可凸、鼻孔不可仰

眼睛凸、鼻孔仰的人个性强，容易惹是非。

图解面相

能逢凶化吉的四种面相包括：

a. 耳朵大而厚；

b. 眉出寿毛；

c. 发际线整齐；

d. 眼不凸、鼻孔不仰。

a

b

c

d

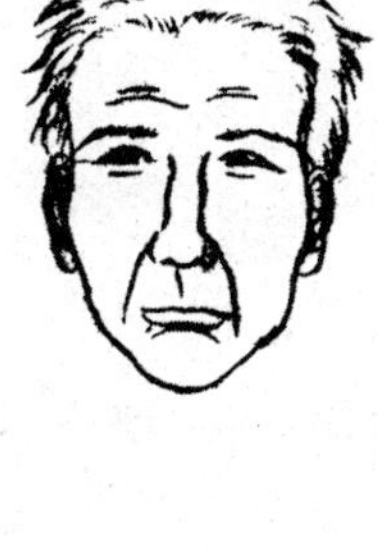

83 情场最“无敌”的面相有什么特征

一个人能否在情场无往不胜，可以从面相上判断出来。

情场上最“无敌”的面相特征包括：

(1) 嘴大且嘴角上扬

嘴巴大代表野心，主动乐观，做事光明磊落，在跟情敌争取和对抗时常常是胜利的一方。

(2) 鼻梁挺、鼻翼丰

鼻梁挺、鼻翼丰，代表意志力很强，遇到事情知道该怎样应付。

(3) 眼尾向上、眼神足

眼尾略略往上，眼神很足的人观察力很强，可以清楚情敌有什么缺点和优点，知道从何处下手。

(4) 颧高额高

颧骨和额头高的人气势强，遇到情敌时不容易退让。

图解面相

情场上最“无敌”的面相有以下特征：

嘴大且嘴角上扬；

鼻梁挺、鼻翼丰；

眼尾向上、眼神足；

颧高额高。

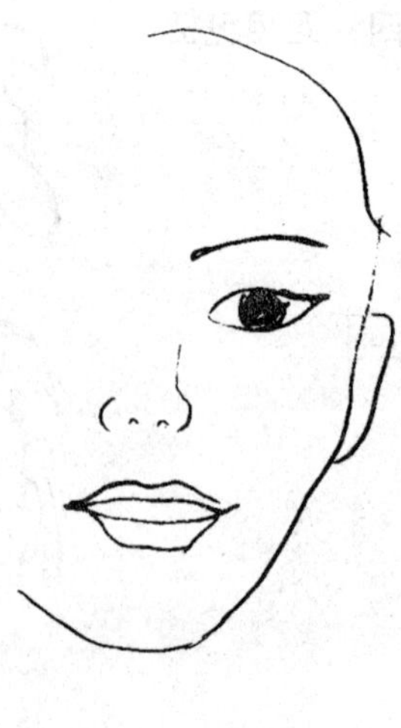

84 什么样的人容易不婚

容易不婚的人，可以从额头、鼻梁、眼睛和眉毛来判断。

现代社会，越来越多的人选择单身，认为只有单身生活才是最自由和最悠闲的。也有些人在择偶标准上越来越高，总想找一个十全十美的人。还有些人总认为最好的总是在下一个，所以导致很多现代人年龄很大了还没有结婚，那么这样的人有什么共同的面相特征呢？

(1) 额头高广

额头高广的人，面对爱情很理智，不会冲动地作出结婚的决定，所以这样的人自然容易不婚。

(2) 鼻梁起节

鼻梁起节的人，在择偶上总是很挑剔，不是这不符合标准就是那不符合标准，现实总是跟自己的期望有一段距离。

(3) 眼睛细长

眼睛细长的人，任何异性在他眼里就像被X光扫描过一样，简直无所遁形，自然也不易踏入婚姻的殿堂。

(4) 眉毛太过稀疏

眉毛太过稀疏的人对于感情本来就比较冷淡，在他的世界里爱情永远是他的附属品，可有可无。

图解面相

下面的四种人容易不婚：

额头高广；

鼻梁起节；

眼睛细长；

眉毛太过稀疏。

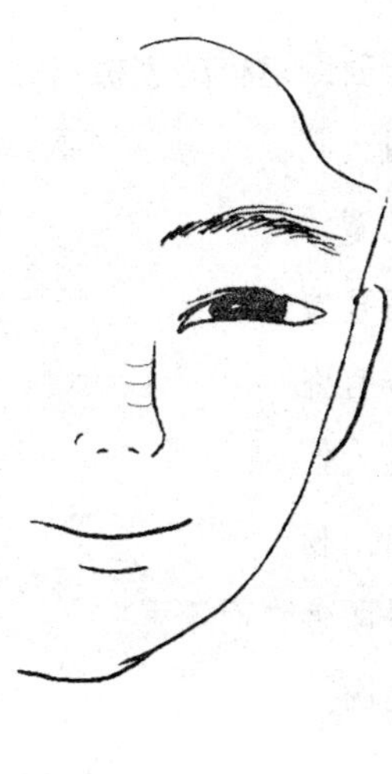

85 你应该跟从什么样的老板

好老板可以从面相上判断。

打工寻职业除了最怕入错行以外，更怕跟错老板。这就是说如果你跟错人做事，如果你的老板是自私无情，或尖酸刻薄的人，你就有罪受了。看看你的老板是什么相，好的老板才能助你有一个美好的未来。

眉浓：眉是兄弟、朋友宫，眉长又浓的人重感情。

大眼睛：双眼皮的较单眼皮有人情味，眼睛和眼球大的人心地都较善良、热心助人。

印堂宽：印堂宽的心胸也宽阔。

田宅宫宽：眉高田宅宫宽的较乐观、心胸广阔（现代相法以眉眼之间的上眼睑为田宅宫）。

鼻头有肉：鼻头有肉的心地善良，相书说“鼻头有肉心无毒”，有成就时乐于助人。

鼻孔大：鼻孔大的对金钱不太计较，奖金不会少给。

嘴角上扬：嘴角上扬的老板热情、乐观。

嘴唇颜色红又不薄：唇厚且红，热情、善于助人。

下巴圆，不尖：下巴圆有下属缘，善于人事处理。

图解面相

要跟就跟这样的老板：

浓眉大眼；

印堂宽；

田宅宫宽；

鼻头有肉；

鼻孔大；

嘴角上扬；

嘴唇颜色红而不薄；

下巴圆。

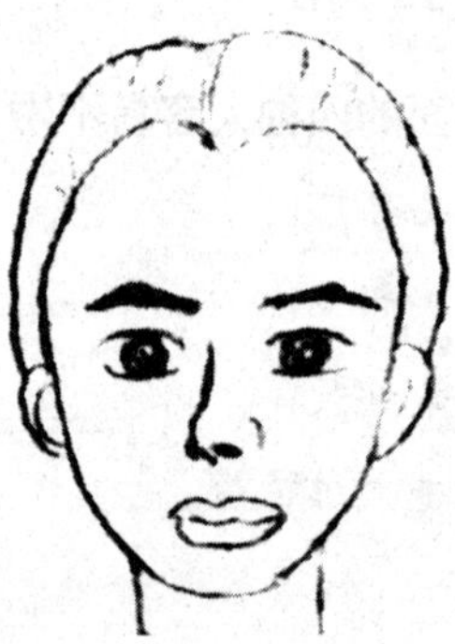

86 什么样的女人有帮夫运

一个旺夫的女人可帮丈夫创出一番事业。

有帮夫运的女人的面相具有以下特征：

(1) 鼻梁偏低，会嫁得好

虽说鼻梁低的女人有帮夫运，但鼻梁亦不能过低或太扁。而鼻头圆润有肉，代表正财鼻，可以靠个人努力，使事业有所成就。

(2) 脸形圆大，愿意付出

脸形圆圆，即田字脸，额头偏方形且腮帮子突出，同时脸有丰腴肉质，脸形方中带圆。田字脸的女人愿意付出，男人只要娶到她，就等于同时拥有一个真心好友。

(3) 下巴丰满，有帮夫运

下巴丰满且有双下巴的女子，属帮夫运面相中的福相。下巴长得圆满的女子，容易相处，善解人意。下巴圆润有肉者属享受型面相，有领导才能，受人拥戴，对丈夫事业非常有利。

(4) 眉像柳叶，心肠柔软

眉弯曲幅度相当大，同时呈现弧形的眉毛，且从眼头长长的到达眼尾后方，便属柳叶眉。拥有这种眉形的女子，有无比的善心，心肠软，有帮夫运。

(5) 眼神清澈，思考正面

眼睛稍大，眼珠黑白分明的女子，多较天真、开朗，带点孩子气。她们进退有礼，没有令人难以忍受的傲气，因为命好，多从正面思考，看待世人。尽管人生有低潮与挫折，面对逆境时会有克服与转移的思想，可与丈夫共患难，而不是大难临头各自飞。

(6) 耳珠厚大，衣食无忧

大大的耳珠，自然是命好不怕运来磨。有此耳相的女子，金钱运、朋友运及帮夫运均相当不错，待人宽厚，尤其对丈夫、子女，会体谅其心情。所谓有福荫又有人缘，家人一定能接收到她的福气，享受衣食无忧的生活。

(7) 声音柔和，温柔体贴

声音柔美甜润、中气畅旺的女子个性多半温柔、体贴，持家有道，是典型的贤内助，让丈夫专心外出闯天下。中气十足，则表示她的身体强健，特别是语出丹田者，表示心气相通，婚姻会和谐美满。

(8) 两颧要靓，旺夫益子

女子面相中，颧骨高度要贴近眼尾，并且有肉包住，而非颧骨突出，便属旺夫益子相。她们对家庭及丈夫事业皆有帮助，相夫教子头头是道。

(9) 人中清晰，聪明高寿

有帮夫运的女子，额头一般不太平滑，发际低且有点乱，但眉头较阔，即心胸广阔，有阿Q精神，对任何事均不会斤斤计较。女子具有清晰且深长的人中，必定是生殖能力强，子女多具优良的遗传素质，心存孝道，聪明多福。人中形美，也是长寿的象征。

图解面相

有帮夫运的女人的面相：

鼻梁偏低；脸形圆大；下巴丰满；眉像柳叶；眼神清澈；耳珠厚大；声音柔和；两颧要靓；人中清晰。

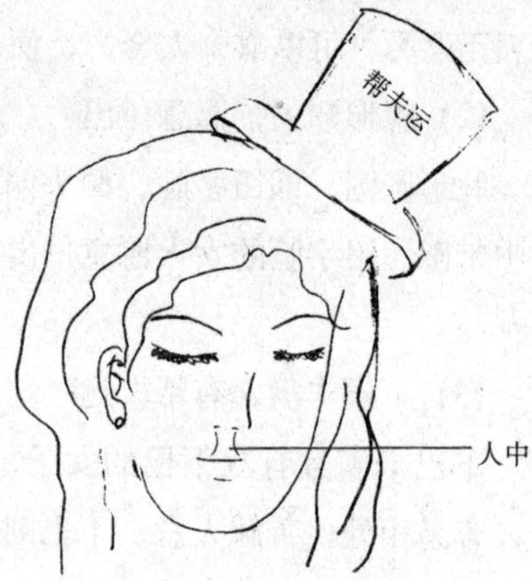

87 哪些面相的男人有女人缘

男人是否有女人缘可以从眉毛和下巴的形状看出来。

一般而言，拥有以下面相的男生，比较有女人缘：

(1) 眉浓有扬有聚

眉浓有扬有聚给人的感觉是很有男人气概，非常有异性缘，女人会对这种男人百依百顺。

(2) 八字眉

八字眉往往在思考或焦虑当中形成。一般来说律师或会计师常有这种面相，表示他们会用律师或会计师的思考方法来对付女人，思维缜密，因此往往很容易得逞。

(3) 下巴中央有凹陷

下巴中央有凹陷或者有洞的男人异性缘非常好，而且女人遇到他都会变得很服帖，典型的对女人有一套的男人。

图解面相

下面三种类型的男人有女人缘：

眉浓有扬有聚；

八字眉；

下巴中央有凹陷。

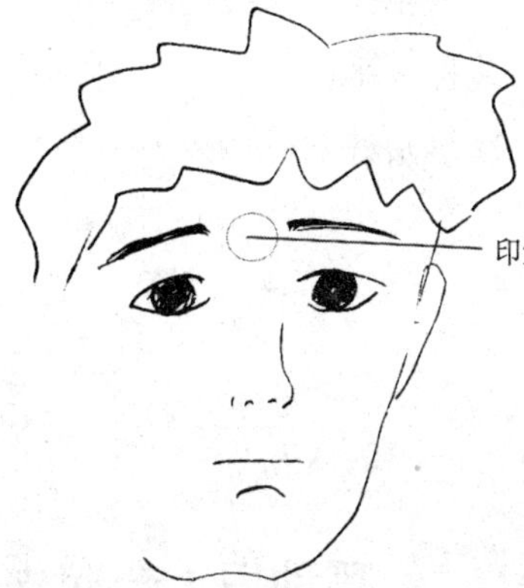

88 什么样的女人总能吸引有钱人来追

一个女人能否吸引有钱人来追，可以从面相上看出来。

具有这样面相特征的女人，总能吸引有钱人来追。

(1) 眼头带钩

眼睛的眼头部分带钩的人非常聪明有眼光，在众多追求者中她很轻易地就能看清楚好的对象，应对态度很适当。

(2) 鼻梁略挺且鼻头略圆有肉

通常鼻梁略挺且鼻头略圆有肉的女人所嫁的老公家中都会有祖产和财富。

(3) 发际线平

发际线平的人或者是太阳穴非常明朗的女人很容易吸引有钱人来追求。

(4) 嘴唇形好

嘴唇形好，例如菱角嘴的女人很容易吸引条件好的男人。

图解面相

下面四种女人最易吸引有钱人来追：

眼头带钩；

鼻梁略挺且鼻头略圆有肉；

发际线平；

嘴唇形好。

89 哪种男人会对老婆一辈子忠贞不渝

从面相上可判断一个男人会不会一辈子对自己忠贞不渝。

如今花心的男人太多了，让很多太太们伤透了心。但现在好了，我们经过多方调查与研究，总结出了不太会变心的男人的模样。

（1）印堂开阔

印堂开阔的男人比较负责，与女人结婚后，会认为她永远是他应该要疼的、要爱的。

（2）耳朵大而厚

耳朵大而厚表示这个人稳重，在爱情方面也很稳重，他不会变来变去，还会保护另一半，婚后一般不会变心。

（3）鼻梁正、鼻准丰

有一句话叫鼻正心正，鼻梁正的人一般不会有邪念。鼻准丰，表示他不会害人，他不会去做对不起老婆的事情。

（4）唇厚、齿齐

唇厚表示人厚道，齿齐表示他循规蹈矩，但如果唇厚齿不齐，那就不太好了，一定要两个都具备，齿齐更重要。

（5）眼睛黑白分明

这种特征的人，一般不会让第三者插足，因为他会考虑到女朋友或老婆的感受。

下面五种男人会对女人忠心：

印堂开阔；

耳朵大而厚；

鼻梁正、鼻准丰；

唇厚、齿齐；

眼睛黑白分明。

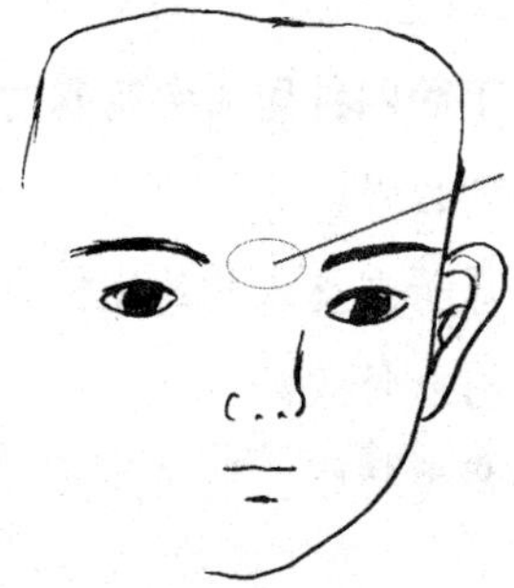

90 什么样的男人会有暴力倾向

从眼、鼻、印堂、眉毛可判断一个男人会不会有暴力倾向。

有暴力倾向的男人，多半是因为自我意识太强，容易对社会不满，加上难以掌控自己的情绪所致。所以，男人有如下特征，你就要注意了。

(1) 四白眼

四白眼是指眼内瞳孔四周都见眼白。有这种特征的男人，对工作、生活常会有不满的情绪，但一般不具备成功的才能，性情暴躁，常常欲以拳头解决问题。这种男人恋爱过程中几乎都会流露出“发脾气”是“理所当然”的情绪。

(2) 鼻子占整张脸的比例太大

由于鼻子代表自我意识，鼻子占整张脸比例太大的人，凡事都喜欢唯我独尊。

(3) 绝对的大男人——悬针纹

所谓悬针纹是指印堂中间有一条深深的竖竖的直纹插在两眉之间。这种男人在家庭里绝对有大男子主义，不愿意听妻子的话，一个小小的批评绝对可以引发他的狂躁情绪。

(4) 眉毛特粗、眼角外凸

观察杀人犯的面相，你可以发现他们大部分有一对很黑、很粗、很浓的眉毛，眉毛下的眼角明显外凸。这种人手段狠毒，心术不正，平日深沉做事，一旦事情不顺，就用武力来解决。

图解面相

下面四种男人会有暴力倾向：

四白眼；

鼻子占整张脸的比例太大；

有悬针纹；

眉毛特粗、眼角外凸。

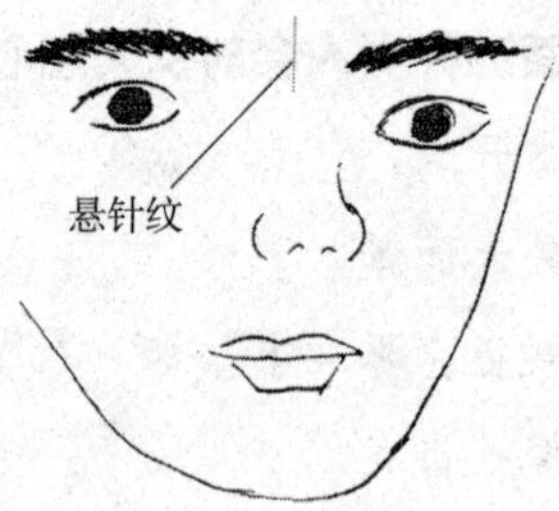

91 什么样的女人绝对不能娶

有些女人绝对不能娶，那么她们具有什么面相特征呢？

有些女人娶进门，不但不会使你的婚姻幸福，还会招致很多祸患。下面几种女人绝对不能娶。

(1) 鼻子尖细

鼻子尖尖细细的人，心肠都不会太好，城府深、花招多、自尊心超强，很不受管教，听不得一点批评的话！不是很好相处的伴侣。

(2) 左右唇不平均

从正面来看，左右唇不平均，比如左半边比右半边薄，或视觉上感觉此人的嘴斜向脸颊的一边。长有这种嘴的人，婚姻容易出问题，夫妻不是爱吵架，就是会离异！

(3) 狐眼

狐眼就是眼头比较低且带点钩圆、眼尾向上翘起的眼相。生有这种眼睛的女人，特别会产生一股媚劲，吸引某些类型男人的喜爱，但却对自己丈夫盯得很牢，显得过分善妒多疑。

(4) 右奸门有瑕

奸门就是左右眼睛后方到发际间的两个小区域，也称为夫妻宫。如果这个区域有灰黑的痣，不是感情的路不平顺，就是感情走上三岔路，交集出好多种男女情缘的组合。以女性而言，特别是右边奸门有痣，则外遇可能性极高，因为她们多情又好欲，自制能力差。

（5）间歇眉

间歇眉，眉毛长得很不均匀，远远看去，断断续续，相当不顺畅。生有这种眉的女人，自我意识相当强。喜怒无常又工于心计，属于不好招惹的“恐怖分子”。

（6）鬼齿

一口凌乱不堪的牙齿，尤其是显得尖削、歪斜，门牙不像门牙，虎牙不像虎牙，这就是所谓的“鬼齿”！这样的人生性相当奸诈，好搬弄是非，鬼话连篇！生有这种牙的女人运气不会太好，运程并不通达，常被缺钱、没工作的窘境所苦，男人不想被她拖累的话，少碰为妙。

图解面相

下面几种面相的女人不能娶：

a. 鼻形尖细；
b. 左右唇不平均；
c. 狐眼；
d. 右奸门有瑕；
e. 间歇眉；
f. 鬼齿。

92 什么样的人情路特别坎坷

一个人的情路如何，从额头、眼睛和下巴的特征来看。

情路特别坎坷的人，通常是因为识人不清，容易挑选到不适合自己的对象。或者是缺乏稳定性，即使年轻的时候感情生活非常顺遂，却常是过尽千帆皆不是，以至于到晚年还是孤孤单单一个人。

识人不清的面相特征是额头狭窄且低陷、鼻子低陷或有瑕疵。由于额头代表思考力，因此，发际太低、额头不够饱满的人，判断力也比较差。

而缺乏稳定性的特征，则要看眼睛和下巴的部位。一般来说，双眼皮、大眼睛的人感情丰富，但也比较容易喜新厌旧。下巴则是代表一个人的耐力与稳定性，下巴较尖或较短，在双方遇到沟通上的苦恼时，也会动不动就想另起炉灶，自然难以开花结果。

图解面相

下面几种面相的人情路特别坎坷：

发际太低，额头不够饱满，判断力也比较差；

双眼皮、大眼睛，情感丰富，容易喜新厌旧；

下巴较尖短，动不动就另起炉灶。

93 从面相看你能否成为“得宠女人”

一个女人能否得宠从她的面相上即可看出。

具有下面面相特征的女人容易得到男人宠爱。

(1) 弯月幼眉，惹人怜爱

在面相中，眉毛与思想相关，按男性与生俱来的征服心态，加上自古以来“女子无才便是德”的社会观念，生得一对弯月眉的女人，在相学上均属阴柔一族，心思缜密，性情柔顺平和，能诱发男性的怜惜心理。倘若女性眉毛幼长，眼尾下垂，就更加受男人爱护。

(2) 下巴尖尖，我见犹怜

女性脸方具有权威，属驾驭男人相。相反，女性下巴尖尖，脸呈鹅蛋形，属“我见犹怜”相，给人一个楚楚可怜的模样，能激起温柔和顺型男性的英雄感，对其加以爱护。

(3) 眉粗鼻高，德高望重

娇滴滴的女孩子一般都颇得人爱怜，不过有主见的女性，同样会得到异性的垂青。眉粗的女性做事作风比较大胆，说一就是一、说二就是二，甚具大将风范。要是加上一个高鼻，就更加独立自主了，尤其吸引性情柔和的男性。

图解面相

下面几种面相的女人容易得宠：

弯月幼眉；

下巴尖尖；

眉粗鼻高。

94 什么样的面相容易漏财

一个人是不是漏财可以从鼻子、印堂和睫毛的特征来看。

先天容易漏财的面相，其特征为鼻子小、鼻翼也小。如果从正面看，鼻孔明显有外露的情形，漏财情形更加严重。因为鼻子在传统面相学里，代表的是“财帛宫”，其中鼻头为赚钱能力，鼻翼则代表存钱的仓库，鼻孔则可以看出花钱的态度。

鼻头大而鼻翼小的人，赚钱能力一流却不善理财。鼻头丰隆、鼻翼大，鼻孔却外露的人，则比较注重生活享受，容易破财漏财。如果鼻子的相理出现瑕疵，例如鼻梁凹陷、起节，或是鼻翼太薄，或有颜色暗沉的恶痣破坏，都代表在投资理财方面容易有判断失准的情形。如果整个鼻子显得塌陷无力，则根本就无财可理。

除了先天理财观念的偏差外，后天的运势不佳也容易造成破财的情形。其中，如果印堂（即两眉之间）的气色泛青或长青春痘，表示这段期间的火气较大，运气也会比较差。如果整张脸都呈现青黑之气，则代表体内机能失调已久，必须让自己休养生息一段时间，否则除了破财外，还可能有意外之灾出现。

假设鼻孔内的鼻毛外露，或是有睫毛倒插的情形，也要小心有破财或受骗的情形。前者代表“钱财外露”，容易引人觊觎。后者则是自己在识人方面容易出现问题，最好能将露出的鼻毛剪掉，并将倒插的睫毛取出。

其实，上述的论点，除了是历来面相学的实证经验外，和中医对人体经脉与气色的研究，也都有若干符节之处。现代人或许不需拘泥于传统面相学中诸多命定式的说法，但也可以从这些老祖宗的智能结晶中获得一些提醒与建议。

图解面相

下列几种面相的人容易漏财：

鼻头大而鼻翼小；

鼻头丰隆、鼻翼大，鼻孔却外露；

鼻梁凹陷、起节，鼻翼太薄；

鼻子塌陷无力；

印堂泛青或长青春痘；

鼻毛外露；

睫毛倒插。

95 什么样的人赚钱能力一流

鼻子为财帛宫，代表人的一生财运及事业。

由于鼻子是财帛宫，所以在传统面相学里，关于赚钱、理财、守财能力的讨论，几乎都与鼻子有关。其中赚钱能力与鼻头有关，理财能力首看两侧的鼻翼，而能否守住财则看鼻孔。

被认为很会赚钱的鼻相，如猪胆鼻、蒜头鼻等，其共同的特点是两侧的鼻翼都相当发达，而且鼻头圆大而有垂肉，使得从正面看看不到鼻孔。差别只在于猪胆鼻的特点是鼻头的垂肉更明显，蒜头鼻则是两侧鼻翼特别发达。

其实，鼻子是呼吸系统的入口，鼻子大、鼻翼张的人，吸入的空气多，肺活量也大，自然能带动全身的循环与代谢。在身体健康、活力充沛的情况下，不但会财源滚滚，事业表现于家庭生活当然也会比较顺达而圆满。鼻相好、颧骨高的人，中年事业好，财运旺，发大财多在 40 岁前后。

图解面相

鼻子代表人的财运及事业：

赚钱能力与鼻头有关，圆大而有垂肉；

理财能力与鼻翼有关，发达最好；

能否守住财要看鼻孔，鼻孔收就能存住财。

96 从牙齿可以看出一个人的性格吗

由牙齿可以推测出一个人的年龄、形貌、体质及性格。

牙齿与人体，无论在病理学上或生理学上，都有密切的关系。因为由一颗牙齿可以推测其年龄、形貌、体质及性格，所以牙齿在面相学上也占很重要的地位。

牙齿不但会影响寿命，同时还会影响到性格、运气及子孙。所以应该随时记住它的利害关系，加以重视。

牙齿洁白整齐而坚固，又与脸形配合匀称的人，表示性格开朗、乐观、热情且富有行动力。牙齿向内倾斜的人，对自己要求严格。

门牙歪斜或有缺损的人，表示与双亲的缘分浅。

门牙大的人，表示活动力旺盛，而性欲也很强烈。

上下牙齿都很小的人，其警戒心强而嫉妒心也甚。

门牙有缝隙的人，不但与双亲缘薄，且缺乏蓄财运。两门牙之间有缝隙的人多言辞不实。

两颗门牙特别大的人，是女难的相格，女性则幸运而有子缘。

有龅牙的人，虽富有行动力，但好饶舌，且任性、固执，不知收敛而令人侧目，其家庭运也不好。

牙齿参差不齐的人，因性情暴躁，容易冲动，所以跟配偶之间无法和睦相处。

牙齿朝内弯曲的人，表示具有恶性病的遗传体质。

脸小而牙齿大的人，既无财运也无长寿之相。

图解面相

牙齿与人的性格、命运有关：

a. 门牙歪斜或有缺损，与双亲的缘分浅；

b. 牙齿参差不齐的人，性情暴躁，容易冲动；

c. 门牙有空隙的人，与双亲缘薄，缺乏蓄财运。

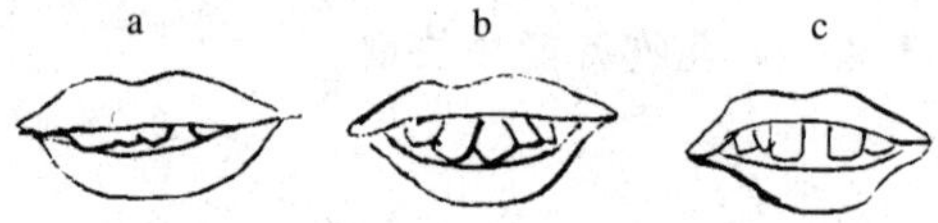

97 从头发可以看出一个人的运势吗

在面相学上，从头发可以看出一个人的运势。

毛发在于保护头脑，在面相学上，从头发可以看出一个人的运势。

头发漆黑、粗硬且浓密的人，往往性格倾向于征服、果敢、残忍，属于暴躁之相。头发稀少且呈茶褐色的人，即使获得财运也难免晚景寂寞，且子孙缘薄。身体瘦小，头发浓密的人，主体弱多病，幼年或中年即会病故。头发稀疏柔细的人，虽然心态消极、忧多乐少，但具有理性处理事务的能力。

发际浓密的人，主个性刚强爽直，富有耐苦持久，但终生劳碌，喜独来独往。发际稀疏的人，主温文尔雅，耐劳持久，做事有始有终。任何人到了老年，毛发都会变白，其顺序是头发、胡须、鼻毛、阴毛，最后才是眉毛。当眉毛变白时，你就要警惕自己即将不久于人世了。

图解面相

头发与人运势有关：

a. 头发漆黑、粗硬、浓密，主征服、果敢、性格残忍，属暴躁之相；

b. 发际稀疏，主温文尔雅、耐劳持久、做事有始有终。

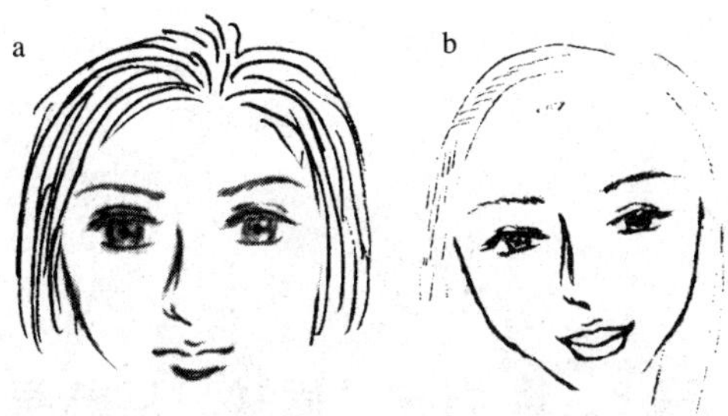

98 留胡子也有讲究吗

有禄无官，尚主富贵；有官无禄，定主孤贫。

从面相学的角度，生在上唇的胡子称“髭”，生在下唇的胡子叫“须”，颏颔上的为“髯”，面颊上的则是“胡”。上唇主禄、下唇为官，相诀有云：有禄无官，尚主富贵；有官无禄，定主孤贫，所以喜欢留胡子的人就需要注意以下几点：

胡子只留下巴而不留上唇的人一生没什么财运，亲情关系也会较疏远。

上唇胡子留得很短或稀疏的人是非多，和亲戚朋友相处得亦不会很融洽。下巴胡子留得比上唇多的人比较操劳，做事容易遭遇瓶颈而事倍功半。

上下唇、鬓角、脸颊都留满了胡须的人讲义气，能牺牲小我而顾全大局。髭须颜色偏黄或红的人财运、子女运及情商都不佳，偏褐色者情感丰富。髭须直而硬的人个性单纯、为人直爽，唯个性稍急且容易得罪人。

下巴的胡子延伸至喉咙的人做事易逞匹夫之勇，野心也比一般人大。胡子充满光泽，柔细且富有弹性的人性格温和，贵人运会特别好。

图解面相

胡子长在不同的位置有不同的叫法：

生在上唇的胡子称髭；

生在下唇的胡子叫须；

颊颔上的为髯；

面颊上的则是胡。

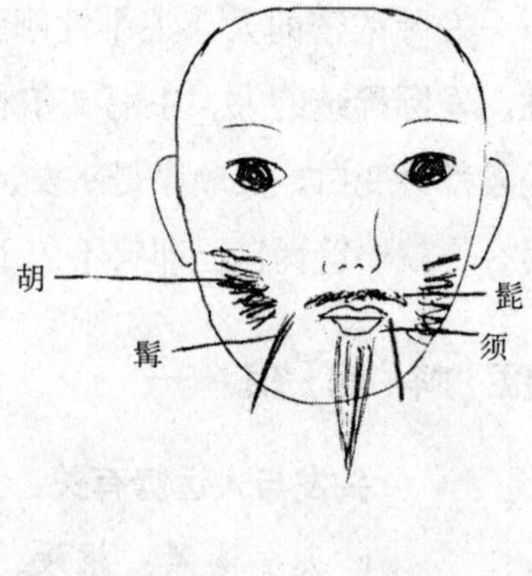

99 眉破、眉缺、眉断是一回事吗

眉破、眉缺、眉断，三者各代表不同的意义。

眉破代表眉毛可能因后天因素引致眉毛受损而出现眉破的情况。眉破代表兄弟很早就生离死别，亦代表手部易折断、受伤。

眉缺的意思是眉毛突然有一部分没有，缺了一块，意思跟眉破相同。

而眉断是指眉毛中断不连在一起，可能是先天生的，或后天因意外而变成这样，都称之为眉断。眉断跟眉毛破缺意思一样，只是较为严重而已。如属后天意外引致眉断，左眉断男性多在 19 岁、10 岁、1 岁，如右眉断则多在 25 岁、16 岁、7 岁。女性则左右眉断年龄掉转。

图解面相

a. 眉破；

b. 眉缺；

c. 眉断。

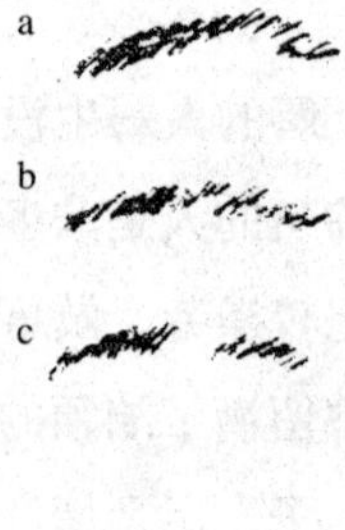

100 一个人仁厚还是刻薄是看嘴巴还是看耳朵

在相法上，真正的宽心仁厚之人，主要是看耳朵的厚薄。

传统的说法是看嘴，所谓的嘴大吃四方，嘴小事事斤斤计较，就是这个道理。不过，此处的看嘴相，是指一个人接触不同事物，或是能广交人缘的能力，并非能大方广结人缘的人，就是宽心仁厚的大器量之人。

在相法上，真正的宽心仁厚之人，主要是看耳朵的厚薄。耳厚圆润的人，自然是仁心福多之人；相反，耳薄之人，一般说容易斤斤计较。印堂宽广、鼻大鼻头丰满的人，也为宽心仁厚之人。

图解面相

a. 耳厚之人仁心福多；

b. 耳薄之人爱计较，贪眼前利益，为贫贱之人。

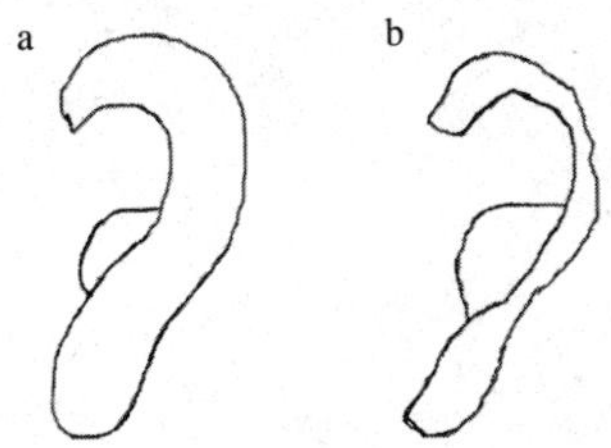

运势

卷三

风水知识100问

概念篇

01 什么是风水

风水是多种学科综合一体的民俗学。

风水，又称堪舆。我国晋朝的郭璞是最先给风水下定义的人，他在《葬书》中说：“葬者，乘生气也。气乘风则散，界水则止；故聚之使不散，行之使有止，故谓之风水。”清朝人范宜宾为《葬书》作注时说：“无水则风到而气散，有水则气止而风无，故风水二字为地水之最，而其中以得水之地为上等，以藏风之地为次等。”

也就是说，风水是古代的一门有关生气的学问和技术，只有在藏风聚气的情况下，才能得到生气。所谓生气就是万物生长发育之气，是能够焕发生命的元素。

所谓风水学就是研究住宅建造时间、坐向、门向、结构布局、天磁场、地磁场的运动变化及其周围各种事物对宅内所居之人的各种影响的学问和技术。简言之，风水学就是环境选择和空间组织的学问和技术，是研究“气”的聚结和运动变化规律的学问。

风水理论是什么呢？实际上就是地球物理学、水文地质学、宇宙星体学、气象学、环境景观学、建筑学、生态学以及人体生命信息学等多种学科的综合。其宗旨是审慎周密地考察、了解自然环境，利用和改造自然，创造良好的居住环境，赢得最佳的天时、地利与人和，达到天人合一的至高境界。

图解风水

风水，又称堪舆，是玄而神秘的名词。

02 什么是穴眼

穴眼是住宅生气的凝结点，也是住宅旺气的核心地带。

传统风水学认为，住宅的中心是“皇极”位，即“穴眼”，是住宅生气的凝结点，也是住宅旺气的核心地带，是全宅的灵魂所在和最尊贵的地方。

根据阳宅学，把屋宅当作九块来看，也就是用九个方格的形式将屋宅分成九部分，其中被其他方格包围的地方，就是整个屋宅的中心位置，也叫中宫。如果将住宅比作人体的话，住宅的正中央就如同人的心脏，是身体最重要的器官所在。所以，穴眼的地位非常重要，它可以上下旺家，一般可用作客厅，接待重要客人之用。

图解风水

住宅的中心是“皇极”位，即“穴眼”，也叫中宫。

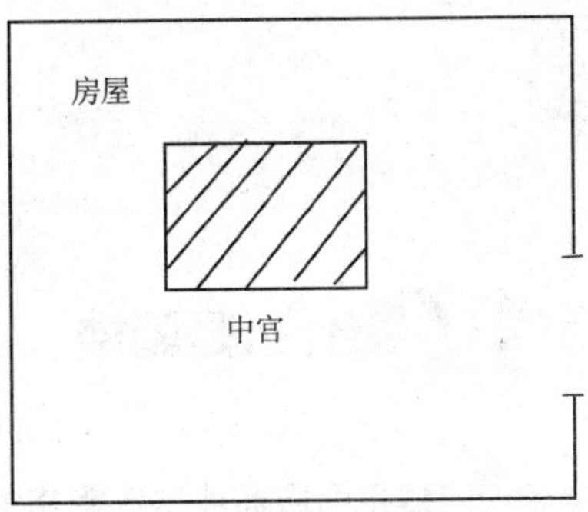

03 什么是玄关

玄关是进出住宅的必经之处，也为财神进出之处。

玄关专指住宅室内与室外之间的一个过渡空间，也就是进入室内换鞋、脱衣或从室内去室外的缓冲空间，也有人叫它过厅、门厅。

玄关是进出住宅的必经之处，也为财神进出之处，不可以杂乱无章。在房间装修中，人们往往最重视客厅的装饰和布置，而忽略对玄关的装饰。其实，在房间的整体设计中，玄关是给人第一印象的地方，是反映主人文化气质的“脸面”。

具体来说，玄关有以下作用：

视觉屏障作用：玄关对户外的视线产生了一定的视觉屏障，不至于开门见厅，让人们一进门就对客厅的情形一览无余。它注重人们户内行为的私密性及隐蔽性，保证了厅内的安全性，在客人来访和家人出入时，能够很好地解决干扰问题和心理安全问题，使人们出门入户的过程更加有序。

较强的使用功能：玄关可以用来作为简单地接待客人、接收邮件、换衣、换鞋、搁包的地方，也可设置放包及钥匙等小物品的平台。

保温作用：玄关在北方地区可形成一个温差保护区，避免冬天寒风在开门时或平时通过缝隙直接入室。玄关还具有非常好的美化装饰作用。

图解风水

玄关，也叫过厅、门厅。

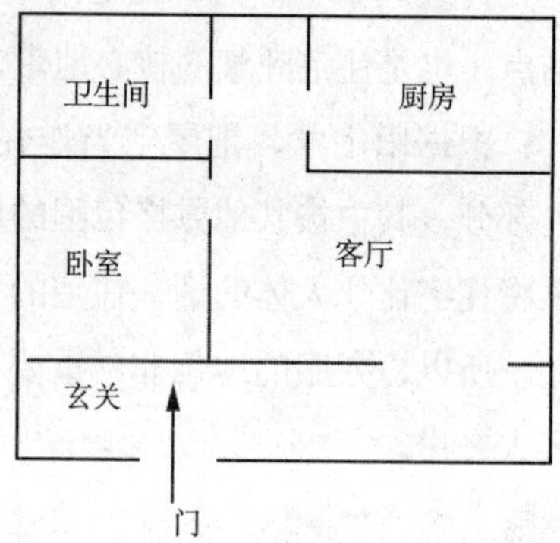

04 什么是骑楼

骑楼是适应商业楼宇密集的情况而建造的。

骑楼是西方建筑与中国南方传统文化相结合演变而成的建筑形式，可避风雨防日晒，特别适应岭南亚热带气候，其商业实用性更为突出。跨出街面的骑楼，楼下做商铺，楼上住人。既扩大了居住面积，又可防雨遮晒，还可方便顾客自由选购商品，是东南沿海一种极有特色的建筑物之一。还有一种骑楼就是上面是楼，下面是过道、通道。

在两广、福建、海南有很多这样的建筑。如广州的上下九、厦门的中山路、北海的珠海街以及上海的金陵路（早期广东人聚居区）等。

图解风水

骑楼楼下做商铺，楼上住人。

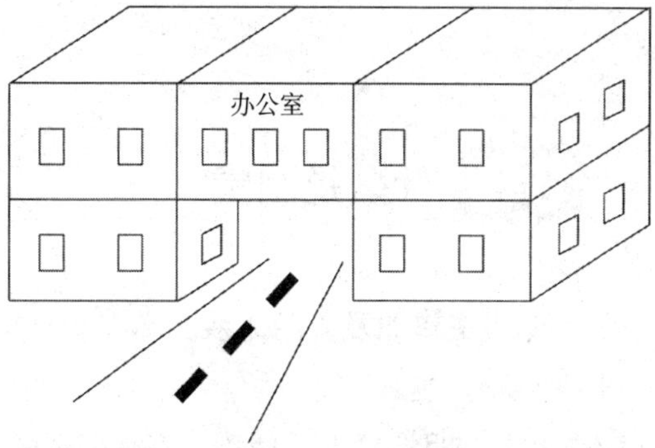

05 什么是路冲

住家门前有大马路直接冲过来，容易产生意外之灾。

路冲就是大马路直接冲击大门，也就是说，大门打开直接看见大马路直直地刺过来，或者是看见小路直接刺过来。这样的路冲，是比较麻烦的，如果来往的车辆没有刹住，那么就直接撞进来了，而且，这样的格局也容易产生意外的灾难。

一般来说，路冲是直接对建筑产生问题，对建筑里面的个人也会产生不利的影响。解决路冲一般会在门前挖个水塘或增加绿化带、水池等来解决。也有在大门前放两个大石狮子化煞的，如清华大学的西门就是如此。它的东门也有路冲，是用门前植一大片树来化煞的。

此外，路冲如果对准民居，则使子女读书不利，所以慎防儿童房门外窗外之路冲。否则不但不利读书，子女也容易发生意外。

图解风水

大马路直接冲着大门叫路冲，路冲对子女读书不利。

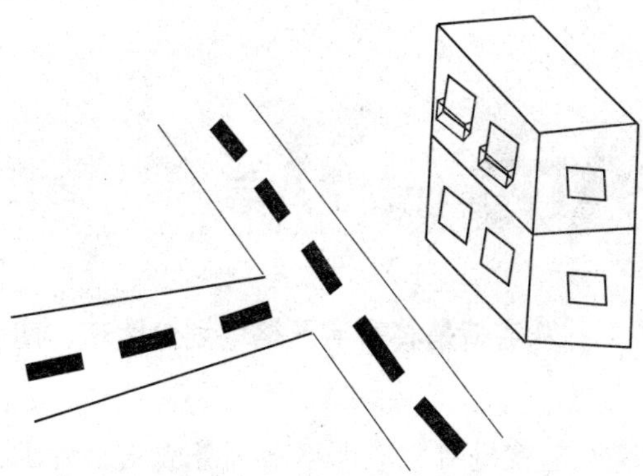

06 什么是明堂

明堂主事业及人际关系。

在上古，明堂是天子理政、百官朝见的场所。而风水学中的明堂则是指穴前之地，诸山聚绕，众水朝拱，生气聚合。

明堂有内明堂和外明堂之别，亦称大小明堂。穴前是小明堂，龙虎山里是中明堂，案山内是大明堂。凡山势缓和，平平结穴，龙虎环抱，近案当前，就称为内明堂。

以现代住宅来论，明堂可视为大门之外，与对面住户或对面建筑物之间的空余位置，主事业及对外的人际关系。明堂如果宽敞明亮，则表示事业发展顺通、对外关系较好。反之，明堂如果狭窄昏暗，则表示事业发展会受到阻碍，对外关系也不是很好。

图解风水

明堂宽敞明亮，事业发展顺通，对外关系较好；

明堂狭窄昏暗，事业发展会受到阻碍，对外关系不佳。

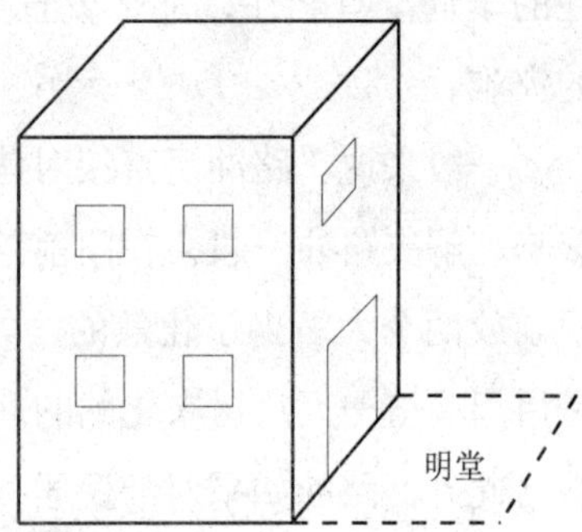

07 什么是八宅

八宅就是将家宅严格地划分为东、南、西、北等八个种类。

八宅就是将家宅严格地划分成八个种类，分别是东方、南方、西方、北方、东北方、东南方、西南方、西北方。

风水学按大门所向的方位决定家宅的坐向。站在屋内中心点，面向大门，则所面向的方位便是“向”，而与“向”相对的方位便是“坐”。不管家宅的屋形如何，坐与向的方位一定是相对的。例如，大门向西，则家宅坐东向西；大门向东南，则家宅坐西北。

这八个方位分别对应八种卦象，分别是震、离、兑、坎、巽、坤、乾、艮。一个家宅的坐向决定该家宅究竟属什么卦。

具体来说：

坐东方的家宅是震宅，大门向西。

坐东南方的家宅是巽宅，大门向西北。

坐南方的家宅是离宅，大门向北。

坐西南方的家宅是坤宅，大门向东北。

坐西方的家宅是兑宅，大门向东。

坐西北方的家宅是乾宅，大门向东南。

坐北方的家宅是坎宅，大门向南。

坐东北方的家宅是艮宅，大门向西南。

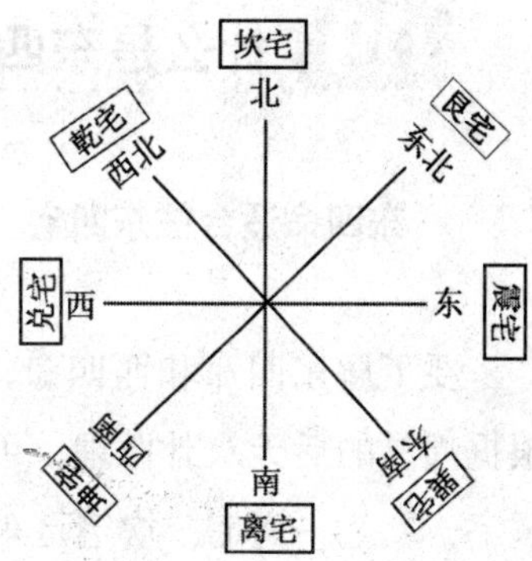

图解风水

八宅将家宅划分为东、南、西、北、东北、东南、西北、西南八个种类，分别对应八种卦象。

08 什么是尖角煞

尖角煞不利于家庭成员的健康。

住宅的大门或窗口正对建筑物的尖角，就犯了尖角煞。家庭成员的健康会受到极大影响，对于一些长期慢性顽疾，尤其是疼痛性和出血性的病症，容易引起反复发作，同时容易引起扭伤、刀伤之类的损伤。

尖角煞的尖角通常不止一个，且不是集中指向某一方。例如，尖石山、家中的假山、仙人球或仙人掌等，这些都是尖角煞。如果你在家中向外望，视野内看到尖石山等，便是犯了尖角煞。

一套住宅最关键的是大门、主卧（窗）、厨房（窗）不能犯煞，为慎重起见，可在这几个地方用一个凸镜挂四五个乾隆铜钱。

图解风水

尖角煞是指住宅的大门或窗口正对建筑物的尖角。

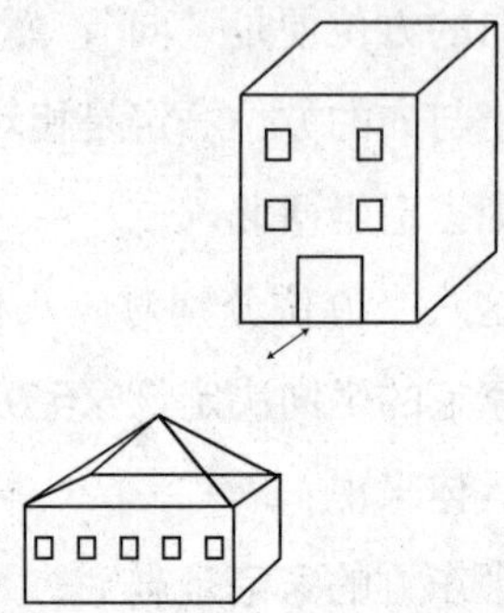

09 什么是东四命、西四命

东四命适合住东四宅，西四命适合住西四宅。

要了解东四命和西四命，我们首先要知道什么是东四宅，什么是西四宅。根据周易的后天八卦原理，可将住宅根据坐向不同分成东四宅和西四宅，其中震宅、巽宅、离宅、坎宅是东四宅，坤宅、兑宅、乾宅、艮宅是西四宅。

同时，根据人的生肖与性别的不同将人分成八种命卦，分别是震命、巽命、离命、坎命、坤命、兑命、乾命、艮命，命卦属震、巽、离、坎的人，属于东四命，最适合他们的居所是东四宅；而命卦属坤、兑、乾、艮的人，属于西四命，最适合他们的居所是西四宅。也就是说，东四命的人最适合选择坐南向北、坐北向南、坐东向西、坐东南向西北的房屋居住。西四命的人最适合选择坐东北向西南、坐西南向东北、坐西向东、坐西北向东南的房屋居住。这四个坐向中，选择哪一个坐向最好，就需要参考自己命中的喜用神。

图解风水

东四命：命卦属震、巽、离、坎，适合选择坐南向北、坐北向南、坐东向西、坐东南向西北的房屋居住；

西四命：命卦属坤、兑、乾、艮，适合选择坐东北向西南、坐西南向东北、坐西向东、坐西北向东南的房屋居住。

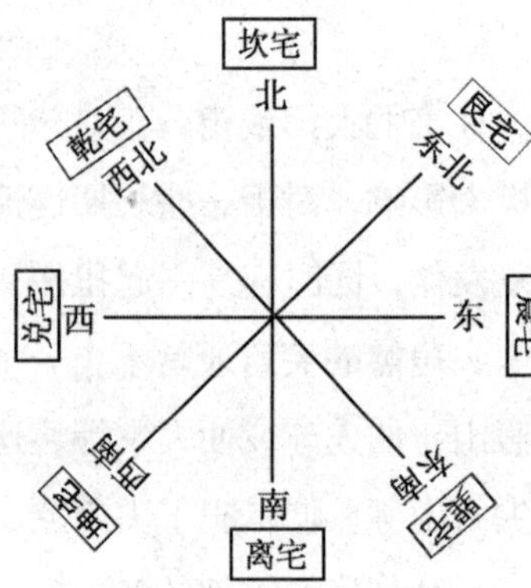

10 什么是开口煞

开口煞不利家人的健康及财运。

开口煞是指住宅大门面对电梯或地下停车场的出入口。

当你打开自己住宅的大门时，见到电梯门的开阖与地下停车场的出入口，好像老虎开口想噬人般，你便犯了开口煞。试想一下如果你每次一出门就看见一只老虎张着大口对着你，那么肯定会觉得不自在，影响心情。

古人云：“冲起乐宫无价宝。”意思是当运就有喜庆之事，但失运就不利家人的健康及财运。所以开口煞会造成家运不济、守不住钱财、家中成员容易生病。

图解风水

住宅大门正对电梯或地下停车场的出入口，则犯了开口煞。如图505室便犯了开口煞。

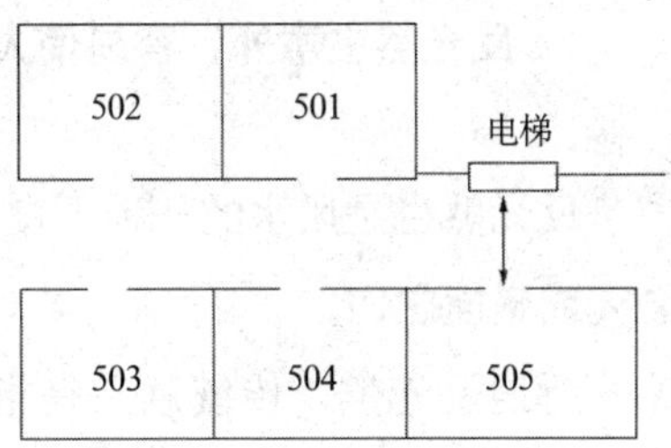

11 什么是刀刃煞

刀刃煞会加大家人意外之灾的几率。

有些住家门口会有停车棚一类的建筑，而波浪形遮雨顶棚就会给一楼的住家造成刀刃煞。

刀刃煞的主要影响就是会加大家人意外之灾的几率，因其尖锐部分会对宅内之人产生不良的磁场冲击，容易发生头部遭到撞击等意外。刀刃煞可以采用传统的“龙龟化煞”的方法来化解。即将一只“龙龟”摆在家中对着遮雨棚的窗台上，其意义在于用具有硬度的龟壳形成一道盾牌，挡住刀刃煞带来的不良磁场的冲击。

图解风水

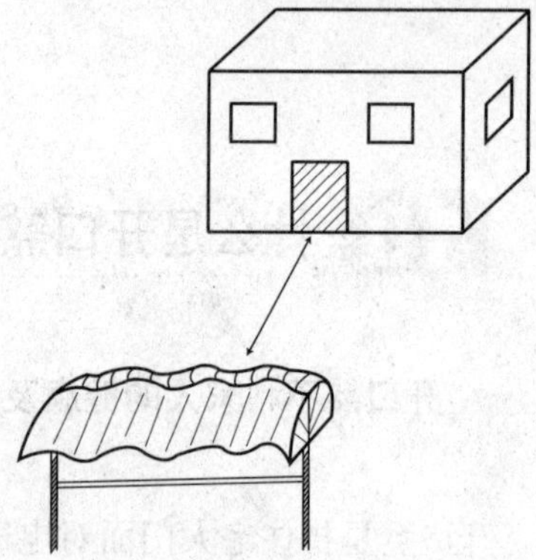

波浪形遮雨顶棚类的建筑正对住家门口即是犯了刀刃煞。

宅内之人的生物场容易受到其他不良磁场的冲击。

12 什么是反光煞

反光煞主意外，容易使人精神不振、头脑不清。

反光煞也是风水的一种不良形态，容易使人精神不振、头脑不清而造成意外之灾或碰撞之伤。

所谓反光煞，传统意义是指房屋在海边附近，海水受阳光照射会反光到住宅内，会令人头脑迟钝，精神不集中。现代意义上辐射的反光煞是在商业中心附近，玻璃幕墙受到光线照射后反射到自己所住的住宅，会使人发生意外之灾或碰撞之伤。因为这种光波是一种不良的磁波，它对人的生物场有危害。

此煞的坐向与阳光有直接关系，属于受到阳光反射而形成的煞气，我们要尽量避免住宅环境中有这种风水形态。如果你的房屋或者办公楼不巧处于反光煞范围内，那么可以加装窗帘避开反光，在自家或办公大楼贴上玻璃纸，同时还可种植绿色盆栽。这样可以大大减少反光煞的威力，把不吉降到最低。

图解风水

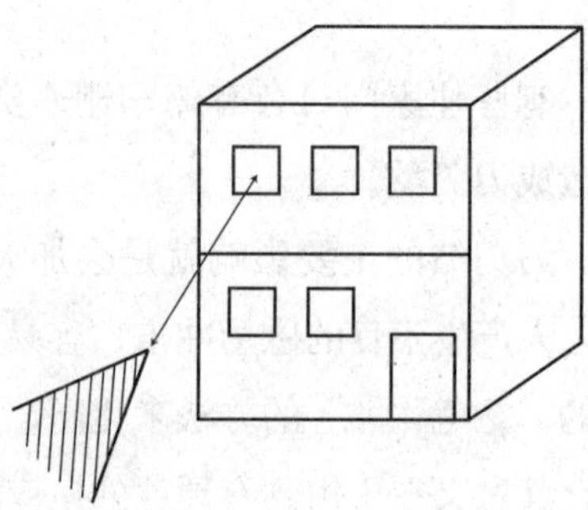

反光煞的坐向与阳光有直接关系，属于受到阳光反射而形成的煞气。

13 什么是壁刀煞

壁刀煞会影响到屋主的身体健康，甚至造成意外之灾。

住家对面有栋大楼，而这栋大楼又没有和自家的楼房对齐，那么它的墙壁的壁面就像一个刀面一样直接向住家的窗口切过来，就会给屋主造成壁刀煞。

壁刀煞的影响是非常严重的，会影响到屋主的身体健康，尤其容易造成意外之灾，但这只是相对于被壁刀煞劈中的住宅而言。对于形成壁刀煞本身的住宅则不会有影响。

有些人在壁刀切入处挂上凸面镜来化解煞气，这的确是一个好办法，但如果对面的大楼很大，墙面很长的壁刀用此来化解则远远是不够的。这就需要用山海镇来化解。不论是凸面镜还是山海镇都会像一个盾牌来将壁刀的煞气化解掉。

图解风水

壁刀煞像一个刀面一样直接向住家的窗口切过来。

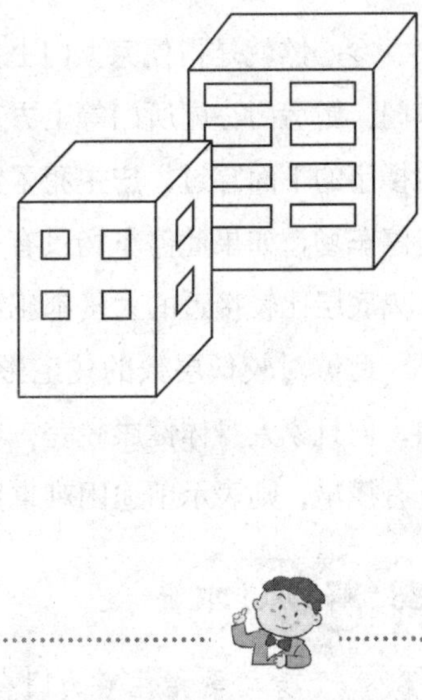

14 什么是反弓煞

反弓煞令住宅里的人容易受意外之灾或破财。

反弓煞，是指住宅门前有弧形状东西向住宅方向拱出，即住家位于弯曲水道、弯形的道路、建筑物等的外部半圆形部分。如“反弓水”就是住宅前的河成反弓之状。又如“反弓路”，路呈弯曲型，住宅之门正对此路。再如“反弓建筑”、圆形建筑，如大型超市、大型体育馆，附近住宅会受圆体反射。

反弓的水道、路、建筑就像一张拉满的弓箭一样，让住家每时每刻都处于危险之中。反弓煞可以令住宅里的人容易受意外之灾或破财，但是对一些特殊行业，如钢铁业等则无妨。但对住宅则危害不小，主要是其不良磁场对宅内之人有不良的影响。

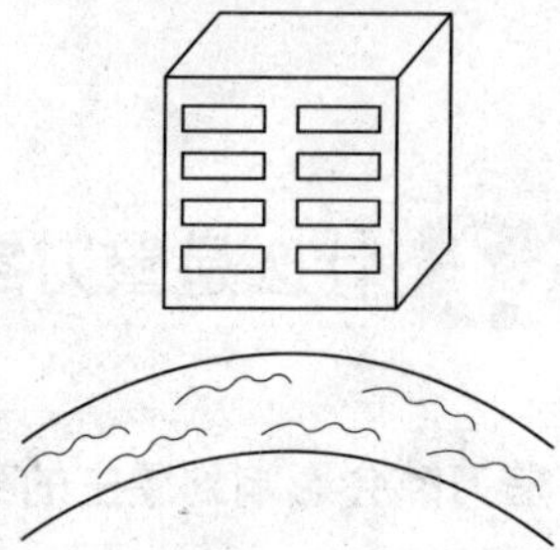

图解风水

住宅门前有弧形状东西向住宅拱出，叫反弓煞。

15 什么是穿心煞

此煞主灾害，破财而不聚财。

穿心煞就是指住家大门上方有横梁，并且从大门外穿入大门内，甚至穿过卧室门、厨房门、厕所门等上方。一些在地下铁道上或隧道上盖的楼宇，因行车会由楼宇的下面穿过，户主犯了穿心煞。现在很多大厦为了节约空间，都在地下建造停车场，如果此停车场只有一个出入口，不为煞，如果是一边进，一边出，那么离底层比较接近的大楼都犯穿心煞。

此煞对较低层数的住宅影响较大，凡有穿心煞的住宅财运差，很难保存钱财，而且家人身体健康较差，容易得心脏类的疾病。此外，大门主事业，大门上方有横梁，则表示前途困难重重，经常受到他人的压制。

图解风水

穿心煞指住家大门有横梁从大门外穿入大门内，甚至穿过卧室门、厨房门、厕所门。

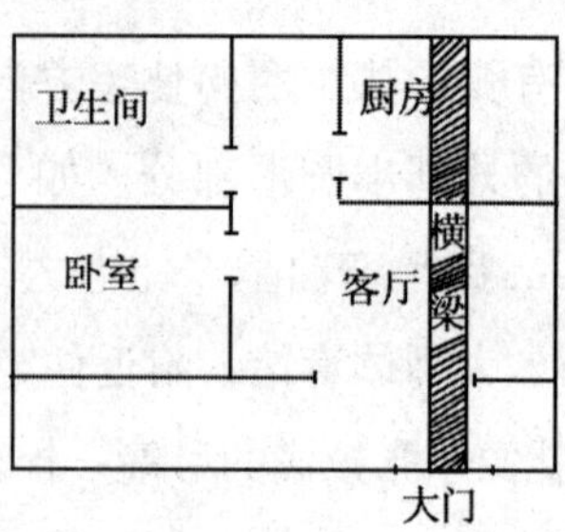

16 什么是南朱雀、北玄武、东青龙、西白虎

风水学上指称方位的一种说法。

中国古代把天空里的恒星划分成为“三垣”和“四象”七大星区。三垣环绕着北极星呈三角状排列。在“三垣”外围分布着“四象”——南朱雀、北玄武、东青龙、西白虎。也就是说，南方的星象如一只大鸟，北方的星象如龟和蛇，东方的星象如一条龙，西方的星象如一只虎。

南朱雀、北玄武、东青龙、西白虎，也有人称为前朱雀、后玄武、左青龙、右白虎，是风水学上指称方位的一种说法。南方较热，五行属火，故称为朱雀；北方相对较冷，五行属水，称为玄武；东方五行属木，为绿色，故称为青龙；西方五行属金，为白色，称为白虎。

图解风水

南方五行属火，为红色，称为朱雀；
北方五行属水，为黑色，称为玄武；
东方五行属木，为绿色，称为青龙；
西方五行属金，为白色，称为白虎。

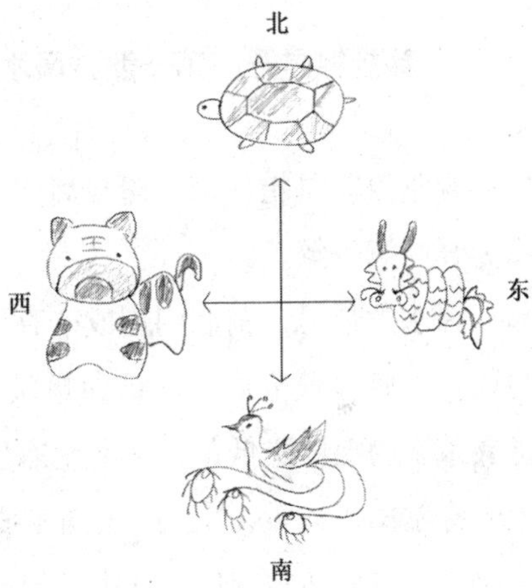

17 什么是小人探头

所谓“小人探头”，指的是屋宅对面的建筑物后方，还有另外一栋建筑物高高突起。

试想，透过对面建筑物，还可以看到对面建筑物之后的建筑，表示这栋突出的建筑物颇高，也像极了在偷窃的人，无时无刻虎视眈眈地窥伺自己，这种视觉上、心理上，甚至实际上的负面效应，都会令住户感觉不舒服。

除此之外，小人探头煞还分为“前探头”和“后探头”两种。经云：“宅屋探头，四时防盗”、“前山探头出贼儿，后山探头出母舅”。因此，小人探头煞的影响在于住家容易遭小偷被盗，住家安全应特别加强防范。

图解风水

住宅对面的建筑物后方，有另一栋略为突起的建筑物，称为“小人探头”。

18 什么是穿堂煞

穿堂煞是开门第一煞，风水上最忌讳。

穿堂煞就是指住家大门与后门或者后阳台成一条直线，穿堂煞在阳宅风水上称为开门第一煞。

风水上最忌讳前后门连成一直线，当然也不可直对后窗。由大门或窗户进入的风，不宜直通宅后，应该曲折缓慢地流动。否则冬天时，风迅速地穿过家宅，将导致室内温度降低，人容易受寒感冒。

穿堂煞主口舌、疾病、是非、意外、散财、人稀等问题，一般只要用屏风遮挡，或用窗帘掩蔽窗户，让大门进来的风在家里流动缓和一点就可以了。

图解风水

穿堂煞主口舌、疾病、意外等问题。

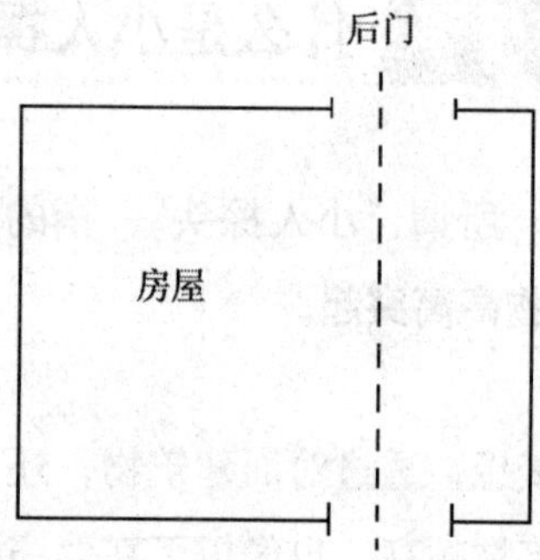

19 什么是天斩煞

房屋面对天斩煞往往有重病之灾。

所谓天斩煞，是指两幢高楼之间的一条狭窄空隙，因为仿如用刀从半空斩成两半，故称为天斩煞。天斩煞的影响极其强烈，住宅成员之间易起争执或是易患需动手术的疾病。

倘若房屋面对天斩煞，往往有重病之灾。这是因为天斩煞的“贼风”直射而来，以及其两旁的墙壁锐角迎面切割而来，均会影响住宅内的人的健康和运气。其凶煞大小则依天斩煞距离的远近而定，愈靠近愈凶。除非超过百公尺的距离则不影响，因凶煞之气散而转弱了。另外，天斩煞的长度愈长，凶煞气也愈强。

可在屋门上安放八卦镜，也可在房外摆上一匹铜马，最好是摆放大铜钱及五帝古钱，它们是指在清朝时代流通的顺治帝、康熙帝、雍正帝、乾隆帝、嘉庆帝的古钱，用这5个皇帝时期的铜钱组合在一起可避邪。如情况严重者，可在煞方补充一对麒麟或一对狮子，以增加效果。

图解风水

天斩煞，是指两幢高楼之间的一条狭窄空隙。

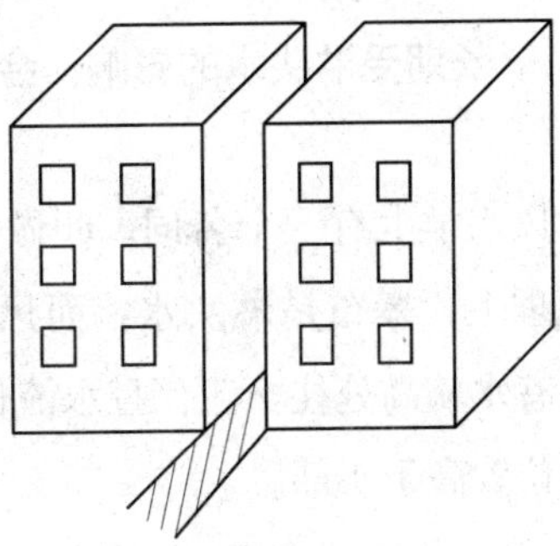

20 什么是二十四山向

二十四山向就是将八卦宫位再细分。

二十四山向即二十四个不同方位。提到方位时，我们一般会想到东、西、南、北、东北、西北、东南、西南八个方位。

所谓二十四山向就是将这八个方位再细分，为甲、卯、乙、辰、巽、巳、丙、午、丁、未、坤、申、庚、酉、辛、戌、乾、亥、壬、子、癸、丑、艮、寅。具体而言，是将东细分为：甲、卯、乙，将西分为：庚、酉、辛，将南分为：丙、午、丁，将北分为：壬、子、癸，将东北分为：丑、艮、寅，将西北分为：戌、乾、亥，将东南分为：辰、巽、巳，将西南分为：未、坤、申。

图解风水

二十四山向即把平常所说的八个方位再细分为二十四个不同方位。

21 什么是淋头水

长期受淋头水的影响，会容易生病、脑力衰退等。

风水学上有一个名词，叫做淋头水。淋头水的意思是：水从上而下冲头部。在地理上，瀑布是淋头水；而风水中，关于淋头水则有两种说法，一是住宅后面，有水从高处往下流，且水流位置高于住宅，或者是墙壁高处渗水；二是鱼缸摆放位置高于头部。

一个人如果长期受淋头水的影响，会容易生病、脑力衰退等。所以我们要尽量避免淋头水的影响。

图解风水

淋头水，水从上而下直接冲向头部。

22 什么是太岁

太岁星每年所在方位为凶位。

俗话说："太岁头上休动土。"太岁已经成为不可触犯的代名词，但追根寻源，它本是古代天文学中假设的星名。太岁与岁星相应。岁星即木星。古人认为木星在黄道上运行，一年一个星座，比如去年在天蝎座，今年在蛇夫座，明年在人马座。12 年，木星走遍黄道 12 个星座。于是将黄道分成 12 等份，以岁星所在的部分为岁名，共有 11 个岁名：寿星、大火、奸木、星纪、玄枵、鲰訾、降娄、大梁、实枕、鹑火、鹑尾。岁星运行的方向自西而东，与将黄道分为十二支的方向正好相反，古人就假设出一个太岁，太岁向岁星实际运行的方向运行，古人就以每年太岁所在的部分纪年。如太岁在寅叫摄提格，在卯叫单阏。后来又配以十岁阳，组成六十干支，用以纪年。

太岁每十年绕天一周，与表示方位的十二地支正好相配，逢甲子年，甲子就是太岁；逢乙丑年，乙丑就是太岁，依此类推至癸亥年为止。

风水学认为，太岁星每年所在方位为凶位，如果这一年在这一方位破土兴建房屋或造坟，便会招致祸事。

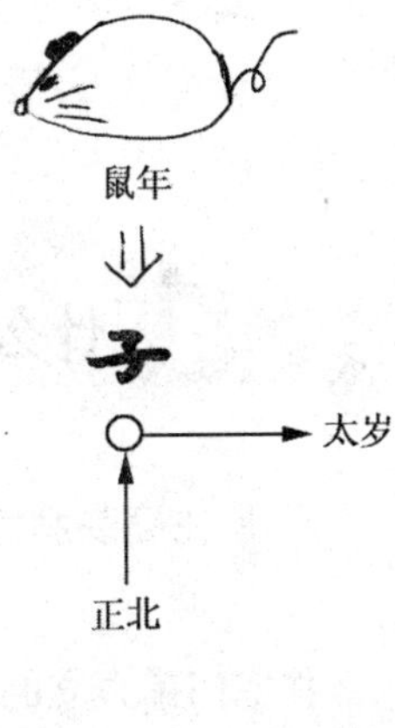

图解风水

太岁每十年绕天一周，与表示方位的十二地支正好相配组成六十干支，用以纪年。

23 什么是三元九运

三元，分上、中、下，九运即一运、二运……九运。

从黄帝元年开始（即公元前 2698 年）纪元，该年为甲子年定为始元。往后每 60 年一个甲子周期，为一元，或叫一个大运。三个甲子定为三元，分上元、中元、下元，共180年。每一大运60年中又分三个小运，每个小运20年。

排小运的方法有点特别：在上元里排一运、二运、三运；在中元里排四运、五运、六运；在下元里排七运、八运、九运。由此引出了一个重要概念——三元九运。

三元九运往下挨排，循环往复，周而复始。由黄帝元年起至2003年，已历经79个大运。2003年是下元七运的最后一年，2004～2023年进入下元的八运了。

图解风水

三元甲子180年，近代的三元九运划分：

1. 上元

一运：1864～1883年

二运：1884～1903年

三运：1904～1923年

2. 中元

四运：1924～1943年

五运：1944～1963年

六运：1964～1983年

3. 下元

七运：1984～2003年

八运：2004～2023年

九运：2024～2043年

24 什么是顶心煞

屋主容易脾气暴躁，不易沟通，并且易发生灾祸。

住宅门前直立的或斜向的杆子，如电线杆、交通指示牌、大树、电话杆、招牌等，如从方向上讲，正对着住宅的门或窗户，就是顶心煞。

顶心煞主病痛、官灾及是非。住家如果犯了顶心煞，则屋主容易脾气暴躁，不易沟通，或者视力有损。

可在家中摆放貔貅以化解煞气，而不影响先有的室内布局。

图解风水

住宅的门或窗户对着立柱形物体就是犯了顶心煞。

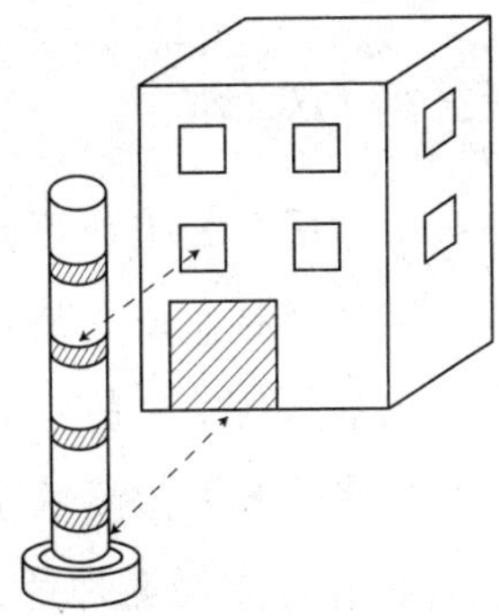

25 什么是泰山石敢当

泰山石敢当是化解煞气常使用的物品。

泰山石敢当，也叫石敢当，是化解煞气常使用的物品。尤其是在南方的一些地方，有时会在房屋向路冲位置的墙上砌入石碑，而碑面上刻着“泰山石敢当”五个字或“石敢当”三个字。

有关泰山石敢当，还有一个传说。

以前泰安南方有一个汶口镇，其中一户人家的闺女很不幸，每天太阳下山时，就从东南吹来一阵妖风袭击她。此后，这闺女便变得皮黄骨瘦。无论什么医生都医不好。后来闺女向父母说，她是撞了邪了，见到了妖怪。而父母想起泰山有一个名为石敢当的人，颇具神力，便请得他下山来。又到晚上，当妖风吹来时，石敢当一个神掌便向那妖风打去，妖怪知道自己不敌，立即乘妖风向南方逃去。

后来妖怪跑到福建一家农户作怪，纠缠其闺女，这家人又请石敢当来驱邪。妖怪又往他方逃去。一而再，再而三，石敢当去过好多地方驱邪。他觉得必须想出一个妥善的办法来才行。

于是他请石匠用泰山的石块刻上“泰山石敢当”的字样。哪一家闹鬼，便将“泰山石敢当”放在家中或嵌于墙壁上，妖怪便自动逃走。

“泰山石敢当”一般有几种形状：

在一块石碑上刻“泰山石敢当”五个字，或简为“石敢当”三个字；

雕刻一只龙头神龟，上背“泰山石敢当”；

一只麒麟双手托着“泰山石敢当”。

还有一种就是寻一块50千克的长方形方条石，上面刻上“泰山石敢当”，字对着路冲的方向埋到地下这是最有效的一种方法。

图解风水

用泰山上的石块刻上“泰山石敢当”字样，嵌入墙壁中，是古人用来化解煞气常用的物品。另一种是在50千克的长方形石头上刻上“泰山石敢当”，字对着路冲的方向埋到地下，竖着埋，很有效。

26 什么是四吉方、四凶方

四吉方和四凶方是八卦方位中一种分类。

在风水玄学中，每一个住宅和店铺，都被划分为八个方位。每个方位都有各自不同的地气场，分为吉气场和凶气场，这八个方位亦称为八卦方位。在八卦方位中，亦分为四吉方和四凶方，其中四吉方位分别为：生气、天医、延年、伏位；四凶方位是：五鬼、六煞、祸害、绝命。

需要说明的是，在店铺风水的布置上，四吉方位是吉相的，而四凶方位是凶相的。

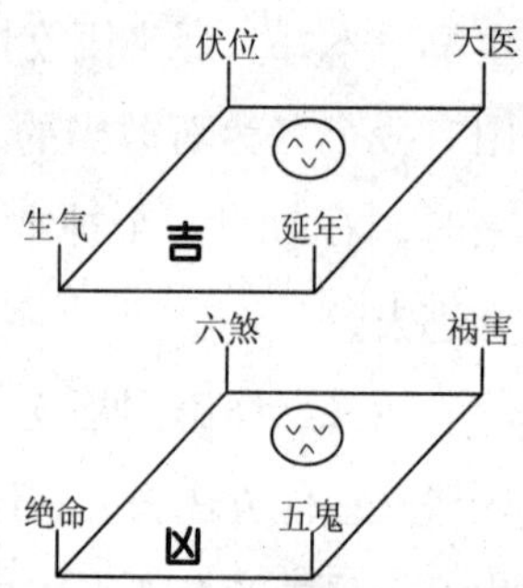

图解风水

四吉方位：生气、延年、天医、伏位；

四凶方位：绝命、五鬼、祸害、六煞。

例如：

祸害	生气	绝命
六煞		延年
五鬼	天医	伏位

巽门

27 什么是朱雀吐气

朱雀吐气就是大门面向冒烟的烟囱。

中国古代因为气候环境，房屋一般是坐北朝南的。风水中有南朱雀、北玄武、东青龙、西白虎的说法，所以朱雀的方向也就是大门的方向，朱雀也就象征着大门。

而吐气则象征着冒烟的烟囱，由此我们可以知道朱雀吐气就是大门面向冒烟的烟囱。这样的风水格局就像是每天出门就被秽气冲洗一番，运势自然不会顺利。

图解风水

朱雀吐气就是大门前方有烟囱。

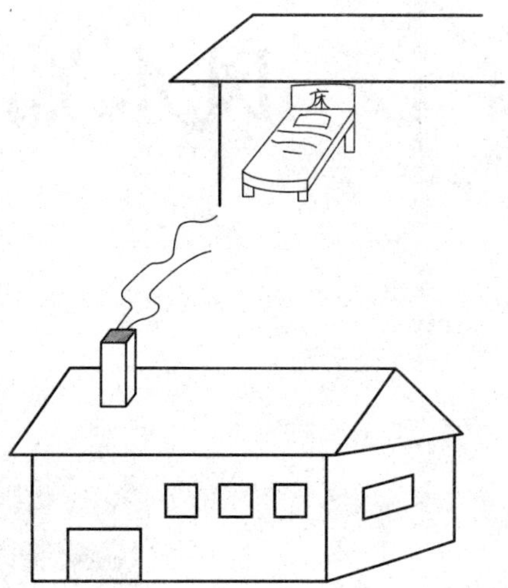

运势

卷三

风水知识100问

观念篇

28 住宅越大越好吗

房子多而人少则阴气重。

现在，很多人认为面积大的房子好，于是一味追求大住宅、大空间，甚至有的人独居200多平方米的住宅。在经济条件允许的情况下，购买面积大一点的住宅，住得宽敞舒服一点，这是人之常情，但也要有一个度。室广多阴，房子多而人少则阴气重。

风水学认为，住宅是要讲聚气的，面积过大而人口太少，则人气过散，并不吉利，容易形成人不胜房——“房欺人”的格局。久而久之，人的气场散而不聚，阴气重而阳气衰，就会导致场态的失衡。所以，古人认为适当的人多房小是吉利的，这样，人之阳气就可以压倒房之阴气了。

此外，住宅太小也不好，这容易造成空气不流通，呼吸不畅，对宅主的身心健康造成危害。从风水学上来讲，过于堵塞的空间也容易导致宅气停滞和流动不畅，这是大忌。所以住宅以适中为好。

从现实角度讲，住宅面积与人口比例适中，会有一种兴盛的景象，小孩和大人间易有亲和感，容易增进家庭和睦，激励家人团结和奋发，且每个房间都有用途，能够物尽其用。

事实上，住宅面积是否适中，主要是根据居住人数的多少来决定的，并没有非常严格的标准。总体原则是：大而不空、少而不寒、方便舒适、相处和睦。

如果你现在的住宅太大，化解的办法是，可以时常请朋友来聚会，或者邀请父母乃至兄弟姐妹来同住；如果你现在的住宅太小，则要尽快想办法改变现状。

总之，只要你按照以上方法正确掌握了住宅面积的标准，大小适中的住宅自然会为你带来好运气和好心情。

图解风水

住宅以适中为宜；

大而不空、少而不寒、方便舒适、相处和睦。

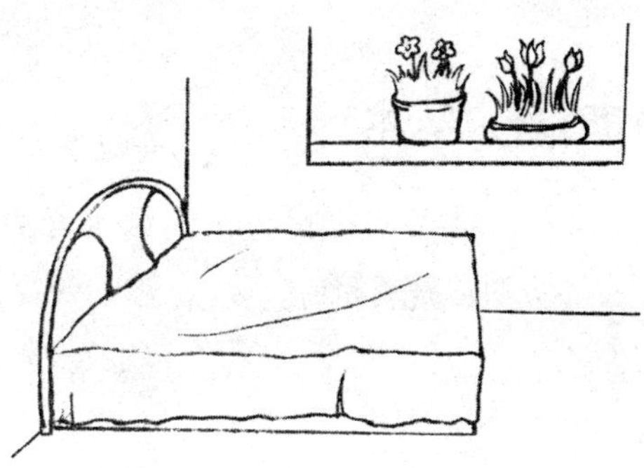

29 坐北朝南的房子风水就好吗

坐北朝南的住宅采光好、通风佳、避北风。

住宅坐北朝南是传统风水理论的建筑原则之一。易占学上说，南面草木繁茂，阳气充足，朝南而称王是至高无上的方位。古人认为，北为阴，南为阳，风水好的地方就应该阴阳调和。

我国的宅舍习惯“坐北朝南”也有其科学道理。我国位于北半球，绝大部分处在北温带，太阳多从东偏南升起，从西边落下。冬季，太阳高度角较小，住宅的门、窗朝南，可使更多斜射的太阳光线进入室内，从而提高室内温度。而在夏季，太阳高度角增大，太阳从门、窗射入的光线相对就少，从而能让室内有一定的凉意。再就是我国大部分地区位于东亚季风区，宅舍朝南，盛夏季节可避开下午最热时的直射阳光，隆冬季节又可避开西北寒风，起到防寒、保暖的作用。总的来说，坐北朝南的住宅好的理由有以下三点：采光好、通风佳、避北风。

一般来说，坐西南朝东北的住宅，不是购房者的理想选择。因为除了光照条件不佳外，还容易吸收空气中阴湿的物质，有损人体的健康。

事实上，朝南的方位不容易找，因此以正南方位为原则，稍微偏向东边或西边也无妨。如果住宅无法朝南建筑，就需要在南边多设窗户，或开天窗，增加照明、暖气设备以及在北侧种植花草等人工方法加以弥补。具体选择什么样门向的住宅，要根据每个主人的具体情况和风水规则而定。

图解风水

北为阴，南为阳，风水好的地方阴阳是调和的。

30 店铺大门越宽越容易招财吗

大门越是阔大，就越是吉祥。

店铺的大门，宜大不宜小。如果大门太窄，会让人产生压迫感，难以吸纳财气、生气。就风水而言，大门是气口，气口不可太窄，大门越是阔大，就越是吉祥。但门的大小最终还是要与面积相称。

此外，店铺的大门开在房屋偏左的位置（从室内向外），生意多会兴隆，大吉大利。至于整个门面都是大门的店铺，则出入的通道，设在左边才会大吉大利，其效果与大门开在左边相同。

图解风水

店铺的大门，宜大不宜小；
开在左边，生意多会兴隆。

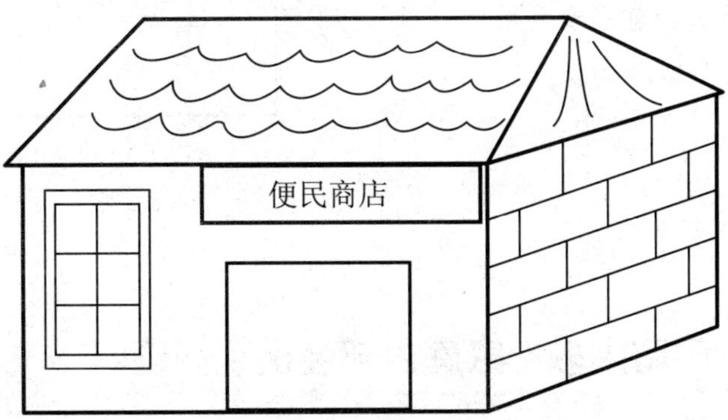

31 住在穿堂煞环境里的人容易犯小人吗

大门一打开直接看到后门，则容易犯小人，留不住财。

大门一打开直接看到后门，这种格局为穿堂煞，住在这种环境里的人，不但容易犯小人，而且财来财去，完全留不住。

如果在大门与后门之间摆个屏风、造景盆栽，或在房间门口挂放门帘，可以避免小人觊觎窥探你家的财富，也能有效地挡住不断外流的钱财。

此外，门帘挂在房间或办公室门上，不但消除口舌是非，彻底改变家中及职场气氛，更能借着门帘的轻盈摆动，活络财库磁场，招来贵人助力，带来滚滚财源。门帘除了增强招财功能外，更兼具屏障效果，能阻隔小人损耗，防止漏财，让你财库丰隆，好运连连。

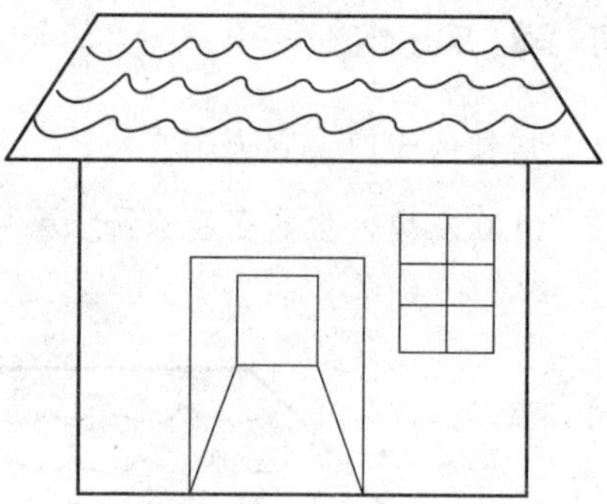

图解风水

打开大门就能看到后门，容易犯小人，留不住财。

32 门窗太多，家庭内部会出现问题吗

门窗太多损及财运，会使家庭内部问题层出不穷。

门，是家与社会的区隔，也是家的颜面。房屋建筑在地面之上，气从门口进入，就好像是一个人的嘴巴、鼻子一样，是饮食呼吸之处，其重要性可想而知。

窗，我们常说“眼睛是心灵之窗”，失去了眼睛等于失去了一切光明，而屋子的窗户就如同人类的眼睛一般，在家中扮演着不可或缺的角色。

门窗如此重要，但住家门窗也不宜太多，这是因为门窗太多会产生太强的

气流，会使住宅被切成两半，使人体之气散漫，对居住者的健康亦有妨害。

此外，当一个窗户已够用时，三个或三个以上窗户会使家庭不和睦。窗户过多，意即子女之间互相批评与争吵，甚至与父母争吵，以致家庭失和，损及财运，使家庭内部出现问题。所以要避免在同一方向设置三个或三个以上的门或窗。

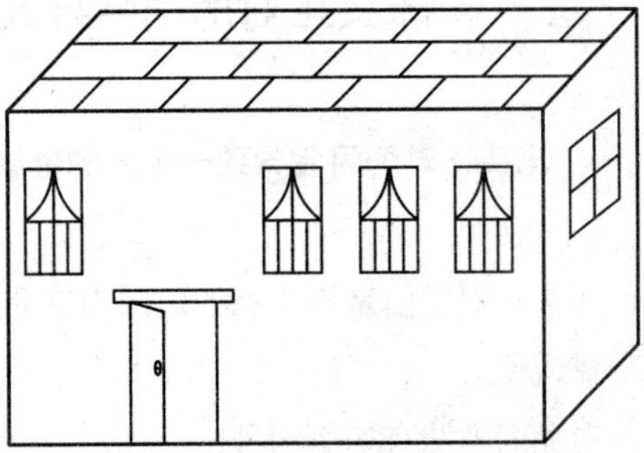

图解风水

避免在同一方向设置三个或三个以上的门或窗。

33 住西北方缺角的房子当不了一把手吗

当不了一把手，只能当副职。

从方位上来说，西北属乾，缺乾的房子一般来说对老父是不利的，轻则腿部容易出现病变及头痛等，重则老人不双全，一般对男性的危害较大，女性容易出现肾脏或妇科病。如果说准确性有多少的话，大家可以找 10 家同样的单元楼看一下就行了。因为北京这种地方好找，缺角的房子较多，只要找到一栋同样的楼房，最少是四五家同样的，要住上 3 ~ 5 年后应验度最高，但有的刚买了以后就出现这种情况。这种房子不但对老人不吉利，对长子的工作影响也很大，如果这人的运程特别好的话，那么住进这样的房子，身体也会经常有小疾，或当不了一把手，只能当副职。

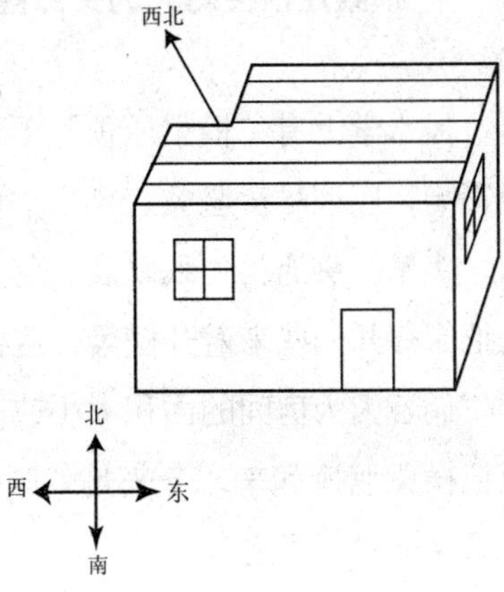

图解风水

西北属乾，缺乾的房子对老父不利，屋主当不了一把手，只能当副职。

34 床头正对房门会导致事业走下坡路吗

床头正对房门会导致一个人的健康及事业走下坡路。

床头正对房门是不吉利的，因为这会导致一个人的健康及事业走下坡路，应该尽量避免。

避免的方法有如下两种：

一是把床移开，避免床头与房门成一直线，免除床头被外气直冲之害。如果床不能移动，那么可以换另一头睡觉，亦是一个变通可行的方法。这样，床头就可以避免被房门外气直冲。

图解风水

床头正对房门会导致屋主运势不佳。

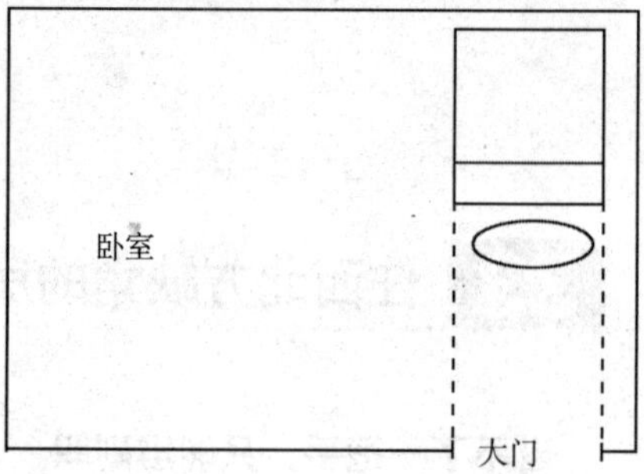

35 横梁压顶会对人的健康产生不良影响吗

横梁压顶会对人的头部健康造成损害。

风水学上有“横梁压顶”不吉利的说法，认为横梁压顶会对人的健康产生不良影响，应该尽量避免。风水学认为横梁压顶尤其对人的头部健康造成损害，例如，头晕、头痛、失眠以及引起其他脑部疾病等。尤其对事业不利。避免的方法是把床移开一些来避开横梁，这样就可以化解了。

倘若因为房间的面积太小或因其他原因而避不开，可采用遮的方法，用天花板把横梁遮掩起来，一来是“眼不见不妨”，借此减少心理压力，二来是让天花板承受横梁压顶之害。

图解风水

横梁压顶，人会头晕、头痛、失眠以及患其他脑部疾病。

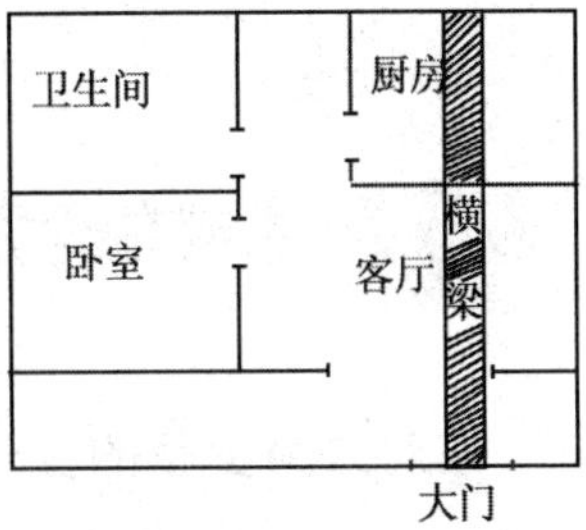

36 在北方设置厕所对老人的健康有害吗

主人可能罹患疾病，对老人的健康更有不良的影响。

对住宅风水来说，厕所引起的凶相最可怕。尤其是家宅中的北方，或者被称之为后鬼门的东北方，若设置厕所的话，将招致不良结果。拥有此种住宅风水，则男女主人可能罹患疾病，对老人的健康更有不良的影响。如果被顽固的腰痛、胃肠疾病所纠缠的话，不妨检查厕所的位置是否正确。

在住宅的风水上，为了使厕所不至于带来凶相，最好把它设置于西北、东南或者东的方位（从房子的中心看）。同时，必须避免与男女主人生年相冲的方位（如卯年生的人，必须避开东的方位）。可见，厕所的安置，是需要花费心思的事情。最好是看家庭人口结构后，再选定厕所的位置，以避开方位代表的人物为宜。

图解风水

厕所最好设置于西北、东南或者东的方位。

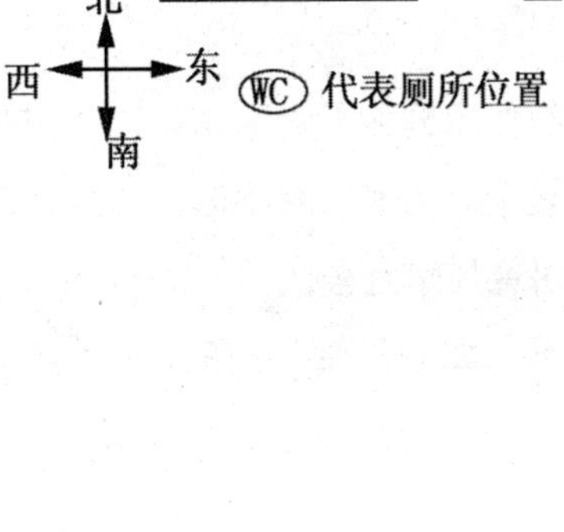

37 住宅东北方缺角只会影响最小的儿子吗

东北方为少子的位置，但它不仅仅影响最小的儿子，它的影响面最广。

东北方为吉星位，为生气位，主升官发财，属艮，因此要加以重视。缺艮的房子在农村常见，在城市更多。它的影响面较大，它为少子的位置，不光影响最小的儿子，还会对全家产生负面影响。因为艮方为富山，又为子孙山，即表示家中的贫富、工作有无、收入、支出，又表示所有子孙的工作前景、身体强弱，或子孙夭折，或流产难产。东北方为艮，缺艮的房子轻则财源难进，四肢残疾，身体有宿疾，重则男丁稀少，破祖离家，成为孤寡之人，如只有女孩，则影响不大。采取措施化解一下为好。

图解风水

缺艮的房子轻则财源难进，身体有宿疾，重则男丁稀少，破祖离家，成为孤寡之人。

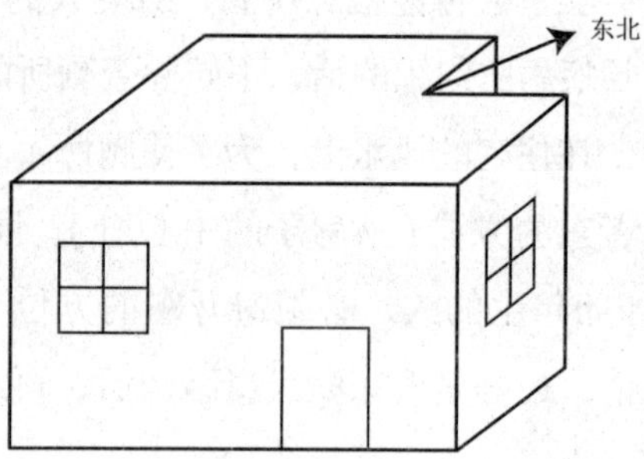

38 餐桌有尖角会导致钱财外泄吗

餐桌有尖角会导致家庭不和，家人健康受损，钱财外泄。

有些家庭为了追求时尚，在购买餐桌时会挑一些特别的形状，而带尖角的餐桌往往会成为他们的首选，因为其造型独特、别具匠心。追求时尚无可厚非，但也要讲究风水宜忌。

餐桌如果是带尖角的，则角度越小便越尖锐，杀伤力也就越大，风水学视为禁忌。因为三角形餐桌会导致家庭不和，家人的健康受损，而菱形餐桌则会导致钱财外泄等。至于那些波浪形状的餐桌，虽与传统不符，但因并无尖角，因此尚可勉强选用。总之，餐桌还是以传统的圆形或方形为宜。

图解风水

餐桌尖角的角度越小便越尖锐，杀伤力也就越大。

39 更换大门的颜色可以改运吗

更换大门的颜色代表一个阳宅在蓄气。

大门代表居家门面，就如同人的面子一样。更换新的大门或颜色都代表一个阳宅在蓄气，有些命理师称这样做是抢地气。

所谓蓄气或抢地气就是代表附近的吉气会集中在此或往这个地方传动。人在倒霉的时候，就可以利用更改大门的颜色来改运。更改的时机与选择的颜色，主要是依照房子的坐向时节与方位的阴阳五行来推算。如果觉得自己近来诸事不顺，不妨更换门板或重新漆色，为自己带来好运气。

图解风水

更换门板或重新为大门漆色，可为自己带来好运气。

40 骑楼上方的房间不宜当做主管办公室吗

骑楼上方的房间不可当做主管办公室。

某些写字楼建筑有骑楼，因此二楼处必有房间是在骑楼上方。风水学认为，骑楼上方的房间不可当做主管决策办公室，只能供一般职员办公用。因为地板下方的骑楼，是人来人往的通道，气场常受干扰，因此骑楼不可当做决策场所。人心不稳，做事没自信，于成功不利。

另外还有不少小商人，将一楼做商店用，二楼当住宅，此时要注意，二楼的厕所不可以设在一楼的老板办公室、柜台上方。

图解风水

骑楼是人来人往的通道，气流乱且杂。

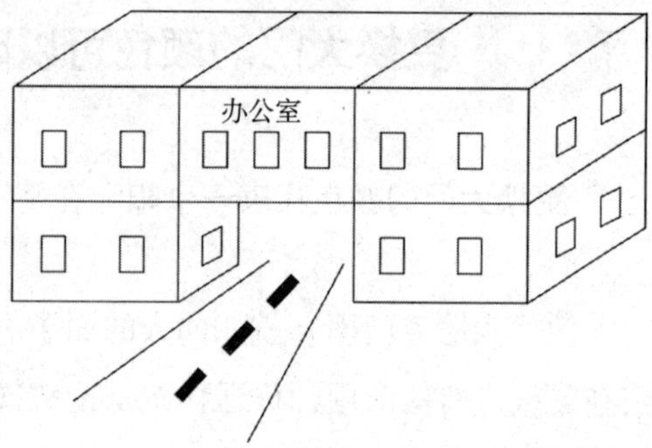

41 门前藤蔓缠树会有官司纠纷吗

屋宅外墙缠绕着藤蔓，易有官司纠纷或灵异之事发生。

有些植物可以在室内或室外种植，以帮助住家改善运势，增添喜气，但是爬藤类植物，不论是室内还是室外，都不适合种植。

在自家的房屋门前或是靠近房屋的地方，一定要将藤蔓除去，否则会有感情、事业的纠葛或是非不断，严重的甚至会发生自杀流血的悲剧。另外屋宅外墙若缠绕着藤蔓，除非是乡下农屋或短期居住的别墅，否则爬藤缠绕易有官司纠纷或灵异之事发生。

值得一提的是，如果房内种植爬藤类的植物，则容易犯小人，惹来口舌是非。

图解风水

爬藤类植物，不论是室内还是室外，都不适合种植。

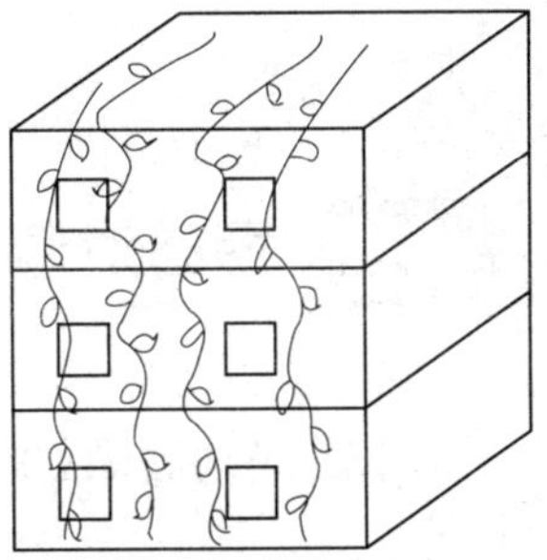

42 房屋有门槛可以聚财吗

房屋有门槛可以起到聚财的功效。

“井灶有栏”有利于金钱积聚，而房屋有门槛也可以起到聚财的功效。

为房屋加门槛，便属于门口的关栏，可将地气拦截于屋内，不让其溢出。若是门外有低下去的楼梯，门槛便要加高。否则，地气外溢，不能聚财。

一般来说，房屋加门槛，是有百利而无一害的，但不要做得太高。

图解风水

为房屋加门槛，可将地气拦截于屋内，聚集钱财。

43 烟囱对着床会导致难产吗

孕妇经常对着烟囱睡觉，就会导致难产，甚至会流产。

《阳宅撮要》中有这样一句话：“烟囱对床主难产。”烟囱对健康有损，如果孕妇经常对着烟囱休息，那么就会导致难产，甚至会流产。

撇开风水不谈，单从环境卫生来说，烟囱密集的地区均不宜居住，因为从烟囱喷出的煤烟火屑，所造成的空气污染，便足以损害健康了。

选择住宅，空气的清洁度十分重要。如果我们周围的空气中含有微量的有害气体、代谢产物、浮尘和细菌，当这些有害物质超过一定的浓度，特别是二氧化碳、二氧化硫、甲醛等物质对人的健康十分有害，会引起心血管、呼吸系统的疾病。对儿童来说，则可能影响其生长发育，对其健康成长会有严重的损害。

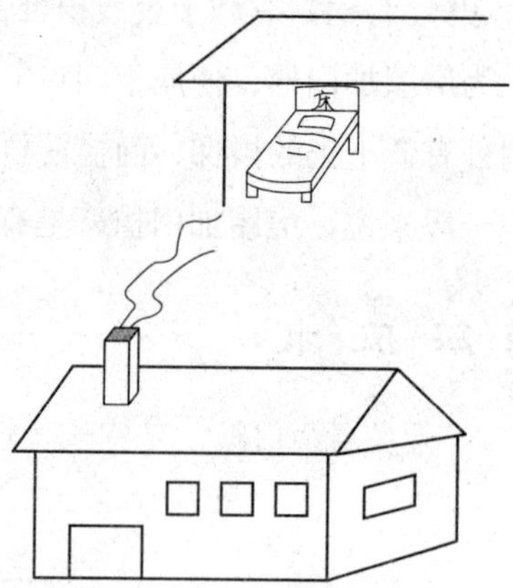

图解风水

烟囱对着床会损害健康，对孕妇尤其不利。

44 屋内左边太强势会让男人心不在家吗

左边太强势，老公会愈来愈大男人化，以致不听老婆的话。

从院内或室内面对家门，左边代表男人，右边代表女人，如果左边太强势就是老公会太强势。左边包括室内室外，例如客厅里面左边放了很高的柜子、橱子，可是右边几乎没有东西，或者从阳台看出去，外面左边可能是一个高楼或者一个大山坡，但是右边地势却很低。左边强势的话，受到感应的关系，住在这个家里面的男人，就是老公会愈来愈强悍，愈来愈大男人，不愿意在家和老婆待在一起。

图解风水

室内左边太强势，老公会心不在家。

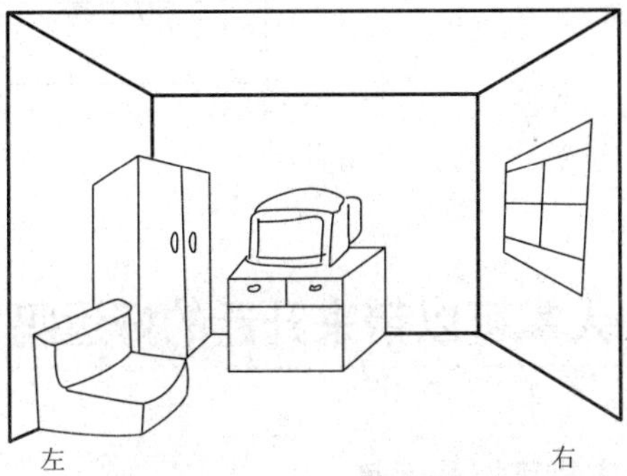

45 主卧室比客厅大，意味着男主人会被女主人掌控吗

主卧室代表女主人，客厅代表男主人。

客厅是一个家庭里最主要的区域，客厅太小显得主人吝啬、小气，缺乏大度；客厅太大则显得铺张、奢侈、浪费。恰到好处的大小，可以显示主人的气度，让每个客人都觉得舒适。

基本上客厅一定要比卧室大，因为客厅小而拥挤，会使人待不住；卧室属于私人区域，如果太大且有多重功能，家中成员大部分时间将留在房间里。所以说，适当的客厅大小，可以让家人喜欢聚在一起，而不会分散在各个房间中，这样家庭才会温暖，孩子不会一天到晚想往外跑，大人也可以多些机会了解孩子心中的想法，一举多得。

也有一说，主卧代表女权，也就是女主人，客厅代表男主人。主卧大于客厅，则女权高涨，男主人会被女主人掌控。

此外，客厅要明亮，不可以昏暗，这样家运才会光明，而卧房不宜过度采光，不然睡眠容易受影响，也容易感冒生病。

图解风水

主卧大于客厅，导致女权高涨。

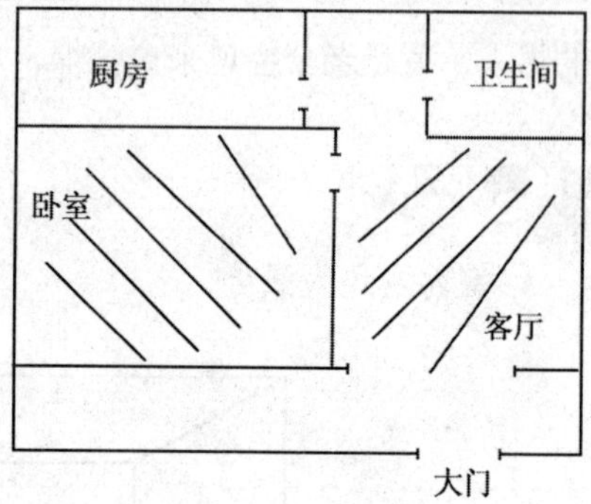

46 种植仙人掌可以带来升迁的好运吗

在办公室种植仙人掌可提升运气。

将一棵仙人掌（品种不限）植入色彩斑斓的陶瓷花盆中，置于办公室的窗台上；再把自己的心愿写在一张红色的小纸片上，贴在花盆靠东的一面，也可在盆中点缀些玻璃饰物来提升运气。平常空闲时多看看仙人掌，升迁的好运就会随之而来。

此外，如果你希望找到一份称心如意的工作，金黄色的银杏树叶能助你一臂之力。摘几片银杏叶夹在简历中，在每片树叶的正上方，用红色朱砂写上求职的心愿。一个心愿用上一片叶子，别忘了在叶子背面，还要写上自己的生辰八字！通过朱砂的引发，银杏叶中的天地元气带着你的愿望依附到了简历的字里行间。参加招聘或是面试，附上曾夹过银杏叶的简历，将大大增加你找到如意工作的几率！

图解风水

在办公桌上放一盆仙人掌会增加好运。

47 厨房灶位好，家运就顺畅吗

厨房灶位达到既济的状况，才能家运顺畅，人口安宁。

“厨房灶位，乃养命之源，万物皆由饮食而得。”此外，厨房是经常要用水和火的地方。《易经》中的“水火既济”，意思是指水和火是饮食必需之物，有了火和水的调理，便达到阴阳调和。因此，达到既济的状况，才能家运顺畅，人口安宁。

具体来说，包括以下几方面：

首先，灶要坐煞向吉才符合风水原则。如果位于吉方，则家人健康，夫妻感情融洽。相反，婚姻难得美满，经常争吵或体弱多病。

其次，厨房内的摆设，如灶位、洗碗盆、碗碟架等都要摆放在正确位置上。炉灶最忌被水龙头冲射。若洗碗盆和炉灶成一直线，则为水火不容，会影响夫妻感情和健康。若炉灶摆放位置与水龙头成曲尺形（L形），则可避免水火冲射，亦符合风水之道。

第三，不宜贴近睡房。灶生火热，因煎炒时所产生的油烟对人体不宜，故此炉灶向着房门自然不吉，尤其是睡房，更不适宜。

第四，忌安在水道上。炉灶属火，而水道乃排水之物，水火不容，故此两者不宜接近，倘若炉灶放在水道上更不吉。

第五，不宜斜阳照射。风水学认为，厨房向西，特别是煮食的炉灶受西阳照射，不吉利，因为这会令家人的健康受损。

忌门路直冲。厨灶是一家煮食养命之处，故此不宜太暴露，尤其是不宜被门路所带引进来的外气直冲，否则家中便多损耗，正如古书所云：开门对灶，财畜多耗。

图解风水

开门对灶，财畜多耗。

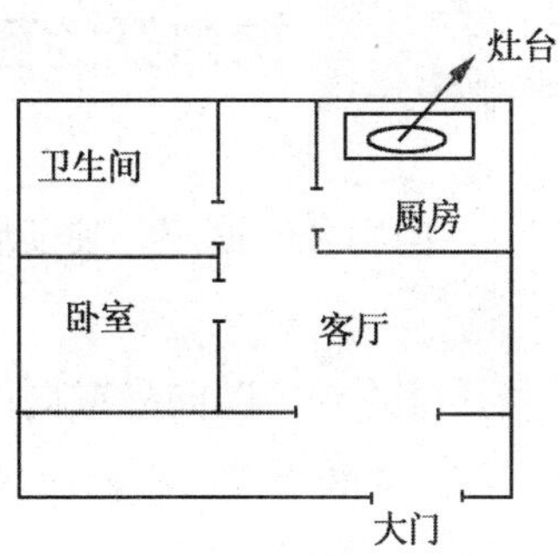

48 阳台改建会导致人丁单薄吗

阳台改建成客厅，外墙过矮会导致钱财外泄，人丁单薄。

为把室内的实用面积扩大，有些人往往把阳台进行改建，把客厅向外推移，使阳台成为室内的一部分，这样能使客厅显得更宽敞明亮，但必须保证楼宇结构安全。由于阳台是突出房外的部位，承重力有限，因此在改建时，要仔细测算，不要把高大沉重的物品放在上面，否则会让阳台负荷过重，威胁到楼宇结构安全。阳台改建后，把较轻的物品摆放在那里，则既不影响安全，同时还可保持阳台原来的空旷通爽。

阳台改建成客厅后，其外墙也不宜过矮，有些人喜欢用落地玻璃作为外墙，认为这样外景较佳，却不知犯了风水学“膝下虚空”的大忌，他人在户外，可以轻易看到户内人的膝部以下，这种格局会导致钱财外泄，人丁单薄。上虚下实，这是风水学的要旨，因此若是膝下露空，便应尽量加以避免。而较为可取的办法，是下面的三分之一是实墙，而上面的三分之二是玻璃窗，这便不会有“膝下虚空”之弊。

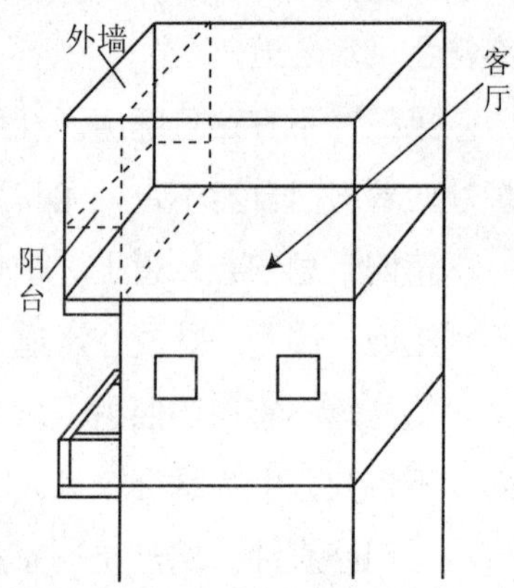

图解风水

阳台改建成客厅后，其外墙不宜过矮。

49 向内开的窗户会使居住者变得胆小吗

向内开的窗户，会使居住者变得胆小、退缩。

开窗的方式以向外或向两侧推开为宜，以不要干扰到窗户前后的区域为原则。向内开的窗户，会使居住者变得胆小、退缩，而且向内开的窗户，经常会被窗帘或百叶窗挡住，变得很难开启。

如果窗户是向屋内开的，可在窗户下摆放盆景或音箱，加强这个区域的能量。如果住宅的窗户只能向上推开一半，无法全开，会使居住者有志难伸，工作不顺。若有这种情况，可将窗台漆上明亮的颜色，并且悬挂百叶窗遮阳，最好不要悬挂布质窗帘，窗边可摆盆景、水晶来活化内部的能量。作为住宅的“风水眼”，要确保所有的窗都容易打开，家居生活中，每天最少开窗一次，让新鲜空气与光线进入家中。

为了确保居住者健康，窗户如有破损一定要尽快修复，因为窗户破损容易造成居住者眼部生疾。

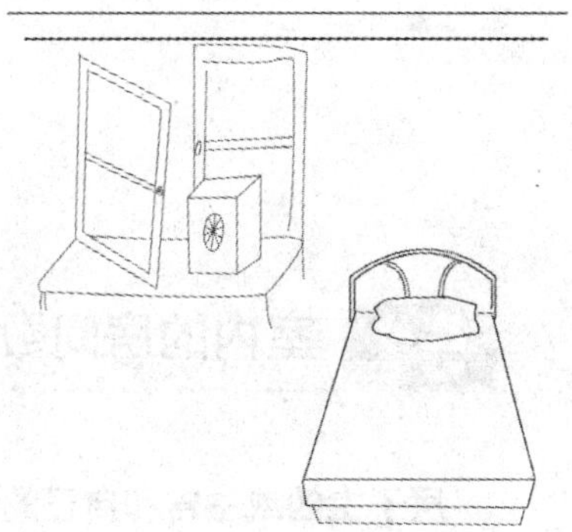

图解风水

窗户如果打开时是向内的，可在窗户下摆放盆景或音箱，以加强此区域的能量。

50 摆放铜龟可以生旺化煞吗

龟是极阴极柔之物，擅长以柔克刚，可以用来化煞。

有一些家庭在阳台放置铜龟，以期达到生旺化煞的功效。龟是极阴极柔之物，擅长以柔克刚，又是逢凶化吉的象征，用铜龟来化煞，符合风水学“凶煞宜化不宜斗”的原则。那么，在什么情况下需要用铜龟来化煞呢？

阳台面对尖角冲射、阳台面对天斩煞、阳台面对锯齿形建筑物、阳台面对反弓路、阳台面对街道直冲，上述情况需要用铜龟化煞。需要说明的是，倘若迎面直冲而来的是高速公路，则除了要在阳台的两旁摆放一对铜龟之外，还要悬挂一个凸镜，以策万全。

此外，摆放铜龟化煞时，两龟的头部必须相对。

图解风水

摆放铜龟化煞时，两龟的头部必须相对。

51 室内的房间数目是“四”不好吗

房子主凶或主吉和自己的认知心理有一定的联系。

这里所谓的房间数目，不完全是指人们常说的卧室，客厅、卫生间、厨房、书房、杂物间，甚至是衣帽间等，都可视为一个房间，可归入整个住宅的房间数目内。

住宅的房间方位和环境对宅主的健康和运气都有很大影响。但是如果住宅的房间数目恰巧落在象征凶的“四”上，也不必为此忧心忡忡，一是有各种用途的房子加多或减少本来就不是固定不变的。二是家有几间房子合适，全由你的家庭条件和需要状况来决定。房间数量是“主凶或主吉”，也和你自己的认知心理相关，大可不必为此心理紧张，主要考虑是否适合居住。

图解风水

如果房间数目恰好为“四”，也不必太过心理紧张。

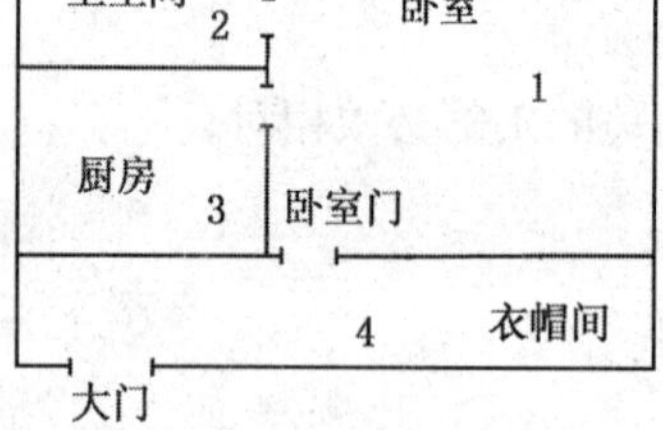

52 阳台面对街道直冲家中会破财吗

直冲而来的街道，短则为祸不大，但愈长愈凶。

阳台，是住宅最空旷辽阔的地方，与大自然最接近，因而饱吸宅外的阳光、空气及风雨，是家居的纳气之处，其重要性可想而知。

阳台不宜面对街道直冲，倘若从阳台外望，看见前面有街道直冲，仿如猛虎迎面直扑而来，主家中破财，是风水学中大凶的格局。这直冲而来的街道，短则为祸不大，但愈长愈凶；若车辆不多则无妨，但行走的车辆愈多杀伤力愈大。此外，迎面直冲而来的如果是高速公路，那就是大凶。主要是不良磁波对宅内之人的冲击太大。

阳台面对锯齿形建筑物、反弓路等，主凶。

此外，阳台面对尖角冲射主不吉。中国的传统观念里，素来喜圆润，而对于尖角特别敏感，视为避忌之一。倘若阳台前面的尖角冲射，会导致家庭不安，病痛频繁。一般常见的尖角，大多是邻近楼宇的尖锐屋角，这些直冲过来的尖角，愈尖便愈凶，愈近便愈险。

图解风水

阳台面对街道直冲，主家中破财。

53 为什么门大家小不好

门大家小，在风水学上属于凶相。

这里所说的门大家小，就是指大门很大，而门里的家的面积不大。在风水学上，这属于凶相，原因主要有以下两点：

(1) 不可建造与身份不相称的大门。大门与围墙是一体的，围墙的形状，常因身份不同而异；大门的形状，亦依居住者的身份、地位而有别。因此，如果建造超越身份的豪华型大门，以古人观点而言是“八字承受不起”，必会招致大凶之事。

(2) 调和问题。大门是家的附属物，门比家更为显眼，大门如果与房屋不相称，将损及房屋的整体美，无形之中，会影响到居住者的形象。

所以，“门大家小之住宅凶”这句话，无论在古代或现代，皆可通用。门大家小难聚财，难存财。

图解风水

门大家小：

会招致大凶之事；

损及房屋的整体美；

难聚财，难存财。

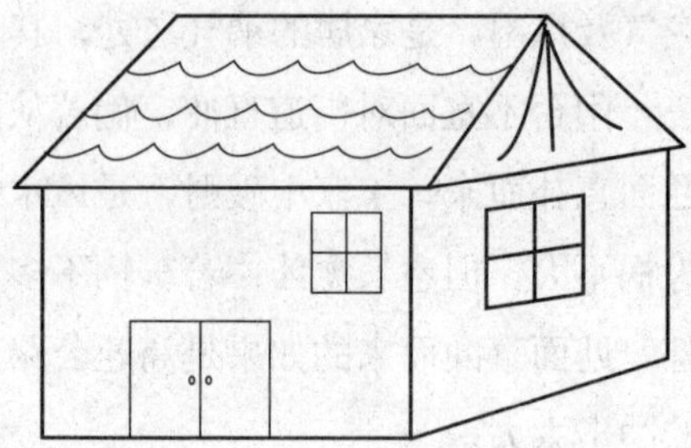

54 进户门开在西南或东北方向容易碰到桃色事件吗

大门在这两个方向容易被小偷光顾，还易碰到桃色事件。

进户门，也就是大门，绝对不能在“西南”或“东北”方向上。因为大门在这两个方向上容易被小偷光顾，还容易碰到桃色事件，在交易方面会受到很大的打击。一家人的想法就会缺乏周详的考虑而轻易答应帮助别人自己无力办到的事，或者在冲动之下从事违法的勾当。结果，当然会导致工作失败，信用扫地，运气衰退。开西南门，男主人往往不管家务，一切由女主人掌管当家。

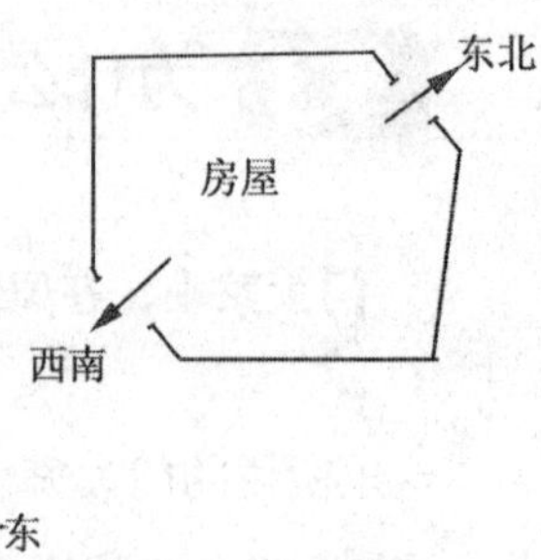

图解风水

进户门开在“西南”或“东北”方向，会导致工作失败，信用扫地，运气衰退。

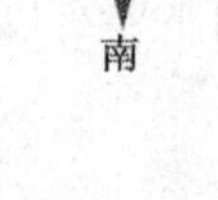

55 鱼缸位置摆放不好会犯淋头水吗

淋头水要成为煞气，必须是头部很接近鱼缸。

现在，一些家庭或公司为了美观，喜欢在家里或办公室养鱼。养鱼追求惬意的环境无可厚非，但需要注意风水禁忌，将鱼缸的位置摆放好，否则会犯淋头水，对我们造成不良影响。

如果我们在客厅座椅旁放置鱼缸，而鱼缸的最高水位比坐在旁边人还要高，就会犯淋头水，日积月累住户生病，甚至发生头痛或泌尿系统疾病。这里需要说明的是淋头水要成为煞气，必须是头部很接近鱼缸，坐在旁边的人才会犯淋头水。

一般鱼缸都会放在柜子上或桌上，因此最高水位大多或高于 1 公尺，比坐在旁边沙发上的人高，因此建议沙发位置应离开鱼缸 1 公尺以上，以避开淋头水。

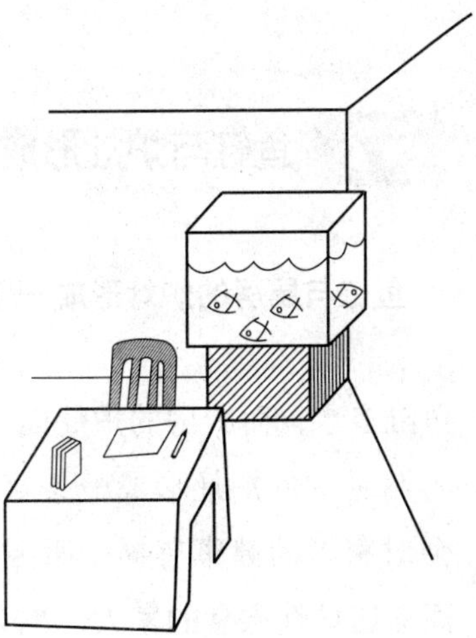

图解风水

在客厅座椅旁放置鱼缸，若鱼缸的最高水位比坐在旁边的人高，就会犯淋头水。

56 卧室的窗户太大会把旺气泄漏出去吗

卧室是能量容易积聚的地方，要求气流比较稳定。

传统的风水学讲究“藏风聚气”，最忌风吹风水，而卧室是人休息的地方，能量容易积聚的地方，要求气流比较稳定，不宜常被风吹，因此卧室不宜开大窗。

此外，卧室的窗户如果开得太大，会把旺气泄漏出去，人失去旺气就会委靡不振，没有精气神。窗口太大，照射的阳光过多，刺眼的光和热让人不冷静、易冲动和发脾气。

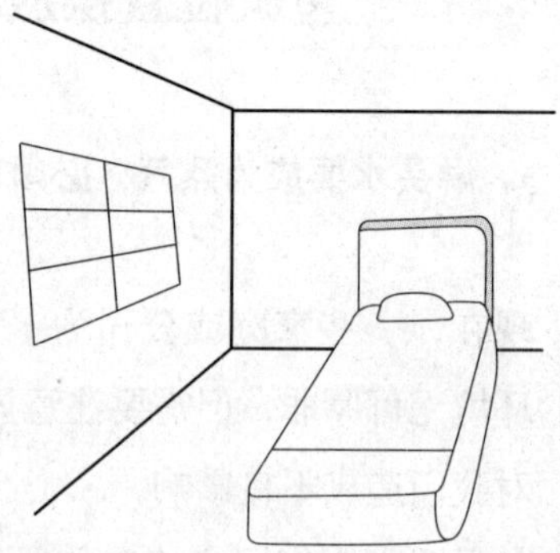

图解风水

卧室窗户太大，旺气容易泄漏，致使人委靡不振，没有精气神；

窗口太大，照射的阳光过多，让人不冷静、易冲动和发脾气。

57 鱼缸与炉灶形成一条直线对家人的健康有损吗

鱼缸与厨房的炉灶形成一条直线，便犯了水火相冲之忌。

鱼缸多水，而厨房的炉灶属火，因为“水”与“火”相冲，故此客厅的鱼缸倘若与厨房的炉灶形成一条直线，这便犯了水火相冲之忌。鱼缸与炉灶对冲，会对家人的健康有损。原因是水火相冲，水能克火，受害的是属火的炉灶，而靠这炉灶煮食的家人，也会因而连带受害。此外，鱼缸摆放应尽量避免与神台成一条直线。

图解风水

鱼缸与炉灶对冲，对家人的健康有损。

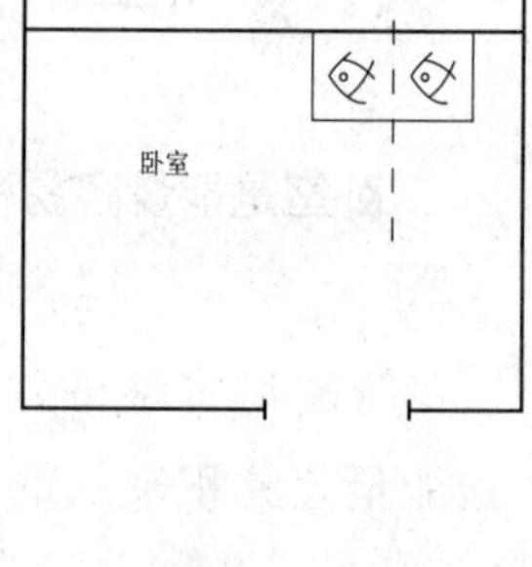

58 住宅装修得越华丽越好吗

住宅的装修关系到一家人的身体健康状况。

住宅是休养生息的地方，住宅的装修关系到一家人的精神和身体状况，如果不小心破坏了整座住宅的气的流动，就会对宅主一家人造成极大的伤害。

住宅装饰过于华美风水学认为是凶相，所以建筑住宅的基本原则是不要讲求过分华丽，而应该把注意力放在简洁匀称方面。对于现代住宅来说，有些人喜欢把装饰重点放在外表上，也应适当收敛一下。

风水学认为，屋中以充满阳气为吉，但住宅华丽的装饰并非真正的阳气，只不过像蜡烛燃烧一样，在熄灭前闪亮一下，就像是衰亡开始的征兆。所以，一味追求住宅外表不切实际的华丽，就会违背自然原则，呈现所谓“凶相”。

图解风水

住宅装饰过于华美为凶相。

59 座位对着老板的房门容易引发冲突吗

座位正对老板的房间会无法集中精神。

主管和老板，一般来讲是管制上班族的，按古人的讲法就是“克”上班族的；除非你眼中没有主管和老板，不然，最好不要正面对着他们的房间，因为你会受到他们一举一动的影响，而无法集中精神，久了也容易和他们起冲突。因此，据说老板要哪个人走人，就把他的位子调到门口，久了，他们自动就离开了。

图解风水

座位不能正对着主管或老板的房门。

A 座犯忌。

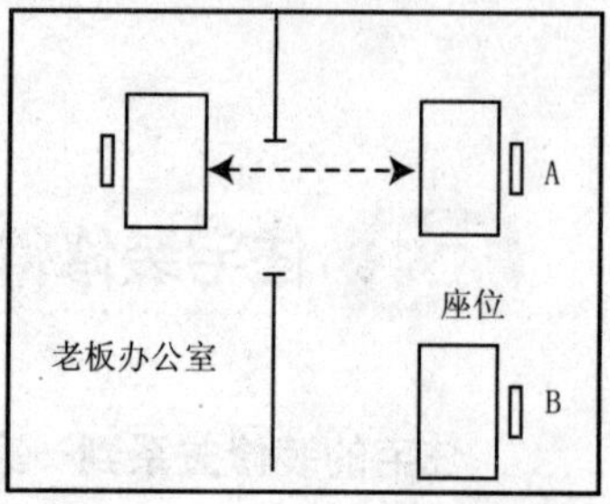

60 办公桌后面靠着大窗不好吗

负责人的办公桌要有靠山，才是大吉大利。

如今，很多老板挖空心思布置办公室。这其中有许多不懂风水的老板喜欢把办公桌摆在大窗之前，自己则背窗而坐。光线从身后照进来，眼睛舒服，办事方便。从风水观点来看，后有空门，一切生意徒劳无功，负责人的办公桌要有靠山，才是大吉大利，座位的后面有墙壁屏障，才是有靠山的位置，才能坐得安稳，也容易得到贵人相助。座位后面墙上，不宜悬挂玻璃，因玻璃会将负责人的后背反映给别人，让他们看得清清楚楚。背窗而坐易遭人暗箭，决策难以落实。

图解风水

后有空门，一切生意徒劳无功。

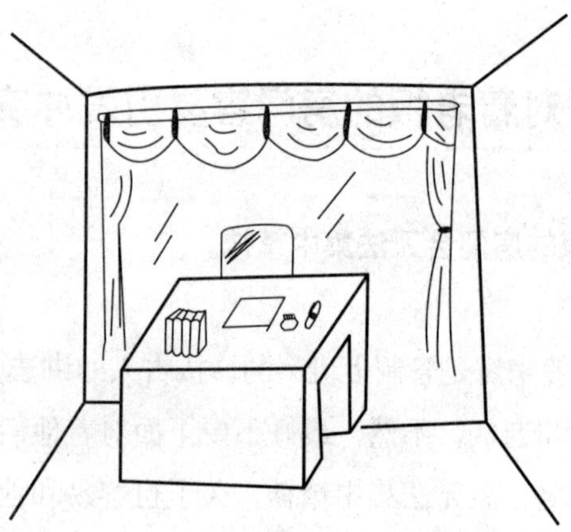

61 背门而坐者在工作上容易遇小人吗

座位后没有依靠，就会有杂气冲击。

门是人进入的必经之处，是办公室的气口，也是纳气之所，包括生气和煞气。人如果背着门口而坐，座位后没有依靠，背后有人来人往的杂气冲击。长期如此，坐于此位的办公室人员会时常处在一种潜意识的紧张状态之中，有时总觉得似乎有人窥视，导致思绪杂乱，决策失误，不能安心地做好每件事，总觉得浮躁，甚至会出现肾功能不好、腰疼，工作上遇小人、是非等。这种情况在风水学上叫“冷风吹背”。背门而坐，大权旁落。

化解方法是调整办公桌的摆放位置，换到不是背门而坐的位置。但办公室的小职员不太容易调整办公桌的位置，因为很多办公桌的位置是因为工作的需要而摆放的，这时我们可以选择一张有靠背的椅子来坐，这样不但背后有依靠了，还能阻断杂气的冲击。

图解风水

背门而坐在风水学上叫冷风吹背。

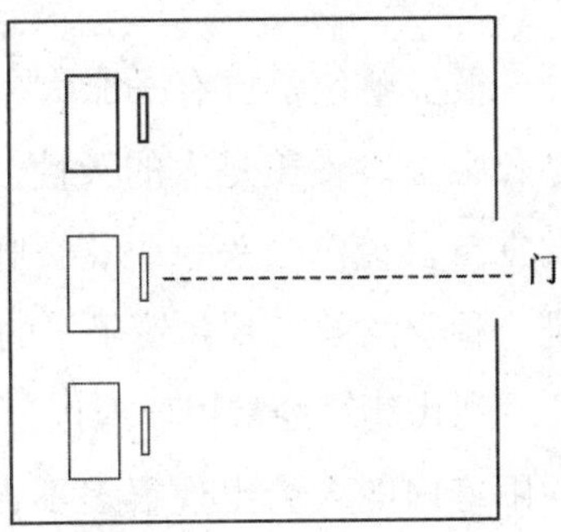

62 老板办公室的窗户朝北，事业压力就大吗

北为坎宫，主劳卦。

老板办公室如果两侧都有玻璃窗，光线太强太通透也不好，这样会造成室内人精神的衰弱与疲劳，应将窗外景色不佳的一面窗子用百叶窗帘拉上。

如果办公室是一面有窗的，那么，窗朝东、朝南、朝西都可以，唯独不宜朝北。因北为坎宫，主劳卦。阴气重，阳气难以升发，事业的压力就大。如果已经是朝北的窗子，那么写字台不可离窗太近，室内的布置、墙壁或沙发、书架等宜用暖色调，或红颜色多一些，以补阳之不足。最后要视具体风水格局而定，老板办公桌应放在吉星上为好。

图解风水

如果仅有一扇朝北的窗户，则室内的写字台摆放不可离窗太近。

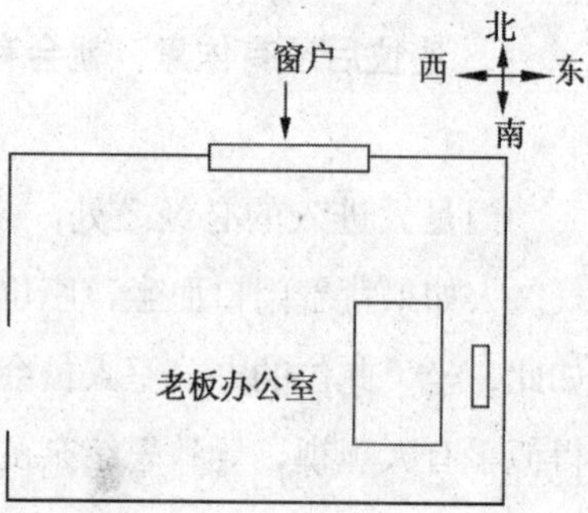

63 每天在办公室照镜子会让人头脑混沌吗

镜子里的世界叫幻影，会让人头脑混沌、虚乱。

很多单位都放有一张大大的整容镜，一些爱美的女士也爱放个小镜子在办公桌上。爱美是人的天性，但如果镜子每天都照射着你，久而久之你就会发觉自已经常会头晕眼花、睡眠不好、决策失误。镜子在风水里叫“光煞”，是一种避煞的工具；镜子里的世界叫幻影，会让人头脑混沌、虚乱。

现代建筑经常用玻璃作为整幢建筑的墙面，这就是最厉害的光煞，被照射的阳宅内的人会出现很多不吉之事，所以当你经常被大镜子照射时，就不要再臭美了，还是避开为妙。

图解风水

每天都被镜子照射着，久而久之就会头晕眼花、睡眠不好、决策失误。

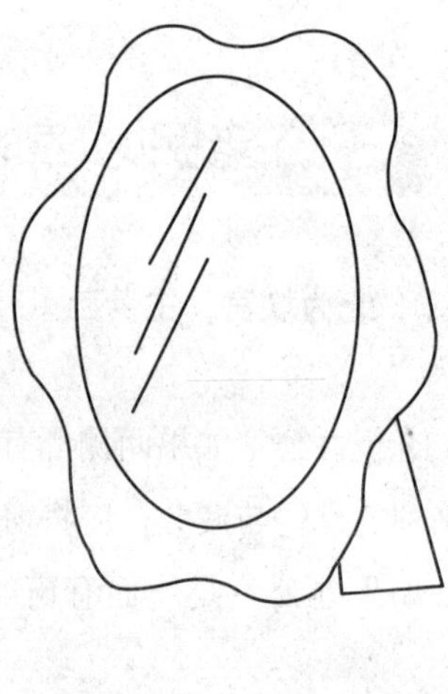

运势

卷三

风水知识100问

解惑篇

64 在什么样的风水里办公容易被炒鱿鱼

办公室的风水不好，容易被老板炒鱿鱼。

有些人在工作上很不顺利，经常被炒鱿鱼，这说明此人的办公室风水不好，如果你不幸处于这种风水环境下，下一个被炒的人没准儿就是你，所以我们不妨了解一下，未雨绸缪。

(1) 座位压梁：办公位置上面有屋梁，会被压住，表示做事情没效率或不能出头。

(2) 座位背后是走道：办公座位背后是走道代表没靠背，一方面心里会没安全感，另一方面会感觉没有隐私。

(3) 桌椅凌乱：办公的桌子、椅子等杂物凌乱，老板经过你座位前心里就烦。

(4) 座位上方灯泡不亮：座位会比其他同事暗，感觉就比较衰，老板会觉得你在偷懒。

(5) 座位在老板右前方：古时候，士兵左手拿着盾牌保护自己，右手就拿着枪去攻击，所以你右前方的位子无形中会被攻击，遇到老板心情不好，会先骂右前方这一位。

图解风水

以下状况对事业不利：

座位压梁；

座位背后是走道；

桌椅凌乱；

座位上方灯泡不亮；

座位在老板右前方。

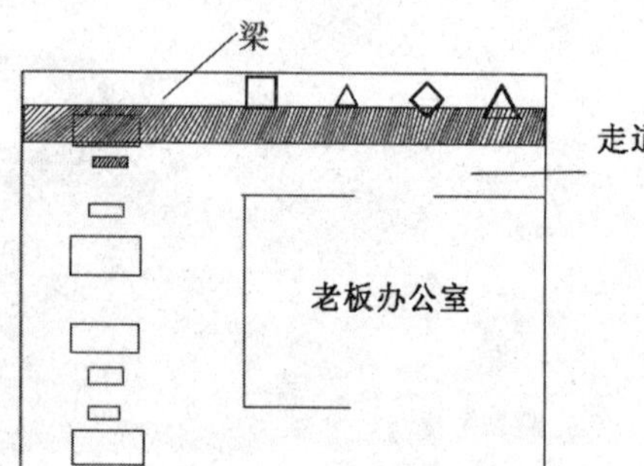

65 为什么鱼缸要摆在凶方，而不宜放在吉方

把水引入失运的方位，可以转祸为祥，逢凶化吉。

任何住宅都不可能十全十美，总有些外煞之类的存在，用鱼缸来化解外煞是其中的一个巧妙办法。风水学中有“拨水入零堂”的说法，所谓“零堂”是指失运的衰位，其意是指把水引入失运的方位，可以转祸为祥，逢凶化吉。因此鱼缸宜摆在凶方，而不宜摆在吉方。最终判断吉凶还是要按形势派风水规则，把水放到需要水的方位上为吉利。

此外，还有一点要告诉大家，鱼缸不要太大，因为太大的鱼缸会储存太多的水，从风水的角度来说，水固然重要，而太多太深则不宜，鱼缸高于成人站起时的眼睛位置便是过高，因此客厅中的鱼缸不宜过大过高。

图解风水

鱼缸宜摆在凶方，不宜摆在吉方；

鱼缸不要太大太高。

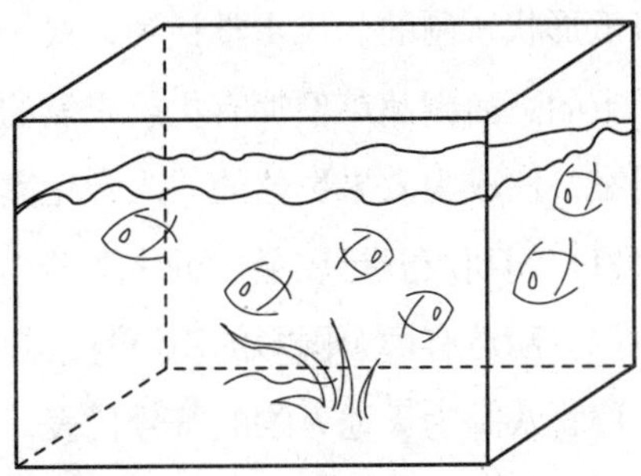

66 为什么财神不应放在鱼缸上面

把财神放在鱼缸上面会有破财之虞。

财神放在鱼缸上面，这是风水中的大忌。正如俗语所谓“财归财位”，所以财神便应摆放在当旺的财位，这才可锦上添花。若把财神摆放在鱼缸之上，就大错特错。因为鱼缸本应放在住宅凶方，倘若把财神摆放在鱼缸附近，这便与“财归财位”的原则矛盾，而且把财神摆放在鱼缸之上，更犯了风水学的“正神下水”之忌，会有破财之虞。

图解风水

把财神放在鱼缸上面与“财归财位”的原则矛盾，是风水学中的大忌。

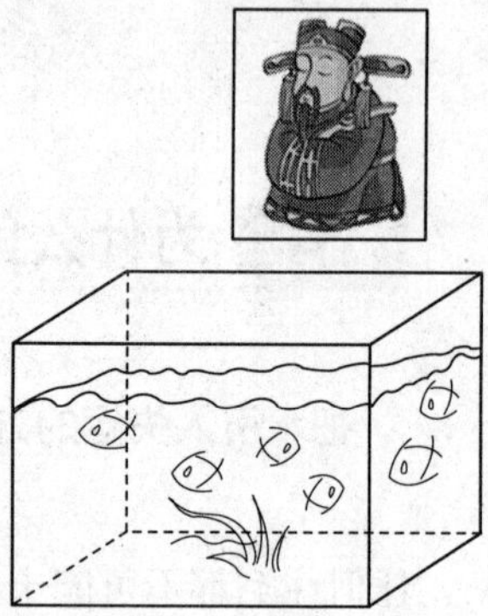

67 铜葫芦可以化解煞气吗

铜葫芦拥有化解土煞的功效。

铜葫芦常给人一种神秘感，可以降魔伏妖，可以挡住煞气。而铜葫芦是仿效葫芦瓜形状所制的。风水学认为，最令人运气不爽及带来疾病的星曜，就是五行属于土的。而铜葫芦便拥有化解土煞的功效，如果在铜葫芦的底部及盖上加上八卦图案，便成为效果更佳的“八卦化煞葫芦”。为何能化煞呢？原因如下：

（1）铜葫芦五行属金，可化土煞。

（2）葫芦有两个圆形的葫芦身，圆形属金，可化土煞。

（3）八卦为天地万物的符号代表，能化解各类不同的煞气。

（4）葫芦嘴窄身肥，能收煞气，易入难出。

综合以上四点，其化煞功效非同凡响。

图解风水

铜葫芦五行属金，可化土煞；

葫芦嘴窄身肥，能收煞气。

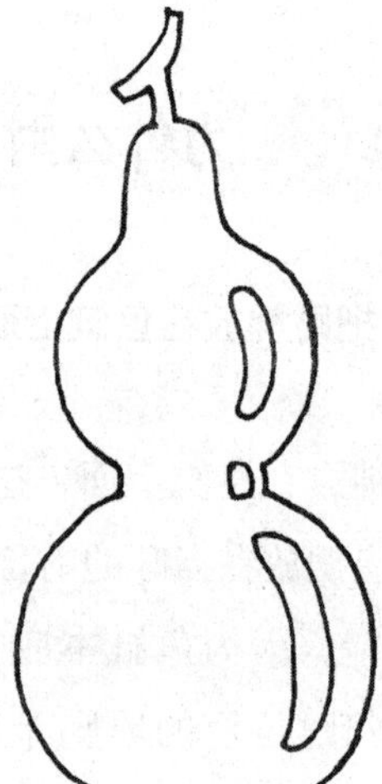

68 办公桌的颜色对人的身体有影响吗

身体不舒服可以通过选择办公桌颜色来弥补。

现今办公桌的质量一般都以木质为主，但命理上忌木的人使用木质的办公桌反而会出现不好之事。我们可以针对自己命理上的喜忌选择有利于自己的办公桌。如果质量上的选择不多，我们可以从颜色上加以利用和补救。

属火的颜色：红色、紫色。

属土的颜色：黄色、咖啡色、茶色、褐色。

属金的颜色：白色、金色、银色。

属水的颜色：黑色、蓝色、灰色。

属木的颜色：绿色、青色、翠色。

也就是说，命理上喜火的人，可以选择枣红色的办公桌，喜水的人可以选择深蓝色的办公桌，依此类推。另外，身体不舒服也可以通过颜色来弥补。例如，有的人因为工作的关系，经常应酬，喝酒是时常的事，长期如此，肝会受不了的。我们就可以选择绿色的木质办公桌来补肝的五行。有的人肾不好，可以选择属水的颜色来补肾的五行。心脏不好选择属火的五行，肠胃不好选择属土的五行，肺不好选择属金的五行。用适合颜色的办公桌会在无形中调理自己的身体。

图解风水

针对自己命理上的喜忌，选择有利于自己的办公桌颜色

属火：红色、紫色。

属土：黄色、咖啡色、茶色、褐色。

属金：白色、金色、银色。

属水：黑色、蓝色、灰色。

属木：绿色、青色、翠色。

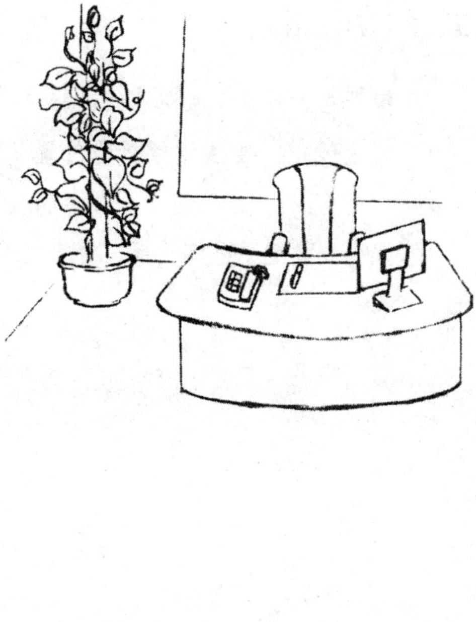

69 为什么镜子对着床不好

室内的镜子正对着床和桌子会影响身体健康。

镜子在古时的主要功能是用来避邪的。明代大医学家李时珍说过：“古镜如古剑，若有神明，故能避邪魅忤恶，凡人家宜悬大镜，可避邪魅。”这里的“神明”可以做“气”和“信息”理解。

古时许多建筑物中都挂有镜子，这其实都是“风水镜”。如在故宫里乾清宫内就有巨大的水晶大镜；在“养心斋”雍正看书休息的地方，屋后门就有一个木制影壁，其上面就挂了一面镜子。这些镜子用于反映景物的作用很小，主要是用来当“风水镜”用的。

在室内安装镜子，要注意摆放的位置，注意不要正对着床和桌子，如果一面镜子正对着桌子和睡床。那么，主人的气就会被反射掉一部分，影响身体健康。尤其是夜间阳气弱，最怕镜子对着床。知道这个道理，屋内梳妆台的镜子，衣柜上的镜子乃至挂在墙壁上的镜子，都不要对着写字台或睡床。如果实在摆不开，可以平时不管它，写字和睡觉时，挂上个厚布帘，如果在上面再贴张八卦图就更吉利了。镜子对床破坏女人魅力。风水之奥秘在于“气”，镜子破坏“气”，因此，室内尽量少放或不放镜子为好。

图解风水

镜子在古时是用来避邪的；

安装镜子，要注意摆放的位置，不要正对着床和桌子；

室内安放镜子破坏气场，对房主人不利。

70 住家的门应该怎样设计为好

门是进气的地方，在设计时要谨慎。

门是进气的地方，所以家里的门在设计上要下工夫。具体来说，需要注意以下几点：

大门乃住宅纳气之口，宜整洁明亮，不宜堆积杂物，以免阻碍气运。

两门可直接互为相对，但不应重叠正好相对，重叠而平行的两门应该避免。两门相对，设计稍有出入，这会损害健康事业和家庭和平。两门相咬，会使家人常常发生争吵。如果人经常开门见墙或远远可看到另一房间的情景，则会扰乱人体内气的流通。

大房间应开大门，如卧房、起居室或客房，小房间应该开小门，如浴室或厨房，因为大门会压小门，如果浴室的门太大，会发生健康及品性问题，并会使家人得消化不良症。

此外，如屋中有好几个房间连在一起，切不可设置从大门直通到底的数扇门，也忌像旅馆饭店一样，一条长廊连着一排房间，否则容易发生外遇或私奔之事而难得平安。且大门与后门不可相穿，也就是不可同处一条直线上，前后门相穿，主财富不能聚。

图解风水

大门乃住宅纳气之口，宜整洁明亮，不宜堆积杂物，以免阻碍气运。

两门可直接互为相对，但不应重叠正好相对，重叠而平行的两门应该避免。

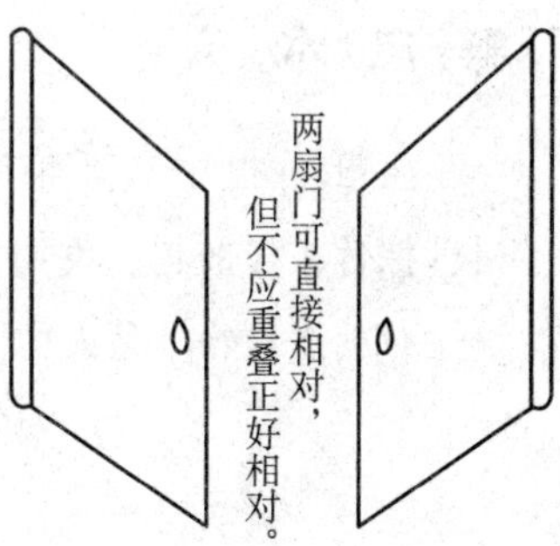

71 阳台上种植植物可以化煞吗

在阳台上种植植物可以生旺、化煞。

由于阳台较为空旷，日光照射充足，因此适合种植各种色彩鲜艳的花卉和常绿植物，还可采用悬挂吊盆、摆放开花植物、靠墙放观赏盆栽的组合形式来装点阳台。在阳台摆放一些花草植物，除了可美化环境之外，还有风水方面的良好效应。适宜种植在阳台的植物有很多，大致可分为生旺与化煞两类。

如果从阳台外望，附近山明水秀，又无任何形煞出现，便应该摆放那些可收生旺之效的植物。摆放在阳台并且又有风水生旺作用的植物有万年青、金钱树、铁树、棕竹、橡胶树、发财树、摇钱树等。

一般来说，风水上有生旺作用的阳台植物均高大而粗壮，叶愈厚大愈青绿则愈佳，例如上面提及的万年青、金钱树、橡胶树、棕竹以及发财树等均是很典型的例子。

如果从阳台外望，四周环境恶劣，附近有尖角冲射、街道直冲、街道反弓，或者面对寺庙、医院及坟场等，便须摆放那些可以化煞的植物。化煞的植物与生旺的植物不同的是，其干茎或花叶有刺，有刺便可冲顶外煞，令其退避三舍，可起保护家居的作用。这类化煞植物，包括仙人掌、玫瑰、玉麒麟等。

图解风水

生旺类植物：万年青、金钱树、铁树、棕竹、橡胶树、发财树、摇钱树；

化煞类植物：仙人掌、玫瑰、玉麒麟。

72 为什么住宅以方正为佳

方正的住宅形状可以为宅主的身心健康带来良好的影响。

在风水学上，住宅以方正为佳。也就是说，从正上方的位置来看，住宅的形状呈正方形或长方形，四边没有缺角，且又左右相互对称，是最为理想的住宅形状。因为便于藏风聚气。若是狭长形或不规则形，则被认为不吉。方正的住宅形状，可以使气的能量产生平衡的循环流动，不会产生太过或不及的祸患，从而为宅主的身心健康带来良好的影响。而奇形怪状和损位缺角的住宅，其内部之气便会停滞或流动无规律，能量场的分布就会很不均衡，就会对宅主的身心健康及日常生活造成影响。

从现代观念来看，方正的房子实用率高，摆放家具也非常方便，并且容易满足通风、采光等要求，居住其间，自然会感觉舒畅，心平气和，家庭和睦。

虽然如此，现在很多开发商由于建地条件的制约，往往会开发出不少带有转角的住宅，并称其为“钻石型”，使买楼者感到困惑。所以，买房时一定要注意楼房的形状，尽可能挑选方正的住宅。如果真的无从选择，那至少也要通过空间环境的设计得以弥补。

图解风水

住宅的形状呈正方形或长方形是最为理想的住宅形状，方正的房子实用率高。

损位缺角的住宅，会对宅主的身心健康产生不利的影响。

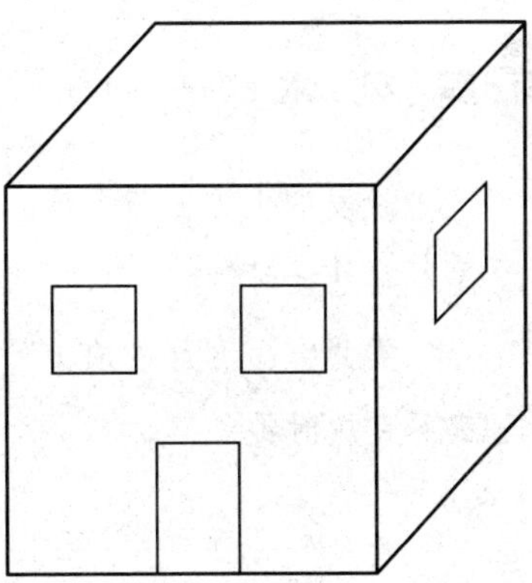

73 家居钟表如何摆放不会影响风水

时钟、挂钟的摆放不当就会影响风水。

《易经》云："吉凶悔处咎生乎动。"故逢有动象的物件都会影响风水。无论是时钟、还是挂钟，它的时、分、秒针都会不停地运行，如果摆放在客厅中，有几点要特别注意：

(1) 可摆放或悬挂于朱雀方，因为朱雀方即是前方，前方本属动者。

(2) 可摆放或悬挂于青龙方，因为青龙方为吉方，所以客厅的左方也宜放时钟。

(3) 不要摆放或悬挂于白虎方，因为白虎方为凶方，所以客厅的右方不宜放时钟。

(4) 不要摆放或悬挂于玄武方，因为玄武方为后方，宜静不宜动。

(5) 沙发的上方不宜悬挂时钟，否则，常坐这方位的人身体容易出现问题。

(6) 在睡房内摆放或悬挂时钟，大致上与客厅摆放方法相同，但床头床尾不可悬挂。

图解风水

沙发的上方、床头床尾不宜悬挂时钟。

玄武方、客厅的右方都不宜放时钟。

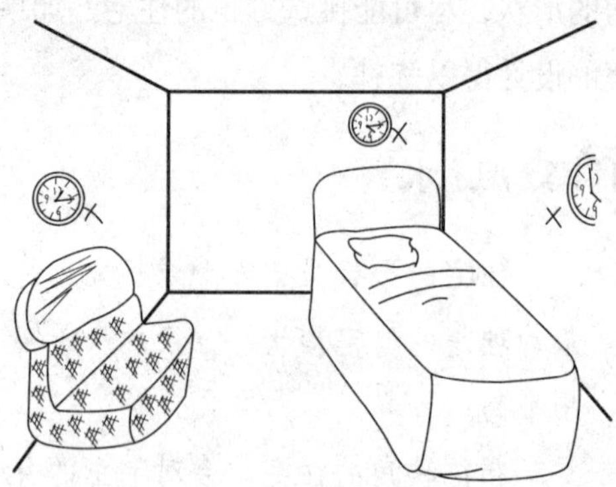

74 睡床为什么不宜向西

睡床南北向正好和地球磁场同向，对身体健康有好处。

我们知道，地球上密布南北走向的磁力线，人体也是个小宇宙，也存在一个磁场。头和脚就是南北两极，人在睡眠的时候，最好能采用南北向，这样的话正好和地球磁力同向，能使人在睡眠状态中重新调整由于一天劳累而变得混乱的磁场，对身体健康有好处。

当然这也不能一概而论，比如经常失眠的人就不妨试试床头靠西，看看是否有所改善。而有点懒惰的学生、年轻人可以床头朝东，以迎接早上的太阳，达到朝气蓬勃的效果。

总之，睡床的朝向学问很深，首先得根据房子的格局，床头要有靠的东西，特别是床头靠西想睡个安稳觉的人，床头更不宜对门。只有配合主人的出生八字、房子的内外情景，才能布置出合理的睡床。具体到每个人到底头往哪个方向为好，还要按个人的命理中的用神确定。

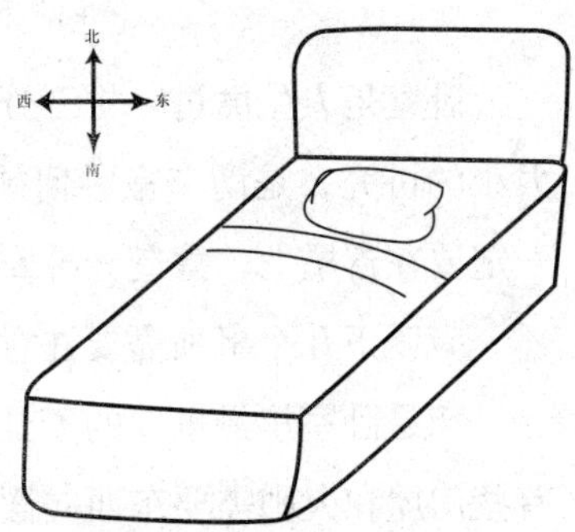

图解风水

睡床南北向正好和地球磁场同向，对身体健康有好处。

75 为什么办公座位挨着厕所或水龙头不好

正对着厕所门或坐在水龙头旁边影响身体健康。

厕所是秽气聚集之地，而厕所门就是秽气排出之处，长期在厕所门附近，或正对着厕所门的人，会因吸了过多的秽气而生病。

此外，座位旁不能有大垃圾桶或杂物，和厕所一样，垃圾桶或杂物堆，也是秽气的来源，避之则吉。如不能避免，可以在厕所、杂物堆和座位间装一道屏风或大型阔叶植物，这样多少可以挡掉一点秽气，而且厕所门也必须随时关上。

座位旁不能有洗手台或水龙头。有水出来的地方，就会影响气场，因为水本身能聚气，也能扰乱磁场。长期坐在水龙头旁边的人，会有神经系统失调或运势反复的现象，还会经常破财，最好是避开。

图解风水

厕所门是秽气排出之处；

有水出来的地方就会影响气场。

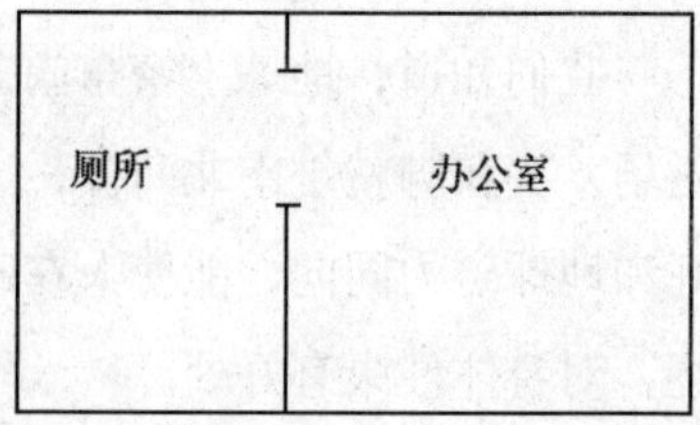

76 卧室怎样布置才是理想居住环境

卧室无大小之讲究，但要和谐。

卧室是人生度过一生三分之一时光的场所，摄气养神，均在于此。卧室并无大小的讲究，是谓“室雅何须大，花香不在多”，但格局一定要考究，卧室方位一定要在吉星上，营造一种安定静谧、温馨祥和的环境，就是理想居住环境。

有以下几个事项需要注意：

床是卧室里最重要的家具，一般情况床位首选南北朝向，顺应地磁引力，但有些房屋和人则需要东西向摆床才好。

卧房里不可有横梁压床，以免造成压抑感，也有损于人的身心。

床头不能靠门，另外有人把床放在门侧，这也是一种住宅的犯忌。

屋内镜子不能照着枕头位，否则睡眠容易受扰，精神不振。

床头柜应稍高过床，有利提升睡眠的质量和智慧，并提高睡眠质量。

床头不宜摆水缸，如金鱼缸为犯“淋头水”煞，主人财运差，精神不佳，容易头痛。同时，床尾也不宜摆鱼缸，为犯“割脚水”煞，主人财运差、劳而无功、奔波辛苦等。

图解风水

床的摆设有讲究：

床头柜应稍高过床；

床头、床尾不宜摆水缸；

床头不能靠门。

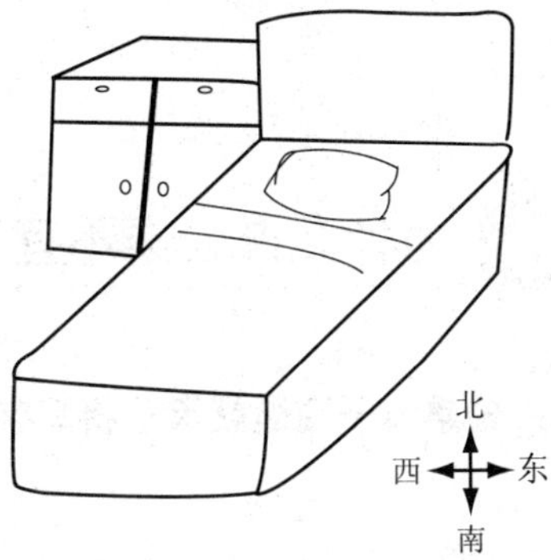

77 植物有风水功效吗

在风水领域里，植物提供了一种无形的疗效。

植物与花卉不仅仅有食用与观赏的价值，在风水领域里，它们还提供了一种无形的疗效。

在风水领域里，植物是最为吸引人且较为实用的治疗方式之一。不论在任何地区，栩栩如生的气会产生非常大的影响，而植物能影响气的能量与方向，帮助气回复平衡状态。在特殊的情况下，植物会产生与众不同的能量来与当时的环境状况相配合。例如：在会放射电辐射的电器设备附近，植物会产生与静电相抵消的能量；在毒素飘浮的空气中，植物具有净化的作用，可以产生新鲜的空气。当植物以有特殊意义的方式放置时，它们会是气的重要来源，例如：根据八卦方位放置时，它们可以催生、活化人生八大欲求。

在风水领域里，植物还有其他方面的功用。例如：它有助于刺激停滞在角落、不动的气，使气活络起来；它可以软化那些因锐、尖、有角度的物品而产生的阳气等。

图解风水

植物能影响气的能量与方向，帮助气回复平衡状态；

植物刺激停滞在角落、不动的气，使气活络起来。

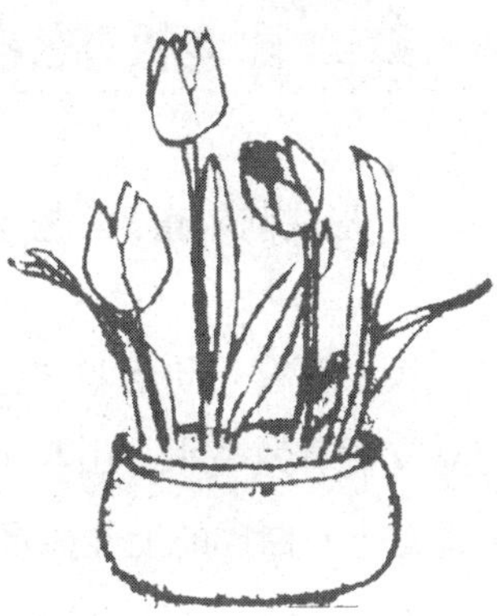

78 为什么办公桌不宜设于行人经过的窗边

将办公桌设于窗边就等于将写字台置于形煞之下。

窗是房屋的一个进气口，会纳入生气或煞气，但是窗外有行人走道的窗，不但会纳入来来往往的杂气，还会有行人的脚步声、喧哗声以及其他的噪声一类的声煞干扰自己的工作。如果将办公桌设于行人经过的窗边，就等于将写字台置于形煞之下；如果需要研究公司的机密，自然会担心有一些闲杂之人窥视。在这种靠近窗户的办公桌上工作会安不下心来做事的。

所以写字台要尽量离窗户稍远一些，远离窗口的距离为过道之人看不清楚办公桌上的文件。同时也要利用窗帘，经常用窗帘遮住窗户，避免窗外来回晃动的人影影响工作者的思维。

图解风水

写字台要尽量离窗户或过道稍远一些；

可用窗帘遮住窗户。

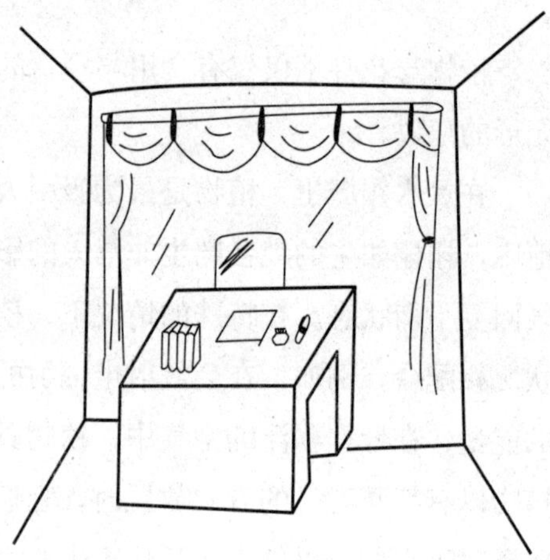

79 老板办公楼的风水布局怎样才算是上风上水呢

形成前朱雀、后玄武、左青龙、右白虎的风水格局。

风水里有一句话叫"山环水抱有情"，可以把高大的建筑看做是山，把道路与立交桥看做是水，山与水要护卫在自己的身边、周围，形成前朱雀、后玄武、左青龙、右白虎的上佳风水格局。

换句话说，就是前面的楼宇要远一些，低一些；后面的建筑要近一些，高一些；左边有河水或车流较缓的道路；右边的建筑不要超过自己所在的楼的高度，如果自己所处的楼前面有公园、草坪或平静的湖面，那么这里应该算是上风上水了。

图解风水

办公楼周围环境有讲究：

前面的楼宇要远一些，低一些；

后面的建筑要近一些，高一些；

左边有河水或车流较缓的道路；

右边的建筑不要超过自己所在的楼的高度。

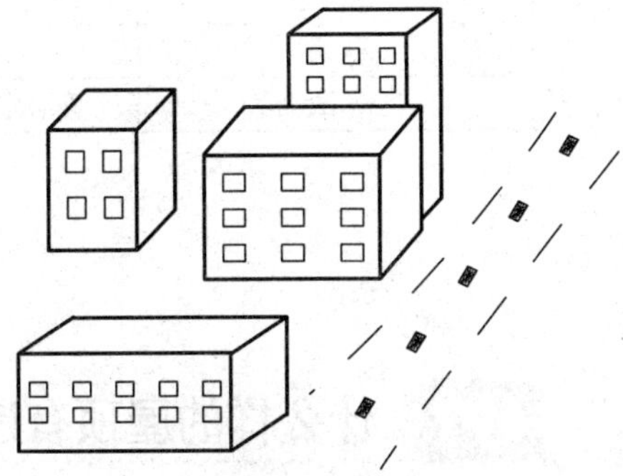

80 每个五行方位都适合于每一个人吗

方位是否适合，要配合一个人的八字命格来断定。

常言道一命、二运、三风水，命好固然是好，命不好可等待好运到，若无好运到，唯有寄望风水之助力。好的风水，要与好的五行方位坐向配合，但并不是每个五行方位都适合每一个人。要看方位是否适合，就要配合每个人的八字命格来断定是否适合居住。

春天出生的人木太旺，利火、金，宜选住南区、西南区，屋宅方向宜坐北向南或坐东北向西南。

夏天出生的人火太旺，利金、水，宜选住西北区、北区，屋宅方向宜坐东南向西北及坐南向北。

秋天出生的人金太旺，利火，宜选住南区，屋宅方向宜坐北向南。

冬天出生的人水太旺，利木、火，宜选住东南区、南区，屋宅方向宜坐西北向东南及坐北向南。

图解风水

出生时期	适合的方位	适合的宅向
春天	南区、西南区	坐北向南或坐东北向西南
夏天	西北区、北区	坐东南向西北及坐南向北
秋天	南区	坐北向南
冬天	东南区、南区	坐西北向东南及坐北向南

81 什么样的屋顶有违风水之道

久住屋顶太过极端的房子，人会罹患心理疾病。

如今很多房产商为了标新立异、出奇制胜，设计了不少屋顶很奇怪的住宅。殊不知，如果就其变形的屋顶而言，太过极端的话，会让长久居住于此的人罹患心理疾病。

那么，什么样的屋顶有违传统和风水之道呢？

三角形的屋顶：三角形且斜度大的屋顶，容易使屋里屋外的气体变得异常。

中间高、两边低的屋顶：这样的屋顶形状称为“寒肩”，从外观上看，呈孤独之相。传统风水学认为，绵延的山峰生气旺盛，陡峭的山峰，特别是“山”字形的峰头，中间高，两边低，像个在五行中属“火”的三角形。

从实际情况看，水往低处流，中间高、两边低的屋顶凸凹不平，雨水冲下的速度就会加快，受水的侵袭也就增多，建筑材料也易腐烂，屋顶的连接处就会受到不良影响。

一面坡的屋顶：容易使太强烈的阳光照射进房子。也就是说，这会使人体对外气的摄取产生偏颇，身体的阴阳失衡。

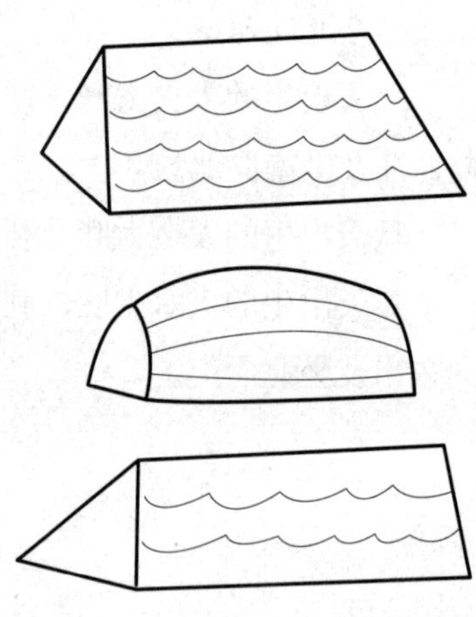

图解风水

有违风水的屋顶：

三角形的屋顶；

中间高、两边低的屋顶；

一面坡的屋顶。

82 床头为什么不宜接近窗户

床头太近窗口不吉利。

床头太近窗口则不吉。撇开风水不谈，单以环境卫生而论床头亦不宜靠贴窗口的。

晴天，从窗口透入的阳光会直射床头，而在雨天时，风雨又会从窗缝渗入，影响睡眠。一旦遇到刮大风或行雷闪电，床头贴近窗口便更加危险，因为会被窗口跌落的玻璃弄伤。

因此，为了睡眠安宁及家居安全着想，应该尽量避免床头贴近窗口。

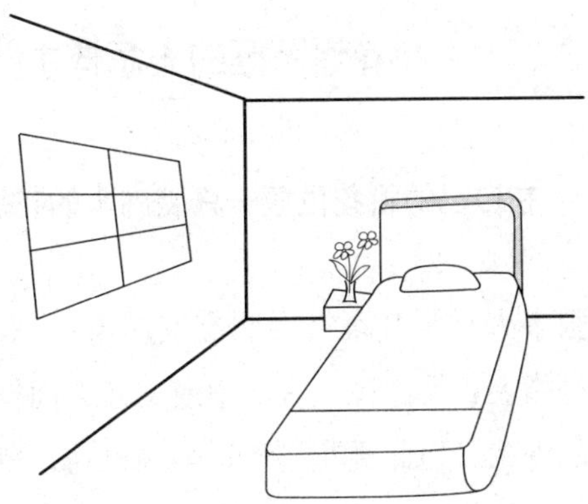

图解风水

床头不宜靠近窗口。

83 为什么门前正对大树不吉利

门前正对大树犯了顶心煞。

在风水学上，门前正对大树犯了顶心煞。在门前有大树者，会阻挠阳气的进入，使阴气盛。

以现在的眼光来看，门前有大树于交通不便，而且容易招致雷击的危险，住处也会受落叶的污染。另外门前的大树会挡住人们的视线，不能远眺，视线遭到破坏，就会引起人的情绪烦闷、抑郁，进而影响主人的健康。

大门系“生气”入口之处，其重要就像人之咽喉。倘若“气口”之上设置障碍，维系生命的“气”就要受到阻碍，而难得生气，人岂能健康长寿。

门前不适合种大树，但竹子例外，在住宅四周或是门前，种些不是很高大的竹类，能美化住宅环境。

图解风水

门前正对大树，于交通不便，会挡住人的视线，导致烦闷、抑郁情绪，进而影响主人的健康。

84 桃花运不旺的人怎样才能催旺自己的异性缘呢

在自己的桃花位放一只装满水的花瓶，花瓶里养鲜花。

很多人常常开玩笑问朋友或同事："最近有没有桃花运啊？"其实命带桃花的人是指人长得漂亮，有文学或文艺方面的天赋，因为这些外在的才能容易得到异性的青睐。但此桃花是指正当的桃花，桃花运不旺的人可以在自己的桃花位布局，从而催旺自己的异性缘，而不正确的摆设会给自己带来桃花劫。

希望旺桃花的人可以在自己的桃花位放一只装满水的花瓶，花瓶里养鲜花，有桃花的季节最好插桃花枝。那么，如何确定自己的桃花位呢？

生肖属猪、兔、羊的桃花位在正北方；

生肖属虎、马、狗的桃花位在正东方；

生肖属猴、鼠、龙的桃花位在正西方；

生肖属蛇、鸡、牛的桃花位在正南方。

图解风水

生肖确定桃花位

生肖	桃花位
猪、兔、羊	正北方
虎、马、狗	正东方
猴、鼠、龙	正西方
蛇、鸡、牛	正南方

85 为什么横梁不可穿门而过、不可压灶

横梁压灶会影响家人的健康，尤其对妇女健康有损。

中国人很重视横梁的结构与位置，门窗的上方有横梁穿过，称为穿心煞，这样的问题在公寓很常见，建议要避开，因为横梁为重要的承重结构，万一遇到地震等灾难，梁受到重力压迫，导致门框变形无法开启，届时无法逃生，求救无门。

横梁在门上方压顶固然不吉，横梁压制炉灶也不是吉利之兆，横梁压灶会影响家人的健康，尤其是对妇女健康有损。

图解风水

横梁不可穿门而过、不可压灶。

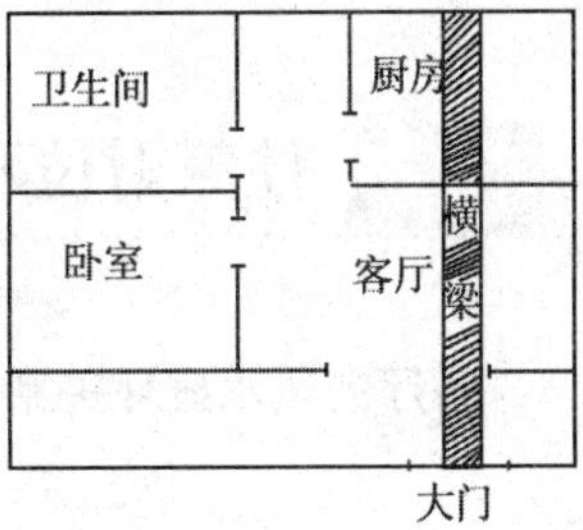

86 为什么在阳台上摆放神位不好

阳台空旷少遮挡，神柜摆放在此处，对神祇会有不利影响。

不少家庭为了避免香烛把屋内熏得烟雾弥漫，把神柜摆放在阳台上，而即使把神台摆放在屋内的，有时亦会把一部分神祇如天宫等供奉在阳台，以期吸纳周围的生气。

阳台因空旷而少遮挡，因此很容易受大自然变化的影响，神柜摆放在此处，宜背风向阳，若不安排妥当，往往免不了日晒雨淋，这对被供奉的神祇当然会有影响，特别是那些面向正北或西北的阳台，因冬天西北风及北风强烈，往往会把神台的香炉灰吹得四散飞扬，所以神柜摆放在阳台要慎防风吹雨打。

除了要防风之外，神柜还要注意防雨。如果神柜经常被雨水沾湿，那亦不妥当，即使只单独把天宫供奉在阳台，也须慎防风雨。

有很多家庭习惯在阳台晒晾衣服，如果又在那里摆放神柜，便容易出现衣服高高挂在神台之上的尴尬情况，如果挂在神台之上的正好是女性内裤，那便会亵渎神灵。因此，神台之前不能被衣服遮挡。

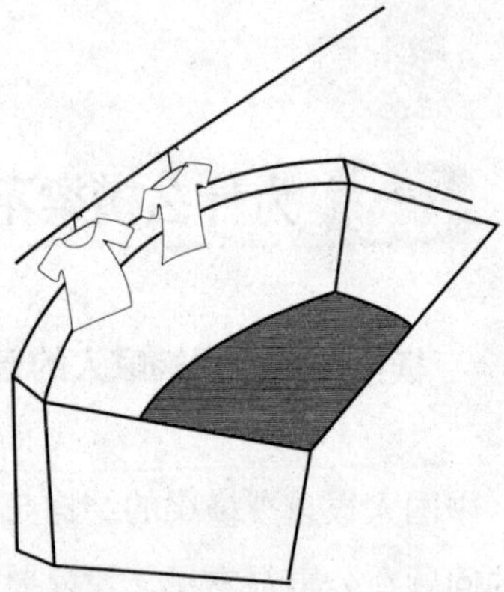

图解风水

阳台晒晾衣服，特别是女性内裤，会亵渎神灵。

87 住家财位不好该怎样弥补

客厅的风水好坏关系着整个家运。

客厅是家庭当中的主要公共空间，为全家人聚集及接待宾客的最佳空间，因此，其风水好坏关系着整个家运。一般而言，客厅方位通称“财位”，关系着全家的财运、事业、名望等兴衰。财位的最佳位置是在进门的对角线方位，但若空间并非方正的格局，则可以下列方式作为弥补。

以延伸的长柜将隔局完整化，避免柱子和凹处。

若逢窗户，可于内部钉夹板墙，财位才不致外漏。

进门的对角处若有走道，则可放置屏风，既能避免穿透的尴尬，亦可塑造一个良好的财位。

以繁茂的盆景衬上财位能使运势更佳。盆景花叶须圆且大，忌针叶类及杜鹃花，尤以发财树、万年青之类的植物最佳，而开花类盆景则须慎记其开花期。

图解风水

客厅是“财位”所在，最宜放置花叶圆而大的盆景，忌针叶类及杜鹃花。

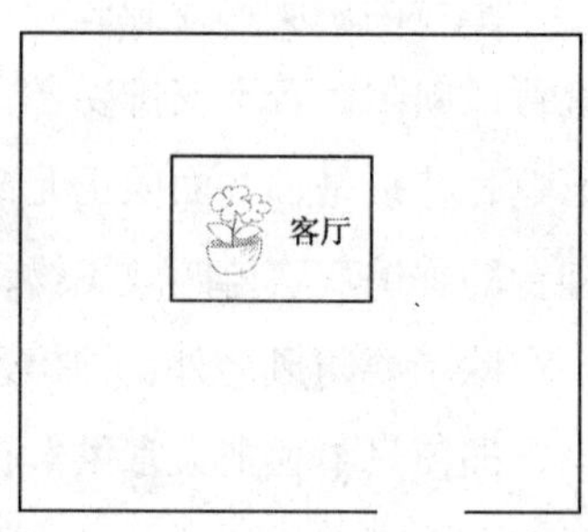

88 中宫的布置会对人的运势带来影响吗

中宫摆设不当会对人的整体运势带来负面影响。

中宫处于住宅中心，是一个家最重要的地方，是地位与权势的象征。如果摆设不当会对一个人整体的运势带来负面影响。有的人把住宅中心空置起来，这等于把大好的资源浪费掉了；有的人则会在住宅的中心放置一个养金鱼的水缸，而水属阴性，住宅中心作为阳气最旺的地方，却放置上阴气很重的东西，等于人为地削弱了住宅的旺气，使阴阳失去平衡。这些都是不吉利的。

还有些人喜欢在住宅中心配置浴厕、厨房或其他用途，这样会本末倒置，把住宅最好的位置放在了次要的地位上。有的人甚至把楼梯设置在住宅中央，是“喧宾夺主”之举。楼梯位于住宅的核心地带，宅中之人在此上上下下，就会使此地异常喧闹而不宁静，甚至有“践踏”的不敬意味。

其实，从风水学的角度讲，住宅中心的设置以客厅或起居室为最佳。

另外，不要选择“L”形宅型，因为“L”形住宅的宅基中心露在外面，相当于“皇极”位被空置，这是不明智的浪费，也会对整个住宅的能量平衡造成破坏。

图解风水

住宅中心的设置以客厅或起居室为最佳。

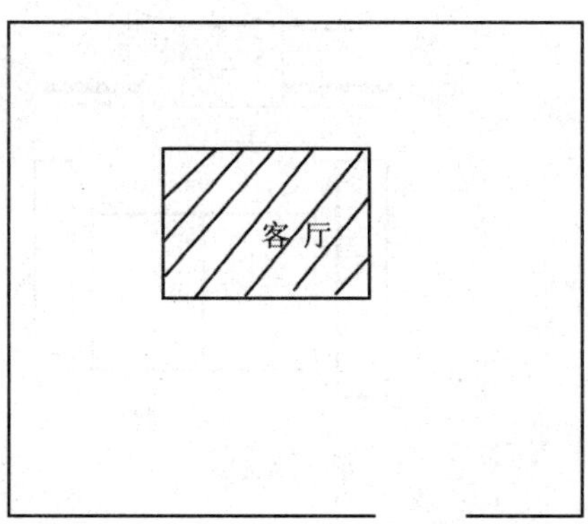

89 哪种格局会让人的健康状况越来越差

穿地煞、刑门屋、落河屋、孤伶屋、管线外露。

健康的身体是灵魂的客厅，病弱的身体是灵魂的监狱。健康是人生的第一财富，是智慧的条件，是幸福的基本载体。如何保持健康的身体越来越受到人们的重视了，那么，什么样的住宅会让你的健康越来越差呢？

穿地煞：街道刚好在地下道的出口，而家门刚好在地下道的出口或者隧道的出口附近。

刑门屋：一栋大楼通常门口应该在平的地方，但若是这个房子的大门反而凹陷进去了，就叫做刑门屋。这种房子住久了容易犯官司或口舌是非，不然就是影响健康。

落河屋：落河屋就是明明从一楼走进去，但事实上是从二楼进去，一楼在楼下，那住在这一栋楼的人，健康很容易出问题。

孤伶屋：孤伶屋就是乡下房子很大，但是孩子全部跑到都市里面去了，结果乡下房子屋大人少、人气不足，那老人住在这种房子里，身体也会愈来愈差。

管线外露：管线没有收好，这就好像人的肚子里的肠子、胃都露在外面，这样住在里面的人，也不会健康。

图解风水

影响健康的格局：

穿地煞；

刑门屋；

落河屋；

孤伶屋；

管线外露。

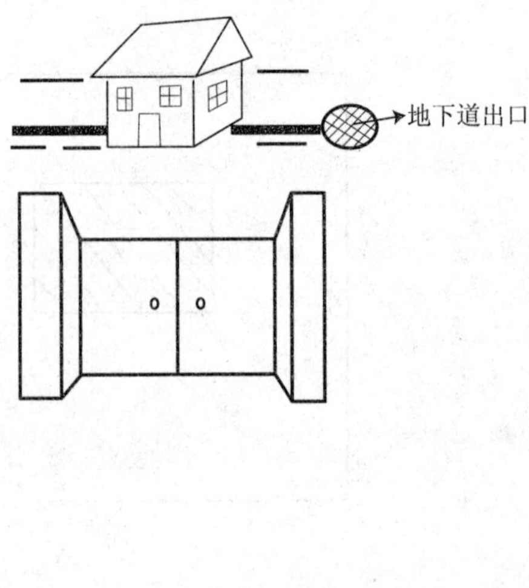

90 厨房里悬挂镜子好不好

镜子在风水中的运用有正反两面的效果。

镜子在风水中的运用有正反两面的效果。镜子的正确摆设可增进或改善风水状况，但若摆设不当，则会对居住者造成很大的伤害。

厨房悬挂镜子的禁忌之一，就是镜子不能照到炉火。镜子若悬挂在炉子后面的墙上，而照到锅中的食物，伤害更大。此谓之天门火，会使住宅遭受火灾或不幸。另一方面，若是在进餐区悬挂镜子，映照桌上的食物，则有增加家中财富的意义。

图解风水

厨房悬挂镜子不能照到炉火；

在进餐区悬挂镜子映照桌上的食物，可以增加家中的财富。

91 餐桌之上为什么不宜用烛形吊灯

白蜡烛是丧事的象征。

有些吊灯由几个蜡烛形的灯管组成，虽然设计新颖，颇有观赏价值，但若把它悬挂在餐桌之上，那便像是把长短不一的白蜡烛堆放在餐桌之上，这绝非吉兆。因为白蜡烛是丧事的象征，把它放在一家大小共同进食之处，其后果可想而知，故此必须尽量设法避免，但其他颜色的蜡烛则无碍。

图解风水

由几个蜡烛形的白灯管组成的吊灯不宜在餐桌之上。

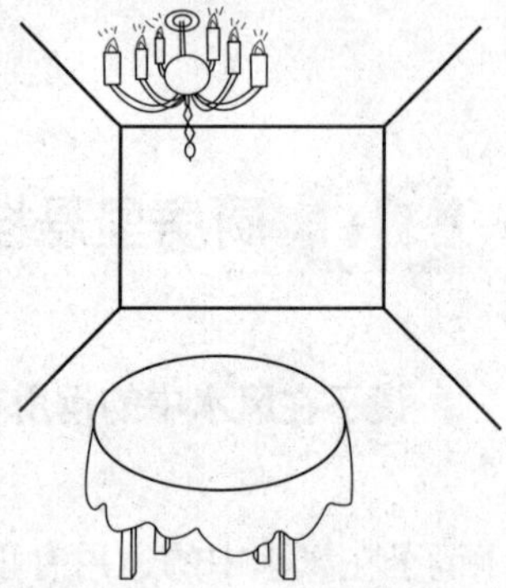

92 窗户向外开好，还是向内开好

向内开的窗户，对气和事业不好。

空气与阳光是人类赖以维生的要素，若长期呼吸不新鲜的空气或处于光线不足的环境中，则容易生病或精神不济。窗户是人接触自然、呼吸新鲜空气的枢纽，所以窗户的设计必须以屋内空气的对流为重点，也就是说窗户要对开，例如：南与北相对或东与西相对的位置各开一个窗户，如此屋内空气才会流通，居住者才能健康无碍。

另外，窗户最好能完全打开：向外开或向内开，不宜向上或向下斜开。向外开的窗户最佳，它可加强居住者的气和事业机会，因为可使大量的气进入室内，且开窗时可使室内浊气外流。反之，向内开的窗户，对气和事业都不好。当窗户打开时最好没有任何阻碍物妨害气的流通。

图解风水

窗户的设计可决定气的流通。

向内开的窗户，对气和事业发展都不好。

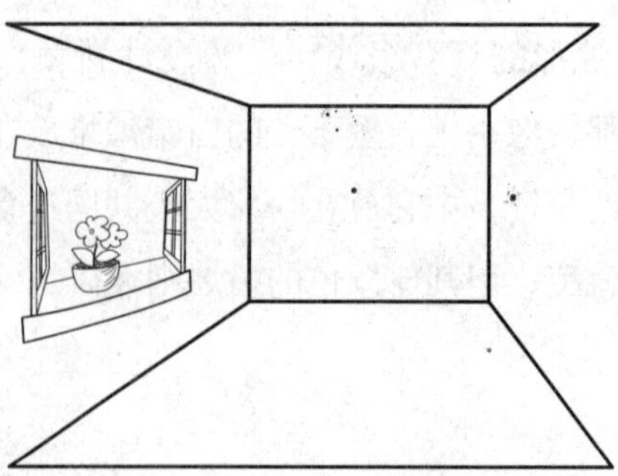

93 为什么住宅大门不宜正对楼梯

入门见梯，无论是在哪个方位都不太好。

从风水学上说，楼梯对住宅中的人有很大影响。从建筑学角度来说，楼梯也是住宅中最容易发生事故的场所。住在楼上的人，一天至少要上下几次楼梯，这有滑倒的可能。

以楼梯的形态来说，完全安全的楼梯是没有的。不过，为了日常生活的方便和有益于人的健康，在进行楼梯设置时，还是应注意不要让它正对着大门。因为“气”是从大门进入的，“气”一进门，就先碰到楼梯，楼梯本身是一节一节的，像横着的一条条切线，一下子就把“气”全割断了，或者使“气”不能平顺，搅乱了“气”场，所以说入门见梯十分不妥。

向南的楼梯口如果靠近大门，而大门若使用反射光的材料，夏天受到阳光照射，就会像镜子一般，人从楼梯下来就会直接接收到这种反射强烈的光，使眼睛看不清楚，下楼梯时就很危险。

向北的楼梯口如果靠近大门的话，也是不吉之相。这样，冬天的风会吹到二楼影响其暖气效果，容易感冒，继而影响人的体力，使其做事没有精神、没有情绪，容易半途而废。

此外，楼梯口处于这一方位，因为同样的原因，也可能会患上泌尿系统的疾病，而小孩则会不安于室，喜欢外出。由此可见，入门见梯，无论是在哪个方位都是不太好的。

那么住宅中楼梯的方位不可能从设置上来改变时，也可以通过一些小技巧来化解它。

把正对大门的楼梯转一个方向，使之进门之后看不见楼梯口。

把楼梯隐藏起来，最好是能隐藏在墙壁的后面，用两面墙把楼梯夹住，楼梯口装上门，使之看不见楼梯，楼梯底下的空间可设计成储藏室或卫生间。

用屏风在大门和楼梯之间造成一个屏蔽，使“气”能顺着屏风而入家门。

图解风水

入门见梯，不安全，影响人的健康。

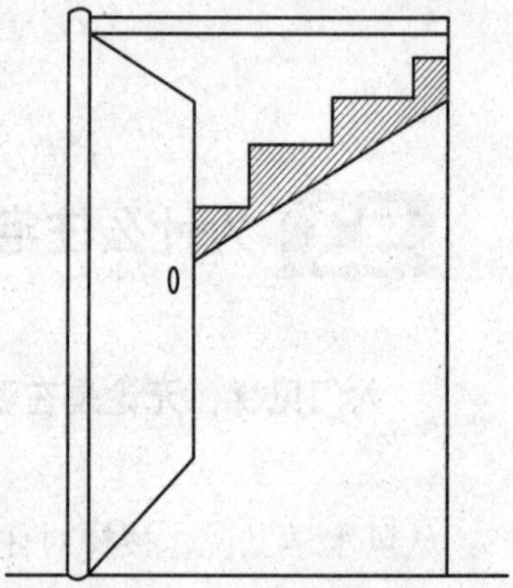

94 住什么样的户型，家庭最幸福

在完美户型里居住是家庭幸福的必要条件。

夫妻感情好、孩子学习好、全家健康，这是每一个家庭都向往的。那么要让愿望变成现实，在一个完美的户型里居住是必不可少的。

什么样的户型，也就是说房内怎样组合才算是完美户型呢？

书房的位置在文昌位，这是有利于学习或写文章的吉祥方位。

儿童的居住房间在延年吉位，这样孩子不但身体健康，而且智力过人，做事学习均能得到最佳的发挥。

主卧室处在第一吉位，可使夫妇和睦，财源广进，家中能长久存在生气，没有孤独感，最适合做生意，如果是在单位工作也是非常吉祥顺利的，能很快得到晋升。

图解风水

书房宜在文昌位；

儿童房宜在延年位。

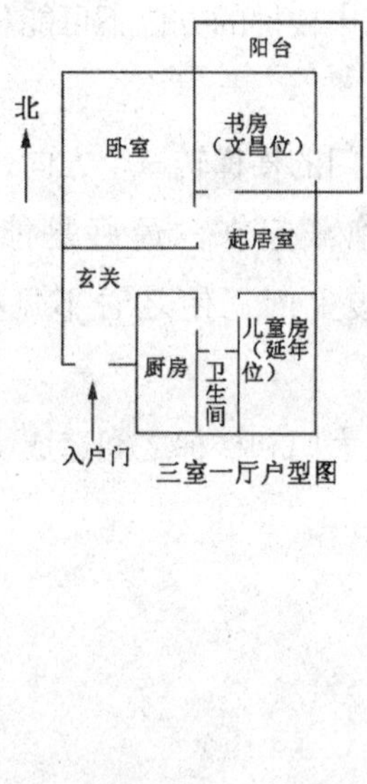

三室一厅户型图

95 什么样的风水可以让家道中落

屋顶长杂草、庭院有枯树、门大内小等会使家道中落。

如果你正处在家道中落的节骨眼上，那么你不妨看看自家风水是否存在以下情况，以便亡羊补牢。

屋顶长杂草：屋顶可以吸收阳光，可以趋魔除邪，如果家中屋顶没有清理杂草，则影响到阳光的吸收，会导致家中的阳气不足让家运衰败。

庭院有枯树：庭院没有整理，杂草丛生，甚至连树木都枯萎了，这样会导致家里的运势低落，影响到全家每个人的气势。

门大内小：大门做很大跟室内不成比例，这样的风水格局会让气进屋内来可是无法留住，最后会让家中气势衰败。

神位不见天日：家里的祖先牌位代表女主人，而神明位代表男主人以及整个家庭的兴旺。如果嗣奉神明以及祖先的牌位在不见天日的房间，会导致家中的气势衰落，家道中落。

屋大人少：房子太大但是只有居住一两个人的话，这样家里人气不足，于是家里的气会越来越衰，家道就会越来越坏。

图解风水

家道中落的风水：

屋顶长杂草；

庭院有枯树；

门大内小；

神位不见天日；

屋大人少。

96 住宅外局对人的影响大，还是内局影响大

住宅外局的变化影响住宅风水大约占70%。

住宅外局，即住宅四周环境，它的变化影响住宅风水大约占70%，而内局的规划能改善30%左右。所以外局及住宅本身的互动所产生的变化，对个人的感情、生活及事业、财运都有直接且强大的影响。

住宅的吉凶，以内局来论，大部分的因素，都是气流不通、散热不良才会造成很多家内不安宁及口舌之争。如果住宅通气顺畅，规划恰当，当然家内平安。如格局错误，住宅财运不顺，夫妻容易吵架，也会造成身体的不适等。

图解风水

住宅四周的环境叫外局：

外局及住宅本身的互动所产生的变化，对个人的感情、生活、事业及财运都有直接而强大的影响。

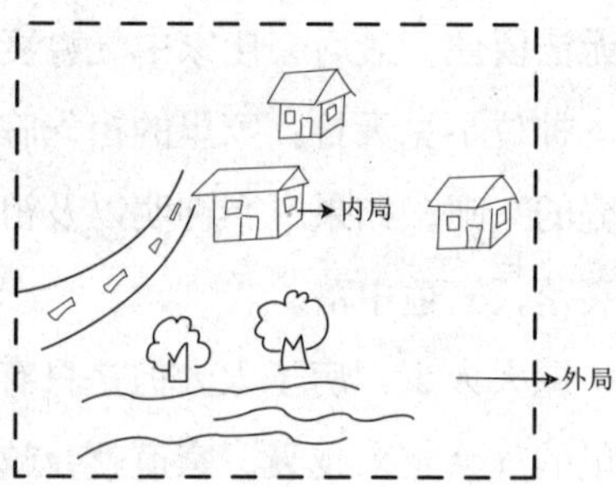

97 卫生间改为睡房为什么不好

卫生间是不洁之地，应该开在凶方来镇压凶星。

现代都市地狭人稠，寸土如金，往往有些家庭为了节省空间，便把其中一间卫生间改作睡房，借以多挤些人口，但这样却违反了风水之道，而且严格来说，亦不符合环境卫生。

风水学来说，卫生间是不洁之地，是应该开在凶方来镇压住凶星的，所以睡房邻近卫生间已是不太适宜，更何况是把卫生间改作睡房。

而从环境卫生来说也不适宜，因为虽然把自己那层楼的卫生间改作睡房，但

楼上楼下却并不如此，如此一来，自己那层的睡房便被上下层卫生间夹在中间，相当难堪。

此外，楼上的卫生间若有污水渗漏，睡在其下的人便会首当其冲，根本不符合环境卫生之道。

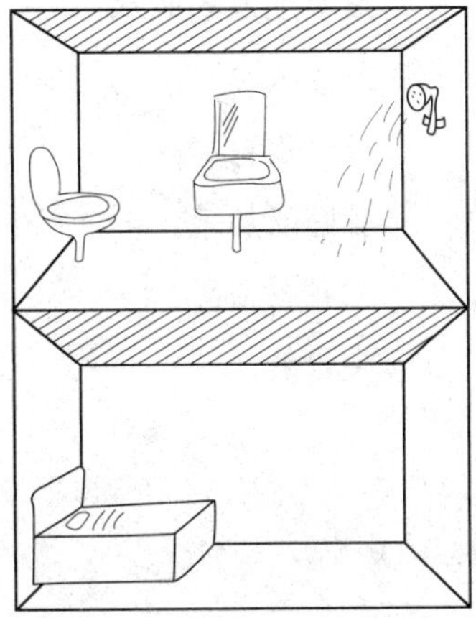

图解风水

卫生间改作睡房，不符合环境卫生之道；楼上的卫生间若有污水渗漏，睡在其下的人便会首当其冲。

98 哪种风水让人没有朋友

屋大人少、神位面壁、独睡双层床、天花板张网等。

千金难买是朋友，朋友多了路好走。每个人都希望结交朋友，有些人做到了，但有些人却没几个朋友，甚至是孤家寡人。所以这些人就要注意自己住宅风水了，因为有些风水可以让人没有朋友。

屋大人少：住在里面的人比较容易寂寞、孤单、孤僻，人一孤僻，朋友就会开始少，朋友少，又会感到很孤单，会形成恶性循环。

神位面壁：神位代表保佑之外，也代表人际关系。如果神位面壁，那么就看不着天，这就表示你的人际关系被封闭起来，没办法拓展、拓宽，像囚禁自己一样，最后就是没朋友了。

一个人睡双层床：下铺等于是被压，上铺却是空间不足，这些情况都像是自己封闭自己，破坏朋友关系。

天花板张网：虽然在天花板弄造型好像很浪漫，可是这样做就好像一个天网网在上面，把自己张住了，无法出去，也无法好好交朋友。

尖枪煞：这是指住家四周的围墙上，有一根一根像尖枪往上插的围篱，这无疑是自筑藩篱，阻断跟别人的往来，所以朋友越来越少。

图解风水

没有朋友的风水：

屋大人少；

神位面壁；

独睡双层床；

天花板张网；

尖枪煞。

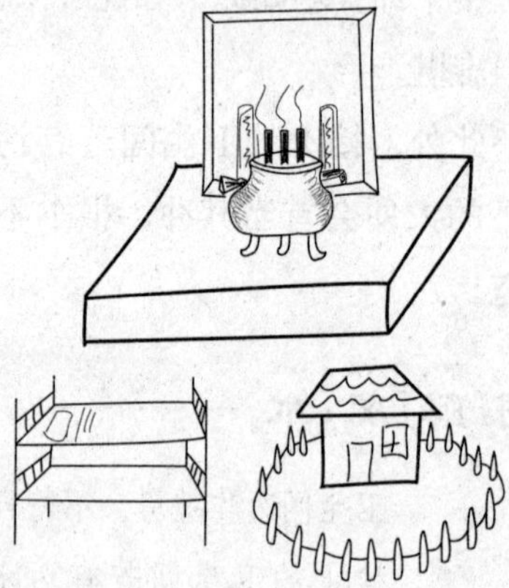

99 哪种房屋布置容易外遇不断

房屋家居布置不当是外遇不断的罪魁祸首。

有人抱怨自己外遇不断，连和自己的伴侣也是同床异梦。殊不知，房屋家居布置不当可能就是罪魁祸首。那么，什么样房屋布置容易招外遇呢？

床头放花：夫妻两人都会有外遇，久而久之，会分道扬镳，家庭破碎。

床离玻璃窗太近：自古就有“窗下多梦”的说法，据风水书籍中记载，卧床太靠近窗户，容易导致“红杏出墙”。

卧室用分开的两扇或多扇窗：做事多有分歧，不能一气呵成，感情上容易招惹麻烦。

卧室内种植小叶植物：损伤夫妻之间的感情及财运。

图解风水

外遇不断的格局：

床头放花；

床离玻璃窗太近；

卧室用分开的两扇或多扇窗；

卧室内种植小叶植物。

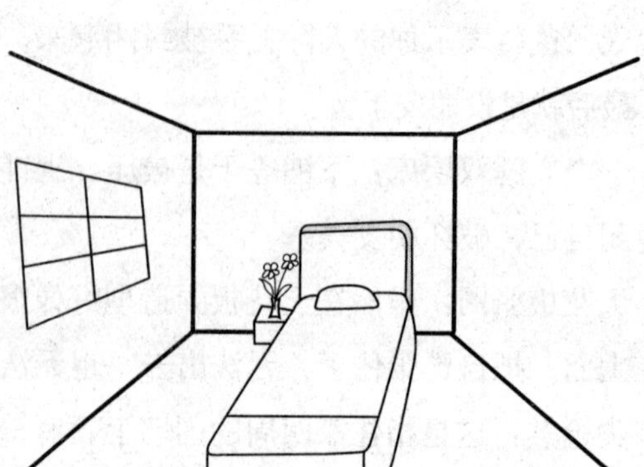

100 哪种屋子格局容易招烂桃花

感情多波折与家中的风水格局和摆设密切有关。

如今，感情困扰着很多年轻人，要么是正缘不来，烂桃花多，要么是双方常有莫名其妙的争执，而让感情越来越差。其实感情多波折，除了与你的态度有关之外，更与家中的风水格局和摆设有关：

(1) 摆空花瓶，易有桃花劫

很多人为了摆设上的好看，而在家中摆放漂亮的空花瓶，然而摆放空花瓶虽然美观，但以风水的角度来看，空花瓶却带煞带邪，容易惹来桃花劫，进而导致被骗财骗色的事情发生，所以想让感情平顺的人，不宜在家中摆放空花瓶。

(2) 床褥过软，不切实际

现代人为了睡起来舒适，常常都会选择一些很软的床垫，其实床垫过软，不但对健康不太好，以风水而论，长期睡在过软的床垫上，也会让一个人变得好高骛远，在爱情中，也容易存有不切实际的想法，容易制造是非，让爱情常常遭受到一些不必要的干扰而多有波折。

(3) 床铺双层，姻缘晚成

现代人居住空间有限，所以拥有许多成员的家庭，往往会添购双层的床铺来节省空间，但是以风水的角度来看，无论是睡上层或睡下层的人，都会因为离天花板太近或是上有床压，而感到有压迫感，所以在情绪上会较为不安，而且不太容易有恋情发生，更会有晚婚的现象。

(4) 横梁压头，争吵猜忌多

睡觉时床头对上去的正上方不可有梁，因为梁压着头，眼睛一望，便容易有压迫感，感到沉重，同时也会间接的让爱情产生过多的胡思乱想及不必要的猜忌，而影响你与伴侣的关系。

图解风水

易招烂桃花的房屋格局：

摆空花瓶；

床褥过软；

床铺双层；

横梁压头。

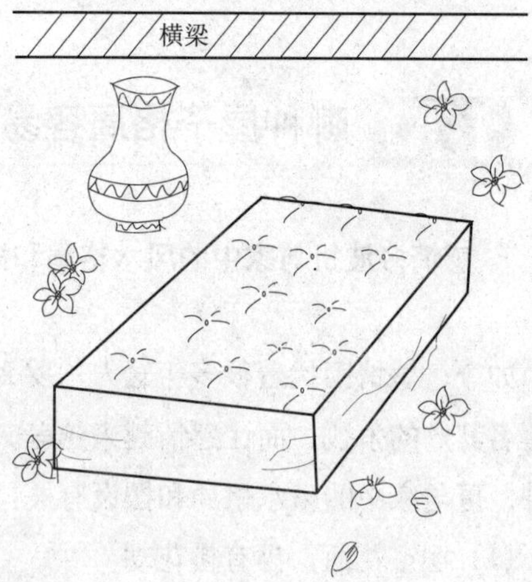

运势

卷四

命理知识100问

概念篇

01 什么是五术

五术就是“山、医、命、相、卜”。

所谓五术，就是“山、医、命、相、卜”五种学问，它以《易经》研究宇宙万事万物运动变化规律之学为支撑，是人类为了追求幸福人生所确立的一种趋吉避凶的方术，大体而言，了解了五术的意义与运用，就可了解生活的目的及生命的意义。然而什么是“山、医、命、相、卜”呢？

1. 山

所谓“山”，就是通过食饵、筑基、玄典、拳法、符咒等方法来修炼“肉体”与“精神”，以达到修养身心之目的的一种学问。

2. 医

所谓“医”，是利用方剂、针灸、灵治等方法，以达到保持健康、治疗疾病的一种方法。

3. 命

所谓“命”，即命理术，就是通过人的出生时间（年、月、日、时）即生辰八字或四柱来推算人的生命运程，以穷达自然法则，进而改善人的命运的一种学问。推命所用的主要依据有“紫微斗数”、“子平推命”、“三命通会”等，它们是以人出生时间的天干地支和阴阳五行为理论基础的。

古人把人的出生时间取了一个词叫“命”，而人从生到老要运行、要发展叫“运”，二者合起来叫“命运”。

4. 相

所谓“相”，一般包括印相、名相、手相、面相、家相、墓相（风水）等，是以观察存在于现象中的某些规律的一种方术。

5. 卜

所谓“卜”，它包括占卜、选吉、测局三种，其目的在于预测事情，其中占卜又可分为“占”和“卜”。以蓍草预测为“占”，以看烧裂的龟壳的细纹预测叫“卜”。

要点说明

山：通过食饵、拳法、符咒等方法来修炼“肉体”与“精神”；

医：方剂、针灸、灵治；

命：即命理术。人的出生时间叫“命”。

相：名相、手相、面相等；

卜：占卜、选吉、测局。

02 什么是生肖

生肖是中国最源远流长的命理工具之一。

十二生肖，即人们所生年份的十二生相，它由十二种动物同十二地支搭配而成，具体包括：子鼠、丑牛、寅虎、卯兔、辰龙、巳蛇、午马、未羊、申猴、酉鸡、戌狗、亥猪。哪年出生的人，哪种动物即是他的属相。生肖是古老华夏的纪年法，它是人们崇拜动物与记录年份的神秘融合，也是中国最源远流长的命理工具之一。

长期以来，不少人将东汉唯物主义思想家王充的名著《论衡》视为最早记载十二生肖的文献。《论衡·物势》载：“寅，木也，其禽，虎也。戌，土也，其禽，犬也。……午，马也。子，鼠也。酉，鸡也。卯，兔也。……亥，豕也。未，羊也。丑，牛也。……巳，蛇也。申，猴也。”以上引文，只有十一种生肖，所缺者为龙。该书《言毒篇》又说：“辰为龙，巳为蛇，辰、巳之位在东南。”这样，十二生肖便齐全了。

要点说明

十二生肖由鼠、牛、虎、兔、蛇、马、羊、猴、鸡、狗、猪以及传说中的龙组成。

03 什么是紫微斗数

紫微斗数是中国传统命理学最重要的支派之一。

紫微斗数是以人出生的年、月、日、时来确定十二宫的位置，构成命盘，再结合各宫的星群组合，牵系周易卦爻，来预测一个人的吉凶祸福。

紫微斗数借用了天上星宿作为代码，这些星宿除了十四颗主星外，尚有甲级星和乙级星，一共一百零七颗，由紫微斗领头，所以称为紫微斗数。

紫微斗数推命术既有道家宇宙观的神秘色彩，又有注重社会环境、人际关系的近代意蕴，在中国神秘文化中占有重要地位，名列“五大神数”之首，号称“天下第一神数”。

紫微斗数推命术的基本方法是以一个人的出生年、月、日、时定出其命宫所在，依此推断其终生的地位、人格、贫富、休咎，然后依次列出兄弟宫、夫妻宫、子女宫、财帛宫、疾厄宫、迁移宫、交友宫、事业宫、田宅宫、福德宫、父母宫，作出图，从而观察各宫位的星群组合，推知其斗数命理。最后再通过四化星（化科、化禄、化权、化忌）的牵引，画出各种变化的轨迹。

要点说明

紫微斗数一共有一百零七颗，以紫微星为首；

紫微斗数命盘共分为十二宫，象征人的十二种面相。

04 什么是流年

流年是指每年的运气与际遇。

流年，即变动的年份，指每年的运气与际遇，人的命运会受自然环境变动的影响，生肖、八字学、紫微斗数都有流年的论法。由于这些命术都以十天干与十二地支为基础，以阴阳五行的生克制化为根据，所以变化的单位也都是以十、十二或六十为一个循环。

至于流年的起始点也有很多种说法，八字主要是以立春为起始点，生肖也是以立春为起点，紫微斗数则是以农历正月初一为起始点，但也有人认为生日过后才会有明显的迹象，分析生命运程要参看命格的强弱，一般而言，命格弱的人多半受厄运限制、好事多磨，命格强的人则反之。但如果命格构成从弱格则可以大富贵，这是特殊命格。

流年又称为小限，是对比于十年的大限或大运而来的，但在紫微斗数里，每年的运势除了小限外，还有一个太岁的盘，前者代表当事人的心理状态，后者则是环境赋予的条件，两者需要一起参看。

要点说明

八字以立春为起始点，生肖也是以立春为起始点，而紫微斗数则以正月初一为起始点。

05 什么是大运

人的大运十年一变，“十年河东，十年河西”。

由于中国的命理学是以阴阳、五行、十天干和十二地支为基础的，所以时间的计算多以十或十二为单位，而大运的论法就是以十年为一个单位，人的大运是十年一变，所以才有了“十年河东，十年河西”的说法。人的生辰八字是以天干地支的组合来记录的，天干管前五年的运程，地支管后五年的运程。又有十年一大运，五年一小运的说法。

因为每个人上大运的岁数不同，交大运的时间自然不同，所以有些人的第一大运是在 2 ~ 11 岁，有些人则是 7 ~ 16 岁。在没有开始大运的年份，每一年叫一个小运。大运又称为大限，一般人所谓的大限将至，通常指的是第六大限，也就是生死大限，因为古时候人的寿命很短，正所谓人生七十古来稀，现在自然有所不同。

要点说明

每个人上大运的岁数不同，交大运的时间自然不同；

大限将至，通常指的是第六大限，也就是生死大限。

06 什么是八卦

卦者，挂也，是一种现象挂在我们的眼前。

八卦告诉我们，宇宙之间有八类事物，把这八类事物的现象挂出来，就是八卦，它代表的是构成天地万物的八种元素。

其实说起来，《易经》是研究宇宙中万事万物运动变化规律的一本智慧大书，从大到小无所不包。宇宙的现象都挂在那里，可总结出八种现象，这八种现象分别由“乾、坎、艮、震、巽、离、坤、兑”八个卦来表示，这八个分别由三个爻组成的卦，也叫经卦或单卦。

八个卦中第一个是乾卦，代表天。我们仰头一看，天总是在上面，到了太空倒转头来，头上还是天，所以天是在头顶上的；第二个卦坤卦是地，人类是地球的生物，地总是踩在脚底下，这个地的现象就在那里；第三个卦离卦代表太阳；第四个卦坎卦代表月亮，它们像球一样，不断在转，代表了时间、空间和宇宙，这两个东西不停地旋转于天地之间，于是又有四个卦挂了出来；第五个卦震卦代表雷，古人认为宇宙间有这种电能，电震动了就是雷，雷震动以后，有了气流，就是风，所以第六个卦巽卦代表风，亦即气流，气流震动得太厉害，一摩擦又发电，又回转了来，就是“雷风相搏”；第七个卦艮卦，代表高山、陆地；第八个卦兑卦，代表海洋、河流。在宇宙间，这八种现象相互对立统一，变化出不能穷尽的各种状况来。

要点说明

乾卦代表天；坤卦代表地；离卦代表太阳；坎卦代表月亮；震卦代表雷；巽卦代表风；艮卦代表高山、陆地；兑卦代表海洋、河流。

07 什么是爻

“爻”又可解释为“交”，代表易的变化交错。

有关“爻”的注解，孔子说：“效天下之动者也，是故吉凶生而悔吝着也。”“爻”又可解释成“交”，代表易的变化交错，“爻者，交也。”为什么“爻”就是“交”呢？这是告诉我们，宇宙间万事万物，时时都在交流，不停地发生关系、引起变化，所以叫做“爻”。

《易经证释》一书中说：“爻六而变多。”“爻则六，而所效之数，不可纪述。”“爻有无尽义，此皆变易之所见也。”意思是说“爻”一字将六十四卦所代表的三百八十四爻，再加注文辞，用来断定它的吉凶，极尽了天下的现象。

卦爻由下向上数，共为六个爻。六个爻分为三部分：初爻、二爻为地；三爻、四爻为人；五爻、上爻为天。这三部分称为“三才”。天之道说的是阴和阳；地之道说的是柔和刚；人之道说的是仁和义。

要点说明

封爻由下向上数，共为六个爻

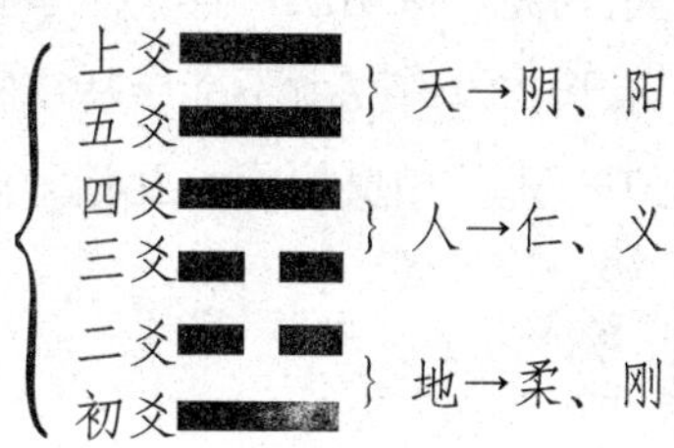

08 什么是五行

五行是指金、木、水、火、土。

五行的概念最早见于《尚书·洪范》：“五行，一曰水，二曰火，三曰木，四曰金，五曰土。水曰润下，火曰炎上，木曰曲直，金曰从革，土爰稼穑。”这里不但把宇宙间的各种事物分别归属于五行，并且对五行的性质与特征都作了界定。“木曰曲直”是说木具有生长、升发的特性；“火曰炎上”是说火具有发热、向上的特性；“土爰稼穑”是说土具有长养、化育的特性；“金曰从革”是说金具有肃杀、变革的特性；“水曰润下”是说水具有滋润、向下的特性。

此外，古人还认为，五行之间存在着相生相克的规律。相生，是指两类属性不同的事物之间互相滋生、相互促进的关系；相克，是指两类不同属性的事物间互相制约、克制和抑制。

(1) 五行相生

木生火：因为木性温暖，火隐伏其中，钻木而生火，所以木生火。

火生土：因为火能够焚烧木，木被焚烧后就变成灰烬，灰即土，所以火生土。

土生金：因为金隐藏在土里，聚土成山，有山必生石，石中藏金，所以土生金。

金生水：因为少阴之气(金气)温润流泽，金靠土生，熔化金可变为水，所以金生水。

水生木：因为水温润而使树木生长出来，所以水生木。

(2) 五行相克

木克土：树木之根在泥土之中，可疏松土。

土克水：水多可用土来掩埋，筑堤以挡水。

水克火：水可将火扑灭。

火克金：火可以熔化金属。

金克木：金属制成的器具可用来削砍树木。

五行的相生相克，像阴阳一样，是事物不可分割的两个方面。没有生就没有事物的发生和成长；没有克就不能维持事物的发展和变化中的平衡与协调。所以生中有克，克中有生，相反相成，互相为用。

要点说明

五行的相生与相克，像阴阳一样，是事物不可分割的两个方面。生中有克，克中有生，相反相成，互相为用。

09 什么是五行的生克乘侮

五行的相生、相克、相乘、相侮可以用来表示事物之间的相互影响。

五行的生克在前面已讲过，这里不再赘述，下面来讲五行的乘侮。

如果五行相生相克太过或不及，就会破坏正常的生克关系，而出现相乘或相侮的情况。相乘，即五行中的某一行对被克的一行克制太过。比如，木过于亢盛，而金又不能正常地克制木时，木就会过度地克土，使土更虚，这就是木乘土。相侮，即五行中的某一行本身太旺盛，使克它的一行无法制约它，反而被它所克制，所以又被称为反克或反侮。比如，在正常情况下水克火，但当水太少或火过盛时，水不但不能克火，反而会被火烧干，即火反克水或火反侮水。

要点说明

五行相乘：五行中的某一行对另一行克制太过；

五行相侮：五行中的某一行本身太旺盛，使克它的一行无法制约它，反而被它克制。

10 什么是金钱卦

古人占筮用蓍草，后人化繁为简，用铜钱摇掷代替。

金钱卦必须先准备三枚相同的铜板，以乾隆通宝最佳（如没有，也可用其他类似钱币）。

将三枚铜板置入容器之内，传统以龟壳或竹筒为容器，或直接将铜板合在手掌中也可以。在摇晃钱币之前，诚心默想欲问之事几分钟，然后再摇晃钱币，或将要问的事情说出来之后，再摇晃钱币，顺势将铜板轻轻丢到桌案上，反复六次，就构成一卦。再根据卦的原理，分析所要问的事情能否成功。主要原理就是卦的五行旺衰和阴阳生克制化。这是一种哲学原理。

在丢掷铜板之前，先定阴阳两仪。事实上，以哪一面为阴阳都没关系，只要事先定出阴阳之后，不要再反复改动即可。

此时三枚铜板会出现四种可能的情况：

(1) 三枚都是阳面，叫做老阳，记成“○”；

(2) 三枚都是阴面，叫做老阴，记成“×”；

(3) 一阴二阳时，叫做少阳，记成“——”；

(4) 二阴一阳时，叫做少阴，记成“－－”。

看看自己的铜板是上述哪种情况，并记下结果。用同样的方法再做五次，将结果由下而上，分别记下来，如此便可得到六爻。

画卦时，从下往上画，从初爻至六爻，第一次摇钱为初爻，最后一次摇钱为上爻。老阳为阳极变阴，老阴为阴极变阳。

要点说明

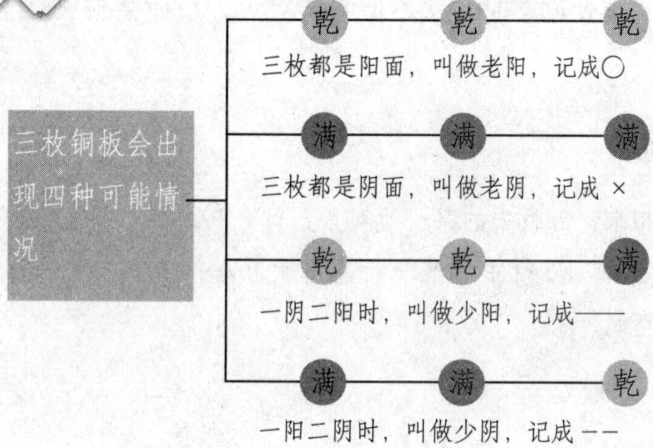

11 什么是三方四正

三方四正即本宫、顺时针第四宫、逆时针第四宫及封宫。

“三方四正”是紫微斗数的用语，指的是本宫、顺时针第四个宫位和逆时针第四个宫位等“三方”(其五行刚好是三合的关系)，再加上对宫则为“四正”。例如命宫的三方四正，即为命宫、财帛宫、官禄宫和迁移宫，田宅宫的三方四正，则为田宅宫、兄弟宫、疾厄宫及子女宫。

以紫微斗数论命时，每个宫位的好坏，都需连同三方四正的宫位一起参考。以上述的例子来说，一个人的田宅运，除了和自己的健康状况(疾厄宫)有关，也跟兄弟姊妹间是否和睦、子女能否孝顺有很大的关系，而性格特质(命宫)，也会影响一个人的财运、事业运及出门在外的际遇。

但以影响力来说，本宫的星宿影响力最大，对宫次之，三方的影响力则更轻，例如夫妻宫的三方四正若有煞星，以本宫的煞星影响力最大，官禄宫的煞星次之，迁移宫和福德宫影响力就更小了。

要点说明

三方的五行是三合的关系；
官位的好坏需连同三方四正一起参考；
吉星与煞星在本宫的影响力最强，对宫次之，三方更轻。

12 什么是观落阴

观落阴属于观灵术的一种，台南地区则称之为“观三姑”。

观落阴，顾名思义，就是经过施法后使参加法事者以一种“灵魂出窍”的方式去寻找过世的亲人。观落阴属于古代观灵术的一种，台湾南部地区则称之为“观三姑”。观灵的过程不但能够清晰地看到景物，并且可与过世的亲人交谈，而观灵者本身的意识也十分清醒，除了全身会有微温的感觉外，所见之景物也有绝对的临场感，可以说整个观灵过程的视觉、味觉、听觉及嗅觉都有。

有几种人是不能观落阴的，如半信半疑者、要寻找的亲人与自己的关系不够亲者、意念不够强烈者。

要点说明

古人认为，意念不够强烈者、半信半疑者、寻找的亲人与自己的关系不够亲者不能观落阴。

13 什么是姓名学

姓名的五行和五格数理会影响人一生的前程。

姓名不仅是代表一个人的符号，姓名的五行和五格数理也会影响人一生的前程。古人“有其名必有其实”说的就是这个道理。

姓名学起源于中国，但因其取名需要高深的易理知识，故只在上层社会流传。18 世纪末，日本学者将我国姓名学进行了系统的整理，并命名为“圣学”。之后又传入新加坡、韩国、中国香港，再传入中国内地与中国古代五行取名法相结合，便形成了现今的姓名学。

姓名一般包括字音、字义、五格数理和阴阳五行。姓名的字音和字义的好坏一般都很好断定，姓名的五格数理和阴阳五行得当与否，则必须剖析姓名五格数理和阴阳五行，并结合本人的生辰八字和阴阳五行来进行判定。现在五格姓名学已经落后，笔者及有关专家已把它发展演变为九格姓名学了。打破了五格姓名学的局限，在原基础上，又加上了先天三格和内格，共九格。笔者近年来在偏旁部首姓名学和八卦姓名学的研究应用方面也取得了突破性的进展，博采众家之长，形成了独具特色的王氏姓名学。

要点说明

姓名一般包括字音、字义、五格数理和阴阳五行。

14 什么是天干

天干是中国古代用来计算历法的符号。

天干的十个符号甲、乙、丙、丁、戊、己、庚、辛、壬、癸的顺序蕴涵着万物从萌芽到成长、兴旺、衰退、消失的全过程，这十个字原本的含义是：

“甲”就是“铠甲”，指万物冲破其“甲”而突出的意思。

“乙”就是“轧”，指万物伸长的意思。

“丙”就是“炳”，指万物茂盛的意思。

“丁”就是“壮”，指达到“壮丁”时候的意思。

“戊”就是“茂”，指事物繁茂的意思。

“己”就是“起”，指万物奋然而起的意思。

“庚”就是“更”，指万物更新的意思。

“辛”就是“新”，指万物一新的意思。

“壬”就是“妊”，指万物被养育的意思。

“癸”就是“揆”，指万物萌芽的意思。

十天干与太阳的出没有关，太阳的循环往复对万物产生着直接的影响。甲、丙、戊、庚、壬为阳天干，乙、丁、己、辛、癸为阴天干。

要点说明

“甲”：万物冲破其“甲”而突出；“乙”：万物伸长；“丙”：万物茂盛；“丁”：达到“壮丁”时候；“戊”：事物繁茂；“己”：万物奋然而起；“庚”：万物更新；“辛”：万物一新；“壬”：万物被养育；“癸”：万物萌芽。

15 什么是地支

地支的顺序蕴涵着事物的发展变化过程。

子、丑、寅、卯、辰、巳、午、未、申、酉、戌、亥为十二地支，简称“地支”。《尔雅·释天》中说：“岁阴者，子、丑、寅、卯、辰、巳、午、未、申、酉、戌、亥十二支是也。”同样，十二地支的顺序也蕴涵着事物的发展变化过程。

“子”就是“孳”，指万物繁茂的意思。

“丑”就是“纽”，指用绳子捆住的意思。

“寅”就是“演”，指万物开始生长的意思。

“卯”就是“冒”，指万物冒土而出的意思。

“辰”就是“伸”，指万物伸长、振作的意思。

“巳”就是“已”，指万物已成的意思。

“午”就是“仵”，指万物已过极盛之时，又是阴阳相交的时候。

“未”就是“味”，指万物已成有滋味。

“申”就是“身”，指万物初具形体的意思。

“酉”就是“秀”，指万物十分成熟的意思。

“戌”就是“灭”，指万物消灭归土。

“亥”就是“核”，指万物生成种子的意思。

地支与地球物理的变化有关。子、寅、辰、午、申、戌为阳支，丑、卯、巳、未、酉、亥为阴支。

历法上用天干地支组合编排年号或日期，如甲子、乙丑、丙寅等。因为以一个天干和一个地支相配，阳干配阳支，阴干配阴支，共有六十个组合，所以六十年后(或六十天后)又要重新来一次，称为“六十甲子”。我国古代就是以“六十甲子”的循环来纪年、纪月、纪日、纪时的。

要点说明

“子”：万物繁盛；“丑”：绳子捆住；“寅”：万物开始生长；“卯”：万物冒土而出；“辰”：万物伸长；“巳”：万物已成；“午”：万物已过极盛之时；“未”：万物已有滋味；“申”：万物初具形体；“酉”：万物十分成熟；“戌”：万物消灭归土；“亥”：万物生成种子。

16 什么是奇门遁甲

奇门遁甲是一门预测的学问，可以给人们提供抉择行为的导向和时间依据。

奇门遁甲素有“帝王之术”的美称。民间有“学会奇门遁，来人不用问”的说法，它以后天八卦、洛书、二十四节气、时、空、数相配以形成基本格局和构架。这个格局和构架是多维的，占测时把具体时日置于这个格局之中，从而给人们提供抉择行为的导向和时间依据。

奇门遁甲是由“奇”、“门”、“遁甲”三个概念组成。“奇”就是乙、丙、丁三奇；“门”就是休、生、伤、杜、景、死、惊、开八门；“遁”是隐藏的意思，“甲”指六甲，即甲子、甲戌、甲申、甲午、甲辰、甲寅，“遁甲”即甲为帅，在十干中最为尊贵，它藏而不现，隐遁于六仪之下。“六仪”就是戊、己、庚、辛、壬、癸。隐遁原则是甲子同六戊，甲戌同六己，甲申同六庚，甲午同六辛，甲辰同六壬，甲寅同六癸。另外还配合蓬、任、冲、辅、英、芮、柱、心、禽九星。

奇门遁甲的占测主要分为天、门、地三盘，象征三才。天盘的九宫有九星，中盘的八宫（中宫寄二宫）布八门，地盘的八宫代表八个方位，静止不动，同时天盘地盘上，每宫都分配着特定的奇（乙、丙、丁）仪（戊、己、庚、辛、壬、癸）。这样，根据具体时日，以六仪、三奇、八门、九星排局，以占测事物关系、性状、动向，选择吉时吉方，就构成了中国神秘文化中一个特有的门类——奇门遁甲。

要点说明

三奇：乙、丙、丁。

八门：休、生、伤、杜、景、死、惊、开。

“遁”是隐藏的意思。

六甲：甲子、甲戌、甲申、甲午、甲辰、甲寅。

六仪：戊、己、庚、辛、壬、癸。

九星：蓬、任、冲、辅、英、芮、柱、心、禽。

17 什么是安太岁

在庙里供奉太岁星君，或以点光明灯的方式祈福。

所谓太岁，是依据生肖学的理论而来，太岁当头者必定是虚岁1岁、13岁、25岁、37岁、49岁、61岁、73岁。依据生肖学的说法，一般人的年庚，若与值年太岁相同，民间称为犯太岁，年庚对冲者，则叫冲太岁，诗曰："太岁当头坐，无喜恐有祸。"因此，无论是哪一种，在那一年里必定百事不顺，事业多困厄，身体多病变，因此最好能到庙里安太岁，也就是供奉太岁星君，或以点光明灯的方式来祈福、化解。但这只是民间的一种说法，并非人人遇到本命年即犯太岁之年都不顺利，关键是要按生辰八字的五行和阴阳生克制化为依据，才能准确判断自己哪年顺利哪年不顺利，不必要对本命年太忧虑，事实上在本命年提升、发财的人多的是。

要点说明

犯太岁的人虚岁为1、13、25、37、49、61岁等；

犯太岁的人该年的挫折及变动较多，所以最好安太岁。当然，这只是民间的一种说法。

18 什么是河图、洛书

河图、洛书等概念，是后来所有命理工具的基础。

河图、洛书是关于中国古代文明起源的著名传说。相传在远古优优羲时代，龙马跃出黄河，身负河图；神龟浮出洛水，背呈洛书。伏羲根据河图、洛书绘制了八卦。之后大禹治水，河伯献河图，宓妃（伏羲之女）献洛书，使大禹终于战胜了洪水。后来，人们就以河出图、洛水出书来表示太平时代的祥瑞。

河图中共有五十五个黑白点，代表"天地之数"五十五。其中白点为单数，

一、三、五、七、九，代表阳，又代表天，称为“天数”；黑点为双数，二、四、六、八、十，代表阴，又代表地，称为地数。天数加起来二十五；地数加起来三十。天地之数相加共五十五。因此称“凡天地之数五十有五”。一至五为“生数”，六至十为“成数”，表示天生地成。

神龟背上有一些有规则的点子，其排列为“戴九履一，左三右七，二四为肩，六八为足，五居其腹”，即北方为一为水，东方为三为木，南方为九为火，西方为七为金，中央为五为土。这就形成了八卦九宫图；一宫居坎位，二宫居坤位，三宫居震位，四宫居巽位，五宫居中央，六宫居乾位，七宫居兑位，八宫居艮位，九宫居离位。一宫为水，二、五、八宫为土，三、四宫为木，六、七宫为金，九宫为火。周文王由“洛书”推出“后天八卦”和“六十四卦”。周易源于河图洛书。河图洛书分别是中国古代的天文地理方位图。这一宇宙图被中国风水及其他古代科技广泛应用。伏羲氏由“河图”推演出八卦，称“先天八卦”。

河图、洛书所衍生的阴阳五行、八卦及九宫格等概念，是后来所有命理工具的基础。无论是八字、紫微斗数、奇门遁甲，还是风水、面相，都是从这些观念延伸而来的。

要点说明

伏羲根据河图、洛书绘制了八卦；
河图中已经有了奇数与偶数的概念；
河图、洛书后来成为所有命理工具的基础。

19 什么是本命年

本命年就是十二年一遇的农历属相所在的年份。

本命年就是十二年一遇的农历属相所在的年份，俗称属相年。在传统习俗中，本命年常常被认为是一个不吉利的年份。“本命年犯太岁，太岁当头坐，无喜必有祸”的民谣是关于本命年不甚吉利的最好写照，故民间通常把“本命年”也叫做“槛儿年”，即度过本命年如同迈进一道槛儿一样。每到本命年时，汉族北方各地，大人、小孩都要买红腰带系上，俗称“扎红”，小孩还要穿红背心、红裤衩，认为这样才能趋吉避凶、消灾免祸，这种习俗到今天仍在各地流行。其实，本命年是吉是凶关键要看生辰八字组合的喜忌和大运的变化，并非每个人到了本命年就不好。

本命年这一说法早在西汉时就有了，这起源于中国的十二生肖和“崇红”心理。在中国古代，人们用甲乙丙丁、子丑寅卯等天干地支的组合来记住所生的年份，为了便于记忆和推算，人们就采用鼠、牛等十二种动物来与十二地支相对应的方法，每年用其中的一种动物来作为这一年的属相。而汉族的本命年就是按照十二生肖属相循环往复推出来的，它与十二生肖紧密相连。一个人出生的那年是农历什么年，那么以后每到这一属相年便是此人的本命年，由于十二生肖的循环往复，每过 12 年，人们就要遇到自己的本命年，这样依次推出人生本命年为 12 岁、24 岁、36 岁、48 岁、60 岁……

要点说明

人的本命年为周岁 12 岁、24 岁、36 岁、48 岁、60 岁、72 岁……

20 什么是文曲星

在中国神话传说中，文曲星是主管文运的星宿。

文曲星，星宿名之一。中国神话传说中，文曲星是主管文运的星宿，把文章写得好而被朝廷录用为大官的人是文曲星下凡，民间出现过的文曲星包括范仲淹、包拯、文天祥等。文曲星属癸水，是北斗星，主科甲功名，文曲与文昌同属为吉星，代表有文艺方面的才能或者爱好文学及艺术。文曲星不同于文昌星的是，此星带有桃花，若女命再逢巨门同宫，即自甘堕落，水性杨花。文曲星喜与文昌星同宫，可对照充分发挥其才艺，若再遇武曲星同宫，主博学多能。不过要兼顾到父母宫的好坏，配合判断。

要点说明

文曲星是主管文运的星宿，主科甲功名。

21 什么是五格

天格、人格、地格、外格、总格是姓名学中的五格。

学习姓名学，一定要知道“五格”。“五格”为天格、人格、地格、外格及总格。天格、地格及人格为整个姓名学最重要的部分，此为天、地、人（三才）。因此，当你见人批算你的姓名为（三才）大吉时，代表你的姓名笔画内，天格、地格、人格均为上佳的吉数。笔者及少数几个专家已把五格姓名学发展为九格姓名学了，在五格基础上又加上了先天三格和内格，预测人生更加准确，尤其在预测学习、考大学、事业、情人及20岁前的运势方面又增加了信息，且十分准确。

（1）天格

天格是先天祖传的姓，姓是不变动的，也是不可以改变的，因此又俗称“胎元、胎运”，姓是骨，名是肉，骨为先天命，所以名字可以改，借此改运，但姓不能改。因此天格的笔画数吉凶，通常是不计算的。

（2）人格

人格又称主运，这是你的姓和名字第一个字的笔画数总和，例如演员林心如，林字的笔画加心字的笔画，便是人格，林字为8画，心字为4画，加起来为12画，她的人格（或称主运）便是12画。

人格（主运）是一个人姓名中最重要的画数，因为这个数理掌握我们的一生，此数一定要是吉数，不可为凶数。

（3）地格

地格是名字的总笔画数，如苏有朋这个名字，“有朋”二字加起来便是地格，地格又称为前运，掌管你的前半生，通常是指1～35岁。“有朋”二字加起来为14画，为前35岁的命势所在。此数为“浮沉破败”，代表名大于利，有劳无酬，先苦后甜，片刻风光之象。地格十分重要，因为它掌管了我们的前半生，但如果此君已过35岁，此数的影响力便会退减，就算不改也可以，35岁后便进入总格了，这是中晚年运。

（4）总格

总格是姓与名的全部笔画数，是中晚年的总和，自35岁起到终身成就。因此此数又称为后运，后运当然极为重要。对于未到35岁的人来说，当然前运较重要，但如果后运笔画数吉，也可以考虑不改名，但通常一般人都没有守运的耐性。总格是一个人的一生功罪，是姓名学五格中最重要的一格，虽然只影响中晚年，但一生所求，就是一个美满的晚年。

(5) 外格

外格是总格的笔画数减去人格的笔画数，一般来说是指贵人或外来助力。

要点说明

五格指的是姓名学中的天格、地格、人格、总格、外格。

22 什么是姓名的五格剖象法

将人的姓名按五格剖象法来解释。

五格剖象法是姓名学的核心，就是将人的姓名按五格剖象法来解释。所谓五格剖象法，就是根据《易经》的“象”、“数”理论，依据姓名的笔画数和一定的规律建立起来的五格数理关系，并运用阴阳五行相生相克的道理，推算人生各方面运势的一种简易方法。对于姓名学的内容，要用辩证的眼光去看，给后代、子女取名时不妨参考；如果自己目前的姓名数理配置不理想，也没有必要去改户口本上的名字，可以用笔名、常用名去补救，传统命理认为，最常写、常用的名字对自己人生运势的暗示力最大。

要点说明

姓名的五格剖象法，就是依据人的姓名，运用阴阳相生相克的道理，推算人生各方面运势的一种简易方法。

23 什么是八字

八字就是人的出生时间（年、月、日、时）的代表符号，代表着一个人的先天生命能量场。

“八字”也叫四柱（年柱、月柱、日柱、时柱），每柱两个字，正好八个字，所以称为“八字”。上为天干(甲、乙、丙、丁、戊、己、庚、辛、壬、癸)，下为地支(子、丑、寅、卯、辰、巳、午、未、申、酉、戌、亥)，因其原理基于阴阳五行，所以和紫微斗数统称为“五行术”。它是人的先天生物场的标志。

相传在黄帝时期，即由天皇氏制干支，伏羲氏作甲历，创建了中国的历法(现在的太阴历)。从黄帝纪元起，到现在已历七十八个花甲。一个花甲六十年，由天干、地支依序排列循环组合而成。

要点说明

八字＝四柱×(天干＋地支)

“八字”也叫四柱(年柱、月柱、日柱、时柱)，每柱两个字，正好八个字。上为天干(甲、乙、丙、丁、戊、己、庚、辛、壬、癸)，下为地支(子、丑、寅、卯、辰、巳、午、未、申、酉、戌、亥)。八字是一个在宇宙中诞生和存在的信息标志。

24 什么是测字

字体本身的结构可反映写字人的内心、健康，甚至吉凶。

测字在中国已有过千余年的历史，字是人类文明的表现，是表达一个人思想的信息。除了说话，字就是最传情达意的一种工具，字体本身的结构也可反映写字人的内心世界、身体健康，甚至运程吉凶。

测字就是从独立的字体和繁体字各结构组成部分相互作用关系去推算人生运程的一门学问，测是研究字的一笔一画一点一钩，其字里行间留下来的神韵、字的神态、字的精神、字的气魄，写字人会在不经意间把信息传达到字里行间去，就如一个人签自己的名字时，其字的气势、形态便显露出他的性格、心态、健康，甚至运程。相传西汉时期的东方朔就是测字预测的大家。

要点说明

测字就是从独立的字体和繁体字各结构组成部分相互作用关系去推算人生运程的一门学问。

25 什么是合婚

判断男女是否适合结婚。

合婚，就是在成亲之前找算命先生看一看男女之间的八字是不是犯克，婚姻是不是美满，这种做法在古代非常普遍。合婚在古代也叫合姓，就是合二姓为婚姻的意思。由于古代结婚娶妻，双方大多数没有见面的机会，更不用说去了解对方的品德操行和性格脾气了，双方家长和当事人只能通过对方的生辰八字去了解情况。因此，合婚在古代就显得非常重要。

合婚的具体步骤是，先根据男女双方的生辰八字，推算八字属于何种命相，再以阴阳五行说相生相克的理论来推断男女双方是否适合结为夫妻。若一方为金命，另一方为火命，则谓之“火克金”，两者命里相克，这门亲事万万不能确定；若一方为火命，另一方为木命，谓之“木生火”，则被认为是大吉，可以成婚。合婚有以属相为依据合婚的，也有以八字生日为依据合婚的。

要点说明

合婚就是“合八字”、“合命”、“合年命”等。

26 什么是催眠

催眠有着严密、完整的理论，是一门古老而又年轻的学问。

催眠术是运用暗示等手段让受术者进入催眠状态，并能够产生神奇效应的一种技术。

催眠是以人为诱导（如放松、单调刺激、集中注意、想象等）引起的一种特殊的类似睡眠又非睡眠的意识恍惚的心理状态。其特点是被催眠者自主判断、自主意愿行动减弱或丧失，感觉、知觉发生歪曲或丧失。

在催眠过程中，被催眠者遵从催眠师的暗示或指示，并作出反应。催眠的深度因个体的催眠感受性、催眠师的威信与技巧等差异而不同。催眠时暗示所产生的效应可延续到催眠后的觉醒活动中。以一定程序的诱导使被催眠者进入催眠状态的方法就称为催眠术。

催眠可以使人想起或遗忘以前的事情。催眠还可以作为一种治疗方法（即催眠疗法）减轻或消除病人的紧张、焦虑、冲突、失眠以及其他的身心疾病。

乍一看催眠似乎给人神秘、魔术般的印象，这也是合乎情理的，但是，认真研究一下催眠就会知道，催眠不是像魔术、占卜那样虚幻的东西，也不仅仅是催眠、被催眠这一简单的过程，实际上，它有着非常严密、完整的理论，是一门古老而又年轻的学问。

要点说明

催眠术是让受术者进入催眠状态的一种技术；

催眠可以使人想起或遗忘以前的事情，也可以治疗疾病。

27 什么是黄道吉日、黑道凶日

黄道吉日未必尽吉，黑道凶日未必尽凶。

黄道是一周年中太阳在各恒星之间的运行轨迹。黑道是一周年中月亮在各恒星之间的运行轨迹。这本来是天文学家以地球为中心来观察日月的不同运行轨迹，后被星占家们附上吉凶祸福等种种学说。

星占家把日辰的十二地支，配上十二个不同名称的值日天神，十二日当中，十二天神各依序轮值一次，周而复始。

子日青龙；辰日金匮；申日天牢；

丑日明堂；巳日天德；酉日玄武；

寅日天刑；午日白虎；戌日司命；

卯日朱雀；未日玉堂；亥日勾陈。

其中青龙、明堂、金匮、天德、玉堂、司命六神所值的属于黄道吉日。

其他天刑、朱雀、白虎、天牢、玄武、勾陈六神所值的属于黑道凶日。

歌曰：

黄道生方利动为，诸般造作最相宜；

门庭昌盛功名显，代代儿孙挂紫衣。

黑道凶星造与修，灾荒色乱必惊忧；

行方出入遭凶祸，万顷庄田一旦休。

上述黄道吉日未必尽吉，黑道凶日未必尽凶，要看有没有其他吉凶神煞及与祈福者出生年柱是否相冲克而论，更有岁破、月破、日破均忌用。

要点说明

青龙、明堂、金匮、天德、玉堂、司命六神所值的属于黄道吉日；

天刑、朱雀、白虎、天牢、玄武、勾陈六神所值的属于黑道凶日。

28 什么是桃花

桃花是命理上的爱情标志，属于“星宿神煞”的一类。

中国人自古以来讲桃花、说桃花，“桃花”这个命理词语可谓深入人心，但实际大多数人并不知道什么是桃花。桃花是命理上的爱情标志，属于“星宿神煞”的一类，具体包括咸池、红艳、沐浴等，在紫微斗数中，廉贞、红鸾、天喜等星带有桃花暗示。前人的书中过于相信所谓神煞的作用，礼法也比较严格。很多桃花星在现代并没有实际意义，因此现在一般只以子午卯酉为桃花。

“命犯桃花”在现代社会理解，是个人魅力强、异性缘好的象征。命中有桃花星的人，一般相貌都不错，人聪明，有才艺，但各种桃花却象征了不同的性格和吉凶走向。有人因桃花而深情，有人因桃花而多情，有人因桃花而夫妻恩爱，更有人因桃花而淫乱轻浮、身败名裂。

一般月柱有桃花称为内桃花，而时柱有桃花则称为外桃花。内桃花恩爱专情，外桃花处处留情，所谓“墙内桃花墙外红”。

要点说明

内桃花，即月柱有桃花，表示恩爱专情；
外桃花，即时柱有桃花，象征处处留情。

29 什么是十神与六亲

十神即五行相克十种情况，六亲即父母、妻子、兄弟、姐妹、子女、丈夫。

何谓十神？在生辰八字五行相生相克中，克我者为正官、偏官（因五行有阴阳之分，异性相克为正官，同性相克为偏官，余同类似）；我克者为正财、偏财；生我者为正印、偏印；我生者为伤官、食神；同我者为比肩、劫财——共10种情况。神者，借喻主管某一方面的星神，故称十神或十星。五行的相生相克关系，亦可表示六亲、人事关系：克我者为丈夫（女命）；我克者为妻子；生我者为父母；我生者为子女；同我者为兄弟。六亲即是父母、妻子、兄弟、姐妹、子女、丈夫。

十神和六亲的对应关系：官星为丈夫（女命）；财星为妻子（男命）；印星为父母；伤官、食神为子女；比肩、劫财为兄弟姐妹。

要点说明

十神：正官、偏官，正财、偏财，正印、偏印，伤官、食神，比肩、劫财；
六亲：父母、妻子、兄弟、姐妹、子女、丈夫。

30 什么是有财无库或无财有库

财帛宫代表赚钱的能力，田宅宫代表守财的能力。

在紫微斗数里，财帛宫代表的是赚钱的能力，田宅宫代表的是守财的能力，同时也代表一个人不动产的丰厚与否等。在生辰八字中，辰、戌、丑、未为四库，被日干克者即为财库，八字中无此四字中被克的一字，即使有财亦是无财库。

有财无库指的是一个人的能力很强，在赚钱方面更是堪称一流，可是在花钱方面也是一般人无法比拟的，有了钱就花掉，没有存钱的想法和动机，所以这样的人被称为过路财神。那么这样的人怎么判定呢？在姓名学里，若人格的笔画数相加为单数，地格笔画数相加也是单数，有这样格局的人就属于过路财神；在紫微斗数里，当财帛宫有财星坐守（如天府、武曲、太阳），但田宅宫却有煞星时，也算过路财神。

无财有库与有财无库恰恰相反，它指的是一个人的赚钱能力一般，但是因为很会理财或者能直接继承祖业，所以自己总是有一笔可观的财产。那么这样的人又怎么判定呢？在姓名学里当人格且地格的笔画数相加皆为偶数，或是在紫微斗数里，财帛宫的主星平平，但田宅宫或福德宫特别多时，就属于无财有库的格局。

要点说明

人格和地格的笔画数相加都为单数，指有财无库，表示赚钱能力强，但存不住钱；

人格与地格的笔画数相加皆为偶数，指无财有库，表示赚钱能力一般，但财产可观。

31 何谓太极

太极，是原始，也是无穷，是宇宙原始而混沌的状态。

大家知道，原始的数是“一”，《说文解字》中说：“惟初太极，道立于一，造分天地，化成万物。”可见太极既为初为一，可化成万物，又可至于无穷。太极原是天地、乾坤、刚柔、阴阳、理气等一切相对事物的混合体，可以不断二分。但无论经过多少次的二分，其分子永远是太极，也就是一状态。

所以，《朱子语类》中朱熹回答陈淳的话说：“在天地言，则天地中有太极；在万物言，则万物中各有太极。”太极代表一种根源，它是混沌而又能包含一切的。

因此，《朱子语类》中又有：“太极如一木生。上分而为枝干，又分而生花生叶，生生不穷。到得成果子，里面又有生生不穷之理，生将出去，又是无限个太极，更无停息。”说明太极就像自然界树木的生长，根固然是一太极，结成果子，又是无限个小太极。

从理方面来说，太极又是天地万物之理。此理在天上，是天理；在地上，是地理；在万物，是物理；在人上，是人理。如《礼记·大学》中说：“为人君，止于仁；为人臣，止于敬；为人子，止于孝；为人父，止于慈；与国人交，止于信。”每一伦有每一伦的理。作为一个人，应尽为人之理，像《周易·文言传》中所说：“与天地合其德，与日月合其明，与四时合其序，与鬼神合其吉凶。”

这就是《周易·说卦传》中所说的：“穷理尽性以至于命。”上达于天命而复归于宇宙的太极。

要点说明

太极就像自然界树木的生长，根固然是一太极，结成果子，又是无限个小太极。

32 什么是八字格局

八字格局是生辰八字的一种排列组合形式。

八字格局是生辰八字中衡量人生富贵贫贱、吉凶寿夭的天干地支的五行排列组合形式。它分为扶格、抑格、从强格、从弱格和化格等。从强格又分为从印格和从比格；从弱格又分为从财格、从官格、从儿格等。扶格：在日干弱时，其生扶之物印比有根或弱根受生扶，身弱用印比扶之。抑格：在日干旺时，其克泄耗之物有根或弱根被扶，身旺用克泄耗；从强格：日干旺极，其克泄耗之物财官食伤无极，顺其旺势而从强；从弱格：日干弱极，其生扶之物无根，顺其弱势而弱；化格：八字中的地支合化而成。但要合化到月令的五行才算化格。格局搭配得好，就容易富贵顺利平安，搭配不合理富贵平安就会受到影响。关键要看八字格局中的用神的旺衰远近。用神旺贴日干富贵，忌神（即克日干的五行）旺贴日干一生贫贱。

这些特殊的格局有好有坏，但中国命理的论法是，好的格局要想成功，除了要大运配合得当外，还得要看环境与时势的配合；但坏格局应验的几率特别高，这种情形虽然令人气馁，但也符合人之常情。而如果出现破格的情形，如出现煞星破坏，不但无法成功，反而可能会更糟。

要点说明

八字里的天干地支与斗数的星宿都只是一种代号；
好的格局要成功，还要搭配大运与环境的配合。

33 什么是紫微星

“紫”字是指紫微星垣，代称皇帝。因为天上恒星中的三垣，紫禁垣居中央，太微垣、天市垣陪设两旁。古时候认为天皇应住在天宫里，天宫又叫紫微宫。人间的皇帝自诩为天子。“太平天子当中坐，清慎官员四海分”，所以紫微星垣代称皇帝，又因为皇帝居住的内城严禁黎民百姓靠近，所以又叫紫禁城。

紫微星属己土，乃南北斗中天之帝王星，为官禄主，有解厄、延寿、制化之功。喜左辅、右弼为其辅佐，天相、文昌、文曲为之部从，天魁、天钺为之传令，日月为之分司，更喜会合禄存、天府，其威能制火铃为善，能降七杀为权。于人之身命，主人忠厚、耿直。若得府相、昌曲、左右聚集，巨富大贵。若落在疾厄、父母、兄弟、交友四宫，主人劳碌。

要点说明

紫微星属己土，乃南北斗中天之帝王星，为官禄主，有解厄、延寿、制化之功。

34 什么是个人星盘

个人星盘是指每个人出生时天上的星体的位置图。

星盘，或称命盘，是和你出生的那一刻天空中星体排列位置完全一样的星图。

因此，要排出一份正确的星盘首先得有确切的出生日期与时间以及出生地点（即使是同一时间，在不同地点看到的天空也是不一样的）。

有了出生时间及地点后，我们就可以把出生时间转换为标准时间（格林尼治标准时间），并查出出生地的经纬度。完成这一步骤后，早期的占星学家接下来还得拿这些资料对照星历表，查出各星体的确切位置，然后再一个个计算出它们之间的角度关系，但是拜科技所赐，现在有许多软件可以代劳这部分的工作了。

简单来说，个人星盘是指每个人出生时天上的星体，包括太阳、月亮及其他星体的位置图。从占星学的角度来说，个人星盘可以说是个人的生命地图，通过这张蓝图，可以了解每个人的人格、潜在个性，甚至还能看出他未来人生的各种可能性。因此可以说，个人星盘就是由生辰八字构成的先天生物场。

要点说明

通过个人星盘，可以了解每个人的人格、潜在个性，甚至还能看出他未来人生的各种可能性。

运势

卷四

命理知识100问

观念篇

35 八字不合的人不能结婚吗

八字不合，并不代表没有夫妻的缘分。

古时候，男女都通过媒妁之言结为夫妻，在洞房花烛夜之前是从没见过面的，所以一般都会通过测八字来观察两个人是否可以结婚。

八字共有四柱，年柱代表青少年时期，同时也代表当事人祖父母辈的关系；月柱代表青年时期，代表当事人与父母之间的关系；日柱代表中年时期，也是夫妻宫所在，代表当事人与配偶的互动；时柱则反映晚年时期与子女的关系。

这种合婚的方式只是通过四柱的五行生克，来观察两人对长辈的态度、对婚姻的经营，以及未来对子女的培养上是否会发生矛盾和分歧。所谓的八字不合，也只代表两人的价值观不完全吻合，并不代表没有夫妻的缘分。

要点说明

八字不合只代表两人的价值观不完全吻合，不代表二人没有夫妻缘分。

36 改名字真的可以转运吗

姓名对人的影响，远不如后天的努力。

一个人的“命”是先天注定的、不可改变的，在呱呱坠地那一刻就已经决定了，但“运”却是可以改变的，因为它是后天的，是可以随着环境、自身努力而发生变化的。

有很多人试图通过改变自己的名字来改变自己的“运”，为自己开拓一个更广阔的发展空间。但是在姓名学的理论里，新的名字要产生效用，至少需要半年的时间累积。在一命二运三风水四名字五积阴德六读书的看法里，姓名对一个人的影响力只占20%左右，所以更需要自身后天的努力。只有靠自己的坚韧不拔和勤奋努力，才能获得成功和幸福，才能走好运。

要点说明

一命二运三风水四名字五积阴德六读书，后天的勤奋和努力比改名字更重要。

37 命理师真的有特异功能吗

命理师有敏锐的观察力、缜密的思考力、丰富的知识。

其实，命理师并没有什么特异功能，他靠的只是敏锐的观察力、丰富的知识和经验。一般的命理师都会通过八字的演算和面相、骨相、气色、动作等的观察来判定当事人现在的状态以及今后发展的趋势，通过观察风水来了解当事人身处的生活环境，以及对他的影响，这些全靠的是命理师丰富的生活阅历和理论知识积累，而非特异功能。

此外，对于紫微斗数、八字登命盘的解析，或是八卦、测字等占卜工具，在解释命盘或卦象的过程中，除了依据传统的解释外，命相师更重要的则是通过人的面相气色，来判断他的近况和应采取的应对措施。

可见，一个好的命理师或命相师，不但要充分懂得和了解传统的命理知识，还要有敏锐的观察力和缜密的思考力，丰富的生活经验更不能少，因为命理师给别人算命靠的不是特异功能，而是知识、技能、经验等。

要点说明

观察力与丰富的阅历是命理师的基本功夫，他们并不具有特异功能。

38 左吉右凶，眼皮跳大占卜

欲知吉凶，还要根据眼皮跳动的时间来确定。

子时：23：00～01：00前

左眼：意外之喜降临，会有不错的好运，你的心脏要强一点，别兴奋过了头。

右眼：有人请你吃饭，可以省下一笔钱，但是这个人的目的不明，你要多多斟酌。

丑时：01：00～03：00前

左眼：家中最近很麻烦，大小事困扰着，不知该怎么办，短期内一筹莫展。

右眼：有人思念你，有可能是家中长辈，他们牵挂你太久了，有空打电话关心一下吧。

寅时：03：00～05：00前

左眼：会有朋友自远方来，狠狠吃你一顿！如果不是好友或手边闲钱不多，接到朋友电话一定要装出忙的样子。

右眼：家人有机会得到意外之财，如忽然中了奖，有可能丢掉的钱又找回来了。

卯时：05：00～07：00前

左眼：贵人贵客报到，让你生命重现曙光，多留意忽然出现在你身边很久不见的朋友。

右眼：平安顺利，不必过于担心可能发生危险的状况，吉人自有天相，安心睡觉吧。

辰时：07：00～09：00前

左眼：人际关系会变好，许久不见的朋友再次相逢，可能捎来不错的喜讯。

右眼：钱财不知不觉地流失掉，花了许多冤枉钱。

巳时：09：00～11：00前

左眼：会有好处可以捞，目前的你颇有利用价值，别人都会让你三分。

右眼：开车小心，提醒家人多注意平安，危险可能会出现在四周。

午时：11：00～13：00前

左眼：长期耕耘总算有了结果，你可以松一口气了，准备享受成果吧。

右眼：意料之外的事情会发生，还好的是几率不高，要继续保持警惕才好。

未时：13：00 ~ 15：00 前

左眼：你可能在打赌或玩麻将时输了不少钱，别等输光了再后悔。

右眼：有好事发生，但属于微不足道，你也不会特别在意的那种小事。

申时：15：00 ~ 17：00 前

左眼：忽然想起什么事情吗？快点去做，当下想到的，最容易成功了。

右眼：异性缘佳，你的贵人就是异性，他们对你比同性宽容多了。

酉时：17：00 ~ 19：00 前

左眼：为人辛苦为人忙，好在有收获，帮别人也是在帮自己。

右眼：刚认识的朋友就可以熟得不得了，多交些朋友有益无害。

戌时：19：00 ~ 21：00 前

左眼：有人指派工作给你，不要想太多，快点答应，其他的问题自然会迎刃而解。

右眼：得意忘形了吗？不要太嚣张了，小心小人随时准备落井下石。

亥时：21：00 ~ 23：00 前

左眼：在享受阖家团圆、多方肯定的快乐，再加把劲，你会做得更漂亮。

右眼：提防官司纠纷，你可能会因口舌冒犯人，或弄坏东西！

要点说明

左吉的时间包括：

子时：23：00 ~ 01：00 前；卯时：05：00 ~ 07：00 前；辰时：07：00 ~ 09：00 前；巳时：09：00 ~ 11：00 前；午时：11：00 ~ 13：00 前；申时：15：00 ~ 17：00 前；酉时：17：00 ~ 19：00 前；亥时：21：00 ~ 23：00 前。

右吉的时间包括：

丑时：01：00 ~ 03：00 前；寅时：03：00 ~ 05：00 前；卯时：05：00 ~ 07：00 前；未时：13：00 ~ 15：00 前；申时：15：00 ~ 17：00 前；酉时：17：00 ~ 19：00 前。

39 练气真的可以增加财运吗

精神不聚则气散，气散则神不宁，神不宁而百病缠。

练气就是要增加人的一口气，增强人的精、气、神，让人更健康，有了健康的体魄才能进行更进一步的思考，人的应对能力才能得到提升，胆识和气魄都会变大，也能勇于行动。人的成功就在于能将理想、蓝图付诸行动，而不在于只是想一想或是说说而已。从行动中可积累经验，从经验中可吸取教训，不论是失败的还是成功的经验都是宝贵的，而经验累积多了就会产生效应。

财要如何运转呢？我们从拆字来看，“财”是“贝”和“才”，也就是要“有才”才能得“贝”，才是才能，才不只是嘴巴上说说而已，要有实际的行动。当气和才都有了之后就要看运气是如何运作的。要顺着势走，势就是社会流行的方向，是无形的力，当顺着势走时，做事会较顺，如果逆着势走或是攀不上势时就会较辛苦，阻碍较多。

要想有财运，就必须先有本质的条件，有才能才抓得住机会，但抓得住并不代表就有了，还要配合足够的持续力。因为才能是一回事，机会是一回事，当才能碰上机会后如果没有足够的气也是运不起来的。所以要练气，这样才能增加财运并且抓住到来的机会。

要点说明

练气就是要增加人的一口气，增强人的精、气、神，让人更健康，有了这些作为基础才能走财运。

40 小名或绰号，会影响一个人的运势吗

在姓名学里，小名或者绰号并不会影响一个人的运势。

很多人都喜欢用小名或绰号来称呼他人，认为这样不仅会拉近两个人之间的距离，还能活跃气氛，但是你可曾考虑过对方的感受？如果绰号或小名很难听或者不雅，这样叫出来难免会给对方造成一种不安和尴尬，尤其是有些绰号，是对方缺陷的代名词，如果叫出去，会给对方造成很大的伤害。

在姓名学里，小名或者绰号并不会影响一个人的运势，除了父母给的本名外，一个新的名字要产生效用，必须经过天、地、人三方的告知，亦即通过仪式告知上天、通过祭拜告诉祖先，并告知所有的亲朋好友，并且还要经过长时间的累积，才会产生新的磁场与效应。如果发现自己的名字不好，可以请有关专家起一个别名，以别名代替原名可以起到改运的作用，不必改户口，自己承认，让更

多的人叫你就可以了。

但是，拥有一个不雅的绰号难免会造成困扰和尴尬，尤其是一个成年人，名字也可以算是一种身份的象征，如果拥有太难听的绰号，总是会带来尴尬和不便。

要点说明

小名或者绰号并不会影响一个人的运势，一个新的名字要产生效用，必须经过天、地、人三方的告知才能生效。

41 女人冠夫姓后，命运会有所改变吗

女人婚后的运势取决于其性格特质和夫家的环境。

女人冠夫姓之后，除了原有的地格不变外，其余如天格、人格以及总格都会有所转变，命运自然也会有所不同，所以一般认为，如果女人结婚后不冠上夫姓，就能保有婚前的性格。

女人在婚后的性格或运势是否会改变，与是否冠上夫姓有很大关系，当然与自己的性格特质和夫家的环境也有密切的关系。一个人的性格在18岁后就很难再改变了，即使有所改变也需要周围的环境与条件发生很大的变化，如配偶、公婆等对她的影响。但冠上夫姓后，其五格中的人格和总格都改变了，其性格也会跟着改变，性格决定命运，因而其运程也会变化。

要点说明

女人结婚后不冠上夫姓，就能保有婚前的性格；冠上夫姓，性格就会改变。

女人在婚后的性格或运势是否会改变，与自己的性格特质和夫家的环境有密切的关系。

42 双胞胎的命运是一样的吗

一般情况下，双胞胎的命运是不同的。

双胞胎只要性别相同，出生时间也相同，那么他们的八字或紫微斗数也是相同的，他们的命盘也是一模一样的。如果是一男一女的龙凤胎，虽然命格相同，但是大运的走向却完全相反，命运自然也就不同。

至于具有相同命盘的双胞胎是否具有相同的命运，一直是命理界讨论的问题。但是根据现代的理论和实践，基本上都认为，即使双胞胎具有相同的命盘，但由于受后天环境的影响，可能会造成世界观和人生观的不同，所以他们的命运也是不同的。他们命运有所区别的一个重要原因是：人的生物场就像计算机的芯片一样，它的程序的输入编码是受天磁场和地磁场影响的，各种天体包括地球都在时刻运动变化着，我们所处的时空都是相对的，各种星体都对地球辐射能量，西方叫“背景能量”。由于我们每个人在出生前所处的时空是不同的，所以吸收的背景能量也是不同的，故人的生物场也是不同的，他们的人生运程也就不同了。即使是双胞胎，他们降生的时间相差四分钟，各种星体的旋转角度就差了一度，他们接收的太空中的背景能量也就有了区别，他们的生物场也有了区别，因而他们的人生运程也就不同了。

要点说明

双胞胎即使有相同的命盘，两个人的命运也可能是不同的。

43 命不可变，运可以变吗

命和运是两个完全不同的概念，命不可变，但运可变。

命运，由“命”和“运”两部分组成。古人把人的出生时间取了一个词叫“命”，人从降生到老要运行要发展叫“运”，二者合起来叫“命运”，它由先天和后天两部分组成。人的生辰八字即命，它在人生运程中起主导作用，而运起辅助作用。命运包括了人的健康、财富、婚姻、学业、职位、子女、父母、寿夭等各种信息。但是“命”和“运”是两个完全不同的概念，下面分别介绍。

“命”，它由出生年月、遗传基因决定，是与生俱来的、无法改变的，属于先天的范畴，就像人出生时的生辰八字一样，是不可改变的。

“运”，它是由诸多因素组成的，并通过人的不同意志发生改变，属于后天可变的范畴。运气是确实存在的、不可否认的，姓名、风水、修炼、人际关系都可以影响或改变一个人一生的运气。

可见，一个人的“运”是可以调整和改变的。我们大可不必为自己出身卑微而烦恼，也不要为自己先天条件不足而灰心，要永远记得，命不可变，但运可变，你的人生将会因为你的改变而改变。

要点说明

“命”是先天的、注定的、不可改变的；

“运”是后天的，可以调整和改变。

44 孤寡年就不能结婚吗

孤寡年源于日本的一则民间故事，其实就是一种迷信。

孤寡年指的是一年内有两个立春的年份。据说，在这一年结婚的男女都不会白头偕老，这是因为春天多的话必定多淫，多淫则容易有早夭的现象，自然无法拥有美满的婚姻。

其实，这个说法起源于日本，而且是根据一个传说故事演化而来的，跟中国传统的命理毫无关系。就因为这个没有根据的说法，坏了不少姻缘。

还有一种说法，又无端将缺少立春的年称为寡妇年，说这年结婚的男人必定早逝，女人必定守寡。其实这些完全是没有科学根据的，所以不要轻信这些俗话，否则会拆散不少的好姻缘。

要点说明

孤寡年就是一年内有两个立春的年份；

寡妇年就是没有立春的年份。

孤寡年和寡妇年与婚姻有影响的说法没有根据，不要轻信。

45 女人处于生理期时不可以推算命理吗

女人处于生理期时可以推算命理，没有禁忌。

古时候人们都认为，女人在生理期时是不洁的，凡是处于这个特殊时期的女人都不能到庙里朝拜，因为女性在生理期间由体内排出的经血是体内新陈代谢的污秽血气，所以不宜进入庙宇。另外，这个时期的女人在遇到别人占卜时也要躲避，否则会触动神明，自己会受到惩罚。这些说法都是不可信的。

其实，生理期是女人正常的生理反应，之所以在此期间会排出经血，是子宫内膜脱落的细胞，也是孕育生命的重要机制，并不是什么不洁的事情，即使真的有神明存在，神明也会以慈悲之心宽容接受的，绝对不会因此就把处于生理期的女人排除在外。

要点说明

古时候人们认为，女人在生理期时是不洁的；

其实，生理期是女人正常的生理反应，不是什么不洁；

没有“女人在生理期不能推算命理”的禁忌。

46 八字重就能富贵吗

八字重是否富贵，由个人的勤惰或德行而决定。

民间流传一种诸葛亮的称命预测法，根据人出生的不同时间有轻有重，年份、月份、日、时的重量都是不相同的，把人的不同的出生年月日时的重量加起来有一个总重量，每个人的出生时间不同，重量也就不同。

这些斤两从二两一到七两一，总共有五十一种斤两。若依轻重分为三类的话，二两一到三两七属于八字轻的；三两八到五两四属于八字中等；五两五到七两一属于八字重。

八字重代表先天的条件比较好，可能是出生在荣华富贵之家，或是出生在有社会名望的家庭。八字轻者，代表出身清苦，财富少，社会地位低，等等。

但这并不表示如果八字重，将来就能富贵，是否富贵还要由个人的勤惰或德行而决定。八字轻的人，虽然出生时条件差些，但是只要努力经营人生，做人有德行，在未来的人生一样能富贵。

八字只是命运的参考而已，命不能变，运却可以改变。不管八字是多少，如果你有一份“觉知性”，知道奋发图强，做人有道德，那普通的八字也可以拥有荣华富贵。实践证明，八字斤两轻的未必不富贵平顺，八字重的人也未必就一定富贵平安。

要点说明

八字重表示一个人的出生时辰好，表示一个人的先天条件比较好；
八字轻表示一个人的出生时辰不好，表示一个人的先天条件差。

47 本命年的八个属相都不能结婚吗

哪年结婚，哪年离婚，蕴藏在生辰八字里，有道理吗？

在十二地支中，《周易》认为亥亥（猪）、辰辰（龙）、酉酉（鸡）、午午（马）自刑，自刑就是自己和自己过不去。这十二地支恰好也是相对应的猪、龙、鸡、马四个属相，所以在本命年结婚会犯“自刑”，会遇厄运，诸事不顺，当然结婚以及婚后也就不顺了。所以《周易》认为除了这四个属相以外，其余的八个属相都可以在本命年自由结婚。其实这种说法也不见得完全正确。

（1）即便是本命年犯“自刑”，那也要看“自刑”之五行在本人的生辰八字里，是用神还是忌神，若是忌神，那真是凶上加凶，大不吉利，但若是用神呢？不但不凶，而且是用神到位，喜上加喜，锦上添花了。有很多人在本命年不但很顺，而且还事业大成，财运大发，或喜事临门。

(2) 其余没有犯“自刑”的八个属相，在本命年结婚是否吉祥，也要以本人生辰八字喜忌来看。倘若此年为本人用神（此“神”是指五行），或是“三合”、“六合”，那就适合结婚；倘若此年为本人忌神（忌讳的五行），或是“逢冲”、“逢害”或“逢刑”，那就不太适合结婚。如果日支受冲，往往是结婚的最好时机。

再进一步来讲，即便是本命年逢“冲、害、刑”，但受伤的是忌神，或冲开夫、妻宫，照样适合结婚，并没有什么不吉祥。

要点说明

《周易》认为除了猪、龙、鸡和马四个属相外，其余八个属相在本命年都可以结婚；

在婚恋问题上，有时候不妨自然一些，随缘顺命也许是比较明智的态度。

48 二月二这天理发真的能给人带来好运吗

“二月二龙抬头”，这天理发并不一定给人带来好运。

农历“二月二”是传统的“春龙节”，有“二月二龙抬头”之说，民间一直有“理发去旧”的风俗，在这一天理发能够带来一年的好运，正月不能理发的风俗影响很大，人们普遍是在腊月理一次发，然后等到二月二“龙抬头”才会再进理发店，人们希望在农历年初理个发，以整洁、清爽的精神面貌迎接新的一年。

其实这只是一种习俗，在命理学上没有相关的理论依据，所以并不是说这天理发以后就一定能走好运，这只是人们的思想观念问题。

要点说明

二月二理发并不一定能给人带来好运，这只是一种习俗。

49 放生真的可以改运吗

“欲知世上刀兵劫，但听屠门夜半声。”

世人为能享受美味，极尽杀烹之能事。仅香港一地，每天在屠房及厨房内杀害的牛、猪、羊、鸡、鸭、鹅和海鲜、鱼、虾、蟹、蚬、蚝、螺、蚌，以及乳鸽、鹌鹑、蛇、鱼，等等，其数以亿计。整个世界充满了杀机和戾气，这无数受害生灵的怨气，日积月累，无形中会给人类带来祸害。愿云禅师戒杀诗中有云：“欲知世上刀兵劫，但听屠门夜半声。”

放生不仅给了动物死里逃生的机会，冥冥中也为自身安排了一条后路。从消罪解孽和积善种福方面来说，其无形的功果更是不可估量的，对于患有顽病怪疾，或求寿、求子、求健康的人来说，“放生”尤为重要。

放生应注意一些事项，如属于咸水的海鲜鱼类，则应该放回海中；属于淡水的鱼类则应放到水塘中；鸟雀应到山林中去放，以使它们回到适应生活的大自然中去。

要点说明

放生不仅给了动物死里逃生的机会，冥冥中也为自身安排了一条后路。

50 命理的根据是什么

事实上，命理是一门非常高深的学问。

一说命理，很多人就会立即表示不屑，并且将其与“迷信”、“愚昧”或者“骗人”等词联系在一起。事实上，命理是一门非常高深的学问，而且，只有深入研究过命理术的人才能真正意识到命理这门学问的深奥以及神奇。中国古代的命理术有很多种，其中比较著名的有四柱、周易六爻、紫微斗数、铁板神数、奇门遁甲、面相、手相等。

命理术是经得起实践检验的。经过几千年的实践能够一直流传下来而没有衰微迹象，便是一个强有力的证明。

命理术根据不同的推理方法推算出来的结果往往惊人的一致。四柱命理、周易六爻、紫微斗数以及其他命理方法包括面相、手相等，它们创自不同人之手，算法也截然不同，但是，如果用四柱、六爻、紫微斗数测算同一个人的同一件事情，却发现结果总是大同小异！

其实，四柱、周易六爻、紫微斗数等命理中的每一个基本概念、每一个推命依据的背后，都包含着一个深刻的人生哲理。也就是说，命理其实就是人事的事理，它所包含的天道其实也就是人道。而且，更让人惊叹的是，命理术总是能够将这些人事的道理公理化、定理化以及概念化，然后用阴阳五行、干支、数字、符号、图等将它们联系起来，从而使似乎根本无法把握的人的命运和事件的结局能够通过测算而得以预知。虽然这些联系的依据常常让人摸不着头脑，不过这些联系仍然都是有规律可循的。它是时空信息的反映，周易就是研究天磁场、地磁场和人的生物场之间关系的学问，它有自己的一套规则和规律，仅下苦工夫是摸不透的，对一般人而言，难免有虚幻的感觉。仅人类的八字组合模式就有四十八万种之多，文化水平低，又不专门研究它，就难免有玄乎的感觉，弄不明白，不代表它不存在。

要点说明

- 命理术的奥秘在于：用四柱、紫微斗数、奇门遁甲、周易六爻等不同方法测算出来的结果总是大同小异。

51 “克夫”就是要丈夫的命吗

“克”只表示相冲突、不和谐，但并不一定危害生命。

在现实生活中，一提到“克夫”许多人都会不寒而栗，觉得这个女人就一定会把她的丈夫“克死”，所以古代男女在结合之前一定要找命理师来给他们算算，看看能不能结婚，如果有“克夫”或“克妻”的征象，两个人是绝对不能结婚的。

其实在传统命理学中，“生”、“克”等字眼，本来是依据太阳五行的关系而来，举例来说，因为钻木能取火，所以是木生火，而金属制成的刀刃能伐木，因此即为金克木。原本“生”为助长，“克”指抑制，并没有一定的好与坏。

“克”其实并不一定就危害生命。例如在紫微斗数里，太阳座命的女人虽然非常温柔，但是这样的女人被扣上“克母”的帽子，其实这是因为太阳代表父亲与丈夫，太阴代表母亲，当这些星入命宫时，只表示当事人在性格与上述角色较接近，也容易产生冲突，只要注意沟通的问题，其实并没有太大的问题，从这个例子中我们可以看出，“克”只表示相冲突、不和谐，并不一定危害生命。

要点说明

“生”为助长，“克”指抑制，并没有一定的好与坏。

52 剖腹产生下的孩子是按照这个时辰来推算命理吗

剖腹产属于非自然的行为。

照西方科学来说，无论是自然生产或是剖腹产，都不应该影响命盘的排定才是，但因为中国人向来崇尚自然，认为任何非自然的事情都是与天夺权，将带来不良的影响，而剖腹产当然也属于非自然的行为。尤其是现代许多人企图通过剖腹产造命，这种做法是否会影响孩子将来的运势，也是命理界一直争论不休的问题之一。所以剖腹产生下的孩子是否按照这个时辰来推算命理还应该进行进一步的论证。

我国香港、台湾地区，实行剖腹产的历史比较长了，按剖腹产的时间判断人的富贵贫贱已有许多成功的案例。笔者经过长期的研究实践证明，看人的富贵贫贱还是以人离开母体见到天地为依据，不管是剖腹产还是自然产，只要离开母体，他们的生物场就是确定了的，就像计算机的芯片一样，它的程序就由母亲编写输入完毕了。他们的人生运程就是一定的了。几千年来判断人的富贵与否就是依据人的生辰八字，没有发现更好的办法。

要点说明

剖腹产生下的孩子按照这个时辰来推算命理是否准确还应该进行进一步的论证。

53 阳女比较男性化，阴男就比较女性化吗

阳女比较男性化，阴男比较女性化，这只是误解而已。

阳男、阳女、阴男、阴女是紫微斗数里的术语，主要是作为大运运行方向的依据，本身并不带有任何意义，并非像一般人所想的阳女就比较男性化，阴男就比较女性化，这只是人们的一种误解而已。那么如何判断自己属于哪一种呢？出生年的天干为甲、丙、戊、庚、壬的女性为阴女，乙、丁、己、辛、癸的女性则为阳女，男性则与此恰恰相反。

阳女大运运行的方向以命宫为起点，依照逆时针的方向依序排列，阴女则依照顺时针的方向排列，男性则恰恰相反，阳男依照顺时针顺序排列，阴男依照逆时针方向排列。

从上面这种模式中我们不难看出，中国命理中男为阳、女为阴的观念仍然非常根深蒂固，所以才会有阳男为顺时针排列，而阳女则为逆时针排列。

在传统命理中，如果阳性落在男人身上，则说明这个男人多半主贵主财。如果阳性落在女人身上，则说明这个女人克夫又克子。

在八字中的阳女是指八字的天干地支都是阳性的组合，阴男是指其八字的天干地支都是阴性的组合。古人认为阳女和阴男的八字组合容易使婚姻不顺利，夫妻容易闹矛盾、闹离婚。如果阳女和阴男结婚则又容易使婚姻和谐，这叫“硬配”。

要点说明

阳女：出生年、月、日、时的天干为甲、丙、戊、庚、壬。

阴女：出生年、月、日、时的天干为乙、丁、己、辛、癸。

阳男：出生年、月、日、时的天干为甲、丙、戊、庚、壬。

阴男：出生年、月、日、时的天干为乙、丁、己、辛、癸。

阴女：出生年、月、日、时的地支为丑、卯、巳、未、酉、亥。

阳女：出生年、月、日、时的地支为子、寅、辰、午、申、戌。

阳男：出生年、月、日、时的地支为子、寅、辰、午、申、戌。

阴男：出生年、月、日、时的地支为丑、卯、巳、未、酉、亥。

54 如何判断一个命理师的好坏

一个好的命理师要扮演先知和心理医生的角色。

判断一个命理师的好坏应该根据以下标准：

(1) 具备丰富的命理知识和经验

命理师要有丰富的命理知识并具备相关技能、经验，这也是一个前提条件，如果一个命理师不具备这样的条件，他根本称不上是命理师。

(2) 要具备社会道德感

道德问题是判断一个命理师好坏的重要条件。需要求助于命理师的人，多半已经处于六神无主的状态，这时如果遇到一个存心不良的命理师，算得不但不准还收取了不少金钱，更重要的是还给当事人一些可怕的评语，如克夫、克子等字眼，会给当事人造成终身的阴影。

一个好的命理师不但要扮演先知的角色，还要扮演好一个心理医生的角色，不但要给当事人未来生活的预测，还要想办法帮助他解决问题，给出建设性的意见。

要点说明

好的命理师要具备以下两个条件：

具备丰富的命理知识和经验；

道德品质好，与人为善，说话有艺术性。

55 中国人为什么爱算命

不管是西方人还是东方人都喜欢通过某种途径来预知自己的未来。

其实，不管是西方人还是东方人都喜欢通过占卜等工具预知自己的未来。中国人算命时最关心的主题一般是姻缘何时到，财神爷何时光临自己等。但是，中国人也有这样的俗语：“穷算命，富烧香。”其实这是在提醒人们不要把一切寄托于算命，一遇到问题就去找命理师解答，而应该努力突破自己，执著地去追求自己的幸福，也只有这样才能获得真正想要的东西。

要点说明

不管是西方人还是东方人都喜欢算命，但在这里要提醒人们的是不要把一切寄托于算命，而应该努力突破自己，执著追求自己的幸福。这样才能获得真正想要的东西。

56 从字体可以看出一个人的性格吗

字体不同，人的性格也各不相同。

字体有棱有角、字迹潦草的人：有理性的一面，处事认真负责，具有较强的逻辑思维能力；性格笃实，考虑全面，有时近乎循规蹈矩；稍欠热情，不善交际，对与自己有关的事情非常敏感，对他人不甚关心，有时冷酷无情。

字体方正、有规律的人：处事认真仔细、慎重，有时过于拘泥，有板有眼，规规矩矩，但意志力坚强，热衷于工作；有时主观臆断，固执，听不进他人的劝告，同时缺乏幽默感，显得没有活力。

字体有棱有角，笔画细小的人：气量狭小，对自己没有信心，办事犹犹豫豫，不果断；非常在乎别人的看法和态度，具有神经质性格。他们有把握全局的能力，能够统筹安排，积极听取他人的意见，关注他人的长处，可以成为很好的合作伙伴。

字体大、线条分明的人：平易近人，好相处，善于社交，为人真诚亲切，还有暴躁和抑郁的性格特征。他们趋于外向，兴趣广泛，思维开阔，做事有雷厉风行的魄力，但多有不拘小节、缺乏耐心和不够精益求精等小毛病。

字的大小、形状、角度都不定的人：虚荣心强，重视自己的外表，谈话当中经常强调自己的观点，因此所说的话特别多，不能够站在对方的立场考虑问题，总是伤害别人，缺乏同情心和合作精神；由于常常以自我为中心，容易受到鼓动和干扰，有歇斯底里的倾向。他们看问题很实际，有时很消极，遇到问题只看阴暗面，容易悲观失望；情绪不稳定，自控能力差，常常会受外界的影响而忽喜忽忧。

要点说明

字体有棱有角、字迹潦草的人：有理性、性格笃实，不善交际；

字体方正、有规律的人：处事认真、意志力坚强，但缺乏幽默感；

字体有棱有角，笔画细小的人：气量狭小，缺乏自信，有点神经质；

字体大、线条分明的人：平易近人，好相处，善于社交；

字的大小、形状、角度都不定的人：虚荣心强，自私，缺乏同情心和合作精神。

57 男女差 3 岁或 6 岁不宜结婚吗

两个人合不合必须参考整个八字，也就是“四柱命局”。

男女差 3 岁或差 6 岁不宜结婚，是符合八字理论中的“三刑”与“六害”理论的。差 6 岁不合的说法主要在于八字中有种关系叫做“六冲”，所谓六冲就是子午冲、丑未冲、寅申冲、卯酉冲、辰戌冲、巳亥冲，而子午、丑未等在岁数上正好差 6 岁，于是有人认为差 6 岁是不好的。但这又未免夸大了理论的作用而忽略了其他的重要因素，因为年支（也就是生肖）只是八字中的一柱，而“年”的影响没有“月”、“日”重要，所以，这种由纯理论的推理得出的结论是不能绝对化的。

而所谓差 4 岁、7 岁乃幸福吉祥婚配，则主要是以生年地支（即生肖）之三合、六合为依据。

这种说法，也是有一定道理的，相冲相刑确实使一些夫妻气场不和，经常闹别扭，莫明其妙地发火，但也不是相冲相刑的夫妻都这样，最重要的还是八字格局搭配起决定作用。男人八字中财为用神，虽然属相相冲相刑，但夫妻感情却如胶似漆。财为忌神不受制，虽然二人属相不相冲不相刑，但夫妻还是要分手。两个人合不合，必须参考整个八字，也就是年月日时所形成的“四柱命盘”，这样才能够正确论断。如果只看差几岁就来判断，那便是只看“出生年”，而不看“月、日、时”，就会有很大的误差。因此，不必因为差 6 岁而有所顾忌，合不合要参考八字中的整体因素。

要点说明

男女差3岁或6岁不宜结婚，符合八字理论中“三刑”与“六害”的说法；差4岁、7岁乃吉祥婚配，则是以生年地支（即生肖）之三合、六合为依据；这些说法都有一定的道理，但其实两个人合不合，必须全面参考整个八字。

58 占筮应遵循什么样的原则

《易经》最根本的占筮原则是：有疑则卜，无疑则不卜。

在介绍《易经》的占筮方法之前，我们有必要先了解一下它的占筮原则，因为占筮原则直接影响到卜卦的结果是否灵验，而无论用什么样的方法进行占筮，灵不灵验都是最重要的一点，但怎样做才能灵验呢？这里有几条自古流传下来的注意事项，具体内容如下：

（1）卜前一晚早睡，不做杂事，如厕后要洗手。

（2）晚11点后不卜，嘈杂邪溺环境不卜，心未定不卜，心不诚不卜。奸秽盗淫之事不卜，心意已决之事不卜，可判断之事不卜，赌博不卜。

（3）一事只一卜，无事切勿卦。

（4）占卦须心无杂念，全神贯注，冥想所要占卜的人、事、物。

要点说明

占筮要遵循一定的原则，具体有：

卜前一晚早睡，晚11点后不卜；有疑卜，无疑不卜；心无杂念，全神贯注。

59 《易经》的问卜用语：吉还是凶

吉凶是《易经》占卜中好与不好最基本的断语。

《易经》卦爻辞对吉凶下的断语可分为九个等次，按顺序依次为吉、亨、利、无咎、悔、吝、厉、咎、凶。

“吉”是吉祥。

“亨”是畅通、顺利。

“利”是有益、适宜。

“无咎”介乎吉凶之间，咎是过错，无咎是没有过错，平平常常，没有咎害。

“悔”与“吝”是“小疵”，都是小偏失、小凶害。但两者的发展方向不同。朱熹《语录》里说：“吉凶是两头，悔吝在中间。悔自凶而趋吉，吝自吉而趋凶。”“悔”是有过失而悔恨，能接受教训，可走向“无咎”，在吉凶程度上相当于忧悔。“吝”是羞辱，虽然不是凶，但不知羞辱会走向咎害，在吉凶程度上相当于吝难。

“厉”是危险，但吉凶未定，按卦爻辞的指示去做会化险为夷，反之则会由厉而致凶，在吉凶程度上相当于危厉。

“咎”是出了过失，要承担责任，比凶的后果要好一些，但灾害免不了，在吉凶程度上相当于咎灾。

“凶”是凶恶、凶险，是最坏的结果。

总结起来，按《系辞》中的话来说就是：“吉凶者，失得之象也。悔吝者，忧虞之象也……悔吝者，言乎其小疵也。无咎者，善补过也。……辨吉凶者存乎辞，忧悔吝者存乎介，震无咎者存乎悔。”意思是吉、凶说明的是处世或得或失；悔、吝说明处世稍有弊病；无咎则说明善于补救过失。而辨别吉、凶的象征则在于卦爻辞；忧念悔、吝的象征在于预防出现小疵；震惧无咎的象征在于内心有了悔悟。

但《易经》卦辞中的吉、凶等预测未来结果的判断，大多是有条件的。只有注意到所限定的条件，才能得出正确的断语。

要点说明

《易经》卦爻辞对吉凶下的断语可分为九个等次，按顺序依次为吉、亨、利、无咎、悔、吝、厉、咎、凶。

60 “一阴一阳之谓道”如何理解

阴阳是我国古代哲学的重要思想之一。

《易经》认为，整个世界是在阴阳两种相反相成的力量的互相作用下不断运动、变化、生成、更新的。它的表现为气，阳气上升、阴气下降，阴阳互动，和谐统一。

从自然现象看，它以天为阳，以地为阴；日为阳，月为阴；暑为阳，寒为阴；明为阳，暗为阴；昼为阳，夜为阴。《系辞》中指出：“天尊地卑，乾坤定矣。……日月运行，一寒一暑。”“广大配天地，变通配四时。阴阳之义配日月，易简之善配至德。”“乾，阳物也；坤，阴物也。”从社会现象方面看，它又以男为阳，以女为阴；以君为阳，以民为阴；以君子为阳，以小人为阴。所以它讲：“乾道成男，坤道成女。”“阳一君而二民，君子之道也；阴二君而一民，小人之道也。”此外，它还对自然和社会中共有的现象也以阴阳来解释，并赋予其阴阳的含义，如刚柔、健顺、进退、辟开、伸屈、贵贱、高低，它认为都是一阳一阴。从这个角度看，《易经》认为，无论是社会生活还是自然现象，都存在着对立面，而这个对立面就是阴阳。有阴必有阳，有阳必有阴，阴阳既对立又统一，二者相互推动，形成了千姿百态的宇宙世界。后来的马克思主义的矛盾对立统一规律和《周易》中的阴阳对立统一规律惊人的一致，说明了我们祖先的伟大和聪明智慧。

要点说明

《易经》认为，无论是社会生活还是自然现象，都存在着对立面，即阴阳，二者对立统一。阴阳说是我国古代哲学的重要思想之一。

61 什么命格的人可以住豪宅

福德宫是看一个人的来财资源，财帛宫是看理财观念。

我们可以从紫微福德宫和财帛宫位来看可以住豪宅的命格。

(1) 财旺福旺、快乐享受

福德宫是看一个人的来财资源，也可以看一个人的精神享受。财帛宫是看一个人的理财观念和花钱的态度。如果财帛宫里面有天同、天梁其中之一，且没有煞星表示这个人懂得享受，舍得享受，而且来财资源是非常丰富的，并且会很舍得花钱打点门面，有这种组合的人连家具的品质都是非常讲究的。

(2) 双禄交持、不虞匮乏

在福德宫或财帛宫各坐了一个禄或是禄存，没有遇到煞星。有这种命盘的人会保持一种愉快的心情，当然就会懂得精神或是物质上的享受。双禄在福德或财帛的人，未来来财资源是非常轻松的，大部分都是投机财，也就是说是一个很有偏财运的人，当他有了钱之后，就会想要提升自己的居住品质，而且他的理财能力很好，会以屋换屋，房子会越换越大，最后就会换到豪宅了。

(3) 财星化禄、绵绵不绝

福德宫跟财帛宫各有天府、武曲，碰到了禄，且不遇煞星则表示，此人来财资源增加，也很有福分来享受，不但可以住豪宅，也很有口福，因此当福德宫有这几颗星时，表示他常常宴请宾客品尝美食，很懂得生活，精神、物质两不缺。

要点说明

财帛宫里有天同、天梁其中之一，且没有煞星，表示此人懂得享受；福德宫或财帛宫各坐一个禄或禄存，且无煞星，表示此人心情愉悦，来财轻松；福德宫与财帛宫各有天府、武曲，碰到禄，且无煞星，表示此人精神、物质两不缺，且有口福。

62 什么样的测算方式比较准

排列组合数较多的八字、奇门遁甲铁板神数以及紫微斗数。

很多人都想知道到底哪一种测算方式才更准，其实，每种命理工具运用的层面都是不一样的，如果要看一生的命格高低以及每年的运程起伏，可以运用生辰八字、姓名学、奇门遁甲、紫微斗数等；如果牵扯到方位或吉时，则用奇门遁甲与择日学；如果是针对短时间内的单一问题，适合以六爻、梅花易数等卜卦方式。

命理研究者认为，排列组合数较多的八字、铁板神数以及紫微斗数都是比较准的算命方式，而后天形成的姓名学影响力较小，仅有十二种组合的生肖学则更不具有参考价值。以生辰八字预测人的终生富贵贫贱及每年的运程是最根本的方法。影响人生命运的因素是八字为主、为根本、为主导，姓名、风水等为辅助。

要点说明

排列组合数较多的八字，铁板神数及紫微斗数是比较准确的测算方式，其中以生辰八字最根本。

63 命越算越薄，是真的吗

命会越算越薄，不完全正确，关键看从哪方面考虑。

“命会越算越薄”，在我们的周围，有不少人有这个疑惑。所谓“命”就是人的出生时间，具体到年、月、日、时，俗称生辰八字，它是客观存在的，不可能越算越薄。但由于命理师的技术相差很大，经常说法不一样，会扰乱情绪，找一个真正的高手算一次就可以了。

有不少命理从业人员，学术不精，又铁口直断。找第一个老师算说“财”不好。第二个说“事业”不好。第三个说“感情”不好。让人无所适从，且本来只有一个不好，算了三个，变成三样不好，命不是越算越薄了吗？

如能遇到学有专精的命理师，又能适时对人生或现在所遇之事，提出良好的建议，预防及改变未来，那命运不是变成越算越有福分了吗？

所以，如果自己是命理从业人员，要以“人生希望的工程师”自居，要带给人希望，让人积极乐观地面对未来。

在这里要提醒各位，在选择算命师的时候不要找那些铁口直断、语不惊人死不休、基础根基浅薄者。而且，四柱预测学、奇门遁甲、大六壬、紫微斗数、六爻等学问都是很复杂深厚的，并非人人都能学会、学深、学透，很全面的人更是少见。如果一个人在某一方面学得很精就十分不容易了，在某一方面有成就，并不代表他什么都懂，都预测得准确。他算一件事很准，他不一定在四柱方面精通，不一定会算准你一生的运程，也不一定会起好名字，也不一定会看风水，这一点要慎重，不要盲目崇拜某一个预测师，要学会比较，万一他技艺短浅，给你算错了就误了你的前程了。

要点说明

不要选择铁口直断、基础浅薄的算命师，不要盲目崇拜某一个预测师，即便他在某一方面有研究，也不代表他在其他方面学艺很深。

64 梦见器官有什么性欲望暗示

梦是通往人们“性”的潜意识的康庄大道。

梦是通往人们“性”的潜意识的康庄大道。一些压抑或忽略的情感、情绪，都可能在晚上偷跑出来，幻化成身体的某些器官，揭露出我们内心真实的感受。

（1）露出牙齿的嘴巴——性生活受困

“嘴巴”是性的象征之一，若梦见嘴唇露出牙齿或看见蛀牙，暗示你目前的性生活出现了令你相当困扰的难题，让你颇感不安。

（2）剪头发——想斩断欲望

头发算是虚荣心的使者，也关系到“性欲”，所以，梦见剪发或剃发，代表你对于目前的物质生活，或是性生活感到厌倦，巴不得想一刀斩断，一了百了。若是头发变白，则是象征你想要增长智慧。

（3）留浓密胡子——性欲旺盛

浓密的胡子象征旺盛的生命力，隐喻着你正处于性欲旺盛，或是想生小孩的阶段。

（4）明亮的双眼——感情顺利

眼睛代表着“灵魂之窗”，在梦境中也就代表着“打开心门”，若梦见被一双明亮的眼睛注视着，表示你的内心世界正充满恋爱的喜悦。

要点说明

梦见嘴唇露齿，暗示性生活出现困扰；梦见剪头发，暗示对性生活感到厌倦；梦见浓密胡子，隐喻性欲旺盛；梦见眼睛，暗示感情顺利。

65 富贵痣长在你脸上了吗

看男人有没有钱，主要看鼻子、颧骨、额头上的痣。

看男人有没有钱，主要看鼻子、下巴、颧骨、额头、仔细看看，你老公脸上到底都长了啥富贵痣？你的贵妇梦何日能实现。

（1）鼻子上长痣的男人。鼻子在面相十二宫中称为“财帛宫”，鼻头越丰隆，收入越多，鼻翼越饱满，积蓄越多，鼻头有黑痣表示财运不错，如果有突然出现的黑痣，表示会进财。鼻翼上有痣，说明会漏财，有财富也留不住，尤其是虚岁44、45、49、50的男士一定要注意。而且鼻上有痣代表事业在中年容易受阻滞。

（2）颧骨上长有痣的人，事业上相当顺利，会在职场上有一定的地位。长有这样痣的男子，非常有上进心，事业上有很多成功的机会，一般都是做领导的人物。但也影响权威。

（3）额头上长有痣的人。额头表示人的福德，一排由左往右为：田宅痣、富贵痣、吉祥痣、官禄痣。如果发现一男人，额头靠近发际的地方有一个又黑又亮的痣，而且天庭饱满，那是富甲一方的标志，其实也预示着家庭背景也很不错，但是如果痣发棕发暗，却是相反的意义。

要点说明

男人的富贵痣长在哪里为好：

鼻头上；颧骨上；额头上。

运势

卷四
命理知识100问

解惑篇

66 你是特别小气的人吗

一个人是否小气可以从面相、手相或姓名上反映出来。

手相：手掌伸出时略有弯曲，或者智慧线末端略微上升、智慧线过长或出现断掌的人，对钱财谨小慎微。

面相：鼻孔小的人，对东西过分爱惜，是个吝啬鬼；相反，鼻孔大的人气度也大。假如鼻孔大的人作出了吝啬的举动，那说明他可能要有一笔大的支出，所以才暂时对小支出有所限制。

姓名学：人格和地格有 16 画或 24 画的人，对每一分钱都看得很紧，但是这种小气是为以后能赚大钱做准备，这样的人的赚钱能力也比较强。这些人对自己苛刻，对别人大方，且在 25 岁到 45 岁期间，容易发财，财源十分旺盛。

要点说明

智慧线过长或末端上升，鼻孔小，人格和地格有 16 画或 24 画的人对钱财比较吝啬。

67 测算命运为什么要给命理师红包

要红包就是为了给命理师过运。

古时候有这样的说法，给一个人算命，就说明泄露了天机，如果不给红包，不管是对算命者还是被算者都不好。命理师帮算命者逃过的劫数就会转嫁到自己身上，自己就会遭到同样的磨难，如果算命者给命理师红包，命理师就会安然无恙，这样也为自己图个吉利。所以不管红包是大还是小，都要给的。有人说，不给红包，被算者因欠了人情债没还，以后再有灾，将可能变大，变得不可收拾。世界上很多事情都是能量转化原理促成的，出力者收到一些利益，受益者拿出一部分钱财，这样才会平衡，如果命理师或命相师为你指点迷津，又不收你的费用，他就是多管闲事，对他们自己不利。

其实，算命要红包也是职业命理师的一种赚钱手段，因为职业命理师正是以算命为自己的生存工具，如果不要红包，自己的生存都会出现问题，所以即使不是为了泄露天机而过运，至少也是为了下个月的米钱而作出此举措。

要点说明

测算命运之后要给命理师红包，不给红包的话，算命者与命理师都会因泄露天机而遇到劫数。

68 什么样的人才算是“好命”

具备富贵双全或是有其中一种的人就是好命。

在传统的命理学理论里，所谓的“命好”不外乎“富贵双全”，即使富贵难以双全，至少也要有其中一种。八字里的富与贵，主要看的是官与财。

一般而言，如果八字见官（正官或偏官），则说明此人有贵格，以后会混上一官半职。如果八字中见财（正财或偏财），则说明此人有富格，以后不会缺钱。如果八字中既见官又见财，说明此人是大富大贵之人，是众人羡慕的对象。但是，无论贵格还是富格，要能构成格，还需要看日主是否强旺，官星和财星是否有力以及大运是否能配合等因素，这样才能成就真正的富与贵。四柱（即八字）预测学是十分复杂的一门学问，没有相当的理论功底和丰富的经验，想预测得十分准确是相当困难的，人类的八字组合模式达48万多种。八字的复杂不亚于任何一门学问。上述说法只能是一般而言，有时候恰恰相反。如八字中官杀为忌无制，见官杀无官职而有官灾；财为忌无制，一生不仅不富贵，还会为一日三餐而发愁。

要点说明

一个人的八字中既见官又见财，说明此人是大富大贵之人。

69 什么样的人才算是“歹命”

一个人有歹命命格，只是说明此人与大富大贵无缘。

一般而言，在八字中，如果日主较弱，就说明此人先天的根基较差，或是没有信心，或是没有坚定的毅力，遇到挫折就会被击垮，成功也是非常渺茫的。但如果日主太强，则说明此人太有个性，或者清高，或者自以为是，什么事情在他眼里都微不足道，成功对于他来说也是难上加难。八字里讲究中庸，什么太强或太弱都不是好现象，所以如果八字里日主太强或太弱都算是歹命。但如果是从弱格却是大富贵之命格。

在紫微斗数里，如果财星逢煞星，也可能从吉格变成破格。如天府或武曲落到命宫或财帛宫的人，原本是很懂得精打细算的，但如果同时有煞星，反而会变成一个打肿脸充胖子的散财童子。

其实，一个人有歹命命格并不代表这个人一辈子都会家徒四壁、穷困潦倒，只是说明此人与大富大贵无缘，但平凡的生活还是能享有的，所以有歹命命格的人不要为此而郁郁寡欢。需要注意的是，能把生辰八字研究得十分准确透彻的人在全国也没有多少，不要因为某个所谓大师说你命格不好就盲目相信，因为八字命理实在太复杂，可能哪个大师一不小心，看错了，误导了你的人生。笔者研究八字多年，也见过命理高手，即便是命理的真正专家也有失误的时候，更不要说现在有些人刚学了几天《周易》就以大师自居，他们更容易出现失误，所以我们要谦虚谨慎，以达到为人造福的目的，而不是给人造成伤害，这是我们每一个易学工作者必须注意的。

要点说明

八字中日主较弱或太强的人都难以成功，有歹命命格的人与大富大贵无缘，但平凡生活还是可以享有的。

70 什么人特别容易成为命理师

某些命格特别容易成为命理师。

从古至今，人们一直给算命蒙上了一层神秘的面纱，认为算命是一种玄而又玄的东西，认为命理师都有特异功能，就是因为常常泄露天机，所以遭到天谴，让他们身上有或多或少的残疾，其实这只是人们的一种误解，命理师不是因为算命而变成残疾，而往往是因为残疾才会去算命来养家糊口。

但是，在中国的命理学中，的确存在着某些命格特别容易成为命理师的说法。如在紫微斗数里，命宫有文曲的人，八字中有太极、华盖、文昌星的人，就会对五行产生莫大的兴趣。这样的人多能说会道，聪明伶俐，多才多艺，如果和太阳或化忌同宫，成为命理师的几率会更大。

在八字学中，拥有偏印的人与五行就特别有缘，也容易有虔诚的宗教信仰，这是因为和正印所代表的正统知识相比，偏印所代表的比较接近旁门左道。

但这也不是绝对的，有些人由于受到这方面的影响，或者是家庭中某个成员算过命，或者自己算过命，并觉得很准确，都会对之产生兴趣。能把《周易》预测的学问研究透彻又能为人排忧解难、指点迷津的人，是令人崇敬的，因为这个学问实在太难研究透彻了，能搞明白的人都要经过艰辛的努力。这是一套学问体系，需要扎实的理论功底和丰富的经验，才能少出差错。

要点说明

紫微斗数里，命宫有文曲的人，八字中有太极、华盖、文昌星的人，成为命理师的几率较大。

71 为什么男戴观音女戴佛

男戴观音女戴佛就是男女互补的意思。

中国有句老话叫男戴观音女戴佛。身为女子，世事烦扰，难免愁肠百结，佛的宽容、大度、静默正可化解她们的种种愁绪。因此，女子佩戴佛，可使她们平心静气，静观世事起伏，笑看风起云涌。

观音是慈善与救赎的化身，是真、善、美的代名词。男士佩戴观音，可消弭暴戾，远离是非，世事洞明，永保平安，消灾解难，远离祸害。观音菩萨还能急人所急，随时解救困厄的人。

戴观音，是让男人少一些残忍和暴力，多一些像观音一样的慈悲与柔和，自然就得观音保佑而平安如意。

总的来说，男戴观音女戴佛也就是男女互补的意思，女人可以汲取男人的一些优点来弥补自己的不足，男人也可以汲取女人的优点来弥补自身的缺点。

要点说明

男戴观音女戴佛，可以互相取长补短。

72 怎么做才能防小人

防小人的绝妙方法很多，但更重要的是自己要谨言慎行。

民间流传着这样几种防小人的做法：在小指上戴上尾戒；将小指的指甲留长，以超过无名指的第二指节；用红丝线在小指上缠绕三圈；佩戴茶晶来清除周遭的磁场等。

其实，要真正防小人，还要从自身做起，做好防御工作，不能给小人以可乘之机。避免跟小人多接触，多说关于公司或其他同事的好话；避免与小人发生正面冲突，在小人面前可以吃点小亏；在小人面前不能显示出你的才华，最好谦虚一点，更不能清高……

要点说明

除了在小指上戴尾戒、用红丝线缠绕小指三圈等民间做法以外，真正防小人，就要自己谨言慎行。

73 什么样的人容易犯小人

从手相、面相、生辰八字、紫微斗数、姓名学可以判断。

手相：有小人纹，小人纹是接近食指底部的掌纹，事业线和成功线有横纹破坏，生命线内侧的贵人线出现横纹，以上几种手相都容易犯小人。

面相：鼻子超过脸部1/3的人，额头过于高广的人，以上两种人都比较清高，凡事都喜欢以自我为中心，这样的人容易犯小人。

紫微斗数：命宫的三方四正出现阴煞，也容易在职场中犯小人，这样的人即使出外旅行也容易遇到挫折。

姓名学：名字中有克自己五行的部首存在就会犯小人。数理姓名学中的外格数和先天人格数出现9画、19画的人朋友很多，各个行业的都有，朋友多了也容易犯小人，经常跟黑社会人物打交道，有26画的人则是因为自己多事，习惯把所有人的麻烦揽在自己身上，所以小人往往是自己招来的。

生辰八字中，日干五行弱，官煞太重，也易犯小人，受小人陷害。

要点说明

容易犯小人的人有这些：

有小人纹，或事业线、成功线出现横纹；命宫的三方四正出现阳煞；名字中有克自己五行的部首存在。

74 作为一个女人，你有帮夫运吗

帮夫运可以从手相、面相、紫微斗数或姓名学中去寻找。

手相：除拇指外，八指充满竖纹，或者事业线很长的女人大多都比较能吃苦耐劳，能屈能伸；有多条阴德线的女人大多知书达理，从精神上会给丈夫很大的支持。

面相：前额丰满的女人大多是富豪之女，从金钱上会给予丈夫很大的支持；下巴宽厚的女人开朗乐观，并能相夫教子，给丈夫一个很坚固的后盾，让他可以放手去开创自己的事业。

紫微斗数："武曲"、"天府"坐命的女人，理财和赚钱能力很强；"天相"坐命的女人很会处理人际关系，给丈夫打通一个很好的人脉之路；"太阳"或"天梁"坐命的女人，聪明能干，但责任心过重，什么事都会揽在自己怀里，这样很容易把对方宠坏，所以这样的女人要先管好自己，否则自己会变成一个黄脸婆。

姓名学：一般而言，地格18画的女人精明能干且能把家庭打理得井井有条；21画的女人很会交际，且任劳任怨；40画的女人性格温和，和蔼可亲，孝顺父母公婆，是典型的贤妻良母。严格地说，按笔者的九格姓名学理论，男人的后天地格数为15、16、24、32、23、33、52等，其妻子是旺夫运，或因妻子而发财；女人的后天地格为15、16、24、32属于旺夫运。

要点说明

这些女人有帮夫运：

除拇指外，八指充满竖纹，或事业线很长；前额丰满；"武曲"、"天府"坐命；地格18画，后天地格为15、16、24、32。

75 你以后会成为有钱人吗

可以从手相、面相或紫微斗数几个方面来判断。

手相：如果大拇指的第二指节出现纵横交错的细纹（即积财纹），则说明此人经过努力和奋斗会累积一定的财富，并成为有钱人。

面相：太阳穴的天仓、两边颧骨的中二府以及下巴到腮骨之间的下二府，分别代表少年、中年和老年的运势和财运状况。如果这三个部位都丰满红润，富有光泽，则说明此人的财运会很好，很容易成为有钱人。

紫微斗数：财帛宫代表一个人的赚钱能力，福德宫代表一个人钱的来源，而田宅宫则代表一个人的理财能力，如果天府、武曲和太阳落到这三个宫位，都算是得位，就有机会成为有钱人。

要点说明

这些人以后成为有钱人：大拇指的第二指节出现纵横交错的细纹；太阳穴的天仓、两边颧骨的中二府以及下巴到腮骨之间的下二府丰满红润；天府、武曲、太阳落到财帛宫、福德宫或田宅宫。

76 什么样的人桃花运特别旺

可以从自己的手相、面相、八字里判断。

手相：有桃花纹或宠爱纹的人很受异性的欢迎和喜爱，桃花纹就是太阳丘上弧形的短纹；宠爱纹就是从太阳丘斜向事业线延伸的线纹，拥有这两种纹路的女人，人缘好，一生桃花运都不断。

面相：大眼睛的人好奇心旺盛，具有丰富的感受性与表现力，在一个团队里容易受到人们的注意，尤其是受到异性的青睐。

八字：男人的八字里如果有较多的正财与偏财，财又为用神贴日干，代表有很多的异性缘；女人如果有较多的官星、煞星，官星、煞星又为用神，桃花运自然不断。

女性八字中金水旺的人，美丽多姿妩媚动人，人见人爱，桃花运极佳。不管男女，只要八字中有“墙外桃花”就容易有情人。

要点说明

有桃花纹或宠爱纹，眼睛大；女性八字中金水旺的人桃花运比较旺。

77 有的人天生就是主管命，你呢

可以由自己的手相、面相、八字和紫微斗数的情况来判断。

手相：有断掌或川字掌的人个性果断，有魄力，并且会处理人际关系，很容易在众人中脱颖而出。

面相：额头高广丰满的人个性沉稳，头脑聪明，很容易得到上司的重视和提拔；颧骨发达的人，则处世圆滑，做人精明，很容易得到同事或朋友的帮助。

八字：日主强旺、五行流通，大运配合得当，这样的人一般都会成为一个比较成功的主管，因为日主强旺的人命格就强，凡事都有自己的主见，有毅力，能经得起风吹雨打，所以这样的人也能够肩负起做主管的担子。

生辰八字中，官煞为用神，又旺相的人一定能当官或当老板。

紫微斗数：命宫有紫微、天府、太阳等星，这样的人大多都能当上主管，因为这样的人也很有自己的主见，能担当重任。

要点说明

有主管命的人：断掌或川字掌；额头高广丰满；日主强旺；命宫有紫微、天府、太阳等星；生辰八字中，官煞为用神。

78 偏财运会找上你吗

可以从手相、面相、姓名学和八字里看出来。

手相：手掌伸出时略带弯曲或者事业线与成功线合二为一，拥有这样的手相的人，偏财运都会很旺盛。

面相：鼻头代表正财，鼻翼代表偏财，凡是鼻翼丰满发达的人，如果经营副业一般都会成功，但是如果鼻翼一大一小，则表示偏财可能来自于赌博，这样的钱财也不容易留住。

姓名学：人格有 15 画或 24 画的人很会投资理财；有 26 画的人很会为人处世，朋友很多，能帮助自己的人也不少；有 29 画的人，很有异性缘，遇到任何麻烦事都会得到异性的帮助，所以也会走偏财运。

八字：八字中如果有偏财运，偏财又为用神，或是流年走偏财运，都会容易有额外的收获，可以好好把握。

要点说明

有偏财运的人：手略弯曲时事业线与成功线合二为一；鼻翼丰满发达；人格有 15 画、24 画、26 画或 29 画；八字中有偏财运，偏财又为用神。

79 哪种人的晚年运势好

可以从手相、面相、八字或者紫微斗数里看出来。

手相：生命线与手腕线清晰、不中断的人生命力旺盛，身体也健康，并会培养下一代，这样的人晚年运势自然就好。

面相：地格，也就是整个下巴部位，代表晚年时期的际遇，如果下巴浑圆丰满，则说明此人宽厚仁慈，实在开明，理解和支持下一辈的生活和工作，所以特别能得到下一辈的尊重和爱戴，这样的人晚年自然很好。

紫微斗数：老年时，如果福德宫有较柔和的主星坐守，或是有较多吉星而无煞星，这样的人性格开朗乐观，凡事不放在心上，也就是心宽，这样的人心态很好，老年时期自然会很幸福。

要点说明

晚年运势好的人：生命线与手腕线清晰不中断；下巴浑圆丰满；福德宫有较柔和的主星坐守。

80 什么样的人不适合创业

一个人是否适合创业可以从面相、八字和紫微斗数来判断。

面相：颧骨低陷的人缺乏领导能力，下巴尖短的人缺乏毅力和恒心，鼻子占整个脸的比例小于1/3的人缺乏主见，鼻梁塌陷、鼻准和鼻翼无肉的人赚钱能力有限，上面几种人都不适合创业。

八字：如果日主较弱，八字集中于某些五行，或是八字里面无财也无官，或是大运配合不当，这样的人没有成功创业的命，所以奉劝有这样八字的人，尽早打消创业的念头。八字中比劫为用神不见官的人适合创业；食伤为用神克官，适合自己创业，八字中财为用神财旺，不见官，适合自己创业当老板，官杀为用神在地支适合创业当老板。

紫微斗数：有杀破狼格局的人因为有一股傻劲，成功动机非常强烈，又能吃苦耐劳，所以这种人成功的几率较大，而“机月同梁”坐命宫的人虽然很精明，但有时太过聪明，有点清高，所以对一些事情不屑一顾，这样的人也不易成功。

要点说明

不适合创业的人：颧骨低陷、下巴尖短，鼻梁塌陷；日主较弱，八字里无财无官；“机月同梁”坐命官。

81 如何判断一个人天生就是劳碌命

判断劳碌命可以看手相、面相、八字和紫微斗数。

手相：除拇指外，八指充满竖纹，或者事业线很长的人大多都比较能吃苦耐劳，这样的人自然是劳碌命。

面相：年纪轻轻就有抬头纹的人或有鱼尾纹的人，就是劳碌命，他们责任感强，总为了心中的那点责任辛苦地付出。

八字：八字之间有许多冲克，则表明当事人本身就很情绪化，很容易与周围的人发生冲突，一生风风火火地忙碌着。八字中多的人付出多，辛苦劳碌。

紫微斗数：有煞星或是天马入命宫的人，天生就不能停歇下来，喜欢做事；七杀、武曲坐命的人重事业，把赚钱视为快乐和幸福，这样的人自然很辛苦，一辈子都会劳碌。

要点说明

下面几种人是天生的劳碌命：

手相：除拇指外，八指充满竖纹，或者事业线很长的人；

面相：有抬头纹的人或有鱼尾纹的人；

八字：八字之间有许多冲克或食伤多的人；

紫微斗数：有煞星或是天马入命官的人，七杀、武曲坐命的人。

82 什么样的人感情之路很坎坷

从一个人的手相、面相和八字中可以看出来。

手相：感情线过于复杂，或者有多条较深的婚姻线，这样的人与异性的关系也比较复杂。如果婚姻线向下弯曲，或者有反抗线，则表明因为另一半的条件比较差，导致自己的感情生活也比较辛苦。

面相：额头狭窄且低陷、鼻子低陷或有瑕疵。由于额头代表思考力，发际太低、额头不够饱满的人，判断力也比较差。而鼻子又代表女人的夫星，山根两侧的部位则为夫座与妻座，这些地方有缺陷的人，也比较容易挑选到错误的对象。

判断一个人的情感稳定性，则要看眼睛和下巴的部位，一般来说，双眼皮、大眼睛的人情感丰富，但也比较容易喜新厌旧。下巴则是代表一个人的耐力与稳定性，下巴较尖或较短，在双方遇到沟通上的问题时，也会动不动就想另起炉灶，自然也难以开花结果。

八字：如果女人的“夫星”，即正官、偏官太多，或是男人的“妻星”，即正财、偏财较多，就说明本身的异性缘太好，以至于容易发生三角恋，情路自然很坎坷。女人八字中官星为用神被冲克，日支为用神被冲克，婚姻不稳，感情多变；男人财星为用神被冲克，日支为用神被冲克，婚姻感情不稳。此类男女为多婚恋之命运。

要点说明

这些人感情路坎坷：感情线复杂；额头狭窄且低陷，下巴较尖或短；女人的“夫星”，即正官、偏官太多，或是男人的“妻星”，即正财、偏财较多。

83 你的一生是否有贵人长伴

可以从手相、面相和姓名学中判断出来。

手相：生命线内侧有一条紧邻的线纹，从月丘向掌心发出的斜线也是贵人线，表明凡事都能逢凶化吉，因为这样的人如果遇到挫折或苦难都会有贵人相助。但是如果贵人线离生命线很远，就说明就算有贵人也不能帮上忙，这样的贵人叫做假贵人。

面相：颧骨圆润的人能得到朋友或同事，也就是同辈人的帮忙；额头宽广的人，在年轻的时候就能得到长辈的帮忙和提拔；下巴丰厚的人晚年能得到晚辈的敬重和奉养。

姓名学：姓名格局中有16画的人易有异乡贵人，有29画者能得到异性贵人，有31画者则因为善良、热心，又会处理人际关系，所以会得到很多贵人的帮忙。

要点说明

这些人有贵人长伴：

生命线内侧有一条紧邻的线纹；颧骨圆润；姓名格局中有16画、29画或31画。

84 什么样的男人能白手起家

男人能否白手起家，可以从面相、姓名学和紫微斗数来判断。

面相：鼻梁挺直、鼻头圆润且鼻翼发达的人具备良好的理财能力，很会赚钱；下巴丰润的人能吃苦耐劳，有非凡的耐力；眉毛粗浓的人意志力坚强，有恒心，具有此面相的人多半都能白手起家。

姓名学：人格或总格的笔画数为11、13、15、16、17、18、21、23、24、

25、29、31、32、35、37、39、41、47、48、52 画时，本身基本具备开创性和领导特质，可以自行考虑创业。

紫微斗数：武曲、天府坐命的人赚钱的欲望非常强烈，也有很强的抗压性，不会因挫折而投降和放弃；七杀坐命的人事业心很强，也能吃苦，所以在赚钱的路上即使遇到非常大的挫折也能坚持到底。

八字中，比劫为用神，白手起家。自己开创自己的命运，自己创业，白手起家。伤害克官的人适合自己创业。

要点说明

能白手起家的男人：

鼻梁挺直、鼻头圆润；人格或总格的笔画为 11、13、15、16、17、18、21、23、24、25、29、31、32、35、37、39、41、47、48、52 画；武曲、天府坐命；八字中比劫为用神。

85 过路财神，你是这样的人吗

能赚钱但存不住钱的人，俗称过路财神。

手相：事业线、智慧线和成功线都很漂亮，但指缝却有许多漏财纹的人。

面相：鼻梁挺直、鼻头丰润，但从正面看去鼻孔有外露的情形，这样的人虽然赚钱能力强，但不会理财，容易成为过路财神。

八字：代表钱财的正财或偏财被冲克，就代表容易得财，也容易失财。

紫微斗数：财帛宫有财星或强势的星坐守，但田宅宫却被煞星冲破，同样属于过路财神。如果此时的福德宫漂亮，钱还有可能花在自己身上，否则就要参考其他的六亲宫位，看看钱财的流向。

姓名学中，人格为财数 13、15、16、23、24、32、29、39、41 等，被其他数理五行冲克的人，财来财去，存不下钱。

要点说明

能赚钱但存不住钱的人：

指缝有漏财纹，鼻孔外露，财帛宫有财星坐守，田宅宫却被煞星冲破；人格为财数13、15、16、23、24、32、29、39、41等，被其他数理五行冲克。

86 什么样的男人面对诱惑时定力最强

男人的定力是否强可以从身上的一些特征看出来。

面对诱惑定力最强的男人一般具有以下一些特征：

(1) 脚背或小腿的毛发旺盛

男人的脚背或者小腿毛比较多的，基本上阳气比较重，定力较强，可以抵挡外界的诱惑。

(2) 豹鼻

豹鼻形容男人鼻子很挺，山根很宽，一般来说，豹鼻的男人意志力比较强，抵抗力也强。

(3) 断掌

手上的感情线和智慧线合成一条线，就叫做断掌。断掌的人个性比较强，做事情会全力以赴，非常努力，常常为了一个目的或理想，努力去做、不择手段。在这个时候如果有女色来诱惑他通常不太有用。

(4) 方形脸

腮骨很明显，脸方方正正的，称为虎面，如果虎面又带一点黑的话就叫做金面。这种人自己认定的事情绝不让步，他觉得不对的事情，不好就是不好，所以也不容易受到诱惑，或者受到诱惑一定会拒绝，会抗拒。

(5) 法令纹深

法令纹越深则说明此人的年纪也越大，如果法令纹非常地强而深，就代表对自己要求很高，遇到诱惑一定能抵抗得住。

要点说明

下面几种男人面对诱惑时定力最强：

脚背或小腿的毛发旺盛；

豹鼻；

断掌；

方形脸；

法令纹深。

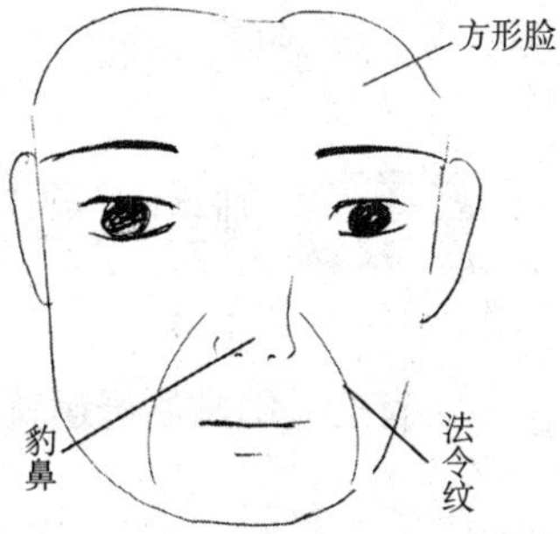

87 什么样的女人即使出轨，老公也会原谅她

婚神星在一宫以及智神星在十宫或者六宫的女人会找一个厚道的老公。

有些女人如果出轨，只要稍加解释，做一些补偿，一般老公原谅她的几率是很高的。

（1）婚神星在一宫的女人，老公特别疼她，会很呵护她，会顾及到她的情绪，如果她很委屈或是不高兴的时候，老公会讨她欢心，会做一些事情让她感动。

（2）智神星在十宫或者六宫的女人其实会出轨，但是她出轨不见得是跟男人上床，就是和他约会，两个人关系有点暧昧等。

这两种情况都具备的女人，如果她出轨后跟老公忏悔，或是表示“我要回到你的身边来，我要忘记过去……”老公还是会原谅她的。

要点说明

婚神星在一宫以及智神星在十宫或者六宫的女人，出轨后老公一般都会原谅她。

88 哪些人婚后好运会跟着来

有些人结婚后好运就跟着来了，你属于这样的人吗？

贵人线清晰、不断：生命线是人一生中的历练以及经历，生命线内侧有一条很清晰的贵人线，贵人线从另一个角度来说就是配偶，贵人线清晰的人的配偶会陪伴他、扶持他，因此结婚后好运就会跟着来。

结婚线聚少离多：结婚线两条线平行分得很开称为聚少离多，代表结了婚之后会更卖命地工作赚钱，所以跟另一半相处的机会比较少。

凤眼纹：拇指第一节有完整凤眼纹的人婚后会好运不断。

男人天方，女人地圆：男人额头要方，女人下巴要圆。男人天方代表重事业、重思考、有眼光；女人地圆代表重视家庭，个性浪漫，这种组合是夫妻最好的组合。

站立时大腿夹紧：男人站立时大腿要夹紧，否则代表做事情懒散不专心，婚后运势也不会好。如果平日站立时大腿夹紧，婚后事业不仅仅会飞黄腾达，而且生活也很美满。

在八字中，男人财为用神贴日干或在日支，结婚后，好运就来了；女人官杀为用神贴日干或在日支，结婚后，好运就来了。

姓名：男人地格为财数，如 16、24 等，结婚后好运就来了，女人地格数为财数的结婚后也会时来运转。

要点说明

婚后好运来的人：

贵人线清晰、不断，结婚线聚少离多，有完整凤眼纹；男人额头方，女人下巴圆；站立时大腿夹紧；男人财为用神贴日干或日支，女人官杀为用神贴日干或在日支；男人地格为财数，如 16、24 等。

89 女人，哪种攻势会打动你

女人会被哪种攻势打动，可以从她的面相和手相上看出。

（1）甜言蜜语攻势

人中短、上唇翘：人中短、上唇翘的人喜欢听奉承的话，因此容易被甜言蜜语攻势打动。

耳朵无廓：耳朵包括外耳、中耳、内耳，外耳又包括耳廓等部位。耳廓并非人人都有，没有耳廓的人耳根软，只要听到任何甜言蜜语都会全盘接受。

（2）金钱攻势

鼻子低陷：鼻子代表财帛宫，鼻子低陷的人对金钱攻势的抵抗力最差。

中指弯：中指一定要挺，中指挺直代表自我意识很强，中指弯曲的人意志不坚定，尤其在金钱方面很容易被打动，甚至容易为财失身。

（3）苦情攻势

额头低、发际线乱：额头低、发际线很乱的人从小家境很苦，因此遇到用苦情攻势的对象可以感同身受，容易因此被打动。

印堂太宽：两个眉毛之间超过两指的宽度的人很好骗，她们心胸宽广，很会体谅别人的困境。

要点说明

甜言蜜语可以打动人中短、上唇翘、耳朵无廓的女人；金钱可以打动鼻子低陷，中指弯的女人；苦情可以打动额头低、发际线乱，印堂宽的女人。

90 你的他20岁、30岁、40岁的运势如何

从一个人的面相上可以看出一个人的运势如何。

20岁的男生：关心的重点可能在感情上。

额头、发际线：额头比较开阔，占整个脸的1/3，且发际线整齐，这种特征

代表异性缘很好。

30岁的男人：重感情，但是更注重有没有第三者来介入。

眉毛、眼睛：眉毛有点上扬且眉毛浓，眼睛黑白分明的人，一般没有第三者，因为他会考虑到女朋友、老婆的感受。

40岁的男人：注重的是性能力的问题。

鼻子、颧骨：事实上鼻子代表男人所谓的性征，颧骨则代表他的健康、体力，鼻梁挺、鼻翼开、颧骨有力，拥有以上特征表示体力好、性能力强。

要点说明

从不同面相看男人20岁、30岁、40岁运势，20岁男生看额头、发际线；30岁男人看眉毛、眼睛；40岁男人看鼻子、颧骨。

91 什么样的男人一旦有外遇就不可能回头

这样的人可以从面相和手相中看出来。

(1) 婚姻线与感情线交会成岛纹

婚姻线往下交叉到感情线又出现岛纹的男人，一旦有了外遇一定会搞得满城风雨，可是这种男人并不会自我反省，还会把气出在自己老婆身上，即使回头婚姻也不会圆满。

(2) 印堂有悬针纹或鼻梁有痣

两眉之间有一条悬针纹的男人生性多疑，无法接受别人的劝告，即使有了外遇也我行我素。另外鼻梁正中有痣叫做桃花劫，有这种痣的男人一旦感情出轨，就像是泄了洪的水库不会再回头了。

一般来说，在手腕附近有一种纹路，叫做桃花纹，但是这条纹路叉到生命线的话就叫做纵欲纹或者畜生线，拥有这种纹路的男人会为了情色而舍弃家庭，外遇几率高且不会再回头。

要点说明

一旦有外遇就不可能回头的男人：

a. 婚姻线与感情线交会成岛纹；

b. 印堂（两眉之间）有悬针纹或鼻梁有痣的。

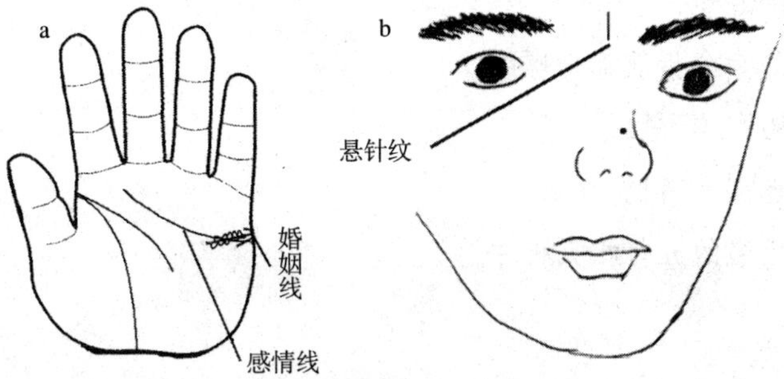

92 如何判断两人是否相配

看两个人是否相配可以从体形、手相、面相、姓名上看出来。

（1）胖子配胖子

如果两个人都是体形较胖的人，首先生活在一起会很不方便。其次性生活也比较难配合，以统计学的角度来说，胖子跟胖子想要拥有小孩也比较困难。

（2）双方的十个指纹都是螺纹

所谓螺纹就是全部中心点在里面，拥有这种手指纹的人被称为“状元指”，状元指代表不服输的意思，在个性上都想着一定要压过对方，所以如果男女双方十指都是螺纹，一定会时常发生争执。

（3）方形脸配方形脸

方形脸的人很主观、很偏激或者很固执，所以如果男女双方都是方形脸，在生活上想要沟通意见就会变得比较困难，争吵也就不可避免了。

（4）大嘴巴配大嘴巴

大嘴巴的人比较喜欢说话，而且又很喜欢在对话上赢过对方、压制对方，所以如果男女双方都拥有“大嘴巴”特征的话，在相处上比较容易发生争吵。

(5) 恋爱者双方的名字的五行如果相生、相助就可以结婚；如果相克相冲则中途分手。

要点说明

这样的男女不相配：

胖子配胖子；

双方的十个指纹都是螺纹；

方形脸配方形脸；

大嘴巴配大嘴巴；

两人姓名的五行相克相冲。

93 哪些痣令你的事业困难重重

有些痣会令你的事业困难重重。

(1) 额中

额头中间这一带被称为事业宫，事业宫有痣会破坏工作方面的运气，容易多挫折和困难，常常面临上司挑剔、同事不帮助的情形。

(2) 印堂

两眉之间被称为印堂，印堂的痣如果颜色漂亮称为好痣，主贵！如果印堂的痣形状不圆、颜色黑的话就是坏痣，由于印堂又称为命宫，命宫有坏痣的人一生中诸事不顺，工作上挫折很多。

(3) 颧骨

颧骨代表掌权，颧骨有痣的话管理方面易出错，因此不适合当领导者，而且在感情上无法掌握住另一半。

(4) 法令

法令属于管理方面，法令有痣的人在生意上容易遇到麻烦事，或者遇到不听话的下属。

(5) 鼻上

在鼻子上有痣事业易受阻。

要点说明

这些位置的痣会困扰你：

额中：和上司、同事相处不好；印堂：诸事不顺，工作多挫折；颧骨：管理有心无力，易出差错；法令：生意多争执，部下不听话；鼻子：事业多受阻。

94 “人中”如何决定一个人的生育能力

什么样的人中好？又深又粗又清楚的人中为上相。

(1) 人中有痣

人中的中间有痣的女性子宫弱，体质较差，生育困难，且可能再婚。人中中间微偏的地方有痣，与子宫关系不大，却表明其人在作风上可能属开放型，不拘小节。人中中间偏下方有痣的女子，婚后不会安分守己，也可能不会生育。

(2) 人中有纹的女子生性浪漫

有的女子笑起来，人中会出现皱纹，如同嘴唇翘起来的样子，也不难看，这种女性生性浪漫，经受不住男性的诱惑。

(3) 人中与生男生女

人中下端即上唇中间较尖，会多生男孩；若较圆，多生女孩；若人中下端扩大成扇形，也会多生男孩；人中上下呈直线如火车轨，男女各半。

(4) 人中与贞操观

人中形状对于女性来说，还有另外的意义：人中上宽下窄，这种女性贞操观念强，作风正派，性格刚强，忠于自己的爱人。人中下宽上窄，是多情的女性，善解人意，对丈夫百依百顺，有时对别的男人也缺少抵抗力。人中为圆弧形，这种女性较为浪漫，难免有风流韵事。

要点说明

人中的形状反映很多问题：

人中的上相是又深又清楚又粗；

人中的中间有痣的女性子宫弱，体质较差、生育困难；

人中有纹的女子生性浪漫；

人中下端较尖，会多生男孩，较圆会多生女孩；

人中上宽下窄，贞操观念强，而下宽上窄，较多情。

95 你的老公会旺你吗

能享夫福或妻福，是指凭借配偶的帮助提升运势。

(1) 颧高鼻直多钱花

女性以鼻为夫星，亦即代表丈夫，鼻梁高直且长的女性，代表其夫多为专业人士，有一定的社会地位。加上两颧高兼有肉，更能享夫福，大把钱任你使，让你做个幸福少奶奶。

(2) 眉清目秀有名气

相学有谓“眉清目秀，相貌堂堂”。眉清即眉毛幼细且眉脚整齐不断。目秀是指眼睛黑白分明又有神，眼影略带长，表示丈夫既有名气，在社会上又有地位，堪称夫妻同贵。

(3) 孤峰独耸妻缘佳

男人也以鼻为妻星，鼻高且长的男性，必可娶得贤内助。另外，鼻形孤峰独耸，即鼻子较大的男性，代表自尊心强，为人固执难相处。只有妻子对他最欣赏，妻缘独佳。

姓名中地格为财官数又与人格五行相生的因老公而时来运转。

要点说明

下面三种男人会旺老婆：

颧高鼻直多钱花；

眉清目秀有名气；

孤峰独耸妻缘佳。

96 什么人的爱情最容易失败

可以从面相、八字和紫微斗数三个方面来判断。

(1) 面相

眼睛过大：眼睛大的女性，虽然很漂亮，能够一下子就让别人爱上自己，但在爱情上失败的机会太多，因为眼睛大的女性太重感情，太渴望浪漫主义的爱情了。所以感情是容易失败的。

嘴大露出牙龈：有些人的嘴比较大，在爱情上本来也没有事，但如果一张口就露出牙龈的话。那就要当心了，因为这代表此人对人无防范之心，容易一下子就投入进去，爱情中对别人的审视力不够，亦无心机，容易受到蒙蔽。

(2) 八字

在中国的八字命理中，食神、伤官星代表一个人的艺术才华和创造力，有这个一般代表是个聪明有灵性的人，但如果这个星过多的话，那就代表他在爱情上是个容易失败的人，虽然很努力，但仍然很失败。因为伤官食神星克官星，官为丈夫就容易离婚。有伤官星的女人脾气厉害，不让须眉，缺少柔情，也会致使爱情不顺。

(3) 紫微斗数

总体特征较多，如果简单来讲，化忌入夫妻宫的人，在爱情上是很容易失败的。化忌代表挫折、不顺，它如果在先天夫妻宫里，一般青年时期的爱情，是很容易失败的，会让人感到所遇非人或总是半途夭折。

要点说明

这样的人爱情最容易失败：

面相：眼睛过大，嘴大露出牙龈；

八字：伤官星过多或克官星；

紫微斗数：化忌入夫妻宫。

97 鼻子长成什么样老公不疼

从鼻子可以判断一个女人的老公是否疼她。

鼻梁太低：有这种鼻子的女人，老公不但不疼，还会被老公欺负，而老公的条件也不会太好，还有很大的脾气、态度很凶，也不顾家。

鼻孔外露：有这种鼻子的女孩老公也不会疼，因为老公自己的条件不好，没有钱，所以根本没有心思去疼她。

鼻梁起节：女孩子有这种鼻子，老公也不疼，因为跟老公之间彼此的身心不愉，也就是会冷战，两个人意见不合不会很痛快地讲出来。

鼻梁有疤、纹：因为疤、纹就破坏了鼻子的夫星，所以老公不疼她，不管这个疤、纹是先天的还是后天的。

鼻尖无肉：这样的女人容易和老公互相看不顺眼，容易发生争吵，所以老公不会疼她。

鼻梁太高：就是太挺了，这种女人能坚持自己的想法与意见，个性太强，和老公彼此不相让，争执很多，所以老公也不会疼她。

要点说明

鼻子长成这样老公不疼：

鼻梁太低；鼻孔外露；鼻梁起节；鼻梁有疤、纹；鼻尖无肉；鼻梁太高。

98 哪种痣会令你“再婚”

“痣”如果长错地方了，就预示你以后会再婚。

眉眼之间：常换对象心不定。眉毛、眼睛之间称为田宅宫，田宅宫有痣代表不稳定，因此眉眼有痣的人感情不会稳定，常常会换对象。

眼白：桃花劫难，男女分开。眼睛就像日月光明一样，应该不能有任何乌云遮挡，因此眼白有痣的人容易发生爱情方面的灾难，恋爱容易面临分离的状况，即使结婚也容易离婚。

风当：爱情不坚。耳朵前面有一块突出来的位置称为风当，风当有痣的人爱情方面容易三心二意，因此常变换对象。

人中：花心，太重视肉欲。人中之间有痣的人在爱情方面比较花心，而且重视男女肉欲，如果另一半在肉欲方面无法满足他的话，他就容易换对象。

另外，奸门如果有痣婚姻不利，女性则艳福不浅。

要点说明

这样的痣会令你再婚：

痣长在眉眼之间；

痣长在眼白处；

痣长在风当处；

痣长在人中处。

99 什么人总是摆脱不了被劈腿的命运

不能摆脱被劈腿的命运可以从手相、面相、动作上加以判断。

(1) 感情线的旁边有一条平行的细纹

感情线是一个主干线，旁边有比较细的纹，或是模糊不清的都算，这种人被人家劈腿自己都不知道。

(2) 婚姻线不扎根

婚姻线原本应该从底端开始出来，如果从中间钻出来最长的一条，就是所谓的婚姻线不扎根，这种手相的人容易被劈腿。

(3) 耳缺或耳薄

耳薄就是耳朵没有肉且比较薄，耳缺就是耳朵形状不完整，左右不一致，因为耳朵代表保护自己，如果耳朵有缺就表示保护不了自己，在感情中容易出现危机。

(4) 女生印堂太宽

两个眉毛之间叫做印堂，女孩子的标准是一指半，如果有两指以上甚至两指半的话，代表女孩子比较没有主见，容易吃亏，容易听别人的花言巧语，自己没有办法判断，所以对方劈腿自己都还不知道。

(5) 动作破相

动作破相是指常抖脚，这种人在个性方面有瑕疵，很多事情都喜欢一起来，自然而然在命运上面就会遇到感情危机的事情。

要点说明

这些人摆脱不了被劈腿的命运：感情线旁有一条平行的细纹；婚姻线不扎根；耳缺或耳薄；女人印堂太宽；动作破相。

100 哪些人天生就缺少贵人运

可以从眉毛、耳朵、头发、牙齿或手指中看出来。

(1) 眉毛

眉毛叫做兄弟宫，也叫朋友宫，眉毛长得好的话同辈的贵人会很多，眉毛靠得太近或者眉毛交结在一起的人贵人运不好。用自己的手指去量两眉之间的宽度，如果没有超过一指半的话就算太近，除了没有贵人运之外，甚至还可能跟兄弟姐妹打官司。

(2) 耳缺

耳朵大又厚的话代表有福气，会得到很多贵人的帮助；耳朵小而薄或者不完整的人性格比较孤僻、不合群，因此贵人运很差。

(3) 头发双旋

头顶的头发里面一般人都有一个旋，如果有两个旋的人出生时血气很乱，在家顶撞父母，出外顶撞别人，常常动不动跟人争吵，因此很难得到长辈或者上司的提拔。

(4) 牙齿外斜

牙齿往外斜的人很自私，凡事只考虑自己，甚至可以说心机很少，因此很少会有贵人愿意提拔。牙齿向内倾的人对自己要求严格。

(5) 拇指是骈指或小指有两节

拇指比一般人多一并列指，叫做骈指。这种人懦弱无能，做事情没有恒心。另外一般人的小指是三个指节，如果是两节的人不仅会克父母，命运坎坷，做事情也没有恒心、毅力。以上两种人的贵人运都很差。

姓名中，五格都没有好的数理，尤其人格、地格、总格没有好数理，一生难遇贵人相助，一生悲观失望。

要点说明

这些人天生缺少贵人运：

眉毛靠得太近或交结在一起；耳缺；头发双旋；牙齿外斜；拇指是骈指或小指有两节。

运势

卷五

解梦知识100问

概念篇

01 什么是睡眠

梦来源于睡眠，这是一个世人皆知的道理，正如奥地利著名心理学家西格蒙德·弗洛伊德所说：“一切梦的共同特性，第一就是睡眠。”

我们要了解、认识并科学地解梦，首先要了解什么是睡眠。

最早，古人对睡眠性质的认识存在着两种对立的观点。一种观点认为睡眠时精神活动暂时停止，有如短暂的“死亡”；另一种观点则认为，睡眠和觉醒一样也有精神活动，不同的只是精神活动的性质不同而已。过去人们只是从表面现象来推测，认为“当人或者动物处于一种静止状态时，就是睡眠”。可是人在睡眠中并不是一动不动的，而且这个定义也不能将睡眠与麻醉、昏迷状态分别开来。

后来，有人认为：睡眠是由于脑的功能活动而引起的动物生理性活动低下，给予适当刺激便可使之达到完全清醒的状态。而近年来的研究认为：睡眠是一种主动工作过程，并有专门的中枢来管理睡眠与觉醒，睡眠时人的大脑只是换了一种工作方式，使能量得到储存，有利于精神和体力的恢复。这样的解释仍然不尽如人意，因为人们研究发现，在睡眠状态中，人们的各种活动不仅没有停止，而且还有一种特殊的表现与活动，特别是睡眠中的梦现象。因而，我们可以这样认为，睡眠是一种自然的生物节律现象，是一种生存需要；睡眠不仅是最好的休息，同时也是维护健康和体力的基础，它能使我们在第二天的工作中保持清醒的头脑、旺盛的精力，也是高效工作的保证。

02 什么是正相睡眠和异相睡眠

现代医学研究发现，人在睡眠过程中会出现两种状态，即睡眠过程是由这两种性质不同的状态交替出现而组成的。正常人在晚上 8 小时睡眠中，两种睡眠需要循环交替 3 ～ 4 次。为了研究的方便，科学家们给这两种睡眠分别取名叫正相睡眠与异相睡眠。

正相睡眠。正相睡眠是在睡眠中不伴有眼球的快速运动。在正相睡眠这一阶段，人的呼吸变浅、变慢而均匀，心率变慢，血压下降，全身肌肉松弛，但肌力仍保持一定的紧张度。为了研究方便，人们根据睡眠深度的不同，又将正相睡眠分为思睡、浅睡、中睡、深睡四个阶段。这四个阶段是循序进行的，但可因某种因素的影响而停留在某一阶段。

异相睡眠。异相睡眠是在睡眠中伴有眼球的快速运动。研究者发现，梦境多出现在这个阶段。异相睡眠这一阶段，人体的感觉功能比在正相睡眠时进一步减退，肌肉也更加松弛，肌腱反射亦随之消失，这时的血压较正相睡眠时升高，呼吸稍快且不规则，体温、心率较前一阶段升高，身体部分肌肉群可出现轻微抽动。这一阶段，体内各种代谢功能都明显增加，以保证脑组织蛋白的合成和消耗物质的补充，使神经系统正常发育，并为第二天的活动积蓄力量。梦也在这个时期发生。

在生活中我们经常会遇到这样一个问题，有的人自我感觉经常在做梦，而有一些人则觉得自己从来未曾做过梦，这是怎么回事呢？人们入睡大约要 90 分钟的正相睡眠（非快眼动睡眠），然后出现第一阵异相睡眠（快眼动睡眠），而梦正发生在此期，它持续 5 ～ 10 分钟，而后再次转入 90 分钟左右的正相睡眠，而且持续时间逐渐变长。每天晚上平均再现五次异相睡眠（有人称之为“梦睡眠”），最后一次长达 30 ～ 50 分钟。如果有人从“梦睡眠”中醒来，他或她就会感觉到在做梦，如果有人从正相睡眠（无梦或梦少睡眠）中醒来，他或她则会感到自己没有做梦。这是目前研究者们得出的结论，但是，影响人们对梦的回忆程度的因素有很多。

03 什么是梦

梦是我们生活的一部分，在梦境里，我们完全抛弃日常生活的条条框框，在梦的世界中遨游。梦中的一切或使我们迷惑，或使我们惊喜。在梦中，任何事情都可能发生：远在千里之外的父母来到了我们身边；不同圈子的两个朋友居然在谈话；甚至离开人世的亲人又出现在我们面前等。

梦的奥妙无穷，探索梦的奥妙是当代生命科学前沿阵地研究的领域之一。那梦到底是什么呢？

《现代汉语词典》解释为：“梦是睡眠时局部大脑皮质还没有完全停止活动而

引起的脑中的表象活动。”

《简明生物学词典》解释为：“梦是睡眠过程中出现的一种生理现象，表征为复杂的、片段式的、有时是混乱的精神活动。”

《现代科学技术词典》解释为：“梦是睡眠或类似睡眠状态下在意识中发生的一系列不随意视觉、听觉和动觉表象，以及情绪和思维活动。”

《简明心理学词典》解释为：“梦是一种消极的不随意想象，是缺乏第二信息系统的调节作用的顺其自然而进行的想象。”

《简明不列颠百科全书》解释为：“梦是入睡后脑中出现的表象活动。对梦的本质认识各异，或认为梦是现实的反映、预见的来源、祛病的灵性感受，或认为梦也是一种觉醒状态，或把梦视为一种潜意识活动……”

虽然古今中外致力于梦的研究者对梦的定义都有不少高见，但依然较难给“梦”下一个准确的定义。我们认为，梦是人在睡眠时，由于局部的大脑组织(大脑皮层)尚未完全停止兴奋活动，从而引起的一种头脑中的表象活动。一个人梦境中的内容和他在清醒时候的意识中留存的生活印象有关，但是到了梦中，生活印象常常变得错乱不清。所以梦的内容总是呈现混乱和虚幻的状态，以想象或虚幻的形式表现出来。

04 人为什么会做梦

人睡眠时，神经细胞被广泛抑制，然而这个抑制过程是不完全的。因此，大脑皮层的某些神经还处于兴奋状态，从而产生了梦。可见，梦境是在大脑皮层少数细胞活动的情况下发生的。如果少数细胞的活动失去了觉醒状态时的对整个大脑皮层的控制和调节，记忆中某些片段就会不受约束地复活，那么人就会做千奇百怪的梦。如果在睡眠中，少数处于兴奋状态的细胞是大脑皮层某些与语言或运动有关的神经细胞，那么，就会出现人们通常所见的说梦话、梦游等现象。梦是在人的睡眠中，尤其是在快速眼动睡眠时期神经活动的结果。梦也是一种心理活动，是意识的某一个层面活动的结果。

按照弗洛伊德的说法，人的无意识中包含了大量的观念、想法、欲望和冲动等，这些观念和想法，因为与社会伦理道德冲突而平时被压抑在无意识中，个体无法察觉到。弗洛伊德把人的心理比作一座冰山，人的意识是冰山露出水面的一角，无意识则是水面之下的部分。人的意识之中的内容虽然无法意识到，但可以通过这样那样的途径表露出来，其中一个重要途径就是梦。

梦是由一些刺激引起一些神经细胞活动的结果。弗洛伊德在他的《梦的解析》中指出梦的刺激有四种：一是外部感觉刺激，二是内部（主观的）感觉刺激，三是内部（肌体的）身体刺激，四是纯粹精神来源的刺激。从当今的研究结果来看，梦境形成的因素是极为复杂的，是多种因素造成的。

05 梦有哪些类型

古人根据梦的内容不同，把梦分为以下 15 类：

直梦：即梦见什么就真的发生了什么，梦见谁就见到谁。人的梦都是象征性的，有的含蓄，有的直露，后者就是直梦。如你与朋友好久不见，夜里梦见了他，白天却见到了他，这就是直梦。

象梦：即梦意在梦境内容中通过象征手段表现出来。我们所梦到的一切，都是通过象征手法来表现的。如梦到登天，其实人是无法登天的，在此，天是具有象征意义的。如天象征阳刚、尊贵、帝王；地象征阴柔、母亲、生育等。

因梦：由于睡眠时五官的刺激而做的梦。“阴气壮则梦涉大水，阳气壮则梦涉大火，借带而寝则梦蛇，飞鸟衔发则梦飞”，此即因梦。

想梦：想梦是意想所做的梦，是内在精神活动的产物，通常所说“日有所思，夜有所梦”即想梦也。

精梦：由精神状态导致的梦，是凝念注神所做的梦，是近于想梦的一种梦。

性梦：是由于人的性情和好恶不同而引起的梦。性梦主要不是讲做梦的原因，而是讲做梦者对梦的态度。

人梦：人梦是指同样的梦境对于不同的人有不同的意义。

感梦：由于气候因素造成的梦为感梦。即由于外界气候的原因，使人有所感而做的梦。

时梦：时乃四时，由于季节因素造成的梦为时梦。“春梦发生，夏梦高明，秋冬梦熟藏，此谓时梦也”。

反梦：反梦就是相反的梦，阴极则吉，阳极则凶，谓之反梦。在民间解梦，常有梦中所做与事实相反之说。在历代典籍中，亦多有反梦的记载。成语中亦有黄粱美梦的典故，唐代沈既济的《枕中记》，说卢生在梦中享尽了荣华富贵，醒来时，蒸的黄粱米饭尚未熟，只落得一场空。可见，反梦在人的梦中占有很大的比重。

借梦：也就是托梦，此类梦在古代书籍中也有不少记载。人们认为神灵或祖先会通过梦来向我们预告吉凶祸福。

寄梦：就是甲的吉凶祸福在乙的梦中出现，乙的吉凶祸福在甲的梦中出现，或者异地感应做同样的梦。寄梦是由于人们之间的感应而形成的梦。

转梦：转梦是指梦的内容多变，飘忽不定。

病梦：病梦是人体病变的梦兆，从中医角度来讲，是由于人体的阴阳五行失调而造成的梦。

鬼梦：即噩梦，梦境可怕、恐怖。鬼梦多是由于睡觉姿势不正确，或由于身体的某些病变而造成的梦。

06 什么是清醒的梦

百变的摩尔菁神是“睡梦之父”，据称能把我们带入梦的世界，并使人从中获得灵感。得到灵感就是“把生命吸进来”，原意指当你吸入第一口气后，灵魂就来到身体之中。在这样的梦里，你会发现新的生活方式、新的思想，它们足以让你的生活产生根本改变。很多充满灵感的梦都是很清醒的梦。

所谓清醒的梦，是指我们能够清楚地意识到自己在做梦，而不必等到醒来之后才对梦境进行追忆。在这种梦里，任何事情都是可能发生的。你可以尝试跟新的情人坠入爱河，可以尝试刺激的体育运动（你在现实生活中绝对不可能去尝试），而且你知道可以随时改变任何不喜欢的情节。清醒的梦展示了我们无限的创造力：我们能够在空中飞翔、到太空探险；我们能够解决生活中无法解决的问题；我们能够治愈自己和别人的疾病；我们能够创造理想的世界。在清醒的梦里，我们能够消除界限，进入意识中的更高层次。

07 什么是神圣的梦

有些梦非常生动鲜明，几乎使我们透不过气来。醒来后，我们知道发生了一些不同寻常的事情，敬畏之情油然而生。这种梦我们永远都不会忘记。

心理分析家荣格把这种梦称为神圣的梦，因为这种梦能给人带来神秘的感觉，而且具有命令的成分。做梦者醒后，常常觉得自己的行为受到梦的影响。荣格说，这种梦是“心灵宝库中最珍贵的珠宝”。在本书中你将发现很多这样的梦。下列的这些标示可以帮助你辨认神圣的、可能带来重大改变的梦：

比通常的梦清晰，让你无法忘怀；

跟你平常做的梦不一样；

促使你从一个全新的角度看待生活；

在面临压力或者危机的时候让你保持镇定；

在踌躇不前的时候给你前进的信心；

给你勇气接受死亡或者损失；

给你带来更强的精神动力，鼓励你探索生活的意义；

帮助你认识到自己巨大的潜力。

08 什么是梦文化

每个人都要做梦，梦与之俱来，随之而去，伴随人的一生。只要人的大脑的思维能力还在，梦就会长久不衰。做梦不分贵贱、不分长幼、不分尊卑、不分男女、不分中外，只是梦的内容有所不同而已。

梦如同人的身影一般，既司空见惯，又神秘莫测；既虚无缥缈，又真实可见。若说梦是幻觉，然梦中之人物事件醒后皆历历在目；若说梦是真实的表现，然醒后难找与梦中人物事件完全一致者。有时日有所思，夜即梦之；有时梦中所见，日即遇之。梦之神秘至此，我们的祖先亦早知之，即产生梦文化。

梦文化是中国古代文化中不可缺少的重要组成部分，虽难登大雅之堂，但在民间却流传甚广，《周公解梦》即是流传在民间的解梦之书。在术数史上，很难发现解梦之术，在这里提到“梦文化”，只因梦文化在民间广为流传，并被作为预测吉凶的一种手段。

09 谁是周公

周公姓姬名旦，是周文王第四子，武王的弟弟，我国古代著名的政治家，曾两次辅佐周武王东伐纣王，并制作礼乐，天下大治。因其封地在周，爵为上公，故称周公。

周公对于建立和完善周代的封建制度作出了很大贡献，在儒家文化中享有崇高的地位。周公频频出现于孔子的梦中，孔子以“吾不复梦见周公矣”之言，隐喻周代礼仪文化的失落。后来，周公被后人直接与梦联系起来，梦就成为“周公之梦”。因此，周公解梦中的周公，即是周公旦。

“周公之梦”被广泛用于各种解梦文化中，其实并不是由周公来解释梦境，而是代指释梦的学说。

10 什么是解梦先生

中国最早的一本关于解梦的书，是公元前600年的《诗经》，书中解释了各种各样的梦。后来的解梦书列举了一系列常见的梦境。今天，这些梦境仍然出现在我们的梦中：人、动物、各种物体、典礼仪式、神仙、花草树木以及各种感觉和情绪。

在中国文化中，解梦先生倾听做梦者的叙述后，为他们解说梦的吉凶。

解梦先生常常利用某一范畴的象征来解说梦境。即使在今天，解梦这一行业在中国的一些城市（如香港）仍然存在。

11 什么梦有解析的意义

在解梦的时候，我们碰到第一个问题，就是我们要解什么样的梦。什么样的梦对我们来说有意义呢？那就是记忆非常清晰的梦，那些支离破碎的片段或记不清楚的梦，有时候虽然有一定的心理意义，但由于它难以反映梦境的全貌，因而不容易分析或是搞不清梦主题是什么。因此，包括初始梦、重复梦、噩梦在内的比较清楚的梦，才有分析的意义。

这三种梦的特征将在下文着重解释、分析。

12 什么是初始梦

初始梦即指做梦者向解梦者陈述的第一个梦。这类梦往往以奇异、怪诞的特点而给梦者留下深刻的印象。这种梦往往较能反映出梦者整个潜意识的情况。比如，有个女人曾对解梦者陈述了这样一个初始梦：

她被关在一个笼子里，笼子外站着老虎、野狼等猛兽，它们都不怀好意，凶恶地看着她。

经过解析，这个梦是反映了梦者对自己本能的恐惧（野兽代表她自身某种不能驯服的本能）。

再如，有个男人的初始梦是：

他梦到自己被关在笼子里像小鸟一样，虽然能够尽情歌唱，却无法自由地展翅飞翔。

这个梦就表示出了，梦者想表现自己而受到各方面的限制与阻碍。

这两个人的梦境虽然有差异，但都明显地显露出当时他们受压抑的处境，而他们对这样的处境又无法摆脱。个体心理学家阿德勒曾研究认为，早期的记忆与梦具有同样的意义，它也可以反映一个人的生活风格或是个性特点。

13 什么是重复梦

重复梦是指那些在梦境中经常出现、内容相同或相似，或者同一主题的梦。无论是精神分析学家还是医学家，都很重视这类梦。这类梦经常发生在具有各种身心疾患的人身上，常常是某种躯体疾病的预示。从心理角度来看，它通常也是一生生活的主题、基调的表现，往往是了解他（她）不健康的心理症结或他（她）本人生活风格的关键。如一个 15 岁的少女，生长在一个恶劣的环境中。父亲是一个酒鬼，常常粗暴地殴打她，母亲也作风败坏，可怜的女孩经常缺吃少穿。从 10 岁起，她曾自杀过两次，但都未能实现，从她记事起，她就常常做下面的梦：

她自己掉在一个大坑里，非常害怕，想尽各种方法想爬出去，并且有几次已经扒住坑边，可是，这时有人走过来，踩住了她的手，她只好再松开手，又掉到了坑底。

上述的梦对于那个女孩来讲，如果只出现过一次，可以认为是梦者在特定困苦的环境中产生的恐惧，但若反复出现，则很明显地奠定了这个女孩一生悲剧性的基调。

14 什么是噩梦

医学家、心理学家及民间对噩梦的认识各不相同，医学界的认识比较科学，认为噩梦有三大特点：极度恐惧；胸口的压迫感和重负感引起的窒息；一种绝望而又动弹不得的感觉。而第三种则不仅指一些可怕的梦境，并且也包括一些令人厌恶、令人焦虑沮丧的梦。因此，我们认为噩梦有广义与狭义之分。

广义的噩梦即民间所谓的“噩梦”，狭义的噩梦指具有以上三个特点的噩梦，亦称“梦魇”。不过，一般认为，不论是广义的噩梦，还是狭义的梦魇，都是梦者在生活上或事业上遇到大的麻烦的情况下产生的。他们要么总是隐隐地预感到，外界某个偶然的事件给他们带来灾难性的后果，要么就是无意中触动了自己内心的某些隐私，并为此深感不安。对于噩梦要注意的是，它往往是正在迫近的精神崩溃的第一个预兆，或者是身体患病，尤其是出现心脏疾患的先兆。

在广义的噩梦中，还有一种被称为创伤梦。虽然一般人都把它当做噩梦，其实它与噩梦有所不同。它往往有明显的原因，梦中的内容或多或少地再现了梦者经历过的创伤事件。这种事件往往是一次突如其来的、完全出乎意料的可怕事件，如车祸、遭遇抢劫、地震、火灾、水灾、被人强奸等，这种梦应该归属于那种正常心理情况下产生的梦，可以解释为是为了迫使自己去接受一个几乎不能接受的东西。不过它们虽然会重复出现，但随着时间的推移，它出现的次数会越来越少，强度也会一次次减弱。只要减少神经刺激，就会慢慢地好起来的。

15 什么是梦的象征语

在我们的梦境里，许多内容都是让我们去“看”的，因此梦的语言则采用广泛而又通俗的语言——象征。这些象征性语言，虽然世界各国的象征性东西有着本质的区别，但是，仍然有许多人类共同语言的象征。而我国的象形文字，就是最好的象征。我们也许看到过早期的象形文字，那些字像一幅简笔画。比如，“水”字就像三道水波纹；“人”字就是像一个行走的人；“龟”字就像一只在卧的乌龟。这些字毕竟不是画，毕竟简化多了。梦则不一样，梦的“词汇”则是一幅幅生动的画卷，所以梦的象征才是不折不扣的“象形字”。

梦的语言主要就是应用象征的、动态的、电影般的画面。只不过在梦里，我们不说“张三胆小得像只兔子”，我们在梦里可能会直接梦到一只兔子，这兔子有张三一样的小三角眼。如果我们发现某个女人非常狡猾，并对我们产生了危险，那么梦是如何来表现这层意义的呢？这时梦会把这个美丽漂亮的女人领进屋内，当我们转身的时候，女人突然不见了，而在我们屋内的床上却卧着一只狡猾的狐狸。

一般来说，梦语如同其语言一样，也有自己的方言。梦方言可追溯到个人的阅历、个人家庭史、个人感受、感觉。一个梦的唯一确定、有效的解释是自己的解释，即使有时可以请其他讲同一梦语的人来帮助，也还是以自己的解释为主。

举例来说，对于下列梦的解释可以有不同的结果：

如果梦者梦见自己摇着渔船，钓到一条巨大的鱼，类似的梦境要视具体情况具体分析。我们首先来分析梦者是不是渔夫，如果是，那么梦境可能暗示了他的工作状况。如果他不是渔夫，那么就应该对他最近的生活状况进行了解，再来解梦。这就表明，虽然梦具有共同的象征性物，而对于不同背景的人来说，则具有个性化的意义。

运势

卷五

解梦知识100问

观念篇

16 做梦会影响睡眠吗

传统的看法认为，人在睡眠时做梦太多，会影响大脑的休息，不利于睡眠。但近些年有人对此看法提出了异议，认为多梦也不会影响睡眠与健康。日本山梨大学的研究人员曾根据研究成果提出，多梦有益于延年益寿。他们发现，人脑中存在着两类相反的促眠肽，一类是促无梦睡眠肽，另一类是促有梦睡眠肽。研究人员成功地分离出促有梦睡眠肽，将它施之于动物，使其睡眠的有梦期延长，结果接受试验的动物大多寿命延长，这就说明梦能保护睡眠，只有睡眠质量提高，才能保证身体健康长寿。

做梦者在梦中不断地调整自己，使外界的刺激变成知觉编入梦的具体情节之中。在梦中做梦者所受到的刺激得到回应，于是人得以继续保持睡眠状态。梦学大师弗洛伊德发现梦的这种特殊性非常普遍，因此在《梦的解析》中他写道：梦的功能，除了让我们在精神上有个释放的途径外，还会维持睡眠持续不断。弗洛伊德假设人在睡眠时往往会受到一些刺激，比如说口渴想喝水，冷了想穿衣服，肚子饿了找食物等。这些刺激如果在梦境中得以实现，那么人的睡眠就会持续下去。如果在梦中这些刺激需要没有得到回应和满足，或没有做梦，人往往就会从睡眠中醒来。从这个观点来看，我们的梦是利用梦境来化解外界的刺激，用以保证我们的睡眠不被干扰的。所以，弗洛伊德把梦称为“睡眠的监护人”。

17 梦会危害身体健康吗

每个人一生当中约有 1/3 的时间用于睡眠，假若能活 70 岁的话，用在睡眠上的时间大约是 27 年。这 27 年的睡眠当中约 1/5 的时间在做梦，那么用于做梦的时间至少要有五六年之久。这么长的做梦时间，好像在浪费睡眠，事实上，做梦是人体的生理需要，能起到很多积极作用。主要有以下几点：

(1) 恢复和加强脑功能

做梦能使脑的内部产生极为活跃的化学反应，使脑细胞的蛋白质合成和更新达到高峰，而迅速流过的血液则带来氧气和养料，并把废物带走，为第二天投入新的活动打下基础。可见，梦有助于脑功能的恢复和加强。

(2) 愉悦身心

做甜蜜的美梦，常给人带来愉快、舒适、轻松等美好的感受，使人头脑清醒、思维活动增强，这有助于消化和身心健康，对稳定人们的情绪，促进和提高人的智慧活动能力，都大有裨益。难怪生活中有人将“祝您做一个美梦”作为睡前问安的一句口头禅。

(3) 延长寿命

研究表明，婴幼儿在每天长时间的睡眠中，有50%左右的时间是在做梦。这些梦的内容是什么，至今仍然是一个不解之谜。但人们认为，如果婴儿睡眠时眼球迅速转动，那就表明他们是在把自己醒着时感觉的大量刺激存储在记忆里。老年人的有梦睡眠却大大减少，每晚不过1小时左右。如果计算一下，无梦睡眠在人的一生中会相对保持不变，从出生时的8小时到老年时的6小时，而有梦睡眠却变化很大。若能设法增加有梦睡眠时间，便可延长寿命。

(4) 促进创新

弗洛伊德说：“梦境不仅具有复制的功能，而且具有创新的功能。”许多人都有这样的体验：冥思苦想不得其解的问题会在梦中找到答案，难以记忆的东西会在梦中“记忆犹新”。这就使人联想到，做梦是否会有益于人的智力。

总之，正常范围内的梦对维护人的身体健康是有好处的，并不像很多人所担心的那样会危害健康。

18 “一夜无梦”就表示睡眠质量高吗

每个人在睡眠中一般会经历4～6个睡眠周期，且在每个周期里都会做梦。这就意味着，在正常情况下，人每晚都会做4～6个梦，而在过分疲劳、生病、面临困境或重大变动、焦虑、紧张等情况下，就更容易做梦。

梦每晚都会光临我们的睡眠，差异只在于有时我们能意识到，有时则不能。这主要看我们是否在某个睡眠周期中醒来以及睡眠周期是否中断。研究发现，人如果在某个睡眠周期结束时醒来，梦的内容常常无法被回忆，因为梦的性质属于短期记忆，若不经多次重复或转化为长期记忆，很快就会被遗忘。但如果睡眠周期被打断，此时人又正在做梦，那么这个梦的内容就能被记起来。因此，人在醒后所记得的梦境大多属于最后做的那个梦。

有专家指出，所谓的“一夜无梦”，只是我们不记得自己曾在夜里做过梦。但如果经常觉得“夜长梦多”，则是睡眠质量不高的信号。人如果意识到自己在夜里不停地做梦，也就意味着睡眠曾多次中断；记得自己做了几个梦，则表示夜里曾醒过几次。睡眠时断时续，自然就会使人觉得疲劳乏力。

正常的梦境活动，是保证机体活力的重要因素之一。正如一些研究专家所说：梦对睡眠的影响，其实是一种生理的自然与外界的对抗。只有控制好一些生理的本能动作或反应，才能使梦与睡眠积极配合，从而有益于人体的健康。

19 梦可以预测身体疾病吗

有些疾病在没有发生之前，常常预先以做梦的形式表现出来。尤其是做噩梦，噩梦虽然会使人不愉快，还会干扰睡眠，但这往往是癌症和其他一些疾病的早期信号，尤其是经常反复地做一些内容大致相同的噩梦，则可能是明显的疾病迹象，并可揭示将要发生的病变部位、性质和轻重程度。

有位妇女感到极度疲乏，但仍硬撑着继续工作。一天晚上，她梦见自己正死命地抓住窗框不让自己掉下楼去，但终因体力不支而掉了下去。两天之后，她在工作时晕倒了。医生诊断她得了尿路感染，是因为站立时间过长所致。

西方著名释梦家认为，在身体疾病出现之前会有一次“预兆梦”，因为在梦中，身体所有细微的感觉都被放大了。如上例中的妇女，她的梦提醒她别把自己逼得太紧了，同时也表现出一种下意识的愿望，希望就此住手，不再干了。如果把她的梦解释为“你得病了”似乎有点不大妥当，因为梦的内容实在没有什么可以和“尿路感染”这种疾病联系起来的。还比如，得了膀胱炎的人会梦见泉水；得了肺病的人会梦见窒息等。这种看法从古代一直延续到科学医疗的出现，甚至时至今日，睡梦分析专家们都没有提出异议。

20 做梦能反映心理危机吗

梦境除了能透露一些潜在的疾病信号外，还能在某种程度上反映人的精神状况。

工作繁忙的林先生说，自己的梦里常常会出现过去高考前夕紧张学习的场景，不是在紧张地考试，就是有做不完的题目，时间不够用，人觉得很焦虑。

这是一种典型的梦境，反映的是人在现实生活中的精神状态。恐惧、焦虑、压抑等现代人普遍的“情绪危机”，在睡梦中被不受抑制地表现出来，只不过林先生在当下遇到的压力，在梦中被转换成中学时代的一种情景表现了出来。

那怎样才能让睡眠充足又安稳呢?

睡眠本该让身体和心灵在夜间得到充分的放松和恢复，但现代人如果长期处在“心理高压”下，睡眠质量就会受到影响，往往会影响白天正常的工作和生活，最终形成恶性循环。

要保证充足、安稳的睡眠，除了应进行及时的心理调节和自我放松外，养成良好的睡眠习惯也至关重要。

（1）作息要有规律。对工作忙碌的人来说，周末补觉要适度，因为过度赖床会扰乱正常的生物钟。

（2）让床的作用“单一化”，少在床上看书、打电话、看电视。常常在床上进行其他活动，会破坏定时睡眠的习惯。

（3）睡前应避免剧烈的运动，心理压力很大时，不妨听听舒缓的音乐来放松心情。

（4）睡前不要过饱或过饥，尤其要远离咖啡、酒精和尼古丁。

21 做春梦是一种邪恶行为吗

春梦，即性梦。这是青春期性成熟后出现的正常心理和生理现象，在青年中普遍存在。据调查，约有 70%的人经常或有时梦见性活动，且男性多于女性。

同时，男女两性的性梦内容和表现有所不同。

一般来说，男性的性梦常伴有射精，即梦遗。梦中情人多为不认识或仅仅见过面的女性，却很少梦见自己所爱的人，梦中的情景总有几分奇幻、几分恍惚，非普通语言能形容。醒后往往回忆不起梦境的全部细节。对于成熟而未婚的男性来说，性梦是缓解性欲冲动的途径之一，一般多则每周一次，少则每半月或每月一次。许多例子表明，在婚前求爱期里，性梦特别多，有时甚至一夜三次入梦，大抵白天有拥抱、接吻一类的行为，晚上便有性爱的梦境。许多研究发现，性梦的发生与睡眠的姿势以及膀胱中积尿的数量没有显著的关系，而与睡前身体上的刺激、心理上的兴奋、情绪上的激发和精囊中精液的充积量有关。

女性的性梦与男性相比有较大的差异。未婚女性的性梦往往错落凌乱，变化无常，很难有清晰的性梦。即使已婚的女性，能做真正的、清晰的性梦，并伴有阴道黏液的分泌，也不能起到泄欲的作用。女性在醒后能够回忆起梦境的内容。

心理学家认为，性梦是一种正常的性生理和性心理行为，性梦的发生与体内性激素水平、性心理有密切关系。作为一种自然发泄，性梦起到了一种安全阀的作用，以缓解积累起来的性张力。因此，有过性梦体验的朋友，不必为自己的经历而焦虑和羞怯，应顺其自然，同时要把主要精力放在学习和工作上，避免过多地接受各种性信息和性干扰。

22 男人与女人做梦有什么区别吗

科学研究发现，男人和女人在做梦以及梦的方式上有着显著的差异。而且，这种差异开始于人生的早期阶段。对600名超过10岁的男孩和女孩的研究表明，女孩更多地做与焦虑有关的梦，而男孩多梦见怪物或大型动物。女孩的梦里多出现人或小动物。

女性梦中常见的景象：

(1) 情感

女性的梦境多是情感方面的。

(2) 室内

女性的梦境多半在室内，而且往往是在熟悉的环境内，如家、宿舍或教室，另外就是家庭物品以及服装等。

（3）人物多

女性梦中的人物，女性比例稍大，然而主角约男女各半，多出来的女性是些旁观者。

（4）熟人

女性梦中的主角常常是熟人，他们的面容和服饰能被生动地回忆起来。女性不像男性那样常做进攻性的梦，即使做了，多半也是非暴力的。在梦中，她们不打人，而是破口大骂。在梦中那些被侵犯的对象中，女人多于男人。一般来说，她们在梦中与男人是友好相处的，但通常只限于精神方面。

（5）偶尔会出现性的场景

女性有时也梦见性交，并且清楚地记得与之发生性关系的对象。但做这类梦的次数不如男性那样频繁。

男性梦中常见的景象：

（1）户外、新奇

男性的梦普遍是有关户外的和新奇的背景，而且大量地从事体力活动。

（2）男人、暴力、性、车、武器

男性梦中的主要内容是有关其他的男人、暴力、性、车和武器等。比如，男性的许多梦常带有敌意，在约半数的带敌意的梦中，做梦者对另一男性进行肉体攻击，而被攻击者又多半是陌生人。

（3）男主角多

在男性的梦中，男主角多于女主角约两倍，而且男主角多以职业来辨别。也就是说，男性做梦者能意识到梦中其他男人的职业，这说明男性比女性更有地位意识。

（4）对女性友好

男性在梦中对女性比对男性友好。男性做梦者通常认识所梦见的女性。

（5）同陌生女人发生关系

男性的梦中与之有性交往的女性多数是陌生人。

（6）大怪物

男性多梦见怪物或大型动物。

23 人能控制梦的内容吗

梦境通常显得那样不可思议，常常会有千奇百怪的组合，或者突然的场景转换。梦境似乎没有因果规律，也不受时空限制。那么荒诞的梦境与现实生活是否有联系呢？如果有联系的话，我们是否可以通过控制睡眠前后的条件来影响梦的内容呢？

较早从事这方面研究的是美国芝加哥大学克雷特曼实验室的德门特和沃尔珀特两位学者。最初他们注意到，大多数刚来到睡眠实验室的新的受试者，在叙述他们梦中的故事经历时，常常把睡眠实验室这个新奇的环境编入各自的梦境情节中。很显然，睡眠条件的改变会在梦境中得到反映。德门特和沃尔珀特从中获取启示，并设计了一系列有趣的实验。实验的方法很简单，就是改变受试者睡眠时的环境条件，看它会不会在梦中得到相应的反映。整个实验分三部分，先用冷水淋，继之以强光，然后再放音乐，结果在受试者的梦境报告中，只有42%涉及水，23%谈到光，9%提到音乐，这些数据看来并不能很好地说明问题。

还有不少学者做了相关的实验，结果使他们做出了同样多的、大相径庭的解释，但是有一点似乎已经趋于明朗化，即清醒时的环境遇到某些特殊的改变，在梦境中就会增加与此有关的新内容。然而目前的问题焦点是怎样才能确切地掌握环境刺激和梦境内容之间的必然联系，只有做到这一步，方有可能达到控制梦境的设想。

后来，威特金和刘易斯两名美国科学家利用刺激现实环境的方法来测量梦境内容。他们用的刺激物是四部电影片，一部是孕妇正在生产的过程；一部是原始部落人用锐利石片切割男性少年的阴茎包皮；一部是母猴将死去的小猴撕开吃掉的经过；还有一部是平淡的风景片。结果根据受试者的报告表明，前三部影片的内容被较多地编入梦境，而平淡风景片则根本没有。以上实验似乎说明了这样一个问题，现实生活中受到的外界刺激比较强烈，那些刺激在梦境中出现的可能性就比较大，此说法得到了许多学者的赞同。

关于人是否能控制梦境内容的问题，迄今为止能够做出的回答仅仅是：入睡前后的外界刺激看来是可能被编入梦境的。不过涉及与此有关的各种生理机制和它的规律性，由于变化因素太多，目前还难以将它规范化。从事该领域研究的学者们都感到，通过控制入睡前后的条件来影响梦境内容的实验十分复杂和困难。

因此我们首先需要有一套更为精确的度量梦境内容的方法，然后才能理解梦的意义，最终达到控制梦境的目的。

24 做梦是体温调节的需要吗

从生理上来说，做梦是必需的。研究者观察发现，所有温血动物都会做梦（即有眼球的快速运动现象），而所有冷血动物都不会做梦（无眼球的快速运动现象）。这个简单的观察结果，引起了研究人员的推测：做梦会不会是跟温血动物体温调节有关呢？研究结果显示，当我们的体温在夜间降低的时候，做梦阶段经由脑神经活动的增加，会帮助维持我们大脑的温暖。我们睡觉的时候，体温会下降1.5℃左右，这种体温下降有助于我们在睡觉时更快地恢复体力。这个学说认为我们的大脑比身体对温度的变化要敏感得多，因此大脑就利用做梦来维持身体适当的温度，使之不太低，也不能太高。

25 梦境顿悟是有神灵相助吗

要说人们在梦中也会有发明创造，似乎令人难以置信，可事实上还真有不少这种实例，帮助很多科学家解决了悬而未决的难题。

美国技术员伊莱亚期·豪想造一台机器来缝制衣服，但在试制过程中，由于穿在针眼里的线总是断掉，试验一直没有成功。有一天，他做了个噩梦：

他被捆绑在一根木桩上，一群非洲人手拿长矛围着他又唱又跳，时而还将矛尖指点他。此时，他发现每个长矛尖上都有个小洞。

第二天醒来后，他把梦中所见与试验联系起来思考，茅塞顿开，原来针眼的位置应该放在针尖上，难题迎刃而解，缝纫机宣告成功诞生。

爱迪生说过“我一辈子都梦见自己在发明”这样一句名言。牛顿经常在梦中有所发现。笛卡尔在梦中想到数学与哲学相结合，结果创立了一种新学科。罗孔诺夫的研究长期得不到突破，可在梦中发明了留声机的蜡制圆筒。

关于在梦中为什么能发明创造，有学者研究认为，主要有以下四方面的因素：

(1) 科学家对某一问题，已经进行了相当充分的长期的艰苦研究，他们头脑里已经储存了解决问题所需要的大量信息，已经进入了“万事俱备，只欠东风”的境地。

(2) 科学家的大脑皮层上已经形成了解决问题的优势兴奋中心。做梦，就是优势兴奋中心的继续与发展。换言之，在睡梦中，白天没有产生的某一部位高级神经活动，在睡梦中会以另外一种方式继续进行。于是，睡觉做梦，就成了白天科学研究后的一种转化。

(3) 科学家奇特的思维方式。由于科学家的理解程度与概括水平都大大地超过了一般人，能够从梦境中受到启发与鼓舞，沿着梦境的思维轨迹，容易找到科学研究的突破口。

(4) 科学家有意识地对梦进行了“去粗取精、去伪存真、由此及彼、由表及里”的提炼与深化过程。正是科学家对梦境采取了“扬弃”的科学态度，不是跟着梦境走，而是超越梦境，才借助梦境，获得了成功。

所以，梦境顿悟是有科学根据的，并非人们所认为的“神灵相助”。

26 人为什么有做噩梦的必要性

不管是一次还是反复出现的噩梦，都代表一种警告。它们敦促我们留意带来压力或者困扰的事情，提醒我们可能出现的问题，帮助我们面对清醒的时候不愿意面对的问题。它们可能在我们遭遇不幸之后出现，因为这个时候我们的心灵正处于挣扎之中，正在说服自己接受灾难性的事件。

不管噩梦的内容是什么，我们不妨尝试一下马来西亚塞诺伊土著人的“面对和征服”技巧。当你醒来的时候，想象自己正同你害怕的事物面对面，告诉它你希望它怎么做，或者向它解释它给你带来的感受。这让你有机会直接面对你的恐惧，驱走焦虑；你也可以站在给你造成威胁的事物的角度。如果你转换角色，以它的身份讲述噩梦，那么，你的感受又是如何？如果你花了很长时间仍然无法理解噩梦的含义，先把它放一放，耐心等待吧！因为有些梦犹如连续剧的一部分，在它之后，其他的梦还会随之陆续出现，帮助你解开谜团。

27 释梦是一种迷信吗

曾经有人认为，释梦完全是一种迷信活动。甚至有些人干脆把释梦与算命相提并论，他们认为："梦不过是人在睡眠时大脑所产生的一些乱七八糟的活动。在梦里人会飞，狗会说话，死去的人又活了，活着的人却死了……全是假的，而企图对这种虚无、荒唐的东西加以解释，什么问题也说明不了。"

然而，科学释梦与迷信不同。科学释梦认为，梦与现实有着千丝万缕的联系，是有意义的，只不过这个意义被深藏着，需要我们进行深入细致的分析并加以解释。梦虽然千奇百怪，但毕竟是人们的一种心理活动。既然是人的心理活动，就要遵循心理学规律，就可以运用心理学规律来解梦。显然，这种解梦行为不是迷信。

梦是人在睡眠中的一种活动，它既不是鬼神给人的暗示，也不是灵魂出窍去做的与人本身无关的事情。因此，只有对梦进行科学的解析，才能揭示梦与现实生活之间的联系。

首先，我们应当认识梦的积极暗示意义。梦使我们不至于失去灵魂深处的自我，使人们潜意识的愿望得到满足。它还帮助人们与现实进行持久的斗争。

其次，通过科学的释梦，可以为做梦者消除紧张情绪，提供有效的帮助。如果人们不是没完没了地谈论困难本身及其起因，而是对梦中的图像进行加工处理，那么就可能会更方便地克服工作和生活中的一些困难。

有人提出，释梦会对做梦者的日常生活产生积极的影响。通过释梦，人们学会怎样正确对待梦境，十分有利于改善自己的生活方式。

28 梦真的能预兆吉凶吗

天人合一、天地感应是中国古代人认识世界的哲学观。梦兆的解释和大量应验的事实更让人相信：梦是能够预兆吉凶的。在殷商时代留给今人数不胜数的甲骨文中，绝大多数都是卜辞，梦兆吉凶的内容所占比例也为数不少。为什么从古至今，人们相信或半信半疑梦确有预感的功能？对生存过分关注与对科学知识所知甚少应该是很重要的原因。

至今也有很多人相信，梦会给我们带来某种暗示，事后还会经常得到验证。我们必须会解释这些暗示的意义，才可以知道梦预示着什么。例如，梦见枪、长刀，是妻子生男孩的预兆；梦见铁锅，是妻子生女孩的预兆。

在西方文化中，也有与此相同的观念。例如《圣经》的《旧约》中埃及法老梦见七头犍牛，随后有七头瘦牛出现并把犍牛吃掉。约瑟夫告诉法老，这预示着，将有七个丰年，随后有七个灾荒年，灾荒年将把前七年的盈余全部耗光。

预兆观的基础是原始人普遍存在的“感应”观，认为天地、自然与人可以相互感应，也就是很多人类学家提出的“原始互渗律”。这种古老的观念至今仍然存在，在我们接触的人中有不少人仍然相信梦能预示未来。虽然他们在理智上往往承认这是一种迷信，但内心却隐隐觉得这种说法也有道理。

人生的未来，吉凶难测，不管你是一个怎样的人，都无法洞察未来所发生的一切。当我们极力想弄清这一点又找不到答案时，于是有人去占卜算命，有人以梦预测吉凶，而更多的人则坦然面对，努力做事，老实做人，梦兆在这些人身上似乎就不再那么灵验了。

29 我们能做一个解梦高手吗

其实，解梦都是有据可依的，掌握以下几种解梦的方法，我们也可以成为一个解梦高手。

（1）梦是事实的反映

俗话说：“日有所思，夜有所梦。”有很多人做梦，梦后都说这梦是以前已经发生的事，或者以前曾做过的梦，现在竟然发生，事实同梦完全一致。所以说梦是事实的反映。这样的梦不解自明。

（2）梦是上天对人的暗示

古人认为梦是天帝对人的暗示，是显示吉凶的预兆，是天人对话与交流的一种方式。这种梦解析起来比较复杂。若你感知做了此类梦，可以参照《周公解梦全书》进行释梦；若梦象不符时，再另请高明人士释疑。

(3) 梦是生命的自我暗示

我国医学认为，梦与人体各部位的健康状况息息相关，人体阴阳不调，气盛气衰，都可以致梦。所以根据不同的梦象，可以了解人体器官的健康状况。从这种意义上说，梦是一种生命的自我暗示。

(4) 别解

别解就是利用其他方术解梦。如：做梦后，可以用周易卜卦的方法，占卜做的梦的吉凶；或利用四柱八字，推算此阶段的旺衰状态，依此推得梦象的吉凶，旺者吉，衰者凶。

30 "梦有五不占"指的是什么

按照古代占梦术的要求，不是所有的梦都可以入占的，这就是"梦有五不占"。

所谓"梦有五不占"，就是指有五种梦不能入占。

(1) 神魂未定而梦者，不占。古人认为，人在神魂未定的状态下所呈现的梦象不是精魂所感，而是精魂未定下的浮想。这种浮想不是占梦术上的"真梦"，因此便不能呈现吉凶之兆。

(2) 妄虑而梦者，不占。所谓妄虑而梦，是由于白天各种邪想而致梦。邪想所梦一般不出眼、耳、鼻、舌、身、意六识范围，这六识都是因感而发，属于短暂的、浅显的感应。这种感应一般都是无意义的杂想，不包含吉凶的真机。那么，什么是妄虑而梦呢？举例来说，白天看见一女子，美貌无比，如同天仙，晚间便在梦中与之相媾，甚至云雨一番，颇能快人心意，醒来之后，但见下体黏湿，方知是白日春梦。这种梦便纯属邪想所致，没有任何"天机"藏于其中。

(3) 寤知凶厄者，不占。这是说梦中所兆极其典型，用不着再占。明代陈士元在《梦占逸旨》里讲：《左传》记载，有一个名叫声伯的人，梦中渡洹水，并食琼瑰，奇怪的是在梦中又哭又歌。声伯自己便很通晓占梦术，醒来之后，知道是一个凶兆，惧而不敢占。后来又过了一段时间，知道天命难违，为了求得心理安定，便强占为吉，结果只过了一天，便死了。因为此梦按照占梦术解释，实在是一个死象，梦中所为都是送亡魂的仪式，其凶是不言而喻的。

(4) 梦而未终、中途惊醒者不占。在古人看来，一个负载吉凶之兆的梦都是有首有尾的。因为梦其实就是一种象征语言，按照古代占梦家的说法，这是神明向人晓谕的语言。如果梦而未终，尤其是中途被人吵醒，那么便是神谕未明，不可轻易占卜。

(5) 梦虽有终始但醒后忘记大半者，不占。有些人天天做梦，但是梦后便忘，或者是梦醒之后，只能记起一些杂乱的情节，对这些杂梦也不能进行占断，因为其间的“真机”已被扰乱。

31 “占有五不验”指的是什么

在中国古代，对占梦者有严格的要求，如果不符合这些要求，占梦时就不会灵验。这便是著名的“占有五不验”。

(1) 占梦之人，昧其本原者不验

占梦者必须对天人之际、宇宙万物的道理参究透彻，才能占断天下之梦。也就是说，人生如梦，睡梦之梦为小梦，人生为大梦。占梦者自己必须对此有深刻的认识，然后才能为人占梦。当然，这里所要分析的占梦并不是占人生大梦，而是占梦中之梦。古代的占梦家认为，并不一定要将宇宙的大道理悟透，只要牢记“人生如梦”这一原则，不深陷梦中之境就行了。如果能再由占梦而有所领悟，由小梦而觉大梦，那将是更高层次的追求。

(2) 术业不专者不验

古人认为占梦者必定要熟读梦书，掌握基本的占梦方法。只有这样，才能遵循正确的途径，将神谕明白无误地破译出来。另外，一个高明的占梦家必须善于联想，从细微的象征中找出吉凶征兆；否则就有可能对神谕熟视无睹。

(3) 精诚未至者不验

古代的占梦术就是要将梦者的感应明明白白地揭示出来。有些梦象简单易懂，有些则迂回曲折、扑朔迷离，这就要求占梦者必须虚其神明，以精诚的态度去感知梦境所示。

(4) 削远为近者不验

这一条是指占梦者不能将道与术分裂。古人认为，占梦虽属小术，但其中也蕴涵着大道理。后来的一些术数之士，割裂道与术的关系，把占梦局限为只言梦境吉凶的小术，不懂得由梦中之梦了解人生之梦的道理。这样就会使占梦成为一门小术，不但不灵验，也不可能通入大道。

(5) 依违两端者不验

古人认为，对梦境所预示的吉凶，占梦者必须明明白白地揭示出来，不能含糊其辞，依违两端；否则就违背了占梦术的原则，成为欺世盗名之徒。

32 梦境能预示情绪与心态吗

科学的梦境解析，可以从梦境中检索出人现阶段的心理状态和情绪信号，从而揭示你在清醒状态下不易察觉的感受，使人得以有目的地调整自己，保持良好的心理状态。

以下 10 个梦，反映出不同的心态。

(1) 围墙

梦见围墙，表示你有心结，正为某事不知所措。在围墙边寻找出口，表示你正设法清除心理障碍。

(2) 化妆

打扮自己，反映的是隐藏自我的心情。例如，为了见来探望的母亲而浓妆艳抹，表示有不愿意让双亲知道的事；相反，脂粉未施外出而觉得羞于见人，表示有自己无处隐藏的缺点。

(3) 飞

反映的是想从生活压力中获得解放，或想靠自己的实力克服困难的心情。与异性一同在空中遨游，表示你想解除压力。浮游低空中，有双脚不能着地的恐惧感，表示你对不能施展自己的能力很焦虑，同时说明你缺乏自信。

(4) 谈话

在梦中，感觉、思考均被用来当做表现手段。梦中与人交谈，表示思考的过程。与人意见分歧，表示尚未理清思绪，对事情深感烦恼，要在两个事物中选择其一，却迟迟无法决定。与谈话对象取得共识的梦境，表示对自己想法的确认。

(5) 衣服

穿着不同服装会表现出不同的心理状态。例如，平时不穿黑衣的人，在梦中以黑衣姿态出现，表示你对生活缺乏信心，正期待走出低谷。做上衣与裙、裤颜色不协调的梦，暗示你心中对立而矛盾的情感。

(6) 检票口

检票口、入口处等地，意味着你在承受社会的重重压力。在接近检票口前找不着车票，或因未买到去目的地的车票而心惊肉跳，表示你社会经验少，对自己毫无自信。同理，畅通无阻地通过检票口，表示你希望自己比想象中更成熟，同时渴望别人的认同。

(7) 海外旅游

表示对未知的一切怀有憧憬。例如，海外旅游，本来能与外国人顺畅地交流，却突然听不见对方的声音，与人无法沟通，暗示你对不可预料的未来怀有恐惧。再者，前往非洲那样的未开发国家，与其说是旅行，倒不如说是探险，这个梦表示你有强烈的好奇心。

(8) 污水

表示你对曾经的所作所为非常懊恼。例如，用污水洗衣，无论如何也不能洗干净，代表着你极力挽回过去，但又没有足够的信心弥补。

(9) 赶车

在梦中，通常你会因迟到而错过了车次，表示你对能否把握现时的机会没有足够的自信，或对眼前的某些事物感到非常焦虑。

(10) 旅馆

做住旅馆的梦，表示你正对某个事物或人产生浓厚的兴趣，有好奇心，想冒险尝试。进入富丽堂皇的旅馆，表示你急于满足自己的好奇心和冒险心。

33 梦与仕途升迁有关吗

(1) 占梦

“姜太公钓鱼——愿者上钩”，这是人们熟知的一条歇后语。姜太公的真名叫姜尚，在辅佐周武王灭商建周的功绩中名噪天下。他能被重用并非钓鱼有奇招或是拉关系，而是因为周文王在一次奇梦中认识了他，以致“占梦”一词从此竟成为帝王求得贤相的典故。

(2) 梦刀

北宋政治家王安石有一句诗：“行追西路聊班草，坐忆南州欲梦刀。”“梦刀”指的是什么？这里有一个典故：西晋大将王浚，一次在梦中看见卧室屋梁上挂着两把刀，一会儿又增加了一把。醒后，他请人释梦。释梦者说，三把刀是“州”字，本为两把，又加一把，是“益”的意思，大概是你要被派往益州做官了。过了几天，王濬果然被委任为益州刺史。这当然有可能是释梦者根据王濬的意愿，进行猜测而巧合朝廷的任命。此后，“梦刀”一词就成了地方官升迁的典故。

(3) 梦尸

在人们的眼中，当官本为吉祥喜事，可古人却以梦尸为得官之兆。何以如此？《世说新语》一书中给出了这样的解释：“官本是臭腐，所以将得而梦棺尸；财本是粪土，所以将得而梦秽污。”故北宋文学家苏东坡在诗中这样写道：“居官死职战死绥，梦尸得官真古语。”

34 梦见棺材会升官发财吗

在民间有梦见棺材意味着要升官发财之说，按照《周公解梦》里的说法，在特定的梦境下，确有梦见棺材暗示着财运好的解释。

但现在的解梦说法不一。一般心理学认为，梦见平静的景象包括死人都预示着你的心理潜意识正在从自我调整的分析中获得最佳状态，或你可以理性地处理身边的问题，或你对将要到来的考试已经胸有成竹，或是你苦思的问题将有眉目等。总之，这是成功的征兆。同时，也有可能预示着你被一些功名利禄的思想打扰，最终影响你取得成功。只要你放弃这种思想，你的事业就会有大发展。梦见棺材也隐喻着重生，思想或灵魂蜕变进入另一阶段，或是戒除了不健康的坏习惯，离开了旧的环境等。

此外，这种梦境可能预示着你将参与竞争上一级职务，并可能获得成功。

35 梦见爬楼梯与人生的升降有关吗

爬楼梯是一个过程，你爬楼梯是为了到另一个楼层或空间去。除非停电或者为了健康，当有电梯可以坐的时候，大部分人不会选择爬楼梯。相较于搭乘电梯的毫不费力，楼梯间每一阶的上下都得靠自己走出来。梦见爬上楼梯，很像是力求上进的心情投射；梦见走下楼梯，则可能是对自己不太顺利人生的反映。

虽说人往高处“爬”，但你可能满身大汗地爬到梦的终点，风一吹，才体悟到“高处不胜寒”的真谛；一边爬着楼梯，一边欣赏四周出现的景色，或许能够让你领悟到过程比结果重要；梦里的楼梯有时甚至无限延伸，精疲力竭的你始终看不到目的地，这时你该考虑一下：上面的目的地真的值得自己付出这么多努力吗？

梦见下楼梯也不见得全是坏事。有时你梦见下楼梯，走着走着遇见好久不见的朋友，就在楼梯间热切地聊起天来，这表示你放下了一些事情，你会找回更多值得纪念的事情。如果梦见被看不见的力量拉扯着滚下楼梯，到了底部却发现一片美景，这是“退一步海阔天空”的写照，说明在生活中有些事情你必须学会忍让。

运势

卷五 解梦知识100问

解惑篇

36 梦见争吵代表什么

梦见和妻子争吵，夫妻恩爱，生活幸福。

梦见和亲友吵架，全家人会和睦相处，危难时期能得到朋友的帮助。

梦见和敌人打架，一切都会顺利。

工作人员梦见与上司争吵，会升职加薪。

梦见与下级吵架，能妥善地处理自己的事。

梦见与死人争吵，会身强力壮，寿比南山。

已婚女人梦见与丈夫拌嘴，会生男孩。

女人梦见与邻居吵嘴，财产会安然无恙。

已婚女子梦见与乞丐吵嘴，丈夫会穷困潦倒。

37 梦见爱人代表什么

梦见妻子：

梦见拥抱妻子，是不祥之兆，会与妻子分居。

梦见和妻子分离，会更加宠爱妻子。

梦见找了一位好吵闹的妻子，生活会幸福、舒适。

梦见丈夫：

梦到你丈夫离你而去，你不知什么缘故，表示你们之间有着很深的裂痕，不过言归于好还是有可能的。

梦到你丈夫死去，暗示会有悲伤包围着你。

梦到你丈夫脸色苍白，表示你可能患严重的疾病，也可能意味着你的家人会因病卧床不起。

梦到你丈夫英俊、快活，象征着你的家庭生活美满，你将大有作为。

梦到丈夫生病，意味着他在外面可能有不轨行为，在家里有时还会欺负你。

梦见伴侣：

自己有伴侣，却由别人充当自己老公或妻子，这是告知自己的伴侣出现越轨行为的梦。

伴侣与陌生的异性窃窃私语，仔细倾听原来是在说自己而感到不愉快的梦，暗示你的伴侣已经有了情人。

梦见伴侣向你说话，你却不回答，暗示由于夫妇之间的交流很少，对方对自己的冷漠极度不满。

梦见成了伴侣冷战的对象，这是在伴侣的健康上有异常情况发生的征兆。

梦见抱住赶赴战场的爱人痛哭，这意味着与爱人分手。如果在梦中痛哭，表明对分手的痛苦已经做好了心理上的准备。

梦见与爱人发生性关系，有可能两人之间发生误会，也有可能出现关系紧张或疏远。

梦见与爱人拥抱时看到对方的表情，感觉非常害怕，这是暗示爱人有了别的恋人，与自己的关系逐渐疏远。

梦见爱人身上满是鲜血，不说一句话地走向自己，暗示自己的身边潜伏着危机。但是，如果爱人无情地对待你或离你而去，反而是个祥梦。

梦见面无表情地看着自己的爱人被别的女人带走，现实中苦恼的事情会在贵人的帮助下得以解决或获得成果。

梦见爱人掉进河里求救，自己却在犹豫不决，从事的事情会陷入困境或陷入阴谋中。

38 梦见父母代表什么

梦见母亲：

梦见母亲得病或去世，是家产倾斜，事业和地位将遇到困难的征兆。

梦见已故的母亲，会长寿。

梦见在世的母亲与世长辞，会得到母亲的祝福和表扬。

病人梦见母亲把自己搂在怀里，预示全部痛苦都会消除，家庭会幸福、安宁。

梦见公共汽车或火车开动时，母亲摆手叫自己下来，这是警告要终止目前进行的事情或计划的梦。

梦见自己的母亲成为新娘，穿着婚纱或喜服举行婚礼，这是暗示母亲将面临极大的危险，是警告有可能患重病或死亡的梦境。

梦见母亲脸色可怕地追赶你或掐你的脖子，这是反映你自己潜意识的梦境，因为在现实生活中你对自己的母亲有很大的负罪感，所以才做这样的梦。

梦见母亲大发雷霆，拿你出气或呵斥你，这是告知你可能会在不知不觉中出现大闪失的梦境。

梦见睡梦中醒来后，看到母亲站在床边，目视自己脸庞的情景，这可能是暗示母亲身上将发生不吉利事情的梦境，或者预示自身正面临危险。

梦见表情忧虑、情绪不安的母亲，这是暗示你的前程将出现不吉利的情况，可以说这是预先告知你将要面临危险的梦境。

梦见自己的母亲照顾多名小孩，预示自己的能力得不到认可，挫折感油然而生或成为别人的谈资甚至会卷入是非中。

梦见母亲给变成婴儿的你喂母乳，将会出现好帮手，助你一臂之力。但在梦中如果感觉到不愉快，那并不是好梦。

梦见自己成了婴儿，但母亲却照看着别人家的婴儿，这是暗示推进的事情不知不觉地成全了别人的好事。也就是说，自己付出极大的努力取得的成果却成了别人的盘中餐。

梦见自己成了孩童对母亲撒娇，这是暗示陷入了难以自拔的泥潭中的梦境。

对方感觉像母亲，你该独立了。你相当看重梦中的自己对她的反应或说辞，若对方表现出消极的情绪，暗示现实中的你应放松与你母亲间紧密的情感联系，这是你建立独立自我的前提。

梦见父亲：

梦里听到父亲去世的消息，虽然是有好消息传来的征兆，但实际上可能会听到讣告。

梦到自己的父亲，意味着遇到困难，想寻求别人的支持。

如果梦到死去的父亲，表示你的事业使你累得喘不过气来，你骑虎难下，无法松弛下来。

年轻女性梦到死去的父亲，预示她的男友会欺骗她。

39 梦见祖辈代表什么

梦见爷爷奶奶：

梦见去往爷爷奶奶的家，这是强烈地警告你反躬自省的梦境。

梦见迎接爷爷奶奶时，看见她（他）用担心的表情看着你，可能自身、父母或家庭可能会遭遇不吉利的事情，或家人中的某个人身上将发生危险。

梦见爷爷奶奶从口袋或包袱里拿出什么东西递给你，如果梦中接过东西时心情很好并且非常珍视这个东西，是生财的梦。但是，如果觉得接过的东西不重要，那么期望很高的投资会以失败而告终，同时还会蒙受损失。

梦见爷爷奶奶在田地里干活，这是赶快提起精神，用功努力的忠告。

梦见外祖父外祖母：

梦见已故的外祖父外祖母欲向自己说什么话，预示将发生需要加倍小心的事情。

梦见已故的外祖父外祖母在世后准备带着自己外出，这是警告你有可能由于意外的事故或疾病而死亡，又或者将面临严重的忧患。

梦见已故的外祖父带着农具去种地，父亲或家里的其他人调动工作岗位或搬家。

梦见已故的外祖父赶着一头母牛来到院里或将牛拴在牛棚，即将迎来儿媳、家庭主妇或妻子，或得到意外的财物。

梦见已故的外祖父抚摸孙子，在现实中的孙子可能会患病。

如果外祖父背着孙子或将他领到屋外，预示近期内孙子可能会死亡。

40 爱情的梦境代表什么

抛弃：梦见被自己抛弃的东西，将会得到，如丈夫抛弃了妻子，预示他们的爱情会更加深挚。订了婚的男女青年梦见舍弃了自己心爱的人，这是他们要喜结良缘的预兆。

私奔：梦见不是和自己的妻子而是和别的女人私奔，将会招惹祸事。梦见与情人私奔，出外旅行会陷入坏人的圈套。

发誓：梦见在寺庙或宗教圣地发誓，是好兆头，自己的愿望会实现。女人梦见向自己的丈夫发誓，夫妻会有隔阂。男女恋人梦见在神的面前发誓，两人会分道扬镳，各奔前程。

新欢：梦见你怀疑妻子的忠贞，表示坏人和心胸狭窄的人对你产生了影响。如果梦中怀疑你的情人另结新欢，表示你在爱情上会想尽办法打败所有的竞争对手。

分别：如果你梦见你和情人分别或离婚了，表示你的努力都是白费力气的，可能会空手而回。

一见钟情：梦见你和一位陌生异性一见钟情，坠入情河，这个梦代表你想被爱的心情，也是在暗示你没有发现有人正想接近你，这时候，你要眼观四路，耳听八方。

约会：如果你梦见和异性朋友约会，这暗示你现在的恋爱将会产生变化；若是梦到在海边或山上进行户外约会，表示对方对你的爱逐渐增加；若是梦到看电影或去电影院，表示你长久的单恋将会有结果；若是梦到在游乐场或公园约会，表示会有喜欢的人接近你；若是梦到在美术馆或博物馆约会，代表你可能会认识现在喜欢的男孩以外的对象；若是梦到在餐厅或咖啡馆，代表你正逐渐在觉醒当中；若是梦到在街上走，或许会收到意外的人对你的告白。

情书：

梦里你给异性朋友写情书，表示你有强烈的情感嫉妒心；若梦到别人给你写情书，这个梦境是在暗示你有人对你的爱情生活有意见或正在吃醋。

失恋：失恋的梦是相反的梦，是在暗示你现实中恋爱的进展状况。即使在梦中感到非常难过，你也不需要感到不安，这是表示你和现在的恋人会发展得很迅速。

41 情爱梦境代表什么

接吻：梦见和不熟悉的人接吻，会陷入敌人的圈套。梦见和外国人接吻，能征服敌人。梦见吻敌人，会与他们讲和。小伙子梦见与恋人接吻，是祥瑞，很快要结为伉俪。

性爱：若是梦中你和异性做爱，代表着你期望朝着新的事物、未知的将来飞奔而去。但是梦中的性爱若是印象不好的话，代表你似乎对新的环境有恐惧感；

若是有快乐的感觉的话，表示新的环境会为你带来幸运。和恋人做爱的梦，是在暗示着即将发生幸运的事。

三角恋爱：你梦见处于三角恋爱中，这表明现在的你对家人或朋友感到不满，但你并没有显示反抗意识，相反你还想巧妙地应付。遇到这种情况，你应主动和家人朋友推心置腹，把心中的不满想法清楚地说出来，以达成共识，解决分歧。

裸体：梦见女人（除了自己的妻子）赤身裸体，是富有的征兆。梦见赤裸的男人，会感到忧愁和悲伤。梦见妻子或女朋友一丝不挂，夫妻（或情侣）感情会变冷淡。梦见自己赤条条的，是不祥之兆，会有贫穷和羞辱。病人梦见自己赤裸全身，病情会恶化。梦见赤身裸体地上街，要遭受重大损失。梦见与一丝不挂的人交谈，健康会每况愈下。

42 有关婚姻的梦代表什么

离婚：男人梦见与妻子离婚，夫妻会更加恩爱。男人梦见与已故的妻子离婚，会很快结婚。寡妇梦见与已故的丈夫离婚，孩子的生活会富有、幸福。

订婚：梦见你和恋人订婚了，虽然这是充满幸福的梦，但它是一种警告，警告你和眼下的情人有不好的问题。对于这个恋人，你最好不要有太高的期望值，有一种似乎很悲惨的局面正要上演。

解除婚约：梦到由你自己提出和情人解除婚约，表明这时候的你有很强的上进心。若是梦到被解除婚约的话，就是说你被别人抛弃，这表示可能会有人在背后向你提出挑战，并要夺走你的心上人。

结婚：如果你梦到你和异性朋友结婚了，这其实并不是好事，这代表你的身边将发生什么不幸且充满很多不安的情绪。若是你梦到别人结婚了，则暗示你要提醒那个人将被卷入灾难之中。

结婚典礼场面：你梦到隆重的“结婚典礼”的场面，则表示你对恋爱所需具备的责任感到非常不安。你正为了自己的想法是否正确或找不到解决的办法而苦恼不堪。

相亲：你梦见相亲的事，则表明你想和你的情人脱离爱情关系。在现实社会中，你和你的恋人关系一定扑朔迷离，很是复杂，且有发生三角关系的危险。所以你做到这种梦时，千万不要过分乐观，而要冷静对待。

43 梦见小孩代表什么

梦见刚出生的孩子直立行走，自己的业绩公布之后，会立刻受到好评。

梦见小孩夭折或失踪，是现存的障碍和担心消除，逐渐安定下来并有所发展的征兆。

梦见长相寒酸、衣不蔽体、食不果腹的小孩，如果这段时间运气好，那么暗示以后开始走下坡路。

梦见看着小孩被大火烧死，自己却只能无力地跺脚着急的场面，暗示顺利进行的事情遇到麻烦而面临失去一切的忧虑，甚至有重伤或失去性命的危险。

梦见走路时跟随着不认识的小孩，暗示不管怎样努力，都无济于事，困难依旧。

梦见面前出现不认识的小孩称自己为祖父母或父母，而你将他揽入怀里的情景，是被人误会或卷入不相干的某件事中，深感委屈，但又难以宣泄的意思。

梦见手脚残缺或面部不完整的小孩，暗示进行中的事情突然遇到难关，而且以失败告终的可能性很大。

梦见自己成为小孩在哭，暗示面临不可逃避的现实，只能无条件地接受。如果在诸事顺利的情况下做了这样的梦，暗示将来会有不愉快的事情发生。

梦见痛哭的孩子，是事情遇到挫折而苦闷、消沉的征兆。因自己没有能力、也没有自信解决这个事情，将要面临举步维艰的处境。

梦见发生交通事故，把小孩的尸身从车底下拉出来的景象，这是这段时间以来，由于小孩而苦恼的事情轻松地得以解决的征兆。而且大胆地挑战自我的时机已经到来。

梦见小孩的尸体在棺材中，是自己的事情被别人认可的征兆。

梦见自己的孩子出生，是生财或获利的征兆，还有可能怀孕。

梦见讨人喜欢的小孩说话或开门进屋，是出现金钱上获利的事情或有子女出生、怀孕等喜事发生的祥梦。

梦见跟过来抱着孩子或背着孩子的女人，这是因小事与人激烈争吵的征兆。

梦见小孩得病或身体疼痛，是因他人的诋毁、诽谤等蒙受损失，历尽艰辛的征兆。

44 梦到吃喝代表什么

梦到自己在大请客，请人吃大餐，这是一个很不好的梦，代表“家欲破”，意味着有可能家破人亡或破财。

做梦喝酒是不会醉的，但如果你在梦中觉得已经醉了，这是不好的，暗示你的健康可能出了问题。

如果梦到你吃东西一直吃到吐，代表你把脏东西吐了出来，自己的病情很快就会好了。

做梦梦到吃生肉时，表示你在现实生活中可能会和人起争执。注意这里的生肉是指生鱼片以外的生肉。

如果梦到自己在梦中拼命喝酒，不管是跟朋友还是独自一人，这代表现实生活中会招惹口舌。

45 与死亡有关的梦境代表什么

死人：

梦见和死人说话，会名扬天下。

梦见和死人吃饭，会寿比南山。

梦见把死人抱在怀里，或叫死人的名字，不久要死去。

鳏夫梦见已故的妻子，会与一位有教养的女人结婚，对自己的事业很有帮助。

寡妇梦见已故的丈夫，会恪守贞节，史册留名。

死人复活：

梦见死人复活，表示你打算忘记一些不愉快的过去，并准备重新开始。如果梦境是快乐的，这是吉祥之梦。

46 梦见阴间与地狱代表什么

阴间：

可能代表绝望，应该找心理医生咨询，缓解心理压力。

有时也可能是好事，它象征着为了让你的人格更完善，旧的“必须死掉”。确切地了解这个梦的意义，要看你在阴间的遭遇。如果你在那里见到了光亮，那么这是较好的象征，象征你能发现你的潜意识。

阴间还代表埋在记忆深处的东西，如果梦见在阴间见到一位已死的亲友，这代表你回忆起了他，或者代表你的一种旧的情感或习惯的复活。

老年人梦见阴间，有时是出于对死亡的担心。在醒来后，老人还可能会为这个梦担心，感觉自己真的去了一次阴间一样。如果一位老人讲到这类梦，应加以安慰，向他们说明这梦没有什么不好的意思。

地狱：

梦见自己进了地狱，死到临头。

梦见自己被赶出地狱，会避免一场人身伤亡事故。

梦见在地狱里见到朋友，自己和在世的朋友的生活会很幸福。

47 梦见天使与天堂代表什么

天使：

梦见与天使交谈，是不祥之兆，意味着死亡、生重病或陷入困境。

梦见沉默不语的天使，会交好运。

少女梦到天使，将要与一位理想的富有男子结婚。

梦中很远看见天使，要立即摈弃自己的一切劣行，否则大难临头。

孕妇梦见天使，会生一个超群的儿子，此子日后会成为圣人、宗教的导师，或百万富翁。

天堂：

梦见天堂，大吉大利。

旅游者梦见自己在天堂，旅行会顺利，到达目的地后能发大财。

商人梦见天堂，能赚大钱，所经营的货物的需求量会猛增。

病人梦见天堂，身体很快康复，并长期过着无忧无虑的生活。

48 梦见疾病代表什么

瘫痪：

梦见自己中风瘫痪，家务事会缠身。

梦见朋友得了半身不遂，意味着朋友需要自己的帮助。

梦见妻子瘫痪，孩子会生病。

梦见仇人患半身不遂十分痛苦，预示自己会胜利。

梦见治疗瘫痪，生意或财产方面的管理是成功的。

工作人员梦见自己半身不遂，上司会不满意自己，长期不给自己提薪，或者被解雇。

病人梦见瘫痪在床，病情会好转，梦见很多瘫痪病人，会遇到各种困难。

梦见护理瘫痪病人，卖药能发大财。

呕吐：

梦见想呕吐，要乘船去遥远的国家。

梦见引起呕吐的东西，会遭不幸和贫穷。

病人梦见呕吐，是好兆头，身体会健康。

梦见别人给自己令人作呕的东西，会得罪朋友。

船员梦见呕吐，是祥兆，航海会成功。

风湿：

梦见得了风湿症，要遭厄运。

梦见妻子患风湿症，是吉兆，意味着夫妻生活美满幸福。

梦见敌人得风湿性关节炎，能交上忠诚可信的朋友。

梦见给别人治疗风湿性关节炎，不久会有好消息。

脓瘤：

梦见长了脓瘤，并且疮破脓流，会交好运，身体健康。

梦见头上长疤，不久会离开人世。

疼痛：

梦见疼痛，一般是好兆头。

梦见肚子疼，灾祸要临头。

梦见眼睛疼，会成为办公室或工厂的负责人。

梦见膝盖或腿疼，或者肾脏疼痛，不久就要出国访问，能发大财。

梦见后背疼，会身居要职。

梦见全身疼痛，家人之间会产生隔阂。

已婚女人梦见肚子疼，会怀孕。

孕妇梦见肚子疼，分娩时要出问题。

囚犯梦见胸口疼，会被加刑。

旅行者梦见头疼，会迷路，很难到达目的地。

49 做噩梦代表什么

自杀：

梦见自己自杀，预兆身体健康。

女人梦见自杀，丈夫会富有。

梦见别人在自杀，会忧虑重重。

梦见妻子自杀，家庭会幸福。

女人梦见丈夫自杀，会与丈夫长期分离。

梦见朋友自杀，困难时期会得不到朋友的帮助。

梦见仇人自杀，仇人的势力在增长。

警察梦见别人自杀，因未能履行自己的职责，会受到处罚。

商人梦见自杀，会得到好处。

病人梦见自杀，身体很快能恢复健康。

扼死：

梦见有人正在扼住自己的脖子，事业会成功。

女人梦见有人勒自己的脖子，丈夫会更宠爱自己。

梦见用手掐住别人的脖子，是不祥之兆，会遭厄运。

梦见有人勒妻子的脖子，必要时会得到朋友的帮助。

梦见扼杀敌人，灾难会降临。

商人梦见有人在勒住自己的脖子，生意能赚大钱。

哭泣：

梦见泣不成声，一切都顺心如意。

女人梦见泪流满面，对丈夫会更加体贴，儿女成行。

病人梦见涕泪俱下，很快会恢复健康。

囚犯梦见泪水如潮，亲戚会与他见面。

梦见别人号啕大哭，大难要临头。

梦见朋友和亲戚哭天抹泪，家里有男人要归天。

梦见敌人泪洒衣襟，会身陷困境。

杀人：

梦见杀人，仇人太多。

梦见自己杀害了仇人，仇人的力量会加强。

梦见自己杀害了亲人，能继承遗产。

女人梦见丈夫被杀，夫妻俩会幸福、愉快。

梦见自己被不认识的人伤害，会身体健壮、延年益寿。

梦见家里有人想刺杀自己，凶手会成为继承人。

梦见有人控告自己犯了杀人罪，会扬名天下。

50 梦见警察与军队代表什么

警察：

梦见警察站着，是危险的兆头。

梦见自己被逮捕，会成为政府官员所喜欢的人物。

梦见与警察交谈，会被提升。

囚犯梦见与警察谈话，很快会被释放。

商人梦见与警察交谈，要提防竞争对手。

领导人梦见与警察交谈，政府和警察会非常尊重自己。

梦见与警察吵架，是凶兆，预示仇人和强盗在威胁着自己。

未婚男子梦见与警察争吵，会带着自己的情侣逃跑。

男人梦见向警察请求援助，会幸福安全。

梦见挨警察的打，会贪污公款，损失惨重。

梦见自己当了警察，会威信扫地。

梦见自己穿着警服，会受到刑事案件的牵连。

军队：

梦见军队开来或军队处于立定姿势，这是好的征兆。

梦见军队离去，将遭不幸。

梦见军队打败，倒霉的日子将要到来。

梦见军队胜利了，要交好运。

51 梦见上司或同事代表什么

梦见有人躲在胡同里想谋害你，一看面孔原来是自己的上司，这是说明在与上司相处时，会感到有一种无形的压力。

梦见与同事或上司跳交际舞时，看到对方的面孔感觉很恐怖，这梦表现了平时对那个人的敌对感、抵制感。

梦见被讨厌的上级叫去，但发现看到的不是上司而是父亲，甚觉奇怪，这是显示了对平常权威主义的上司和父亲的抗拒心理。

梦见来到同事的家里却丢失了皮鞋，只能穿主人的运动鞋或拖鞋回家的情景，这是预示你自寻烦恼，把同事当成竞争对手。

梦见公司的其他同事全部晋升或涨了薪水，但唯独遗漏了自己而气愤不已的景象，预示得到意外的财富或者自己的能力得到公司的肯定，待遇提高。

梦见上司递给你信封，一看里面装着钱的景象，晋升职务或取得信任。如果是企业家，在毫无希望的情况下，事情出现了转机，获得巨大成功。

梦见接受上级给予的艰巨任务，愁肠百结的情景，暗示收到难以回绝的委托而硬着头皮向前走。

52 梦见十二生肖各代表什么

老鼠：

梦见老鼠，会树敌过多。

已婚女人梦见手里托着家养的老鼠，要生孩子。

梦见抓老鼠，会交上不诚实的朋友。

梦见捕老鼠，会遭到敌人的阴谋暗算。

梦见猫捉老鼠，是祥兆，敌人会互相残杀，两者俱亡。

梦见死老鼠，要交好运。

梦见有很多老鼠，失败将不断发生。

梦见老鼠在自己的住室里打洞，家里会遭偷窃。

男人梦见老鼠咬自己，灾祸会避免。

医生梦见老鼠，住地会出现传染病。

牛：

梦见牛上坡大吉昌。

梦见牵牛上山主富贵。

梦见牛角有血主三公。

梦见牛触人心事不成。

梦见牛出门好事立至。

梦见牛犊主所求皆得。

梦见骑牛入城有喜临。

梦见牵牛羊全家欢乐。

老虎：

男人梦见老虎，成功的道路上会遇到困难。

女人梦见老虎，自己和孩子都会生病。

梦见老虎朝自己扑来，会困难重重。

梦见开枪打老虎，事业会成功。

梦见捕捉老虎，是不祥之兆，朋友会与自己为敌。

梦见老虎扑向别的动物，会为朋友的处境担忧。

梦见老虎扑向别人，会发生重大车祸，但是能死里逃生。

兔子：

梦见兔子，能找到熟人。

梦见兔子被捕获，是吉兆。

梦见自己落荒而走，会交好运。

梦见有人和兔子一块儿来到自己身边，要小心上当受骗。

梦见在猎犬的协助下追赶兔子，能从骗子的魔掌中逃跑出来。

梦见向兔子开枪，会失去一切经济来源。

女人梦见在马路上抓到一只兔子，并把兔子抱在怀里，会成为丈夫家的摇钱树。

龙：

梦见龙代表你身边有人会升官发财，而你将获得他人的信任。

梦见乘龙入水有贵位。

梦见龙眠水中万事通。

梦见龙当门者大吉昌。

梦见龙死亡主失贵位。

梦见乘龙上山所求遂。

梦见龙入井中官被辱。

梦见龙飞有官位大贵。

梦见乘龙上市主贵位。

梦见龙入门主得财。

梦见龙入灶有官至。

梦见妇人见龙生贵子。

梦见龙杀人主大凶。

梦见蛇化龙得贵人相助。

蛇：

梦见蛇，是凶兆。

女人梦见蛇，自己和孩子都会病倒。

梦见一对蛇，很快会分家。

商人梦见一对蛇，能发大财。

梦见蛇咬你自己，要交好运，生活会丰裕。

梦见蛇咬自己的妻子是不祥之兆，会遇到忧愁不幸。

梦见敌人被蛇咬伤，敌人会互相残杀，最后两败俱伤。

梦见打死蛇，能征服敌人。

梦见蛇钻进洞里，家里会被偷窃或被劫。

梦见蛇捕捉老鼠或青蛙，会有不幸的消息。

梦见蛇与猫争斗，所有的灾难都会过去 。

梦见蟒蛇，会受到鳄鱼或其他爬行动物的伤害。

梦见与蟒蛇发生对峙，最后躲开了，预示能从敌人的魔爪中逃跑出来。

女人梦见蟒蛇，一生光明磊落，白璧无瑕。

马：

梦见骑马，不久会名利双收。

梦见从马背上摔下来，是降职名毁的先兆。

梦见全身披挂的马，会丰衣足食。

梦见骒马和小马驹朝自己走来，能发财。

梦见无人骑的马紧随身后，不久会被授予名誉头衔。

梦见买马，不久会结婚成家。

梦见有很多马，会成为百万富翁。

梦见给马喂水，职务低微。

梦见马尥蹶子，不幸时朋友会抛弃自己。

梦见把马放了，会将祖上留下的产业全部挥霍掉。

梦见打马，或者马死了，很快要被解雇。

小伙子梦见和恋人骑马，不久要结成伉俪。

久病痊愈的病人梦见骑马，很快身体会强壮。

囚犯梦见骑马，会越狱逃跑，重操旧业。

梦见为杂技团驯马，会扬名四海。

梦见有人赠马给自己，会在军事部门担任高级职务。

绵羊：

男人梦见绵羊，要发财。

女人梦见绵羊，夫妻生活幸福，白头偕老。

梦见杂色母绵羊，会广开财路。

梦见白母绵羊，是祥瑞，会受到人们的喜爱。

梦见母绵羊叫，财产受到威胁。

梦见母绵羊群，会成为拥有丰厚资金的企业机构的决策者。

梦见绵羊逃跑，财产会被盗，或遭抢劫。

梦见剪母绵羊毛，很快会继承遗产。

梦见打母绵羊，会导致破财。

梦见从母绵羊背上跳过，会遭受损失。

梦见母绵羊带着小羊羔，妻子会生男孩。

商人梦见母绵羊群，出国做生意，能挣大钱。

牧羊人梦见母绵羊群，收入会减少。

猴子：

梦见猴子是凶兆。

梦见猴子蹲着，要生病。

梦见猴子走动或跳跃，是不祥之兆。

孕妇梦见猴子，会生一个丑陋的男孩。

少女梦见猴子，要嫁给一个易怒嘴碎的男人。

梦见向猴子开枪，或打死了猴子，预示能降服敌人。

梦见猴子张牙舞爪要朝自己扑来，会家破人亡。

梦见猴子发怒，将会与邻居为敌，并且名声受损。

梦见猴子兴高采烈，中断的友谊会再次恢复。

梦见猴子吃东西，会面临贫困。

梦见熟睡的猴子，将要去外国旅行。

鸡：

梦见食鸡鸭等肉皆吉。

梦见杀鸡鹅鸭主大吉。

梦见鸡抱卵主有大喜。

梦见鸡在树上主得财。

梦见鸡，可能是买鸡、卖鸡或抱鸡， 财运滚滚而来，你会有正、横财，未婚的会找到伴侣，已婚的会有子女。

已婚女子梦见许多雏鸡，会成为大户人家的主妇。男人梦见雏鸡，会做大官。

商人和老板梦见雏鸡，会财源广进。

男女青年梦见雏鸡，爱情已经成熟，婚姻会幸福美满。

学生梦见雏鸡，要当班长。

梦见雏鸡健壮，上级说的话是真实的。

梦见雏鸡遭殃，倒霉的日子要临头，或身患疾病，或有经济损失。

梦见火鸡，能交好运。

女人梦见火鸡，会得到娘家送给她的礼物。

梦见为伙房杀火鸡，是不祥之兆。

梦见做火鸡肉，会生病。

女人梦见做火鸡肉，在处理家务方面会遇到一些困难。

梦见送给别人火鸡，要交好友。

梦见得到别人的火鸡，会声威大震。

狗：

梦见听到狗吠，会受到敌人的侵略。

梦见狗扑咬自己，会与朋友发生意见分歧，受到孤立。

梦见狗朝自己走来，会交上好朋友，在困境中能得到朋友的帮助。

跛子梦见狗，预兆朋友软弱无能。

梦见狗跟在母犬后行走，朋友心怀叵测。

梦见母狗和小狗在一起，朋友会带来好处。

猪：

梦见肥胖的猪，是六畜兴旺的标志，它说明事业兴旺，有生气。

梦见瘦猪，说明做梦人家业不好，缺乏生气，暗示着家里的人给做梦人惹麻烦。

梦见满屋子都是猪，提示着做梦人“肥猪满圈”，象征着丰收，预示工作有突破性。

梦见猪号叫，说明猪要被宰杀，是一种不祥的信息，象征着做梦人会有不愉快的消息传来。

梦见杀猪的场面，象征着做梦人处理家务要花费一番工夫和精力。

梦见自己的猪逃跑了，意味着做梦人困难将会到来，好日子一去不复返。

梦见猪向自己扑来，做梦人有可能得传染病。

梦见追赶猪，意味着做梦人的一切努力都将是徒劳的。

梦见猎狗追猪，意味着做梦人可能会遭遇盗窃和抢劫。

梦见母猪带一群小猪，意味着做梦人家里要增加人口。

53 梦见不同颜色代表什么

红色：

梦见红色，是财运与热情的象征。

男性梦见红色，预示着会有很好的财运。

女性梦见红色，意味着能赢得异性炽热的感情。

粉红色：

梦见粉红色，代表的是旅游与两性关系。

少男少女梦见粉红色，预示着会有一次开心的旅程。

已婚男性梦见粉红色，表明会有桃花运。

已婚女性梦见粉红色，表明可能会有一段婚外情。

梦见粉红色的墙壁，预示着会因两性关系而遭遇尴尬。

梦见粉红色的被子，意味着近期将跨进婚姻的殿堂。

绿色：

梦中的绿色，是消息、生机与发展的象征。

梦见浅绿色，表明有远方来的人或消息。

梦见翠绿色，表示极具生机与活力。

梦见深绿色，意味着工作将蓬勃发展。

黄色：

在中国人的心目中，黄色是权力与威严的象征。

梦见黄色可以象征胆怯（“黄条纹”）、意识或智力。

梦见金黄色，象征生活有所改善，或者暗示人的真实自我。

男性梦见黄色，预示着地位会得到提高。

女性梦见黄色，意味着能够掌握一定的权力。

梦见黄色的房子，意味着做梦者将要进入一个更高的权力空间。

梦见黄色的衣服，表示做梦者会受到权力的保护。

蓝色：

梦中的蓝色，是高远与宽阔的象征。

梦见蓝色的天空，预示着做梦者志向宏伟、高远。

梦见蓝色的海洋，意味着做梦者心胸宽阔、豁达。

梦见其他的蓝色，表明做梦者会得到外界的大力帮助。

女性梦见蓝衣服，表示渴望得到男性的保护，或者希望在现实中邂逅早年的恋人。

女性梦见一个穿蓝衣服的人亲吻自己，表示做梦人有一种恋父情结。

紫色：

梦中的紫色，代表的是能力与魅力。

男性梦见紫色，表明具有较高的社交能力。

女性梦见紫色，表明会成为独具魅力的女人。

梦见紫色的花，预示做梦者能发挥特长，在自己喜爱的领域取得佳绩。

梦见紫色的云，表示做梦者将生活在别人的压力之下，很难有出头之日。

黑色：

梦中的黑色，是困难与麻烦的象征。

梦中出现黑色，表明做梦者心中并不那么快乐，或许在事业中，或许在感情上，会遇到困难与烦恼。

梦见一个黑衣女子与自己相爱，表示做梦者还不知道谁会爱自己，或说还没有遇见和自己相爱的人。

梦见黑猫病了，表示做梦者有严重的心理障碍。

白色：

圣洁的白色，代表的是纯洁与忠贞。

梦见白色，表明自己心地纯洁。

未婚男女梦见白色，预示着会走入婚姻的殿堂。

已婚男女梦见白色，表示会忠贞不渝、白头偕老。

梦见自己的白衣服上被沾上污点，意味着做梦者现实中可能会遭到别人的诽谤。

男子梦见白色的手绢，表示做梦者可以得到一位纯洁无瑕的姑娘的恋情。

五颜六色：

五颜六色的梦，是浪漫与多姿多彩的象征。梦中的五颜六色，表明心中充满着快乐，充满着喜悦。

少男少女梦见五颜六色，意味着自己的世界浪漫有趣。

成熟之人梦见五颜六色，预示着做梦者生活丰富多彩。

梦见自己被五颜六色的花所包围，意味着做梦者将得到很高的荣誉。

梦见天上飘着五颜六色的云彩，预示着做梦者人生的飞黄腾达。

54 梦见神代表什么

梦见神，是成功和获利的祥兆，象征着将获得功名利禄。

梦见神把自己抱在怀里，会生活幸福，寿比南山。

已婚妇女梦见神笑容满面，会生一个在青年时代就出名的儿子。

梦见女神，意味着更多的宽容忍耐能帮助自己获得成功。

女人梦见和女神说话，意味着自己能成为贤妻良母，会心情愉快、生活幸福。

梦见神手握三股叉，而且在发怒，居住地即将有大祸。

梦见被女神责骂，意味着做事不加考虑，无意中伤害了别人，会有灾祸降临，自己或孩子将遭受身体的外伤。

梦见女神搂住自己，或给自己戴上王冠，意味着声名鹊起，名扬四海，官运亨通。

梦见女神丢掉了手中的武器，则意味着自己过于麻痹大意，将在毫无准备的情况下，和敌人发生激烈的冲突。

病人梦见向寺庙的女神烧香叩头，身体很快会复原。

55 梦见鬼代表什么

一般来说，噩梦中的场景都是我们在日常生活中最不愿意看到和经历的，做噩梦的动机也是我们平时最不敢面对的，但事实是，你越害怕的噩梦，可能越是你潜意识里渴望实现的东西。

如果你梦见自己被鬼抓走，可能是由于你这个人很看重人际关系，虚荣心很强，总是希望得到所有人的喝彩、关怀，所以在梦里会想到自己被鬼抓走，希望以此引起所有人的注意，使所有人的关注点都集中在你身上。事实上，你在平时生活中可能并不是怕鬼的人，你之所以会梦到怕鬼，完全是为了表现自己的无助，借助鬼来达到引起大家注意的目的。

56 梦见太阳代表什么

梦见太阳升起，一定有好事等着你，在爱情方面，也许你会爱上某一个熟人。

梦见日正当中，表示你的人际关系很顺利，今后约一个月内，不会有什么问题发生。

梦见太阳像火一般燃烧，愿望将会实现。如有心上人，马上给他（她）写封情书。

梦见夕阳下沉，雨过天晴的好兆头。遗失的东西可能会失而复得。

梦见阳光由窗户照进，读书运转好。对原来不喜欢的功课将开始产生兴趣，对学校生活也会产生兴趣。

梦见日食，闪电式爱情的前兆。两人将一见倾心，一拍即合，你将愿为此情奉献一切。但两人的心都会在热极之后急速冷却下来。

梦见云遮太阳，在健康方面有红色信号，过度劳累引起发烧而非躺下不可的可能性较大。

梦见阳光刺眼，运势下降的象征。可能会发生为小事和好友闹翻，或把塞满的钱包遗失等事情，容易引发伤心事。

梦见云中射出薄阳，在爱情方面亮红灯。约会时要注意服饰和言谈，两人有可能因为芝麻小事而翻脸。

梦见太阳在雨中照耀，是发生钱财纠纷的预兆。因借钱和好友起争执，小心不要演出钱尽缘也尽的悲剧。

57 梦见月亮代表什么

梦见满月大放光彩，表示万事如意。尤其在爱情方面，将不会有争执和吵架等情形发生，可度过一段甜蜜的日子。

梦见满月东升，将大展宏图。这时如果倍加努力用功或做事，将会有更好的成绩。平常默默无闻的你，这时可以一鸣惊人。

梦见月亮从地平线上升起，意味着财运上升，每天都可以过得很宽裕。但千万不要浪费，否则上升的财运将会失去。

梦见月亮由山后升起，朋友运好转，困难时可获得援助。比如口袋空空，连喝杯饮料的钱都没有时，将会有朋友请客。

梦见月光由窗户照进，爱情方面将有新的发展。如果目前没有异性朋友，将会与身边的人产生感情。

梦见月亮倒映水面，表示休闲活动增多。多到户外去走走，一定有好事等着你。

梦见在月球上漫步，智力提高的象征。头脑将会变得清晰无比，考试、做事也将有好成绩，会受人赏识。

梦见月亮西下，爱情方面产生重大危机，搞不好爱情将破裂，至少会有长期分离的可能。这个时候，要多替对方想想。

梦见弧形月亮高挂天空，爱情将停滞。可能即使在约会，也无话可谈，场面尴尬……

梦见月亮挂在树梢，表示心神不宁。友人、情人的言谈容易惹你生气，这时必须保持心静。梦见月亮照在身上，健康方面亮红灯。尤需注意呼吸系统的疾病，如伤风、扁桃体发炎等。梦见白天有月亮，表示将有倒霉事发生。也许会被人敲竹杠，或被醉鬼纠缠等，尽量少出门。

58 梦见星星代表什么

梦见一颗星闪闪发亮，表示长久以来的愿望将得以实现，但此梦不可告诉别人，否则，幸运将消失。

梦见骑在彗星上飞行，有意想不到的乐事，你的心情将因此而非常轻松。

梦见灿烂的星星布满天空，财运将好转。

梦见流星，爱情停滞的可能性很大。也许对方的心已向着第三者，或为了小事，两人的心已背道而驰。尤其在梦见流星群时，这种可能性更大。

梦见发亮的星星忽然消失，身体方面可能会出问题。上体育课时受伤，或出门时发生交通事故等，凡事都要小心。

59 梦见天空代表什么

梦见晴空万里，爱情会有进展，可以进行一场快乐的约会。最好选择公园、海边、野外等地为约会场所。

梦见爬上楼梯望天空，财运大展，会始料未及地得到一笔意外的收入。

梦见向天空升起，是桃花运的象征。也许会在路上遇到心目中的人对你微笑，或已经闹翻的情人要求重新交往等。

梦见天空仙女飞舞，会有好事发生，也许有一笔巨款从亲戚方面得来。

梦见天空天马飞奔，将万事如意。爱情方面也将很顺利，两人的心将更紧密地连在一起。

梦见吊在气球上升到天空，可能会发生交通事故。上下楼梯、横穿马路时，要特别小心。骑车或开车就得更加小心了。

梦见自己高高在天空浮游，运势衰微。尤其健康方面得担心，有小病没有治好而变成大病的趋向……

梦见天空阴暗，追求变化的心渐趋强烈，无法使内心平静下来，总想搞出新花样。不要轻举妄动，遇事三思而后行。

梦见拿着的钱飘在天空中，财运转坏，将会为意外的支出而烦恼，遇扒遇抢的可能性很大。梦见从天上跌下来，将有不顺心的事情发生。

60 梦见下雨代表什么

梦见撑着伞在雨中步行，将走桃花运。本来只有点头之交的心上人，可以试着亲密交往。

梦见雨水淋湿花草，“雨过天晴”，所有烦恼事、伤心事将获得圆满解决，恢复快乐的日子。与冷战中的朋友也能言归于好，两人之间的友情将更趋深厚。

梦见雨中出现动物，暗示写作灵感将至。这时写文章，将文如泉涌，可以写写情书寄给意中人，或向报社投稿。

梦见被阵雨淋湿，将有意外的收获。低额的统一发票可能有中奖的机会，也可以参加各项有奖竞猜，或是买彩票。

梦见雨中登山，表示人际关系有麻烦。除了友情将产生裂痕之外，与老师、双亲、兄弟等的感情也将不太顺利。要以谦虚的态度待人接物。

梦见与情人在雨中步行，爱情容易破裂。这时要注意不可和情人吵架，吵架会导致分手。

梦见鞋被雨淋湿，爱情有可能停滞。约会时要有新点子，最好避免常去的情人座、咖啡座等地方。

梦见天花板漏雨，要注意消化系统的健康。小心暴饮暴食引起消化不良，或因食用冰箱中的剩余食物而患肠炎。

梦见细丝绵绵般的梅雨，财运将有下降的可能，支出将远远超过收入。要注意节省。

61 梦见风代表什么

梦见和风徐徐吹，爱情将会进一步发展。如果想跟暗恋的意中人更亲密，不必迟疑，可以展开攻势。

梦见强风吹打窗户，也许有青梅竹马的友人忽然来访，将有一番美好的回忆。

梦见吹起龙卷风，是雨过天晴的象征。有可能找回遗失的东西，或沉浸在失恋的痛苦时出现了安慰你的异性。

梦见逆风前行，表示前途多难。尤其在与异性交往方面，将事事不如意。此时，应慢慢等待，时机与缘分一到将能够心想事成，一切顺利。

梦见乘风飞翔，在个人行为方面出现阴影。和同事大谈上司的坏话，结果被上司听到，得不偿失。千万要当心自己的言谈举止。

梦见强风吹倒房子，这是事故突发的红灯信号。尤其在身体方面有遭受危难的可能，应注意做事不要逞强。

62 梦见雪代表什么

梦见在雪地上翻滚嬉戏，爱情有转机。与情人之间的关系虽然会一度冷淡下来，但那只是短期性的，爱情很快就会复活。如果梦中有雪人出现，两人的爱情必更趋向于稳固。

梦见在积雪的森林中漫步，技能运良好，经常受到周围人的欣赏。不妨参加文艺演出，可以得到热烈的喝彩。

梦见积雪，将有烦恼事发生。最好把事情告诉老辈人，看他们有什么妙招。

梦见在冰冻的雪路上滑倒，在行为方面可能会有异常。也许会把饭盒打翻，在众目睽睽之下出洋相。

梦见晴天下雪，身体状况变差的可能性很大。也许会患伤风、食物中毒、扁桃体发炎等，要注意。

63 梦见火代表什么

梦见柴火熊熊燃烧，在恋爱方面会更趋热烈，只用书信和电话交谈，已无法使两人满足，非要每天约会不可。但热情过度难免被灼伤，别忘了有时要冷静一点。

梦见手持火炬行走，在爱情方面有上升的趋势。起初对你爱答不理的人，将会被你的真情所打动。

梦见从火中把人救出，在交友方面必有好事。你的烦恼，将会有朋友为你分担，或真心关心你的健康等。

梦见火烧自己家，在物质上将变得很富裕。你想要的东西，也许近日内就可以得到，但这些东西绝不是金钱。

梦见在黑暗中有星星之火，暗示你的新计划将顺利进行。如果你正想开始学习英语会话、书法、吉他、钢琴等，预示你会获得成功。

梦见烟火冲天，表示家庭成员会有好事，譬如说父亲职位高升、增加薪水等。你的零用钱当然也会有所增加。

梦见火球在空中飞，具有非常敏锐的直觉，可以精确地猜出试题，你将有意想不到的好成绩。梦见登高遥望远处的火焰，由于疏忽而犯错误的可能性很大。如把约会的时间记错，结果让对方空等一个小时……像这种事情，千万不要让它发生。

梦见蜡烛在燃烧，健康方面有问题，尤其要注意有发生创伤与骨折的可能。如果骑车上学或上班，要特别小心。

梦见火烧山，有水难之相，应该尽量避免接近海、湖、河川等有水的地方。有被盗的可能，对金钱、贵重物品的管理要小心谨慎。尤其在车厢中，要注意扒手。

64 梦见水与水灾代表什么

水：

梦见远望平静的水面，表示人际关系非常顺利。

梦见在水上任意步行，愿望即将实现。但不能空等，必须努力争取。

梦见水面掀起涟漪，将开始新的恋情。

梦见在游泳时遇到人，将有意外的场面使你尴尬难堪。

梦见溺水，健康方面有隐患。旧病复发的可能性非常大，尤其是过敏性体质的人，或曾经患过肾炎的人，要特别小心。

水灾：

梦见罕见的水灾，会遭敌人反击。

已婚女子梦见水灾，要忍受子宫疾病的折磨。

未婚女子梦见水灾，父母会同意她与心上人结婚。

老年男人梦见水灾，会平静地离开人世。

梦见自己家的房屋被洪水冲倒，家人之间可能会发生争执，起因可能是你双亲之间的事情。这时，最好要控制你的任性，设法与双亲沟通。

65 梦见悬崖代表什么

梦见陌生人从悬崖上跌落下来，能制伏自己的仇敌，但是会与自己的支持者分道扬镳。

梦见妻子从悬崖上掉下来，妻子会更加体贴自己。

梦见站在悬崖边上，灾难会降临到自己和家人的头上。

梦见从悬崖上掉下来，公司会倒闭。

已婚女人梦见自己从悬崖上掉下来，会被丈夫看不起。

商人梦见从悬崖上跌落下来，生意会突然受到冲击。

病人梦见从悬崖上跌落下来，处境艰难。

老人梦见从悬崖上掉下来，孩子会早夭。

上班族梦见从悬崖上掉下来，会被解雇或辞退。

梦见有人把自己从悬崖上推下去，会遭人暗算。

66 梦见彩虹代表什么

梦见七色齐全的彩虹，将万事如意。这时可以向意中人表达情意，一定没有问题。

梦见七色不全的彩虹，将有不愉快的事情发生，尤其是人际关系将亮起红灯。要远离一向不合的人。

梦见彩虹挂在山上，学业将有长进。

梦见彩虹与太阳同时出现，财运转好，将有充足的零用钱。

梦见出现两条彩虹，在交际上将有强敌出现，再不振作起来，也许你的情人会被人抢走。

梦见彩虹挂在原野上，财务上有些不妥。钱包扎得太松，容易浪费，注意不要冲动消费。

67 梦见苦行与忏悔代表什么

未婚男子梦见自己苦行，会娶一位俊俏贤惠的女子为妻，温情脉脉的妻子会在困难时期安慰自己，从不让自己着急。

资本家或有钱人梦见自己苦行，收入会突然锐减，有可能背井离乡。

穷人梦见做忏悔，生活会富裕。

禁欲的人梦见在苦行，会成为民族的领袖，能靠自己的聪明才智为国家或民族谋利益。

企业家梦见做忏悔，会被迫降价出售货物，获利甚微。

已婚女人梦见在赎罪，因丈夫和孩子的身体健康无疾病，所以心情会十分愉快。

病人梦见做忏悔，病情会恶化。

工作人员梦见自己在赎罪，会受到上司的夸奖，能官运亨通。

学生梦见做忏悔，考试会取得优异的成绩，因具有非凡的才智，能获得奖学金。

梦见别人忏悔，是不祥之兆，会心情烦闷，愁眉不展。

梦见有人在苦行时丧生，是祥兆，人生会发生好的转折，有可能得到藏匿的财宝。

梦见敌人忏悔，会永远以自己为敌。

梦见朋友在苦行，危急时刻会得到陌生人的帮助。

梦见妻子在苦行，灾祸会降临。

梦见与苦行的人发生争吵，将与强人为敌。

68 梦见昆虫代表什么

蝴蝶：

梦见蝴蝶在花丛里飞舞，会过上幸福豪华的生活。

梦见断了翅膀的蝴蝶，会感到失望，生意亏损，身体患病，忍受精神折磨。

梦见蝴蝶落在自己的头顶或帽子上，会连升三级，或成为百万富翁。

梦见追捕蝴蝶，会与自己相爱的姑娘结为伉俪，但是梦见抓住的蝴蝶又飞跑了，所爱的姑娘会嫁给别人。

蜜蜂：

蜜蜂是吉祥的象征，代表了团结和辛勤，在梦里意味着朋友。

梦见很多蜜蜂，意味着得到朋友的帮助，好日子即将来到。

梦见蜜蜂蜇自己，意味着亲密的朋友会背叛自己、欺骗自己，应该注意提防。

梦见蜜蜂把自己团团围住，无法脱身，意味着朋友使自己陷入困境，生活艰难，面临着破产。

梦见蜜蜂扑向自己的餐桌，把桌上的食物转眼之间一扫而光，是一种长寿的祥兆，不过自己的继承人可能会早逝。

梦见吃蜂蜜，你会得到令你始料不到的事情如突然升职、中巨奖等。

蚊子：

梦见蚊子，敌人会日益强大，或者自己的灾难接连不断。久卧病榻的人梦见成群的蚊子，病情短期内不会好转。

梦见消灭蚊子，会身体强壮。

梦见睡觉时挂蚊帐，不久要建新房。

梦见被蚊子咬，要提防诽谤自己的小人，因为他们会给自己造成难以弥补的损失。

苍蝇：

苍蝇象征着敌人用间接的手段损害自己，在背后搞小动作。

梦见很多苍蝇，意味着敌人越来越多，应该想办法避免树敌。

梦见摆脱了苍蝇，意味着事业上突破障碍，获得成功。

梦见吃饭时苍蝇围着自己嗡嗡飞，则意味着疾病，需要注意健康。

蝗虫：

蝗虫有传染病。大群蝗虫飞过的地方看不见绿色，象征传染病迅速蔓延。

梦见大群蝗虫，意味着居住的地方将出现传染病。

梦见消灭蝗虫，意味着不会被传染。

梦见乌鸦吃蝗虫，则意味着能得到朋友的帮助，更好地预防疾病。

蝎子：

蝎子蜇人非常凶狠，象征着人为了事业上的目标而勇往直前。

梦见蝎子，意味着因为自己不顾一切的拼搏，在事业上获得成功。

梦见被蝎子蜇，意味着努力为自己带来回报，是发财的祥兆。

梦见死蝎子，则意味着心灰意懒，生意倒闭。

梦见吃蝎子，意味着因为自己的固执，不肯听朋友劝告，最终和朋友分道扬镳。

梦见捉蝎子，则意味着固执己见，树敌过多。

梦见打死了蝎子，会与朋友分道扬镳。

蜻蜓：

如果男性梦见蜻蜓飞翔，表示你将会吸引到不少女性的目光；如果女性梦见此情况，代表将会有不少男性热烈追求。

梦见成群飞来的蜻蜓，状况好转而带来更多的发展机会，或者遇到出色的异性。

梦见成群飞舞的蜻蜓，遇见帮助自己的贵人而有好运伴随，或迎娶美丽的妻子。如果是女性，是怀孕的胎梦。

69 梦见树木代表什么

树苗：

已婚男子梦见刚发芽的树苗，生活幸福，无忧无虑。

小伙子梦见刚发芽的树苗，会娶一位美貌的妻子。

少女梦见刚发芽的树苗，会嫁给一位英俊的小伙子。

囚犯梦见发芽的树苗，会释放出狱。

学生梦见发芽的树苗，考试会成功。

商人梦见刚发芽的树苗，是祥瑞，不久的将来生意能获大利。

梦见枯萎的树苗，象征着忧愁和失望。

梦见给树苗浇水，是好的征兆。

梦见砍伐树苗，会受到仇人的骚扰。

梦见嫁接树苗，会长寿，子孙满堂。

葡萄树：

男人梦见葡萄树，事业会成功。

女人梦见栽葡萄树，意味着儿女成行，丈夫富有。全家人生活幸福。

老翁梦见栽葡萄树，会五世同堂，寿比南山。

商人梦见栽葡萄树，预兆要做一笔生意，生意一定会兴隆，能发大财。

梦见别人栽葡萄树，会困难重重。

惯犯梦见别人栽葡萄树，会被送进监牢。

梦见枯萎的葡萄树，倒霉的事将接连不断。

橡树：

梦见橡树是长寿的吉兆。

梦见攀登橡树，事业顺利，能有收获。

梦见有人砍伐橡树，家人会患病，有去世的危险，需要好好照料。

果树：

梦见果树是好兆头，表示你的一段单恋将有成果出现，恋爱会顺利发展。

梦见硕果累累的果树，暗示你将会拥有很多财富。如果你是企业家，今后将会事业繁荣；如果你是上班族，将会晋升。值得提醒的是，近期你有可能中头彩。

橄榄树：

梦见橄榄，失望的人会看到希望。

学生梦见橄榄枝，考试能成功。

梦见给别人橄榄，会得到擢升。

梦见砍伐橄榄树，会失去发财的大好机会。

小偷梦见自己拿着橄榄枝，要去溜门撬锁，会被当场抓获。

热恋中的青年男子梦见自己有橄榄枝，恋爱会成功。

松树：

梦见后山脚下到处都是松树丛，暗示家里好运连连，是招财进宝的好梦。

梦见松树丛，不仅会给你带来财运，事业上将会有很大的发展，如果你正陷入资金困境，将会得到他人的援助，化解困境。

竹子：

梦见竹子耸立，应防祸事不断。

70 梦见花朵代表什么

鲜花：

鲜花历来就有吉祥幸福的意思，梦见鲜花，就预示着欢乐和幸福。

梦见收到一束鲜花，意味着做梦者因为某方面的成绩而受到嘉奖。

男性梦见采摘鲜花，是生意兴隆的象征，也是事业成功的象征。

女性梦见采摘鲜花，预示着爱情幸福美满。

梦见鲜花盛开，表示幸福与快乐将会围绕着做梦人。

梦见摘枯萎的花，是不祥之兆，会遇到苦恼。

梦见采摘鲜花时，花一到手里就枯萎了，意味着做梦人的愿望无法实现，要承受经济上的损失。

梦见手里的花掉到地上，意味着幸福离开自己，做梦人可能会染上恶疾，需要注意身体。

梦见鲜花被人践踏，意味着做梦人会大难临头，应该尽量减少外出。

花束：

做梦人在梦中得到一束花，表明他能够认识自己的能力，并且期待着获得别人的赞扬。如果做梦人向别人赠送一束花，意味着他看到了那个人的优点和良好的品德。

一般人梦见花束，意味着有所收获，能交好运。

恋人梦见花束，预示爱情会更深。

恋人梦见约会时花束掉落，意味着关系恶化。

梦见花束的花朵枯萎，做梦人的愿望不会实现，恋情会中断。

花环：

花环一向是名誉和幸福的象征，在梦中代表成功。

梦见戴花环，预示无论是生意还是考试，都能获得成功。

梦见给别人戴花环，预示着要举行婚礼。

少女梦见戴花环，预示会嫁给富有的男人。

梦见女人戴花环，意味着做梦人生活富裕。

梦见别人戴着五颜六色的花环，预示做梦人的财富会从各方面来，而且会获得甜蜜的爱情。

梦见戴着多姿多彩的花环，预示做梦人的事业将会取得喜人的成绩。

牡丹：

男性梦见牡丹，表示好运将至。在经过长期的努力奋斗后，他辛勤的劳动终于得到了回报。

未婚女性梦见牡丹，预示她的男友社会地位较高，家境也好，而且很有才华、聪明能干。

荷花：

梦中的荷花象征着爱的浪漫与温馨，梦见荷花，预示着做梦者将要有一段浪漫与温馨的爱情故事。

普通人梦见荷花，意味着会遇到一位真心并热情的朋友。

未婚男女梦见荷花，意味着能找到称心如意的对象。

已婚女人梦见开放的荷花，意味着能发财。

梦见陌生人向自己赠送荷花，意味着做梦人靠朋友能发财。

梅花：

梦中的梅花，象征着顽强的品格和创业的成功。梦见梅花，是做梦者内心之中坚毅性格的体现。

梦见傲雪的梅花，预示做梦人会备受人们的欢迎和信赖。

梦见绽放的春梅，表明做梦人在经过艰苦的创业之后，最终能脱离困境，取得事业上的成功。

菊花：

有菊花的梦，象征着金色的收获。

梦见观赏菊花，预示做梦人的希望将会得以实现。

梦见采摘菊花，表明做梦人的社会生活正在逐步地提升。

梦见赠送或收到菊花，说明做梦人因为有好友的相助，社会地位会得以提高。

百合花：

梦见百合花，是做梦人职务提升或美满爱情的象征。

梦见自己家中的百合花盛开，表明做梦人是一个勤于工作之人，不久的将来，他的职务会得到提升。

梦见山谷中的百合花开放，说明做梦人的恋爱甜甜蜜蜜，在以后的家庭生活中幸福如意。

梦见自己种百合花，表示做梦人向往宁静的生活。

梦见自己采摘百合花（尤其是妇女做这样的梦），说明做梦人已经过上了安稳平静的生活。

杂草：

杂草代表荒芜、杂乱、没有秩序。

因为拔除杂草很麻烦、很费力，所以梦里的杂草也象征着精神上的障碍，比如说懒惰。

梦见的杂草异常繁茂，代表不恰当的信任、用错地方的精力或者为争取成功而进行的地狱般的磨炼。

如果梦到自己拔草，表示做梦人认识到只有摆脱生活中的琐碎，才能为成长开拓空间，发展新的能力。

梦见被杂草包围，则意味着做梦者在现实中会遇到阻碍自己前进的观察问题的立场和方法，以及旧的行为模式。

71 梦见水果代表什么

西瓜：

梦见熟西瓜，是祥瑞。

梦见生西瓜，是凶兆。

梦见吃西瓜，出国能发大财。

梦见有人抢自己手里的西瓜，会打输官司，损失巨大。

病人梦见吃西瓜，会困难重重。

苹果：

梦见苹果，是成功和长寿的祥兆。

梦见筐里有很多熟透了的苹果或桌子上摆着熟透了的苹果，买彩票会中奖，或找到地下财富，同时，有可能自己声名鹊起、官运亨通。未生育过的妇女做上述的梦，是吉兆，她会很快怀孕。

梦见不熟或腐烂的苹果，做梦人的经济会受损，或患病，或家中遇到麻烦的事。

梨：

梦见吃梨，会身强力壮。

已婚女人梦见得到梨，不久会怀孕，能生一个漂亮的男孩。

男人梦见得到梨，能发财。

梦见送给朋友梨，是祥兆，会受人喜欢。

梦见从梨树上摘梨，会经营一个有利可图的新生意。

未婚女子梦见从梨树上摘梨，是吉兆，会嫁给如意的男子。

未婚男子梦见从梨树上摘梨，会娶一个品行端正、绝美的女子为妻。

病人梦见吃梨，是不祥之兆。

梦见把梨切分给众人，做梦人缺乏远见，可能会遭受损失。

梦见卖梨，是凶兆，生意会失败。

梦见买梨，能得到提升，或收入增加。

橘子：

梦见成熟的橘子，难交好运。

梦见生橘子，是不祥之兆，会生病。

已婚男子梦见购买橘子，在世的妻子去世，他会后娶一个年轻的姑娘，或与一个美貌的女子结婚。

未婚男子梦见购买橘子，则大吉大利，能娶一位婀娜多姿、身体健康、亭亭玉立的少女为妻。

未婚女子梦见熟橘子，名声大噪。

梦见给别人熟橘子，会受到赞扬。

梦见剥橘子皮或挤橘子汁，生意能获大利。

桃子：

梦见桃子能发大财。

梦见吃桃，身体健壮。

梦见买桃，收入大增。

梦见别人给自己桃子，会得到遗产。

梦见给朋友桃子，友情会增加。

未婚男子梦见给恋人桃子，会得到对方的爱。

失业者梦见给别人桃子，能找到好工作。

梦见从树上摘桃子，不久就会得到好运。

梦见腐烂的桃子，则意味着会失败。

草莓：

已婚者梦见吃草莓，则婚姻美满，幸福和谐。

未婚者梦见吃草莓，即将结婚。

商人梦见吃草莓，则手下会有很多分店。

梦见吃腐烂的草莓，会交厄运或生病。

梦见给别人草莓，会结交新朋友。

西红柿：

男人梦见吃西红柿，会交好运。

已婚女人梦见吃西红柿，会身体健康。

未婚女子梦见吃西红柿，会找到一个身强体壮的丈夫。

未婚男子梦见吃西红柿，会娶一个温柔体贴的妻子。

72 梦见五官代表什么

鼻子：

梦见自己的鼻子挺好看，是吉兆。

梦见自己的鼻子十分丑陋，是不祥之兆。

梦见鼻子流血，灾难要临头。

梦见鼻尖上长脓疮，会被提拔。

梦见大鼻头的人，会生意受损，与友吵架。

女人梦见鼻子受伤，丈夫可能会臭名远扬。

梦见有人抓住了自己的鼻子，会受辱，或被人奴役。

梦见自己的鼻孔大了，有犯诈骗罪的危险。

梦见自己怕鼻孔疼痛，大难会降临。

梦见鼻孔生脓包，亲人受骗。

梦见马或牛鼻孔吐气，会有危险。

嘴：

梦见自己的嘴，会得到爱情。

梦见自己的嘴变大了，经济要受损失。

梦见吃滚烫的东西烫伤了嘴，要生重病。

梦见嘴里塞满了吃的东西，要发财。

耳朵：

梦见自己的耳朵被割掉，命令能被执行。

梦见别人的耳朵被割，要遭受苦难。

梦见自己掏耳朵，或让别人给自己掏耳朵，有好消息。

梦见有人拧自己的耳朵，所犯的罪会受到法律制裁。

梦见耳朵里长毛，能发财。

眼睛：

梦见眼睛发红，预示身体有病。

梦见女人的眼睛闪闪发光，一切会付诸东流。

梦见自己的眼睛肿而不疼，生活会幸福，没有痛苦。

梦见涂着黑眼影的女人，经济要受损失。

梦见别人朝自己使眼色，意味着要得重病，甚至是不治之症。

眉毛：

在你的梦中看到眉毛，表示不久的将来，你会遇到某种阻力或阻碍。

73 梦见四肢代表什么

手：

梦见双手被砍掉，能得到神的帮助。

梦见自己的手又长又结实，意味着事业会成功。

梦见自己的手比原来更红了，会官运亨通。

梦见自己的手无力发黄，是有病的兆头。

女人梦见自己的手变得坚硬，预示她的命很硬。

梦见与陌生人握手，要交朋友。梦见双手都握着钱，能家财万贯。

脚：

梦见自己的脚被砍，能当官。

商人梦见自己长了许多只脚，会捞钱。

梦见洗脚，预示着贪婪。

梦见踢别人的脚，会受他人辱。

梦见脚烫伤，会因一时糊涂，遭受重大损失。

梦见脚肿大，会负债累累。

胳膊：

梦见自己的胳膊肌肉发达、健壮，这就意味着由于自己的努力会得到提升。

梦见胳膊患病或不中用，会被降职、陷入困境，同时经济受损失。

妇女梦见自己的胳膊患病，丈夫或儿子要离开人世。

梦见自己的一只手断了，是痛苦和受损的兆头。

梦见手肿了，亲友会从陌生人那里得到好处。

梦见胳膊流血，会贫困潦倒。

梦见胳膊上的汗毛长得很长，会发财，处境会很快得到改善。

腿：

梦见赞美某个女性腿的曲线美，表示你会因一时判断力失控，而失去女友的信赖。

梦到大腿受伤，表示你在经济上会有损失，健康状况也不好。

梦到自己有一只假腿，意味着你很自私，常考虑自己的利益，而忘了朋友为你做的牺牲。

梦到你的腿部溃疡，意味着你不惜花自己的钱帮助别人。

梦到你的腿不听使唤，是未来生活陷入贫穷的象征。

梦到你的腿必须被切除，暗示你会失去很多朋友的帮助，家里的影响力对你是项沉重的负担，使你觉得生命是一种折磨，毫无情趣。

梦中觉得自己的腿既干净又好看，表示将来你会快乐，并有许多诚实的朋友。

74 梦见牙齿代表什么

梦见数自己有多少牙齿，会受到侮辱。

梦见数别人的牙齿，是祥兆，意味着能战胜敌人。

梦见拔牙，不久要买房置地。

女人梦见拔牙，生活会丰裕。

商人梦见拔牙，能做一笔能获大利的生意。

农民梦见拔牙，丰收在望。

梦见牙疼，能发财。

75 梦见毛发代表什么

头发：

梦见自己的头发长了，意味着得病受穷。

梦见别人的头发长了，会厌烦世俗生活，离家苦修。

梦见长了白头发，会忧伤悲哀。

梦见用梳子梳头，生活会幸福舒适。

梦见短头发，厄运是短期的。

女人梦见自己的头发长了，夫妇恩爱，幸福长久。

女人梦见掉头发、剪头发，是守寡的兆头。

女人梦见自己被人抓头发拖去，意味着死亡或由于不幸而离开自己的丈夫。

胡子：

浓密的胡子象征旺盛的生命力，即隐喻着你正处于性欲旺盛，或是想生小孩的阶段。

梦见自己的胡须长长了，是成功和晋升的吉兆，也是长寿的吉兆。

梦见胡须短了，会威信扫地。

梦见胡须全变弯曲了，要陷入困境。

梦见有人扯自己的胡须，可能会受到他人的侮辱。

76 梦见山川代表什么

高山：

梦中见到山表示希望和困难。梦中见到一座座高山，通常都是象征着做梦人必须克服的重重障碍。

梦见站在一座高山顶端，意味着做梦者能克服惧怕，战胜自己。

梦见从山上滑落下来，表示在日常生活中仍有许多不慎之处。

梦见登山，意味着步步高升。

梦见和朋友一块儿爬山，则表示困难时期会得到朋友的帮助。

冰山：

梦中的冰山，是困难的象征。

梦见冰山，预示做梦人将遇到十分棘手的问题，而且解决这个问题比较麻烦，比想象中的还难解决。

梦见冰山挡在前面，表明在人生的旅途中会遇到前所未有的困难与障碍。因此，必须冷静地思考问题，采取妥善的办法解决困难。

火山：

火山是一种意义丰富的象征。如果火山熄灭，表示做梦人“扼杀”了自己的热情，或者表示长期困扰他的形势终于结束了。

梦见火山爆发，说明做梦人没有控制住一种形势或自己的感情，说明两者会以令人痛苦的方式突然出现。如果熔岩出现在明显的位置，表示上述的感情非常深沉。如果熔岩凝固，表示热情的冷却。如果感觉到火山的爆炸力，表示愤怒的心情。

梦见休眠火山或者死火山，它可能表示过去的问题已经平静下来，火已经扑灭。

77 梦见河流湖泊代表什么

河流：

梦见河流意味着幸福、富有。

女人梦见河流，会接到父母的邀请回娘家。

农民梦见河里发了洪水，庄稼丰收。

梦见干涸的河，会受到损失。

旅游者梦见退了潮的河，前进的道路上会有很多障碍。

梦见过河，一切顺心如意，捷报频传。

囚犯梦见过河，不久会出狱。

商人梦见过河，能扭亏为盈。

男人梦见在河里潜水，身体会健壮。

女人梦见潜水，会生男孩。

湖泊：

男人梦见有很多水的湖泊，家畜增多。

女人梦见水多的湖泊，身体康健，儿女成行。

梦见干涸的湖泊，要遭饥荒，病魔缠身。

梦见浅湖，灾祸会临头。

梦见深湖，能战胜敌人。

离开家的人梦见蓄满水的湖，能发财，会衣锦还乡。

商人梦见盛满水的湖，能发大财。

梦见往湖里灌水，会受人们的爱戴。

梦见排放湖里的水，会对家人的病长期忧心忡忡。

梦见在湖里游泳，是不祥之兆，日子会过得紧巴巴。

梦见沉入湖里，意味着受损和生病。

梦见从湖里挖泥，能继承遗产。

未婚女人梦见在湖里洗澡，能找到一位体贴入微的丈夫。

未婚男人梦见在湖里洗澡，能找到一位贤惠的妻子。

梦见水多的湖泊，是成功的先兆。

梦见臭水湖，要生病。

梦见在湖里游泳，生意萧条。

梦见阴天在湖边野餐，生活会安宁、幸福。

78 梦见大海代表什么

大海有以下象征：神秘、冒险、繁荣、财富、包容。

梦到在平静的海边散步，则你对目前的处境比较满意。

梦到大风浪，则是要出现摩擦的表现，生意中可能有不确定因素，感情上可能会有摩擦。

梦见在海面上行走，这是在大组织或大团体功成名就，令周围人大吃一惊的征兆。换言之，你将凭借优秀的业绩和雄厚的实力，掌权聚财、实现心愿。

梦见眼前出现一片宁静而一望无际的大海，你目前进行的事业或投资都会不错，将获得巨大的成功。

梦见海底清澈可见，暗示你的潜意识里总是想识破竞争对手或他人的心理，若以周密、冷静的心态做好万全的准备，不久的将来就会获得胜利。你将会拥有可观的财物和金钱，受人瞩目。

梦见火焰从海面冲天而上，这是吉梦中的吉梦，暗示财富和成功。你一直推进的事业虽然经历了一段曲折的过程，但这一切将会化成仙果，使你走上成功的道路。

梦见自己大口大口地喝海水，暗示久久渴望实现的愿望将会变成现实。你将战胜之前的所有困苦，获得可观的财富和不小的权力，但到最后可能经历一番较量或激烈的竞争。总之，幸运之神将会垂青你。

梦见自己向着大海中的岛屿游去，这是好梦。暗示你将化解面临的各种困难，走向繁荣。如果你是学生，学习成绩将会得到提高，如果你是上班族，将被予以重任，今后的事业会一帆风顺。

梦见大船在海上飘荡，这是难得的好梦。暗示财运之神正在暗中帮助你。你将会财运亨通，获得丰厚的钱财。你将与周围的人互相帮助、和睦相处，令人羡慕不已。

79 梦见泉水代表什么

梦见向水井中丢石头，暗示异性运非常顺利。可以期待幸福的爱情，但要注意避免去海边或湖畔约会，因为有水难之相。

梦见舀泉水或井水喝，财运不错。虽然目前经济不景气，只有你的经济是增长的。

梦见泉水混浊不清，人际关系恶化。一向信赖的朋友竟为了一点小事诽谤你、中伤你，对你非常不利，但只要你是清白的，你就可以泰然处之。

梦见泉水源源不断地涌出，可能买到便宜的东西。也许跟店里的老板谈得来，能以半价买到东西，或在廉价货摊上意外买到贵重的东西。

80 梦见冰与冰雹代表什么

冰：

水变成冰以后，会变得坚硬，能够承受很大的压力，象征着支持。冰，就意味着得到别人的支持。

未婚女子梦见冰，意味着男朋友会全心全意地对自己好。

未婚男子梦见冰，意味着恋人会对自己坚贞不渝，情比金坚。

女人梦见冰，丈夫会为了家庭努力工作，让生活越来越好。

学生梦见冰，意味着受到老师的特别关照，在考试中会取得好成绩。

商人梦见冰，生意会越来越兴旺。

梦见冰融化或者滑冰，意味着做梦人会失去支持者。

商人梦见滑冰，意味着顾客离自己而去，生意会萧条。

未婚男子梦见滑冰，意味着恋人朝三暮四，会抛弃自己。

冰雹：

冰雹是天空的水滴凝成冰块降落到地面上来。冰本是冬天才产生的东西，但冰雹却大多在夏天从天而降。因此，梦见下冰雹意味着会遭受意外的打击。

商人梦见下冰雹，生意肯定会受到损失。

梦见被冰雹砸伤，会灾祸临头。

孕妇梦见被冰雹砸伤，生下的孩子要受苦受难。

男性梦见冰雹，表示他会有一段时间处于不如意的状态，但这段时间很快就会过去，幸运即将降临到他头上。

女性梦见冰雹，意味着经过一段不如意或失败的感情之后，她即将碰到一位像兄长一样关心她、爱护她的人。

81 梦见泥土与田地代表什么

泥土：

梦见搬运泥土，表示吉运在户外。尤其在爱情方面特别突出。既然知道了，就把情人邀请到野外去吧！幸运将在那里等着你。

梦见在泥泞中行走，意味着“冬来春也不远”。烦恼事将很快解决，你的生活也将在健康、金钱、爱情等各方面，显得无比快乐。

梦见使用铁锹掘土，朋友之间可能会分裂。本来团结一致的一群好友，很可能会分裂为二。这时最重要的是你的态度，一定要努力设法使大家和睦相处。

梦见躺在泥土中，爱情方面出现停滞。你将深深体会到爱情的苦味，将有一段辗转难眠的日子。

田地：

未婚男子梦见买地，能找到一位贤惠美貌的妻子，或生意兴隆。

梦见卖地，家境会一团糟，挨饥受饿。

梦见田地、牲畜和家具，一切努力都会成功。

梦见农机具和田地，漂洋过海做生意，能赚大钱。

梦见未种庄稼的闲田，会遇到困难。

梦见庄稼地，生活会富裕。

梦见种闲田，家人要吵架，或与别人发生争吵。

准备结婚的男女青年梦见种闲田，婚事会遇到麻烦。

无子女的夫妇梦见种不毛之地，会生一个又丑又懒的后代。

商人梦见不毛之地，生意要亏本。

梦见被雨水淹没的田地，水灾会给自己带来损失。

梦见很多农民在田间劳作，要做大生意，由于善于经营，会赚大钱。

梦见稻田，要发财。

梦见大麦田，延年益寿，子孙满堂。

梦见女人在田里干活，要生病。

82 梦见粮食与庄稼代表什么

棉花：

棉花蓬蓬松松，象征着发财，财富像雪球一样越滚越大。

梦见棉花，意味着富有。

梦见自己在摘棉花，意味着生意兴隆，财源滚滚。

梦见黄色的棉花，则意味着会娶到有钱的女人。

梦中看到长得欣欣向荣的棉花，表示你的生意会越来越兴隆，有一段繁荣。

农民梦到收棉花，意味着丰收和财富。

大米：

梦见蒸米饭，为了赚钱必须付出艰苦的努力。

梦见吃米饭，因为赚了很多钱，心情特别愉快。

已婚女人梦见吃米饭，要分娩。

未婚男子梦见吃米饭，很快会喜结良缘。

梦见稻子长势很好，生意会获大利。

梦见成堆的大米，在国外做生意，能发大财。

梦见买卖大米，会有挚友。

病人梦见吃米饭，身体很快会康复。

梦见买大米，是好的征兆，要为孩子举办婚礼。

梦见给别人大米，是不祥之兆，灾祸会降临。

梦见得到大米，是吉兆，会受到奖赏。

梦见家里到处是大米，要交好运。

豆子：

梦见豆子是一种祥兆。

男人梦见豆子，生活幸福富有。

女人梦见豆子，会成为丈夫的贤内助。

梦见吃豆子，意味着得病。

孕妇梦见吃豆子，婴儿可能会出现问题。

梦到豆子生长，表示你的子女有让你担心的事，也可能他们会生病。

种子：

庄稼要丰收，种子是关键。梦中的种子，是希望与机遇的象征。

梦中出现种子，表明在做梦人的心中有着殷切的希望，有着深切的企盼。

梦中的种子还代表人的潜能。也许做梦人刚产生一个想法，或者一项计划在他头脑中成形，但还有待修改。

在女人的梦里，种子暗示着即将到来的或预期的怀孕。

梦见金色的种子，表明在做梦人的希望之中会出现新的机会，而且在这个新的机会中他会取得新的经验。

梦见种子被别人偷走，或者丢失，暗示女人生男孩机会的丧失。

梦见种子发芽，是女人珠胎暗结的预兆。

83 梦见雷电代表什么

雷声：

梦见雷雨大作，事业会成功。

已婚女子梦见暴雨雷鸣，会更爱自己的丈夫。

未婚女子梦见大雨瓢泼、雷声轰鸣，会嫁给有名望的人。

商人梦见雷声大作，会发大财。

病人梦见大雨瓢泼、雷声轰鸣，身体很快会康复。

犯人梦见暴雨雷鸣，不久会出狱。

闪电：

梦见十分耀眼的闪电，要去外国旅行。

梦见远处电闪雷鸣，要遭受损失和不幸。

学生梦见电闪雷鸣，是祥兆，能取得优异的成绩。

少女梦见打雷闪电是吉兆，会嫁到一个有名望的家庭。

男性病人梦见打雷闪电，身体会复原。

梦见雷电过后，四周一片漆黑，意味着灾难临头，灾祸有可能落到做梦人的头上也可能降到受自己保护的人头上。

梦见不时闪电，看不清道路，只好摸黑走路，会击败对手，渡过难关。

梦见差一点儿被雷电击伤，灾难可以避免。

梦见外出时，晴天打雷，要想提升，困难重重。

农民梦见闪电，要发生旱灾和饥荒。

84 梦见光亮、灯与火把代表什么

光亮：

在梦中见到光亮，表示生活需要来自外部的指引。梦中的光亮表示精神上的豁然开朗。

梦中出现光亮，表明内心充满希望和快乐。

梦见明亮的光亮，表明生活非常快乐幸福。

梦见柔和的光亮，表明感情生活温馨甜美。

梦见光亮突然暗下来，表示可能在生活中遭受挫折。

灯：

灯在梦中代表引导和智慧，也表示那些被赋予新意的陈旧观念。

梦见自己带着灯，表明荣誉与成功将常伴你左右。

梦见别人为自己送灯，表明会得到朋友的真诚相助。

梦见自己身旁有一盏灯，表明对周围环境有着清醒的认识。

火把：

梦中的火把，代表的是希望与友情。

梦见火把，表明自信。此外，它还标志着依靠自己的力量，努力取得新的进步和发展。也表明事业与生活会出现新的转机。

梦见一片火把，预示着事业会顺利如意。

梦见别人递给自己火把，意味着会得到他人的帮助。

梦见火把熄灭了，预示会丧失自信心。

85 梦见飞鸟代表什么

鸟：

鸟在天空自由地飞翔，是做梦人心想事成的祥兆。

梦见鸟，说明做梦人的内心比较快乐。

梦见鸟在飞翔，是做梦人交好运的预兆。

梦见鸟在歌唱，表明做梦人将有喜事临门。

梦见听到鸟叫，意味着做梦人喜事将至。

梦见抓鸟，是做梦人发财、交好运的吉兆。

梦见打鸟，意味着破坏了自己的运气，做梦人会遭到不幸。

梦见把鸟从笼子中放走，意味着做梦人日前的工作将会取得成就。有不小的收获。

天鹅：

梦见天鹅在宁静的水面上游荡，表示做梦人有一段刻骨铭心的初恋，不成功的初恋令他难以忘怀。

梦见天鹅在蓝色的天空中飞翔，表明正在长大的做梦人会越来越有气质，而且快乐的日子即将来临。

梦见天鹅呼应鸣叫，预示着做梦人会见到失散多年的朋友。

孔雀：

已婚女人梦见孔雀开屏。意味着不久要怀孕，将生一个健壮的男孩。

未婚男子梦见孔雀开屏，意味着很快能找到女友。

商人梦见孔雀开屏，意味着会在生意上获得大利。

梦见孔雀卧在地上，意味着已婚女人会为丈夫和孩子忧虑，已婚男人则会失业。

梦见孔雀落在树上，意味着做梦人受到他人的威胁。

梦见孔雀入巢，意味着做梦人会交上好运。

仙鹤：

梦中的仙鹤，如果是群居或双栖的，预示吉祥如意，事事顺心。

学生梦见仙鹤，预示着做梦人学业有成、金榜题名。

商人梦见仙鹤，预示着做梦人会获得一定的经济利益，但获利的过程较慢一些。

梦见双栖仙鹤，表示做梦人夫妻恩爱。

梦见单只的鹤，表示做梦人有可能失去配偶。

喜鹊：

喜鹊是中国的吉祥鸟，它象征着富贵吉祥、幸福美满、喜事临门。

梦见喜鹊闹枝头，预示着做梦人有好的事情即将到来。

梦见喜鹊在自由自在地飞，表明做梦人的运气越来越好。

梦见喜鹊搭成鹊桥，预示着做梦人一段刻骨铭心的感情。

鹦鹉：

鹦鹉擅长模仿别人说话，象征着随声附和的无能之辈。

梦见鹦鹉站在地上，暗示会交上无用的伙伴。

已婚的女人梦见鹦鹉站在地上，意味着梦者丈夫是一个无能之辈。

孕妇梦见鹦鹉，预示做梦人会生女孩。

梦见鹦鹉在飞，是祥兆，预示做梦人所有的忧愁都会过去。

梦见鹦鹉落在树上，预示做梦人要生病。

梦见关在笼子里的鹦鹉，预示做梦人会困难重重。

梦见死鹦鹉，预示做梦人要提防不诚实的朋友，以免上当受骗。

梦见用枪打鹦鹉，预示做梦人能降服对手。

梦见买鹦鹉，是不好的兆头，预示做梦人要偿还祖辈借的债。

梦见卖鹦鹉，预示做梦人所有的障碍都能排除。

梦见成群的鹦鹉，预示做梦人财产会遇到严重的危险。

梦见赠送鹦鹉，预示做梦人会被人讨厌。

梦见把鹦鹉关进了笼子，预示竞争对手会发生内讧，做梦人自己却能从中获得好处。

凤凰：

凤凰是鸟中之王，虽然它不是现实中存在的鸟，但中国人用丰富的想象创造了它，并赋予它高贵的形象和无与伦比的美丽羽毛。

神奇的凤凰，象征着贵人与财富。在中国人的心目中，凤凰是祥瑞的象征和代表。

梦见凤凰起舞，表明做梦人非常幸运，将有贵人帮助。

梦见凤凰展翅飞翔，表明做梦人是大富大贵之人，会获得巨大的财富。

梦见两只凤凰相和而鸣，表示做梦人即将找到理想的伴侣。

燕子：

梦中的燕子，是家庭和美与远方音信的象征。

如果梦见燕子轻声呢喃，意味着做梦人家里将有喜事临门。

梦见燕子飞入怀中，预示着做梦人家里将会添人进口。

梦见燕子由远处飞来，暗示梦者家里将有远方的朋友来做客。

鹰：

梦见鹰在高高的天空翱翔，象征做梦人事业上飞黄腾达。

梦见鹰冲入云霄，意味着梦者事业要上一个新的台阶，可以考虑开辟新的领域。

梦见鹰落在自己头上，意味着做梦人职位上的提升。

梦见放鹰抓鸟，是做梦人事业成功的预兆。

梦见捕获鹰，预示着做梦人事业上的失败。

麻雀：

梦见打谷场上的麻雀，预示今年的庄稼将有一个好收成。

在病中梦见房前屋后的麻雀，表明做梦人的病情正在大幅度地减轻，再经过一段时间的治疗，就可以痊愈了。

梦见麻雀在哀鸣则不是好兆头：男人会忧愁不安，女人子女要生病。

梦见抓麻雀，意味着忧愁让自己乱了方寸，做梦人会受到敌人的攻击。

梦见麻雀吃虫子，意味着做梦人财产会受到意外的侵蚀。

梦见打死麻雀，意味着忧愁让做梦人犯了大错误，工作会彻底失败。

蝙蝠：

梦见蝙蝠鸣叫，预示着做梦人命运悲惨。

梦见成群的蝙蝠，意味着做梦人工作或事业上麻烦很多。

梦见一只蝙蝠向自己飞来，意味着做梦人可能会遭到小人的算计。

梦见蝙蝠飞进山洞，表示做梦人面临的困难即将过去。

86 梦见水中动物代表什么

海龟：

海龟主幸福，是幸福吉祥的象征。

梦见海龟，夫妻生活会和谐幸福。

已婚女人梦见海龟，丈夫会更加宠爱自己。

未婚男女梦见海龟，不久将和意中人结婚。

梦见捕捉海龟，是不祥之兆，意味着灾难将要临头。

梦见吃海龟肉或喝海龟汤，则意味着疾病缠身。

青蛙：

男人梦见青蛙，要生病。

女人梦见青蛙，开销剧增。

商人梦见青蛙，生意要亏损。

梦见有很多只青蛙，生活俭朴清苦。

病人梦见许多只青蛙，身体很快会康复。

商人梦见许多只青蛙，会发大财。

梦见用石头砸青蛙，很快要调动工作。

梦见被青蛙咬伤，一切困难都会过去。

鱼：

梦见活鱼，要去海上旅行。

梦见死鱼，要忍饥挨饿。

梦见买鱼，会继承亲属的地产。

梦见有人给自己送鱼，会被邀参加婚礼。

女人梦见鱼在水中游，行动会受到丈夫的限制。

梦见鱼忍受缺水的痛苦，会被降职。

男人梦见捕鱼，大难临头。

女人梦见捕鱼，将依靠富有的丈夫，生活愉快。

病人梦见捕鱼，病情会加重。

梦见有人在湖里捕鱼，可能会参与重大的反动事件。

鲨鱼：

梦见鲨鱼，要发财。

商人梦见鲨鱼，出国做生意，能赚大钱。

船员（船夫）梦见鲨鱼，预兆所从事的工作收入丰厚。

梦见鲨鱼扑向别人是不祥之兆，灾难会临头。

梦见成群的鲨鱼，意味着要调动工作，财源会旺盛。

梦见死鲨鱼，由于自己的错误，经济会遭受损失。

鳄鱼：

梦见鳄鱼，意味着受苦。

梦见摆脱了鳄鱼，会避免重大的危险。

梦见鳄鱼会受到凶恶敌人的侵犯，或与强人为敌，或与背信弃义、损害过自己的人为敌 。

鸭子：

鸭子步履蹒跚，象征着人跌跌撞撞开创自己的事业。

梦见鸭子叫，家里会有贵客临门，为自己的事业带来转机。

梦见鸭子在水里游动，则意味着工作顺利，生意兴隆，前途光明，未来幸福。

梦见鸭子走在马路上，意味着眼前的困难很快就会过去。

梦见母鸭和小鸭在脏水里游戏，前途光明，未来幸福。

87 梦见陆地动物代表什么

狮子：

在梦中与狮子搏斗，说明做梦人的事业会获得发展。

梦见狮子吞食人，暗示着做梦人性格中不足的方面，也表示着做梦人或其他人可能面临危险。

梦中狮子和羊羔躺在一起，象征着矛盾的统一和协调。

梦见狮子强壮威严地大吼，代表仇人有身份和地位。

梦见狮子安静地坐着，做梦人会和强者为敌，对方顾及他的身份地位，轻易不会攻击，但只要出手，就是致命的。

梦见猎狮子或驯狮子，意味着强敌愿意同做梦人和解。

梦见自己被狮子咬伤，意味着做梦人会被强敌放过。

梦见狮子扑向自己的朋友，意味着持久的冲突将要开始，做梦人倒霉的日子要来了。

少女梦见狮子，预示会嫁给位高权重的男人。

已婚女子梦见狮子，预示会生下强壮的男孩。

豹子：

梦见豹子在树林里出没，提醒做梦人要小心附近的人，以免有小人散布流言。

梦见遭豹子攻击，提醒做梦人要谨防虚伪的友人，小心上当受骗。

梦见做梦人杀死了豹子，预示做梦人将会克服目前的困难。

梦见豹子攀上山岩，意味着做梦人会和危险的人作对，需要谨慎小心。

梦见豹子向自己扑来，暗示敌人会对做梦人发动突然袭击。

梦见有人骑着豹子向自己走来，意味着强敌会顺服自己，做梦人因此而声威大震。

狼：

女人梦见狼，意味着会生病。

梦见开枪打狼，表明做梦人是胆小的人。

梦见狼叼走了小孩或羊，提醒做梦人要当心小偷和强盗。

梦见狼群，暗示着做梦人感觉自己受到别人的威胁，也象征着进行的一切事情都不顺利，噩运相伴。

梦见狼互相撕咬，暗示伴侣会欺骗做梦人，男女之间发生争吵。

梦见狼攻击自己，表示爱搬弄是非的人会破坏做梦人的名誉。

斑马：

梦中的斑马，象征着财源与旅行。

“梦中的我好像是在沙漠中旅行，浩瀚的沙漠一眼望不到边。我们翻过一个沙丘，前边竟有一块绿洲，绿洲之间有几匹斑马，斑斑驳驳，把绿洲点缀得更有生机”。这是一位从事市场经营工作的男士所做的梦。

男性梦见斑马，意味着财源旺盛，生意兴隆。

女性梦见斑马，表明在生活中会得到娘家的关照。

梦中骑着斑马，预示着做梦人将会有出国旅行的机会。

商人梦见斑马，预示着会到海外发展。

梦见被斑马踢了，预示着做梦人倒霉的日子要来到。

大象：

梦见大象，预示着做梦人将会成功，名声大震。

梦见骑大象，意味着做梦人社会地位升高。

梦见发怒的大象朝自己冲来，意味着做梦人需要坚持不懈，才能保住自己的社会地位。

梦见大象只有一根牙，意味着应该把所有精力集中到一个点上，才能取得突破，赢得更高的地位。这需要做梦人对自己的多种业务做出取舍。

梦见大象糟蹋树木，意味着做梦人很快会渡过难关，取得胜利。

梦见野象群，意味着做梦人的一切努力都能获得成功，而且不依靠任何人帮助。

怀孕的女人梦见小象玩耍，预示会生一个漂亮的男孩。

骆驼：

骆驼在梦中成群结队，表示供做梦人使用的资源或对纪律的遵守。

梦见一只骆驼驮着物品，代表坚忍、容忍和自足等，表明做梦人应当具备这些优秀品质。

梦见骑在骆驼背上，意味着做梦人在精神上表示对主人或上级的尊敬与服从。

骆驼擅长长途跋涉。梦见骆驼向沙漠出发，意味着做梦人要长途旅行，旅途虽然充满了艰辛，但最后的结果会是可喜的。

熊猫：

梦见憨厚可爱的大熊猫，预示着烦恼之事将离做梦人而去。

梦见大熊猫，提醒做梦人在处理棘手的问题时，不要急躁或过于冲动，而要以一颗平常心去处理事务，这样任何问题都会得以解决。

猫：

梦见猫爬到树上，意味着有人在背后说坏话，挑拨离间，做梦人会受到非议，被人怀恨在心，遇到困境。

梦见猫躲在角落里，往往象征着在做梦人的生活和工作中可能隐藏着敌手。正在暗中挖墙脚或破坏其家庭生活。

女性梦见猫叫，是在告诫做梦人，在其爱情生活中潜伏着某个对手，像猫一样虎视眈眈地寻找机会，来争夺其男友。

88 梦见衣物代表什么

衣服：

梦见干净的衣服，是好兆头。

女人梦见洗脏衣服，生活会幸福。

梦见脏衣服，要生病。

已婚女子梦见脏衣服，家人会发生争吵。

袜子：

梦见购买袜子，很快要去旅行。

梦见送别人袜子，能交新朋友。

女人梦见穿袜子，能得到丈夫或恋人的爱。

旅行者梦见穿破袜子，旅行会愉快、顺利。

商店老板梦见穿破袜子，生意能获利。

梦见袜子丢失了，财产上所遇到的危机会消除。

男人梦见穿袜子，预兆要生病。

梦见收到别人送的袜子，会忧虑重重。

帽子：

习惯戴帽子的人梦见买帽子，能获成功。但是不习惯戴帽子的人梦见买帽子，则意味着生活无计划，爱乱花钱。

女人梦见戴帽子，家里要来女客人。

梦见戴破帽子，会缺吃少穿。

鞋：

男人梦见穿新鞋，要交好运。

未婚男子梦见穿新鞋，不久能得到恋人的爱。

未婚女子梦见穿新鞋，会嫁给一位宽宏大量、聪明能干的男子。

已婚女子梦见穿新鞋，夫妻会相亲相爱。

梦见买鞋，很快要去旅行。商人梦见买鞋，生意会兴旺。

梦见用鞋打人，职位会被提升。

梦见送鞋给别人，会应邀出席婚礼。鞋匠梦见修鞋，会影响自己的前途。

梦见穿旧鞋，倒霉的日子会到来。

梦见鞋子丢了，灾难会临头。

梦见偷别人的鞋，朋友会与你为敌。

89 梦见饰物代表什么

项链：

热恋中的女子梦见佩戴银项链，伴侣会富有。

未婚男子梦见收到项链礼物，会娶殷实之家的千金为妻。

梦见购买项链，家里要办喜事。

梦见项链丢了，是不祥之兆，会贪污公款，遭受重大损失。

梦见制作项链，会做有利可图的生意。

梦见佩戴金项链，会有消息。

梦见自己的项链断了，会听到坏消息。

梦见铁项链断了，有好事。

梦见佩戴铁项链，要被关进监牢。

耳环：

梦见耳环，婚姻美满、幸福。

已婚女子梦见自己佩戴金耳环，可能会生一个漂亮的男孩。

男人梦见自己戴金耳环，可能会一生冥顽不灵、愚昧固陋。也可能是妻子会很快怀孕的征兆。

梦见别人戴铜耳环，收入会锐减。

戒指：

已婚男子梦见戒指，会得到爱情。

已婚女人梦见戴金戒指，会生男孩。

未婚男子梦见戴金戒指，能与自己意中人结为伉俪。

未婚女子梦见戴金戒指，会与陌生人一见钟情。

热恋中的男子梦见戴金戒指，会见到自己的情侣。

已婚男子梦见妻子送戒指给自己，妻子会更爱自己。

女人梦见丈夫送戒指给自己，生活会幸福、富有。

未婚男子梦见恋人给自己戒指，不久要结婚。

男人梦见戒指丢失了，夫妻会拌嘴。

女人梦见丢了戒指，会长期与丈夫分离。

梦见得到金戒指，是凶兆，会遭受损失。

梦见买戒指，家里要举办婚礼。

男人梦见卖金戒指，意味着要出国访问。

商人梦见买金戒指，生意能赚大钱。

囚犯梦见金戒指，不久会被释放。

梦见戴银戒指，要生病。

梦见戴金属戒指，家会一贫如洗。

90 梦见器物代表什么

浴盆：

梦见浴盆，会成为处理家务的能手。

梦见在澡盆里洗澡，可能要遭厄运。

已婚女子梦见在浴盆里洗澡，不久会怀孕。

未婚女子梦见在澡盆里洗澡，会为婚事忧心忡忡。

病人梦见在浴盆里洗澡，会慢慢恢复健康。

商人梦见在浴盆里洗澡，生意会遇到困难。

囚犯梦见在浴盆里洗澡，不久会自由。

旅游者梦见在浴盆里洗澡，途中会发生车祸。

梦见购买浴盆，做梦人要生病。

镜子：

男人梦见照镜子，会交上爱撒谎的朋友。

男人梦见自己映在镜子里的影子，会身体健康，寿比南山。

已婚女子梦见自己在镜子里的模样，会更疼爱丈夫。

少女梦见镜子里的影子，能找到称心如意的夫君。

病人梦见得到了一面镜子，病情会恶化。

理发师梦见镜子，生意会获利。

已婚女子梦见镜子，丈夫会爱上别的女人。

梦见手里的镜子掉在地上摔碎了，大难要临头。

扇子：

梦见扇子，会得到朋友的帮助，能摆脱困境。

梦见女人手里拿着扇子，生意会兴旺。

梦见台扇，会开设新厂，能获大利。

梦见吊扇，会成为商会会员。

梦见给仇人摇扇子，他会屈服于自己。

梦见扇子破了、坏了，助手会背叛自己。

梯子：

梦见上梯子，扬名四海。

梦见从梯子上掉下来，会受到歧视和非礼。

梦见下梯子，经济会受损，名誉扫地。

学生梦见从梯子上跌落下来，会落榜。

商人梦见下梯子，获利较少。

孕妇梦见下梯子，要流产。

梦见自己的梯子丢了，要提防小偷。

钱包：

男子梦见鼓鼓囊囊的钱包，各方面都能取得成功。

女人梦见鼓鼓囊囊的钱包，会背叛丈夫。

小偷梦见装满钱的钱包，要受到惩办。

女人梦见空钱包，会更加爱丈夫，丈夫也会更真挚地来爱她。

工作人员梦见空钱包，薪水会减少。

商人梦见空钱包，倒霉的日子要来到。

梦见从别人那里得到装满钱的钱包，朋友会背信弃义。

女人梦见拿别人的钱包，丈夫会不喜欢她。

少女梦见拿到恋人装满钱的钱包，不久会结婚。

梦见上司给自己一个空钱包，会被解职。

梦见给别人钱包，是祥瑞。

梦见给妻子一个鼓鼓囊囊的钱包，妻子会生男孩。

梦见给仇人钱包，会降服仇人。

商人梦见给朋友钱包，会开辟一个新的商业点。

梦见偷别人的钱包，会受到人们的尊敬。

梦见钱包丢了，不久会买房置地。

梦见抢别人的钱包，会官运亨通。

梦见空钱匣，生意会亏损，财破名毁。

梦见盛满钱的铁匣，意味着富裕，目的和愿望都能实现。

家具：

梦见摆设的家具，要交好运。

梦见非摆设的家具，要受损失。

梦见新家具，会去遥远的国家经商。

梦见拍卖别人的家具，是仇视有钱人的征兆。

梦见杂乱无章的家具，妻子要生病。

女人梦见变卖家里的家具，夫妻会感情不和。

绳索：

梦见绳索会长寿。

女人梦见绳索，会与丈夫永不分离。

男人梦见编制绳索，会囊中羞涩。

女人梦见编制绳索，会身陷囹圄。

犯人梦见编制绳索，会受到监狱官的照顾。

农民梦见编制绳索，会发生旱灾，导致粮食减产。

梦见线绳，要去长途旅行。

梦见攀绳上房，会被擢升。

91 梦见珠宝代表什么

钻石：

梦见自己佩戴钻石，爱情会遇到麻烦。

未婚女子梦见佩戴钻石，会嫁给一位称心如意、富有的男子。

珍珠：

男人梦见珍珠，收入会减少。

女人梦见珍珠，首饰会丢失。

男人梦见戴珍珠项链，妻女会受苦。

银行家梦见珍珠，生意会好转，发大财。

工作人员梦见购买珍珠，会被提升。

失业者梦见丢失了珍珠，不久会找到工作。

梦见赠给仇人珍珠，仇人会向自己屈服。

梦见赠送珍珠给朋友，自己的名声会大震。

梦见馈赠给妻子珍珠，两人的感情会更深厚。

女人梦见赠送给丈夫珍珠，丈夫会因破产而痛苦不已，但是梦见得到珍珠，会被擢升。

梦见住宅周围撒满了珍珠，家里会发生内讧。

梦见强盗抢劫了自己的珍珠，会继承一笔财产。

宝石：

女人梦见宝石，是祥瑞。

男人梦见宝石，要遭厄运。

男人梦见买宝石，财产会被抢劫一空。

女人梦见佩戴宝石首饰，娘家要举行婚礼。

小偷、强盗梦见宝石首饰，会被关进监牢。

黄金：

梦见黄金是失败的兆头。

女人梦见金子丢失，要买新首饰。

梦见有人向自己赠送黄金，会遭受损失。

92 梦见武器代表什么

刀：

梦中刀的象征意义应当根据梦境中的具体使用确定。

梦见把刀当做礼物送给朋友，预示着梦者现实中与朋友关系的决裂。

梦见用刀搅拌东西，意味着梦者会与他人发生冲突。

男性梦见佩带刀，说明做梦人男子气十足。

女性梦见刀，表示她对男性的腕力、身体的能力的追求。

梦见刀折断或弯曲，表明梦者对性能力的担心。

梦见刀上沾满鲜血，意味着梦者灾祸临头，应该尽量避免和他人直接冲突。

剑：

梦见自己佩带一柄宝剑，象征梦者有能力培养出特殊的力量，并根据自己的信仰来正确运用这些力量。

梦见自己对一名陌生人挥剑，表示梦者体内潜伏着好战因子，愿意为信仰而战。

梦见有人递给自己一把剑，表示梦者身受上层权威的庇护，可以根据自己的标准作决定。

梦见从别人手中夺取短剑，说明梦者有能力、有办法解除敌人的威胁，有能力克服一切不幸。

匕首：

匕首是一种短小的贴身武器。梦见匕首，意味着做梦人的防御心理和警惕的性格。

梦见使用匕首进攻别人，表示梦者希望从深层次对自身保守的性格进行革除，希望摆脱它。

梦见遭受匕首袭击，意味着梦者受到伤害，尤其是指精神上遭受伤害。

男性梦见炫耀自己的匕首，表明内心空虚，希望得到异性的抚慰。

梦见镶嵌宝石的匕首，意味着梦者声名鹊起，前途光明。

梦见丢失了匕首，意味着梦者关键时刻失去帮助，使自己的声誉受损。

梦见把匕首送给别人，意味着梦者能战胜对方，取得胜利。

棍棒：

斩木为兵，揭竿而起。梦中的棍棒，是地位提高的象征。

梦见自己用棍棒击打别人，反映了做梦人人性中潜藏着暴力倾向或危险的自发攻击倾向。

梦见用棍棒指挥音乐，意味着梦者地位将有所提高。

梦见被棍棒打中，预示着梦者会受到前所未有的尊敬。

梦见他人用棍棒打斗，表明自己的环境会有所改变。

鞭子：

梦见用鞭子鞭打别人，表明梦者心中存在着一种报复心理。

梦见别人用鞭子鞭打自己，表明梦者的周围可能存在着小人。

梦见自己双手擎鞭跪在他人面前，表示自己心悦诚服，甘愿服从。

梦见别人送给自己鞭子，表示自己有可能独当一面，叱咤风云。

枪支：

枪支往往与攻击杀戮联系在一起，梦中的枪支，表示挫折：

梦见枪声，预示着梦者在财产方面有处理不当的地方，存在损失的可能。

女性梦见枪声，暗示梦者平时行为欠检点，好与人争吵，有名誉方面的损失。

梦见自己用枪打死了人，表示梦者会受到舆论的指责，面临失败或失业的危险。

梦见有人对自己开枪，自己却没有受伤，意味着梦者将受到犯罪的指控，但最终可以免于刑事处罚。

梦见枪走火，预示梦者会有不幸的事情发生。

女人梦见随身带枪，意味着家里可能会遭到抢劫。

炮弹：

炮弹开花，身体分家。梦中的炮弹，代表的是情与性。

男性梦见炮弹，是心中情与性的一种流露与表现。

未婚少女梦见炮弹，表明希望找一位军人做丈夫。

已婚女性梦见炮弹，表明幻想着拥有一份婚外情。

火箭：

梦中的火箭，代表的是财运。

梦见火箭发射，表明梦者财运较好，会挣到许多钱，但开销较大。

梦见火箭升空，表明梦者生意兴隆，但钱来得快去得也快。

梦见自己在制造火箭，表明梦者有被伯乐相中的可能。

子弹：

梦中的子弹，含有烦恼与疾患之意。

梦见子弹，提示做梦人不要轻易向旁人坦露心迹，以免给今后的生活带来不必要的麻烦。

梦见自己被子弹击中，暗示梦者应去做一次健康检查，做到防患于未然，以保证身体的健康。

梦见子弹像雨点一样射来，但自己却毫发无损，表示梦者生活中的烦恼虽然很多，但自己却能够坦然面对。

93 梦见公共建筑代表什么

庙：

梦见庙有人会助你解疑难，令你工作顺利。

男人梦见寺庙，国家可能要发生暴乱。

女人梦见庙宇，丈夫家的人可能会四分五裂。

病人梦见寺庙，病情会加重。

梦见自己进入寺庙，一切努力都会化为泡影。

孕妇梦见进入庙宇，胎儿会有问题。

商人梦见进入寺庙，生意会大亏损。

梦见别人进了寺庙，一切困难都会过去。

梦见妻子进了庙宇，夫妻生活和谐、幸福。

梦见敌人跨入庙门，自己能降服他们。

梦见自己进了庙宇或坐在庙宇里，这是成功或成亲的吉兆。

电影院：

表示你内心已经起了逃避现实的念头。做了这个梦后请刻意安排一些时间来让精神得到休养吧！

梦见的电影内容是一种预知梦。

梦见画面上出现地震或台风的话，表示你的工作将有异动，或是情人将被调至外地工作。

梦见剧情没有照你所想的发展，表示你对现状感到不满。

旅馆：

旅馆通常是外出的人短暂逗留、栖息的地方。梦中的旅馆，是生活漂泊不定的象征。

梦见自己身处旅馆，意味着梦者烦恼多多，希望摆脱困境。

梦见和一位异性在旅馆，意味着梦者可能会交桃花运。

梦见一家人都待在旅馆里，意味着梦者即将乔迁新居或换个居住环境。

酒店：

在酒店里没有人知道你是谁，也没有人干扰你的计划。梦中的酒店是实现计划的象征。

梦见自己住在酒店里，意味着梦者家庭生活不够和睦，渴望摆脱责任。

梦见和几位好友在酒店里，意味着梦者的计划将得到他人的支持。

梦见自己居住的酒店破旧不堪，意味着梦者即将遇到麻烦。

医院：

医院是治疗疾病的场所，是死亡或获救的地方，同时也是充满危险和伤害的地方。梦中的医院，是主宰命运的象征。

梦见自己到医院探望别人，暗指梦者身体某一部分不适，提醒梦者应该对此引起注意。

梦见自己被送进医院或住院，提示梦者可能会被某个试图独自承受的重负所压倒，应当寻求帮助。

梦见参观一所医院或在医院里供职，预示将有惊人的消息来到。

教堂：

教堂和寺庙或者清真寺一样，是敬神的地方，也是有着共同信仰的人聚会的地方，可以给人安全和保护的圣洁地。教堂的大小和类型反映朴素与富裕的不同层次，也反映它的庄重性。

梦见庄严华丽的大教堂，意味着梦者生活富裕而豪华。

梦见简陋的小教堂，意味着梦者生活朴素而宁静。

梦见教堂里有许多人在做弥撒，意味着梦者将获得许多朋友。

图书馆：

梦见图书馆是文化的象征，是一座堆放人生经验的“大仓库”，标志着知识和运用知识的方式。梦见自己在图书馆里埋头看书，暗示梦者对现实生活不满，从而埋头读书。

梦见在图书馆看文科类的书籍，表示梦者对古代人的生活感兴趣，或正在为未来寻找康庄大道。

梦见在图书馆看理科类的书籍，表明梦者讲求实际、实效。

梦见在图书馆里鬼鬼祟祟，并不研究学问，意味着梦者的欺骗行为虽然暂时可以蒙骗别人，获得信任，但最后必然会被识破。

94 梦见房屋住室代表什么

房屋倒塌：

梦见房屋倒塌，其实象征着一件烦恼事被解决了，家人幸运地躲过该灾难，说明烦恼事对你身边的人并没有造成太大影响。

梦见自己的房顶裂了一条大缝或有一个大洞，财产要受损失。

梦见小偷在自己的屋顶上，能发财。

梦见屋顶是用石灰或水泥筑成，是祥兆。

楼房：

梦见楼房，大楼是男性的象征，梦见仰望高楼表示对男性的憧憬。

梦见爬上高楼表示渴望有个情人。

梦见从高楼顶向下看感到害怕，表示对性爱既期待又害怕。

梦见新房，是朋友与友谊的象征。

梦中出现新房子，表明梦者很乐观。

梦见自己乔迁新居，预示梦者会结交一批很好的朋友。

梦见装修新房子，预示梦者将会得到贵人相助。

空屋：

空空的屋子让人产生孤独的感觉。梦中的空屋，是缺乏感情的象征。

梦见空无一人的房子，意味着梦者缺乏爱情的滋润。

梦见空荡荡的房屋，表明梦者心里比较寂寞。

梦见年久失修的空屋，预示着家庭生活不能令梦者满意。

公寓：

梦中的公寓，代表的是财富与顺利。

梦见公寓干净整洁，预示梦者的生活顺心如意。

梦见公寓杂乱无章，意味着梦者会遇到暂时的麻烦。

别墅：

梦见别墅，是秘密与隐私的象征。

未婚男女梦见别墅，意味着心中有个小秘密。

已婚男女梦见别墅，意味着心中珍藏着一份感情。

客厅：

家中的客厅，是休闲和接待客人的地方。梦中的客厅，预示着远方的消息与真挚的朋友。

梦见客厅干净整洁，说明梦者日常生活很有情趣。

梦见客厅高朋满座，预示梦者会得到贵人的帮助。

梦见客厅脏乱不堪，意味着梦者有失落感。

卧室：

卧室是人睡觉和进行性爱的场所。梦中的卧室，是幸福与美满感情的象征。

未婚男女梦见干净整洁的卧室，预示着将会拥有幸福和爱情。

已婚男女梦见温馨舒适的卧室，表明心中对家庭生活的向往与热爱，意味着会获得美满的婚姻。

书房：

现实中的书房，是探求、学习知识的地方。梦中的书房，代表的是知识与学业。

知识分子梦见书房，预示着事业上会卓有成就。

学生梦见书房，意味着学业上会成绩斐然。

农民工梦见书房，意味着工作枯燥无聊，渴望得到知识的慰藉。

厨房：

厨房是调制美味佳肴的场所。梦中的厨房，是美满生活的象征。

梦见干净整洁的厨房，预示着梦者将拥有幸福与健康。

梦见杂乱无章的厨房，提醒梦者要注意身体。

女性梦见厨房，预示着会嫁给一位体贴周到的丈夫。

洗手间：

洗手间是清洗身体和排除大小便的地方。梦中的洗手间，是内心思想的某种体现。

梦见洗手间太脏，意味着梦者渴望清除一些对自己没有用的东西，却有心无力。

梦见洗手间干净雅致，意味着梦者生活高雅，办事顺利。

梦见急于找洗手间，好半天才找到，暗示梦者喜好想入非非。

梦见在清洗洗手间，表示梦者想要摆脱和清除一切消极因素。

阳台：

梦中的阳台，是幸福如意的象征。

梦见阳台郁郁葱葱，预示感情丰富而且快乐。

梦见阳台干净整洁，意味着生活幸福如意。

梦见阳台杂乱无章，预示生活之中会有小的磕磕绊绊。

已婚男人梦见在阳台上睡觉，暗示夫妻生活会幸福美满。

未婚男子梦见在阳台上睡觉，提示会很快成家立业。

梦见自己的阳台裂了一条大缝，意味着财产要受损失。

梦见阳台是用石灰或水泥筑成，表示梦者会安然无恙。

梦见修理阳台，提醒梦者会身无分文，灾难临头。

95 梦见家居用品代表什么

冰箱：

冰箱的用途是保存食物，由此引申，在梦中表示自卫的意思。此外，它还表示梦者感情上的冷漠或性冷淡。

梦见冰箱中的食物变质，说明梦者童年没有得到很好的照顾和抚养。

梦见新买一台冰箱，意味着梦者将改变一些生活习惯。

梦见自己把剩菜、剩饭放入冰箱，表示梦者心存怨恨，或者已经对别人的关注失去了兴趣。

梦见冰箱坏了，表示梦者面对攻击时的自卫能力的丧失。

电视：

梦见自己在看电视，注意节目的内容以及自己的反应。如果对正在发生的事情感到很遥远、很漠然，那可能表示梦者对某个主题不感兴趣。

梦见肥皂剧，表示梦者向往虚构生活。

梦见电视连续剧，暗示梦者与故事里的某个人物产生共鸣或者故事情节跟梦者的经历很相似。

梦见自己参加电视节目，表示梦者有意要获得一个广泛的观众群。

梦见自己在收听广播节目，意味着梦者应当仔细聆听别人传达的信息。

电脑：

电脑表示精神上的印象，代表着过去、现在和未来，还表示正在回忆往事或者对以前储存的信息进行梳理。梦中的电脑象征着具备某种天赋或潜力。

梦见自己在玩电脑游戏，暗示梦者现实生活中的某个情景。

梦见游戏刚开始，说明梦者还很不成熟，缺乏经验。

梦见游戏很乏味，意味着梦者要重新找一份工作。

梦见游戏结束，暗示梦者做的事情败露或者不再需要伪装。

照相机：

照相机是用于拍照。梦中的照相机，表示必要的警惕。

梦见照相机，意味着梦者对以往生活的留恋，或者对过去恋情的怀想和追忆。

梦见自己使用照相机，表示梦者希望记住或正在关注某一事件。

梦见别人给自己拍照，表示梦者希望注意自己在某些场合的行为与应对能力。

梦见将照相机中的照片保存起来，表示梦者希望自己不要忘记还有哪些必须完成的事等着去处理。

大钟：

大钟象征着苍穹，是上天的概念。梦中的钟声，意味着警告不幸或死亡在即，暗示很难奏效或取信于人。

梦见大钟，表示梦者跟其他生活在远方的或者不熟悉的人进行对话。

梦见自己亲自敲钟，表示梦者迫切希望自己被别人承认和肯定。

梦见教学的大钟，表示美好的福音。

床：

床指一个人最可亲近的地方，或者表示纯洁的感觉。

梦见独自一人上床睡觉，表示梦者希望回到母亲怀中尽享安全和保险。

梦见一张新铺好被褥的床，暗示梦者必须改变生活中某些旧的观念。

梦见跟另外一个人一起上床，表示梦者有性欲要求。

男人梦见自己的床着火，意味着妻子将生病。

女人梦见自己的床着火，意味着丈夫将生病。

女人梦见崭新的床铺，意味着即将怀孕。

桌子：

桌子是一种有社会和职业功能的家具。梦中的桌子，象征着决定和决断能力。

男人梦见桌子，意味着要有额外开支。

女人梦见桌子，预示家庭会产生矛盾。

梦见坐在桌子旁边吃饭，预示梦者会名声大震。

商人梦见坐在桌子旁边吃饭，预示生意会发展到国外。

工作人员梦见坐在桌子旁边吃饭，暗示会被提升。

梦见擦桌子，预示梦者能身居高位。

梦见购买桌子，意味着梦者要开始新的生意。

96 梦见各种生活细节代表什么

看书报：

读书是追求知识的表现。梦中的看书报，意味着知识的积累和学习的进步。

青少年梦见看书报，预示自己非常聪慧，又很努力，学习成绩会逐步提高。

成年男人梦见看书报，暗示能获得爱情。

女人梦见看书报，预示丈夫会更加疼爱自己。

商人梦见看书报，意味着生意能成功。

梦见看书报时字迹模糊不清，或是书报掉落在地，暗示会有人对梦者搞小动作。

敲门：

梦见听到敲门声，或是看见别人在敲门，预示着梦者在未来的岁月里财运亨通。

梦见自己在敲门，提醒梦者交友时要慎重，谨防胡言乱语不负责任的朋友。

梦见听到门铃声，表明梦者会得到来自远方朋友的消息，预示将获得朋友的友谊。

打哈欠：

梦中的打哈欠，是缺少活力与生机的象征。

梦见打哈欠，说明梦者生活中缺少活力与生机，缺乏积极进取的精神。

梦见连连打着哈欠，表示梦者疲劳或者无聊。

梦见别人打哈欠，意味梦者要谨慎，防止他人的伤害。

梦见打哈欠的情形，提醒梦者生活态度不要过于消极，应该改掉懒散的习惯，以乐观向上的精神对待生活。

休息：

梦见休息，意味着梦者过度劳累，暗示梦者应当适当地劳逸结合，合理地安排自己的休息。

梦见自己正在休息，表明自己很忙碌，非常希望能够休息一下，放松一下自己。

梦见自己在海边度假休息，预示梦者会取得令人瞩目的成果，但是其中的过程很辛苦。

梦见与爱人一起休息，表示梦者已经厌倦目前的忙碌工作，渴望退休，过田园式的家庭生活。

刷牙：

刷牙和健康有关。梦中的刷牙显然是对自己健康的一种关注：

梦见自己早晨刷牙，意味着梦者健康状况良好，活力四射。

梦见自己中午刷牙，意味着梦者感觉身体不适，要多多加强锻炼。

梦见自己晚上刷牙，表示梦者压力太大，可以适当地放松自己，学做减压操。

梦见自己夜里刷牙，提醒梦者营养不足，应多以新鲜的蔬菜来补充身体所需要的营养。

梦见刷牙时牙刷折断，预示梦者健康方面可能会有麻烦，已经治好的病，有可能再复发。

洗手：

梦见自己在洗手，表示梦者会交到一位值得信赖的好朋友。

梦见用污水洗手，意味着所交往的朋友品行有问题，提醒梦者交友时要慎重，不要太草率。

梦见用肥皂水不断擦洗自己的手，而且总感到洗不干净，表示梦者曾做过不道德的事，希望通过洗涤来去除自己的道德负担。

理发：

在梦中理发，预示会结交许许多多的异性朋友。

女性梦见理发，表明自己是很善于交际的人，异性朋友很多。

男性梦见理发，预示比较有财运，无论是经商还是从事别的事务，都能够取得好的成就。

梦见白天理发，暗示梦者能发财。

病人梦见白天理发，预示不久身体会康复。

梦见夜晚理发，暗示梦者将会有不幸的消息。

商人梦见自己在理发，预示能挣大钱。

工作人员梦见自己在理发，表明会提升工资。

船员梦见在理发，提示不久在工作岗位上会做出卓越的贡献。

理发师梦见给别人理发，暗示收入会增加。

扫除：

梦见扫除，表明梦者近一阶段思绪较乱，各种各样的想法交织在头脑中，非常想整理一下自己的思绪。

梦见在家里打扫除，意味着家庭里将可能出现矛盾，需要静下心来认真清理一下家庭关系。

97 梦见交通景观代表什么

立交桥：

男性梦见立交桥，表明他胸怀大志，事业会蒸蒸日上。

女性梦见立交桥，表明她善于交际，会拥有许多的朋友，并会得到他们真心的帮助。

梦见自己站在立交桥上，暗示着做梦人对自己的工作或事业要作出选择，宜量力而行。

人行道：

梦见人行道，是做梦人心中希望稳步前进的一种表现。

男性梦见人行道，表明他正在朝成功迈进。

女性梦见人行道，表明她有调适心理的想法，力避冒险，力求稳中有升。

梦见人行道没有尽头，暗示做梦人与成功无缘。

红绿灯：

红灯停，绿灯行。梦见绿灯，显然是吉利的，表示诸事如意。梦中出现绿灯，表明做梦人心中希望计划能够顺利实施。

男性梦见绿灯，表明工作会顺顺利利。

女性梦见绿灯，表明生活温馨幸福，乐在其中。

梦见绿灯突然灭了，暗示做梦人会遇到小小的挫折，宜谨慎应对。

宁停三分，不争一秒。梦中的红灯，代表的是前进中的小障碍。

梦见红灯，表明做梦人的计划在实施时不会十分顺利，会遇到小麻烦。梦见闯红灯，是在提醒做梦人做事时不要一时头脑发热、冲动。

人流：

人潮涌动，或者是集会，或者是商业繁荣的集市，这两种情况都是繁荣与富裕的象征。

男性梦见大街上人潮涌动的景象，预示着事业会出现繁荣的局面。

女性梦见市场上人山人海，一幅兴旺繁荣的景象，意味着家境非常富裕，财运很好。

梦见自己在人流中有被挤压的感觉，是不吉利的梦，暗示身体可能将罹患某种疾病。

车水马龙：

车辚辚，马萧萧。梦中的车水马龙，是财运与富足的象征。

男性梦见车水马龙，预示着在今后岁月里，生意兴隆，财源滚滚 。

女性梦见车水马龙，意味着未来的生活幸福美满，富足安康。

梦见车子抛锚在路上，造成拥堵，暗示做梦人恋爱不顺或工作上会遇到阻力。

98 梦见各种交通工具代表什么

飞机：

梦见飞机，意味着将要去旅行，很快会见到久别的亲友。

梦见自己急匆匆地登上飞机，表明做梦人的亲属会有人生病。

梦见飞机起飞，意味着冒险或进入不可知状态。

梦见正在降落的飞机，表示一件新生事物终有成果，或者一个计划严密的冒险活动取得了预期的成功。

梦见自己驾驶着飞机，象征着做梦者在寻找独立的空间。

船只：

船和水有关，和水一样，它可以象征女性：比如，内心中的女性化部分，或者母亲、母性。船也可以做女性的性象征，船的摇晃也可以作为性的解释。

梦见乘船离开本国的海岸而驶往国外，象征着进入陌生的领域。

梦见乘船横渡一个窄的水道，象征死亡或者从生命的一个阶段到另一个阶段，或和过去决裂，开始全新的生活。

梦见丢了船，意味着失去了一个改变生活的机会。

梦见独乘一叶小舟，表示应该学会忍受孤单和寂寞。

梦见在一艘大船上逗留，做梦人的注意力将会转移到团体关系上。

梦见错过一班船，表示应该放弃过分、不切实际的要求，即利用一切机会。

火车：

梦中出现火车，表明心中希望计划能够早日实现。

梦见火车飞驰向前，预示着计划会顺利实施。

梦见火车是停止的，意味着计划会推迟。

梦见火车晚点，预示着做梦人对自己目前所接触的恋人抱着迟疑不决的态度。

地铁：

地铁是现代城市交通发展的产物。做有关地铁的梦，代表事业的腾飞。

梦见地铁，表明经过一段时间的奋斗后就会取得成功。

梦见自己驾驶地铁列车，预示着梦者能掌握事业的方向。

梦见自己乘坐地铁，意味着梦者会得到贵人的帮助。

梦见地铁停开，表示做梦人近期的工作没有头绪，难有进展。

梦见地铁拥挤不堪，暗示着梦者眼下烦恼不断。

汽车：

梦见自己驾驶汽车，但掌握不好方向盘，表示做梦人对自己命运无法自控。

梦见车灯或挡风玻璃的雨刷出了毛病，表示看不清方向。

梦见汽油用完了，表示缺乏精力。

梦到车胎爆了，表示“泄了气”。

梦见自己是乘客，意味着梦者还没掌握自己的生活或其他某些部分。

梦见刹车，表示梦者具备能力控制某种局面。

梦见汽车发生交通事故，标志着梦者害怕丧失生活中的某些能力。

梦见汽车熄火，显示了做梦人在身体和感情方面的劳累。

梦见自己在驾驶汽车时十分马虎大意，意味着梦者缺乏处理事务的责任心。

梦见自己驾驶的汽车被别人超过了，表示做梦人感到遭受轻视。

梦见自己把车开翻了，表示做梦人需要立刻回心转意或者收回成命。

公共汽车：

公共汽车意味着所有的人共处一个环境中，暗示着做梦人与自己所在团体的关系或者做梦人正在思考着自己将如何与自己周围的同事和伙伴相处；另外，也意味着做梦人正处于一个团体之中，但是却感到了某种压力，迫切希望与团体中的其他人合作。同时，公共汽车也意味着做梦人目前的生活一帆风顺，面对的局面良好。

梦见等候公共汽车，预示梦者距离成功还有一段距离。

梦见乘坐公共汽车，表明梦者会在他人的引导下登上事业的巅峰。

摩托车：

摩托车是个人机动交通工具，它使人们出行更为快捷，办起事来更为省时省力，梦中出现摩托车，意味着顺利与如意。

梦见摩托车，表明梦者正在忙着做某件事情，而且忙得不亦乐乎。

梦见骑着摩托车飞驰，预示梦者从事的工作进展顺利。

梦见摩托车坏了，意味着会遇到一点小的麻烦。

梦见摩托车被人偷走，意味着梦者的情人离自己而去，甚至销声匿迹。

自行车：

自行车是一种双轮交通工具，靠脚蹬着前进。梦中出现自行车，代表的是顺利与努力。

梦见骑着自行车飞驰，预示着梦者目前诸事顺利。

梦见推着自行车，表明梦者的计划在稳步进行。

梦见自行车掉链子了，暗示梦者将在工作中遇到小麻烦。

梦见自行车破旧不堪，表示梦者可能对伴侣感到厌恶。

梦见扛着自行车，提示梦者不要做一些无用功。

99 梦见道路、渡口代表什么

马路：

条条大路通罗马。梦中的路，象征生活道路。

梦见岔路，暗示机会无限，可以适当选择。

梦见自己走了某一条路，表示梦者内心深处已有明确选择，可以大胆地进行。

梦见平坦的道路，暗示梦者的人生道路会一帆风顺，只管前行就是了。

梦见弯曲的、崎岖的道路，暗示梦者的人生道路坎坷。

梦见丁字路、十字路，意味着梦者的人生将出现转折点，需要慎重地选择。

梦见遇到了友善的路人，暗示梦者有贵人相助，一切都会顺利；梦见凶悍的路人，表示梦者会有小人挡道，提示其应谨防陷阱。

铁路：

梦见铁路，表示梦者希望在生活中选择羊肠小道，暗示梦者在选择前进道路时是完全自由的，可以自己做决定。

梦见铁路的两根铁轨，表示梦者只有一个前进方向。

梦见铁路上有多根铁轨，暗示梦者有多种选择。

桥：

一桥飞架，天堑变通途。梦中的桥，象征感情上或者精神上的转折点。

恋爱中的男子梦见桥，意味着与女友的距离渐小，两情相悦，有望结婚。

谈判人员梦见桥，意味着与对手沟通良好，双方互惠共赢。

老年人梦见桥，意味着人生短暂，死亡已近。

梦见桥有倒塌的危险，表明梦者对生活中的变化充满焦虑。

梦见自己从桥上掉下来，意味着梦者的一切都会落空。

隧道：

梦中的隧道，是女性生殖器的象征。

梦见走过隧道后豁然开朗，表示随着性爱行为而来的快感，暗示对令人亢奋的性高潮满怀期待。

梦见走进隧道，隧道内壁有水滴落，表示对性生活有强烈的兴趣。

科研人员梦见隧道且隧道的尽头有一线光亮，表示研究正接近尾声。

梦见隧道被东西堵塞了，表示梦者可能因为从前的某次经历或恐惧而畏缩不前。

码头：

船靠码头，车靠站。梦中的码头，象征人生的转折点。

梦见码头，表示梦者在不久的将来会有一次愉快的旅行。

梦见船即将停靠码头，意味着梦者未来的生活会顺心遂意。

梦见船即将离开码头，意味着梦者将开始实施一项长远的计划。

渡口：

欲到对岸，先到渡口。梦中的渡口，象征计划实现和幸运出现。

梦见渡口，河水清清，岸上静静，意味着梦者还没有竞争对手，不久将心想事成。

梦见渡口人声嘈杂，自己在烦躁不安地等船，意味着梦者渴望改变现状，但环境条件不佳，需静下心来，好好规划事业。

100 梦见各种娱乐场所代表什么

广场：

广场彩旗飘飘，游人云集，梦中的广场，是心想事成的象征。

梦见宽阔的广场，意味着做梦人的工作顺利如意。

梦见绿草茵茵、鲜花遍地的广场，表明做梦人的生活快乐而幸福。

梦见广场上有和平鸽，预示着做梦人的期望会顺利实现。

梦见广场上有许多人和自己打招呼，表示做梦人人缘好，会得到朋友的帮助，使得事业一帆风顺。

公园：

公园既是人们闲暇休憩之所，也是青年人比较喜欢的约会地点，梦中的公园，代表的是成绩与爱情。

梦见美丽的公园，是做梦人心中幸福与快乐的表现。

男性梦见在公园散步，表明工作环境很好，会取得出色的成绩。

女性梦见在公园散步，意味着感情生活幸福、甜蜜，会拥有美好的爱情。

梦见公园里环境很差，表示梦者自己对恋人失去爱意，已到该考虑分手的时候了。

动物园：

动物园中有各种不同的动物，象征不同的生命和谐共存，梦中的动物园，代表的是生机与母爱。

梦见与家人一起游览动物园，表明做梦人的心里充满欢乐的情感。

男性梦见动物园，是事业即将获得成功的象征。

女性梦见动物园，表明心中充满母爱，能成为贤妻良母。

梦见自己在动物园中逗留许久，反映了做梦人希望了解自己某些本能和需求，说明做梦人一直在试图对自己作出客观的评价，并希望回归简单质朴的生活。

儿童乐园：

儿童乐园是孩子们的好去处，梦中的儿童乐园，代表的是快乐与幸福。

梦中出现儿童乐园，是做梦人内心快乐无比的标志。

梦见孩子们在儿童乐园中玩，预示着快乐、幸福与做梦人相伴。

梦见自己在儿童乐园中玩，意味着做梦人天真无邪、快快乐乐。

梦见儿童乐园里空荡荡的，表示做梦人人缘欠佳，到检点自己行为的时候了。

游乐场：

游乐场中往往有许多大型冒险性游乐器具，人们在游乐之余，也能体验冒险的乐趣。梦中的游乐场，代表的是冒险与浪漫。

梦见游乐场，表明做梦人寻求富有冒险与快乐的活动。

男性梦见游乐场，表明他比较喜欢刺激的活动，富有冒险精神。

女性梦见游乐场，表明她比较浪漫，喜欢旅游等活动。

梦见与恋人一起去游乐场，表示其婚姻生活将在浪漫和刺激中充满激情。

酒吧：

酒是一种轻微的麻醉剂，它既能消愁，也能添愁。做有关酒吧的梦，代表的是寻求理解的意思。梦中出现酒吧，是做梦人希望寻求一点刺激的表现。

男性梦见酒吧，表明心中希望寻找一种平衡。

女性梦见酒吧，表明想倾诉一下心中的隐情。

梦见和恋人一起去酒吧，表示在追求一种浪漫的生活方式。

后 记

一本著作的完成需要许多人的默默奉献，闪耀的是集体智慧。其中铭刻着许多艰辛的付出，凝结着许多辛勤的劳动和汗水。

本书在策划和编写过程中，得到了许多同行的关怀和帮助以及许多老师和作者的大力支持，在此向以下参与本书编写的人员致以诚挚的谢意：廉勇、欧红梅、周珊、张艳红、赵一、赵红瑾、齐红霞、陆晓飞、赵广娜、王非庶、张保文、杜莉萍、许庆元、王巧、杨婧、张艳芬、许长荣、王爱民、李琳、李伟楠、王鹏、杨英、李良婷、上官紫微、杨艳丽、于海英、宋桂花、姚小维、金望久、刘红强、付志宏、黄克琼、胡以贵、张乃奎、毛定娟、齐艳杰、李伟军、魏清素、陈志华、何瑞欣、叶光森、王艳坤、徐娜、付欣欣、王艳、杨巍、黄亚男、曹博、冉云、陈小婵等。

阅读是一种享受，编辑的成就感在于您对内容的认同和肯定。我们希望这些精神财富既能启迪您的精神，又能为您带来财富。